Operational practices and case analysis of VAT in all industries

全行业增值税 操作实务与案例分析

主 编/计 敏
副主编/王 庆 王立新

中国市场出版社
China Market Press
·北 京·

图书在版编目（CIP）数据

全行业增值税操作实务与案例分析 / 计敏主编. —北京 ：中国市场出版社，2017.3
ISBN 978-7-5092-1551-7

Ⅰ.①全… Ⅱ.①计… Ⅲ.①增值税－税收管理－研究－中国 Ⅳ.①F810.423

中国版本图书馆 CIP 数据核字（2017）第 033244 号

全行业增值税操作实务与案例分析
QUANHANGYE ZENGZHISHUI CAOZUO SHIWU YU ANLI FENXI

主　　编　计　敏
责任编辑　钱　伟　张　瑶
出版发行　中国市场出版社 China Market Press
社　　址　北京月坛北小街 2 号院 3 号楼　**邮政编码**　100837
电　　话　**编 辑 部**（010）68032104　**读者服务部**（010）68022950
　　　　发 行 部（010）68021338　68020340　68053489
　　　　68024335　68033577　68033539
　　　　总 编 室（010）68020336
　　　　盗版举报（010）68020336
邮　　箱　474885818@qq.com
经　　销　新华书店
印　　刷　河北鑫兆源印刷有限公司
规　　格　185mm×260mm 16 开本　**版　次**　2017 年 3 月第 1 版
印　　张　27.5　**印　次**　2018 年 6 月第 6 次印刷
字　　数　550 千字　**定　价**　68.00 元
书　　号　ISBN 978-7-5092-1551-7

编委会

主　编　计　敏

副主编　王　庆　王立新

编　委　（以姓氏笔画为序）

王　琪　王艳华　付江峰　朱鱼翔

陈　颖　陈　兵　林艳萍　饶明亮

作者名单　（以姓氏笔画为序）

王　庆　安徽省合肥市国家税务局

王　琪　江西省地方税务局直属局

王立新　江西省鹰潭市国家税务局

王艳华　河北中翰天道税务师事务所有限公司

计　敏　江西省鹰潭市地方税务局

付江峰　江西省国家税务局

朱鱼翔　江苏瑞安达税务师事务所有限公司

陈　颖　中诚盈禾税务师事务所（北京）有限公司

陈　兵　四川华政大壮税务师事务所有限责任公司

林艳萍　江西省上饶市国家税务局

饶明亮　浙江省建德市地方税务局

增值税，叫我们如何读懂你

早在 2015 年，我们就开始期盼增值税能在全国所有行业实施，尽管反对者甚多，但我更愿意做一个鼓吹者和支持者。在这样的背景下，我组织了一个全国性的“营改增”微信群。最初的设想是在群内传播一些营改增不断推进的信息，也对自 2012 年 1 月 1 日上海营改增试点以来实务中遇到的一些难题进行探讨。这个群发展得很快，应该说，我们的这个微信群是一直在见证营改增不断前行的民间力量。如果说营改增是温室里的花朵，我们就是一直在温室的玻璃墙外默默关注着她的变化的一群人。我们无法左右她，影响她，但十分期待可以呵护她，帮助她，了解她。

2015 年 7 月，我在重组税务微信群的黄山大会上初识计敏。当时大家讨论的议题并不是营改增，但是计老师的谈吐不凡、落落大方给我留下了比较深刻的印象。当时她由于工作忙，还要照顾在外地读中学的闺女，似乎在网络世界里也不是太活跃。平日里也会沟通一些问题，聊上几句，慢慢地体会到她的艰辛：在家里是良母贤妻，在单位是业务骨干，还是系统内的兼职教师。也是在黄山的时候，计敏提出：大家有机会到江西来，这边是革命老区，有美丽的龙虎山、三清山。

2016 年营改增全覆盖大幕拉开，我们财税浪子讲习所微信群于

4 月 8 日在河北省秦皇岛市组织了一场营改增的集体备课会，计敏虽然没有参加，但是对加入我们这个网络上自娱自乐的学习群体表现出了极大的热情。7 月 30 日，我们营改增微信群在江西省鹰潭市龙虎山举办了一次房地产与建筑服务营改增专题活动。在这次活动中，计敏忙前忙后，展现出了强大的人格魅力：一是担任本次会议的会务员，帮忙联系会议场所、住宿的酒店，以及大家需要游览的景点；二是担任本次会议的接待员，亲自开车到鹰潭火车站来接我们，请我们吃当地颇具特色的土菜；三是担任本次会议的培训员，也就是主讲老师，分享房地产与建筑业营改增相关的知识和案例。讲课的那一天，她特意"捯饬"得很端庄，着一袭长裙，让会场变成了她展现自己的舞台。这堂课非常精彩，对很多网络上流行的案例进行了入木三分的研判，绝非空发虚言，而是有理有据、有礼有节。当天大家带着很多问题进行讨论，虽然不一定都得到了同样的收获，但确实沟通了思想、启发了智慧。

会议期间，我向计敏提议，给她一个可爱的昵称——"美人计"，主要是因为她人长得漂亮，和我们财税中介、企业财税人员都有交流，为避嫌回避使用实名，对外统一称"美人计"。当然，"美人计"这个昵称也与计老师的聪慧敏睿十分契合。通过这次会议，一方面，我们感受到了计敏的责任心，会议从头到尾，她出力甚多，即使有些群友提出了有点过分的要求，她也能尽量满足；另一方面，我们也感受到了计敏的用心，讲义做得很漂亮，每一个案例都配上了非常完整的图表，尽量用数据去证实自己的观点。

在龙虎山会议开始之前，我们就提出，每一个参会的群友都要将自己关注的增值税问题比较详细且具体地描述出来，由计敏组织大家进行系统回答。在大家的共同努力下，一共收集整理了近 500 个问题。最后在中国市场出版社胡超平老师的积极鼓励下，集结成册，形成了这样一本精彩雅致的《全行业增值税操作实务与案例分析》。可以说，这本书凝结着很多群友的心血和智慧。

林黛玉进贾府，有一段对探春的描写，谓之：俊眉修眼，顾盼神飞，文彩精华，见之忘俗。美人计和这本增值税新书，想必也是精华灼灼，过目难忘。

财税浪子　**王骏**

前　言

营改增试点的全面推开，进一步消除了重复征税，有利于公平税收环境、减轻税收负担，但在给纳税人带来政策红利的同时，也对企业财务核算提出了更高的要求，给财税人员带来了更大的工作压力。“试点”意味着摸着石头过河，特点就是税收政策不完善，文件多、补丁多、口径多、变化快，这给相关人员增值税税收政策的学习带来了极大的困惑和挑战。我们编写《全行业增值税操作实务与案例分析》一书，就是为了帮助财税人员快速准确地查找、理解、掌握和运用增值税税收政策，让企业充分享受财税改革的政策红利。

2016 年夏天，由“财税浪子”王骏发起，在我的家乡江西龙虎山开展了一场营改增专题研讨活动，期间向社会各界征集到大量增值税问题，但因时间有限，研讨会上只对少量疑难问题进行了讨论。大家意犹未尽，一致认为征集到的这些问题具有很强的典型性和普遍性，有必要进行一个全面系统的解答。于是活动组决定由我牵头，召集税务部门的几位业务骨干和税务师事务所的几位合伙人组成编写组，以征集到的问题为基础，结合各自的专长和工作实践，编写一本具有实战指导意义的全行业的增值税疑难问题解答和案例精解。

历经大半年时间，在编写组的共同努力和各方的大力支持下，这本书终于与大家见面了。与其他同类的书籍相比，本书具有以下三个鲜明的特点：

一是问题设置全面化。纵向上涵盖增值税征税规则、发票管理、纳税申报等通用问题，横向上分建筑业、房地产业、金融业、生活服务业、工业、商业、农业、交通运输业、现代服务业等行业进行问题解答。

二是解答方式案例化。通过具体的案例分析解答抽象的政策问题，对增值税政策的应用、账务的处理、发票的开具以及纳税申报表的填报等方面加以详细的分析，使内容更加易懂和可读。

三是答疑人员组合化。本书的编写可谓强强联手，编写组由国税部门、地税部门的业务专家和税务师事务所的业务精英共 11 人组成，他们都有多年的财税实际工作经验，对财税政策的理解较为专业准确，给出的建议也非常接地气，使本书具有很强的实践性和可操作性。

可以说，这本书特别贴近读者的需求，特别易于读者理解，无论是对财税“小青椒”还是财税“老江湖”来说，无论是对财务人员还是对税务人员来说，它都是一本值得拥有的增值税业务速查手册。

本书的相关财税政策更新至 2017 年 2 月，作为全面深化改革突破口的财税改革，日后的增值税相关政策肯定会不断地出台和修订。国务院总理李克强在 3 月 5 日的十二届全国人大五次会议政府工作报告中指出，要简化增值税税率结构，由四档税率简并至三档，营造简洁透明、更加公平的税收环境，进一步减轻企业税收负担。届时新政发布，我们也会适时修订本书，欢迎广大读者与我们进行交流和讨论。本书在定稿之前进行了多次校验和修改，但限于水平，书中难免会有错漏之处，也真诚希望读者给予批评和指正。我的联系邮箱是 392784985@qq.com。

计　敏

2017 年 3 月 6 日

说明：本书 2017 年 3 月 6 日出版发行时，相关税收政策更新至 2017 年 2 月。随后国家又出台了一些重要的增值税政策，相关内容先后在本书 2017 年 5 月第四次和 2017 年 11 月第五次印刷时进行了更新，纠正了一些错漏之处。期间，国家又进一步发布了降低税率、统一小规模纳税人标准等一系列新政策。在本书第六次印刷之际，我们适时根据其中影响较大的政策规定对书中相关内容进行了修订，欢迎广大读者与我们进行交流和讨论。

计　敏

2018 年 6 月 12 日

OPERATIONAL PRACTICES AND CASE ANALYSIS OF VAT IN ALL INDUSTRIES

目　录

上篇　通用篇

下篇　行业篇

第七章

生活服务业增值税规定 //333

OPERATIONAL PRACTICES AND CASE ANALYSIS

of VAT in all Industries

上 篇

通 用 篇

Chapter 01

第一章 增值税一般规定

一、 纳税人

1. 什么样的单位或个人是增值税纳税人?

答：2016 年 5 月 1 日营改增全面实施以后，增值税纳税义务人主要有以下两类：

(1) 在中华人民共和国境内销售货物或者提供加工、修理修配劳务以及进口货物的单位和个人，为增值税的纳税人。[《中华人民共和国增值税暂行条例》(以下简称《增值税暂行条例》) 第一条]

(2) 在中华人民共和国境内销售服务、无形资产或者不动产的单位和个人，为增值税纳税人。[《财政部 国家税务总局关于全面推开营业税改征增值税试点的通知》(财税〔2016〕36 号) 附件 1《营业税改征增值税试点实施办法》(以下简称《试点实施办法》) 第一条]

所称单位，是指企业、行政单位、事业单位、军事单位、社会团体及其他单位；所称个人，是指个体工商户和其他个人。[《试点实施办法》第一条、《中华人民共和国增值税暂行条例实施细则》(以下简称《增值税暂行条例实施细则》) 第九条]

2. 挂靠人、承包人、承租人是纳税人吗?

问：某企业以承包方式经营，承包人以被承包人名义对外经营并由被承包人承担相关法律责任的，哪一方是纳税人？如果承包人的账务不健全，被承包人将面临怎样的税务风险?

答：《增值税暂行条例实施细则》第十条规定，“单位租赁或者承包给其他单位或者个人经营的，以承租人或者承包人为纳税人”。《试点实施办法》第二条规定，“单位以承包、承租、挂靠方式经营的，承包人、承租人、挂靠人以发包人、出租人、被挂靠人名义对外经营并由发包人承担相关法律责任的，以该发包人为纳税人。否则，以承包人为纳税人”。因此，该企业应以被承包人，即发包人作为增值税纳税人。

如果承包人的账务不健全，或者不能够提供准确税务资料的，根据《增值税暂行条例实施细则》第三十四条、《试点实施办法》第三十三条的规定，应当按照销售额和增值税税率计算应纳税额，不得抵扣进项税额，也不得使用增值税专用发票。

另外，《国家税务总局关于增值税几个业务问题的通知》(国税发〔1994〕186 号)规定，对承租或承包的企业、单位和个人，有独立的生产、经营权，在财务上独立核算，并定期向出租者或发包者上缴租金或承包费的，应作为增值税纳税人按法规缴纳增值税。

| 案例分析 |

某建安企业对于 2016 年 3 月开工的老项目选择简易计税方法，按照 3% 的征收率申报缴纳增值税，并报主管税务机关备案。由于该项目为挂靠项目，进项税额不能抵扣，企业在采购该项目所用的钢材、水泥等货物时大多为无票采购。该企业是否存在税务风险?

分析：

这种情况下，极易被税务机关认定会计核算不健全，要求企业按照建筑业的适用税率 11% 来缴税，并且不能抵扣进项税额，不能开具增值税专用发票，对方企业接受建筑服务不能取得专用发票，无法抵扣进项税额，将会导致企业失去市场竞争机会，面临税负大幅增长的巨大税务风险。

3. 如何划分一般纳税人和小规模纳税人?

答：增值税纳税人分为一般纳税人和小规模纳税人。

根据《增值税暂行条例实施细则》第二十八条、《试点实施办法》第三条、《财政

部 国家税务总局关于全面推开营业税改征增值税试点的通知》（财税〔2016〕36 号）附件 2《营业税改征增值税试点有关事项的规定》（以下简称《试点有关事项的规定》）、《国家税务总局关于全面推开营业税改征增值税试点有关税收征收管理事项的公告》（国家税务总局公告 2016 年第 23 号，以下简称 23 号公告）、《财政部 税务总局关于统一增值税小规模纳税人标准的通知》（财税〔2018〕33 号，以下简称财税〔2018〕33 号）的规定，年应税销售额超过规定标准的纳税人为一般纳税人，未超过规定标准的纳税人为小规模纳税人。具体标准如下：

（1）一般规定。

①自 2018 年 5 月 1 日起，增值税小规模纳税人标准为年应征增值税销售额 500 万元及以下，超过标准的为一般纳税人。

注意：2018 年 4 月 30 日以前，适用《中华人民共和国增值税暂行条例实施细则》第二十八条规定的增值税小规模纳税人标准为：从事货物生产或者提供应税劳务的纳税人，以及以从事货物生产或者提供应税劳务为主，并兼营货物批发或者零售的纳税人，年应税销售额在 50 万元以下（含本数）的纳税人；以货物批发或者零售为主的纳税人，年应税销售额在 80 万元以下（含本数）的纳税人。

②按照《中华人民共和国增值税暂行条例实施细则》第二十八条规定已登记为增值税一般纳税人的单位和个人，在 2018 年 12 月 31 日前，可转登记为小规模纳税人，其未抵扣的进项税额作转出处理。

注意：《国家税务总局关于统一小规模纳税人标准等若干增值税问题的公告》（国家税务总局公告 2018 年第 18 号）规定，同时符合以下条件的一般纳税人，可选择转登记为小规模纳税人，或选择继续作为一般纳税人：

①根据《中华人民共和国增值税暂行条例》第十三条和《中华人民共和国增值税暂行条例实施细则》第二十八条的有关规定，登记为一般纳税人。

②转登记日前连续 12 个月（以 1 个月为 1 个纳税期）或者连续 4 个季度（以 1 个季度为 1 个纳税期）累计应征增值税销售额未超过 500 万元。

转登记日前经营期不满 12 个月或者 4 个季度的，按照月（季度）平均应税销售额估算上款规定的累计应税销售额。

应税销售额的具体范围，按照《增值税一般纳税人登记管理办法》（国家税务总局令第 43 号）和《国家税务总局关于增值税一般纳税人登记管理若干事项的公告》（国家税务总局公告 2018 年第 6 号）的有关规定执行。

（2）特殊规定。

①年应税销售额超过规定标准的其他个人不属于一般纳税人，按小规模纳税人纳税。

②年应税销售额超过规定标准但不经常发生增值税应税行为的企业可选择按小规模纳税人纳税。

③试点纳税人兼有销售货物、提供加工修理修配劳务和应税行为的，应税货物及劳务销售额与应税行为销售额应分别计算，分别适用增值税一般纳税人资格认定标准。

④试点纳税人兼有销售货物、提供加工修理修配劳务和应税行为，且不经常发生销售货物、提供加工修理修配劳务和应税行为的单位和个体工商户，可选择按照小规模纳税人纳税。

综上所述，对于增值税一般纳税人和小规模纳税人，对照“单位和个人”总结如下：

①企业：可以是增值税一般纳税人或者小规模纳税人。

②非企业性单位：可以是增值税一般纳税人或者小规模纳税人。

③个体工商户：可以是增值税一般纳税人或者小规模纳税人。在实际业务中，个体工商户以小规模纳税人居多，而且大多数都为双定户。

④其他个人：自然人，都是小规模纳税人。

4. 年应税销售额未超过标准的纳税人，可以成为一般纳税人吗？

答：根据《增值税暂行条例》第十三条、《增值税暂行条例实施细则》第三十二条和《试点实施办法》第四条的规定，年应税销售额未超过规定标准的纳税人，会计核算健全，能够提供准确税务资料的，可以向主管税务机关办理一般纳税人资格登记，成为一般纳税人。

会计核算健全，是指能够按照国家统一的会计制度规定设置账簿，根据合法、有效凭证核算。

纳税人应按照《国家税务总局关于调整增值税一般纳税人管理有关事项的公告》（国家税务总局公告 2015 年第 18 号，以下简称 18 号公告）的规定，向主管税务机关提供是否“会计核算健全”和“能够准确提供税务资料”的情况。

另外，国家税务总局货物和劳务税司 2016 年 4 月在《全面推开营业税改征增值税试点政策培训参考材料》中还做了进一步解读：

（1）会计核算健全，是指能够按照国家统一的会计制度规定设置账簿，根据合法、有效凭证核算。具体主要是指：有专业财务会计人员，能按照财务会计制度规定设置总账和有关明细账进行会计核算，能准确核算增值税销售额、销项税额、进项税额和应纳税额等。

（2）能够准确提供税务资料，是指能够按规定如实填报增值税纳税申报表及其他相关资料，并按期进行申报纳税。

5. 一般纳税人的资格登记程序是怎样的？登记为一般纳税人之后还能转为小规模纳税人吗？

答：根据 18 号公告、《国家税务总局关于“三证合一”登记制度改革涉及增值税一般纳税人管理有关事项的公告》（国家税务总局公告 2015 年第 74 号）的规定，增值税一般纳税人资格实行登记制，登记事项由增值税纳税人向其主管税务机关办理。

（1）纳税人办理一般纳税人资格登记的程序如下：

①纳税人向主管税务机关填报《增值税一般纳税人资格登记表》（该公告附件 1），并提供税务登记证件。

主管税务机关在为纳税人办理增值税一般纳税人登记时，纳税人税务登记证件上不再加盖“增值税一般纳税人”戳记。经主管税务机关核对后退还纳税人留存的《增值税一般纳税人资格登记表》，可以作为证明纳税人具备增值税一般纳税人资格的凭据。

“税务登记证件”，包括纳税人领取的由工商行政管理部门核发的加载法人和其他组织统一社会信用代码的营业执照。

②纳税人填报内容与税务登记信息一致的，主管税务机关当场登记。

③纳税人填报内容与税务登记信息不一致，或者不符合填列要求的，税务机关应当场告知纳税人需要补正的内容。

（2）纳税人年应税销售额超过财政部、国家税务总局规定标准（以下简称规定标准），且符合有关政策规定，选择按小规模纳税人纳税的，应当向主管税务机关提交书面说明（该公告附件 2）。

个体工商户以外的其他个人年应税销售额超过规定标准的，不需要向主管税务机关提交书面说明。

（3）纳税人年应税销售额超过规定标准的，在申报期结束后 20 个工作日内按照上述（1）和（2）规定办理相关手续；未按规定时限办理的，主管税务机关应当在规定期限结束后 10 个工作日内制作《税务事项通知书》，告知纳税人应当在 10 个工作日内向主管税务机关办理相关手续。

（4）除财政部、国家税务总局另有规定外，纳税人自其选择的一般纳税人资格生效之日起，按照增值税一般计税方法计算应纳税额，并按照规定领用增值税专用发票。

这里需要注意的是，《增值税暂行条例实施细则》第三十三条、《试点实施办法》第五条规定，除国家税务总局另有规定外，一经登记为一般纳税人后，不得转为小规模纳税人。但对已登记为一般纳税人且符合财税〔2018〕33 号文件有关规定要求的在 2018 年 12 月 31 日前，可转登记为小规模纳税人，其未抵扣的进项税额作转出处理。

6. 一般纳税人登记标准中是否含补开发票的销售收入？

问：某个体户几年前曾销售一批货物，购货方未及时付款，现补开发票，导致超过小规模纳税人标准，剔除这部分销售收入，实际并未超过标准，该个体户是否必须认定为增值税一般纳税人？

答：根据《国家税务总局关于明确〈增值税一般纳税人资格认定管理办法〉若干条款处理意见的通知》（国税函〔2010〕139号）的规定，年应税销售额，包括纳税申报销售额、稽查查补销售额、纳税评估调整销售额、税务机关代开发票销售额和免税销售额。因此，如果该个体工商户就此笔补开发票的销售额在开票当期申报缴纳增值税，则年销售额应包括补开发票销售额。

因此该个体工商户应申请认定为增值税一般纳税人。

7. 两个纳税人能否合并纳税？

答：根据《试点实施办法》第七条的规定，两个或者两个以上的纳税人，经财政部和国家税务总局批准可以视为一个纳税人合并纳税。具体办法由财政部和国家税务总局另行制定。

| 相关知识 |

《试点实施办法》制定本条规定，对于完善现行增值税制度具有重要意义，同时也为试点过程中探索实施集团纳税制度提供了政策依据。

集团纳税制度，是指在增值税制度安排上，允许具有共同控制性质的多个独立纳税人合并纳税。集团纳税制度可以减少税务机关直接管理的增值税纳税主体数量，降低税务机关的征收成本，也可以降低企业集团直接或间接的增值税遵从成本，有利于企业集团增加现金流，提高资金使用效率，优化企业架构。目前，欧盟、澳大利亚、新西兰等开征增值税的主要国家和地区相继引入了集团纳税制度。

二、征税范围

8. 哪些行为是增值税的应税行为？相关规定该如何适用？

答：根据现行增值税有关政策的规定，增值税的应税行为包括以下两类：

（1）《增值税暂行条例》及其实施细则规定的销售货物、提供加工或修理修配劳务、进口货物。具体税目解释如表1-1所示。

表 1-1　　销售货物、提供加工或修理修配劳务、进口货物注释明细表

序号	税目	注释
一	销售和进口货物	货物，是指有形动产，包括电力、热力、气体在内。
二	加工或修理修配劳务	加工，是指受托加工货物，即委托方提供原料及主要材料，受托方按照委托方的要求，制造货物并收取加工费的业务。 修理修配，是指受托对损伤和丧失功能的货物进行修复，使其恢复原状和功能的业务。

（2）《试点实施办法》第九条规定的销售服务、无形资产或者不动产，具体按《销售服务、无形资产、不动产注释》执行，如表 1-2 所示。

表 1-2　　销售服务、无形资产、不动产注释明细表

序号	税目	注释
一	销售服务	是指提供交通运输服务、邮政服务、电信服务、建筑服务、金融服务、现代服务、生活服务。
（一）	交通运输服务	是指利用运输工具将货物或者旅客送达目的地，使其空间位置得到转移。
1	陆路运输服务	是指通过陆路（地上或者地下）运送货物或者旅客。 （1）铁路运输服务，是指通过铁路运送货物或者旅客的运输业务活动。 （2）其他陆路运输服务，是指铁路运输以外的陆路运输业务活动。包括公路运输、缆车运输、索道运输、地铁运输、城市轻轨运输等。出租车公司向使用本公司自有出租车的出租车司机收取的管理费用，按照陆路运输服务缴纳增值税。
2	水路运输服务	是指通过江、河、湖、川等天然、人工水道或者海洋航道运送货物或者旅客。 （1）程租业务，是指运输企业为租船人完成某一特定航次的运输任务并收取租赁费的业务。 （2）期租业务，是指运输企业将配备有操作人员的船舶承租给他人使用一定期限，承租期内听候承租方调遣，不论是否经营，均按天向承租方收取租赁费，发生的固定费用均由船东负担的业务。
3	航空运输服务	是指通过空中航线运送货物或者旅客。 （1）航空运输的湿租业务：航空运输企业将配备有机组人员的飞机承租给他人使用一定期限，承租期内听候承租方调遣，不论是否经营，均按一定标准向承租方收取租赁费，发生的固定费用均由承租方承担的业务。 （2）航天运输服务：利用火箭等载体将卫星、空间探测器等空间飞行器发射到空间轨道的业务活动。
4	管道运输服务	是指通过管道设施输送气体、液体、固体物质。 无运输工具承运业务：经营者以承运人身份与托运人签订运输服务合同，收取运费并承担承运人责任，然后委托实际承运人完成运输服务。按照交通运输服务缴纳增值税。
（二）	邮政服务	是指中国邮政集团公司及其所属邮政企业提供邮件寄递、邮政汇兑和机要通信等邮政基本服务。
1	邮政普遍服务	是指函件、包裹等邮件寄递，以及邮票发行、报刊发行和邮政汇兑等。函件，是指信函、印刷品、邮资封片卡、无名址函件和邮政小包等。包裹，是指按照封装上的名址递送给特定个人或者单位的独立封装的物品，其重量不超过 50 千克，任何一边的尺寸不超过 150 厘米，长、宽、高合计不超过 300 厘米。

续表

序号	税目	注释
2	邮政特殊服务	是指义务兵平常信函、机要通信、盲人读物和革命烈士遗物的寄递等。
3	其他邮政服务	是指邮册等邮品销售、邮政代理等。
（三）	电信服务	是指利用有线、无线的电磁系统或者光电系统等各种通信网络资源，提供语音通话服务，传送、发射、接收或者应用图像、短信等电子数据和信息的业务活动。
1	基础电信服务	是指利用固网、移动网、卫星、互联网，提供语音通话服务，以及出租或者出售带宽、波长等网络元素。
2	增值电信服务	是指利用固网、移动网、卫星、互联网、有线电视网络，提供短信和彩信服务、电子数据和信息的传输及应用服务、互联网接入服务等。卫星电视信号落地转接服务，按照增值电信服务缴纳增值税。
（四）	建筑服务	是指各类建筑物、构筑物及其附属设施的建造、修缮、装饰，线路、管道、设备、设施等的安装以及其他工程作业的业务活动。
1	工程服务	是指新建、改建各种建筑物、构筑物的工程作业，包括与建筑物相连的各种设备或者支柱、操作平台的安装或者装设，以及各种窑炉和金属结构工程。
2	安装服务	是指生产设备、动力设备、起重设备、运输设备、传动设备、医疗实验设备以及其他各种设备、设施的装配、安置工程作业，包括与被安装设备相连的工作台、梯子、栏杆的装设工程作业，以及被安装设备的绝缘、防腐、保温、油漆等工程作业。固定电话、有线电视、宽带、水、电、燃气、暖气等经营者向用户收取的安装费、初装费、开户费、扩容费以及类似收费，按照安装服务缴纳增值税。
3	修缮服务	是指对建筑物、构筑物进行修补、加固、养护、改善，使之恢复原来的使用价值或者延长其使用期限的工程作业。
4	装饰服务	是指对建筑物、构筑物进行修饰装修，使之美观或者具有特定用途的工程作业。
5	其他建筑服务	是指上列工程作业之外的各种工程作业服务。如钻井（打井）、拆除建筑物或者构筑物、平整土地、园林绿化、疏浚（不包括航道疏浚）、建筑物平移、搭脚手架、爆破、矿山穿孔、表面附着物（包括岩层、土层、沙层等）剥离和清理等工程作业。
（五）	金融服务	是指经营金融保险的业务活动。
1	贷款服务	(1) 贷款，是指将资金贷与他人使用而取得利息收入的业务活动。 各种占用、拆借资金取得的收入，包括金融商品持有期间（含到期）利息（保本收益、报酬、资金占用费、补偿金等）收入、信用卡透支利息收入、买入返售金融商品利息收入、融资融券收取的利息收入，以及融资性售后回租、押汇、罚息、票据贴现、转贷等业务取得的利息及利息性质的收入，按照贷款服务缴纳增值税。 以货币资金投资收取的固定利润或者保底利润，按照贷款服务缴纳增值税。 (2) 融资性售后回租，是指承租方以融资为目的，将资产出售给从事融资性售后回租业务的企业后，从事融资性售后回租业务的企业将该资产出租给承租方的业务活动。

续表

序号	税目	注释
2	直接收费金融服务	是指为货币资金融通及其他金融业务提供相关服务并且收取费用的业务活动。包括提供货币兑换、账户管理、电子银行、信用卡、信用证、财务担保、资产管理、信托管理、基金管理、金融交易场所（平台）管理、资金结算、资金清算、金融支付等服务。
3	保险服务	是指投保人根据合同约定，向保险人支付保险费，保险人对于合同约定的可能发生的事故因其发生所造成的财产损失承担赔偿保险金责任，或者当被保险人死亡、伤残、疾病或者达到合同约定的年龄、期限等条件时承担给付保险金责任的商业保险行为。 （1）人身保险服务，是指以人的寿命和身体为保险标的的保险业务活动。 （2）财产保险服务，是指以财产及其有关利益为保险标的的保险业务活动。
4	金融商品转让	是指转让外汇、有价证券、非货物期货和其他金融商品所有权的业务活动。其他金融商品转让包括基金、信托、理财产品等各类资产管理产品和各种金融衍生品的转让。
（六）	现代服务	是指围绕制造业、文化产业、现代物流产业等提供技术性、知识性服务的业务活动。
1	研发和技术服务	（1）研发服务，也称技术开发服务，是指就新技术、新产品、新工艺或者新材料及其系统进行研究与试验开发的业务活动。 （2）合同能源管理服务，是指节能服务公司与用能单位以契约形式约定节能目标，节能服务公司提供必要的服务，用能单位以节能效果支付节能服务公司投入及其合理报酬的业务活动。 （3）工程勘察勘探服务，是指在采矿、工程施工前后，对地形、地质构造、地下资源蕴藏情况进行实地调查的业务活动。 （4）专业技术服务，是指气象服务、地震服务、海洋服务、测绘服务、城市规划、环境与生态监测服务等专项技术服务。
2	信息技术服务	是指利用计算机、通信网络等技术对信息进行生产、收集、处理、加工、存储、运输、检索和利用，并提供信息服务的业务活动。 （1）软件服务，是指提供软件开发服务、软件维护服务、软件测试服务的业务活动。 （2）电路设计及测试服务，是指提供集成电路和电子电路产品设计、测试及相关技术支持服务的业务活动。 （3）信息系统服务，是指提供信息系统集成、网络管理、网站内容维护、桌面管理与维护、信息系统应用、基础信息技术管理平台整合、信息技术基础设施管理、数据中心、托管中心、信息安全服务、在线杀毒、虚拟主机等业务活动。包括网站对非自有的网络游戏提供的网络运营服务。 （4）业务流程管理服务，是指依托信息技术提供的人力资源管理、财务经济管理、审计管理、税务管理、物流信息管理、经营信息管理和呼叫中心等服务的活动。 （5）信息系统增值服务，是指利用信息系统资源为用户附加提供的信息技术服务。包括数据处理、分析和整合、数据库管理、数据备份、数据存储、容灾服务、电子商务平台等。

续表

序号	税目	注释
3	文化创意服务	(1) 设计服务，是指把计划、规划、设想通过文字、语言、图画、声音、视觉等形式传递出来的业务活动。包括工业设计、内部管理设计、业务运作设计、供应链设计、造型设计、服装设计、环境设计、平面设计、包装设计、动漫设计、网游设计、展示设计、网站设计、机械设计、工程设计、广告设计、创意策划、文印晒图等。 (2) 知识产权服务，是指处理知识产权事务的业务活动。包括对专利、商标、著作权、软件、集成电路布图设计的登记、鉴定、评估、认证、检索服务。 (3) 广告服务，是指利用图书、报纸、杂志、广播、电视、电影、幻灯、路牌、招贴、橱窗、霓虹灯、灯箱、互联网等各种形式为客户的商品、经营服务项目、文体节目或者通告、声明等委托事项进行宣传和提供相关服务的业务活动。包括广告代理和广告的发布、播映、宣传、展示等。 (4) 会议展览服务，是指为商品流通、促销、展示、经贸洽谈、民间交流、企业沟通、国际往来等举办或者组织安排的各类展览和会议的业务活动。
4	物流辅助服务	(1) 航空服务，包括航空地面服务和通用航空服务。 航空地面服务，是指航空公司、飞机场、民航管理局、航站等向在境内航行或者在境内机场停留的境内外飞机或者其他飞行器提供的导航等劳务性地面服务的业务活动。包括旅客安全检查服务、停机坪管理服务、机场候机厅管理服务、飞机清洗消毒服务、空中飞行管理服务、飞机起降服务、飞行通讯服务、地面信号服务、飞机安全服务、飞机跑道管理服务、空中交通管理服务等。 通用航空服务，是指为专业工作提供飞行服务的业务活动，包括航空摄影、航空培训、航空测量、航空勘探、航空护林、航空吊挂播洒、航空降雨、航空气象探测、航空海洋监测、航空科学实验等。 (2) 港口码头服务，是指港务船舶调度服务、船舶通讯服务、航道管理服务、航道疏浚服务、灯塔管理服务、航标管理服务、船舶引航服务、理货服务、系解缆服务、停泊和移泊服务、海上船舶溢油清除服务、水上交通管理服务、船只专业清洗消毒检测服务和防止船只漏油服务等为船只提供服务的业务活动。港口设施经营人收取的港口设施保安费按照港口码头服务缴纳增值税。 (3) 货运客运场站服务，是指货运客运场站提供货物配载服务、运输组织服务、中转换乘服务、车辆调度服务、票务服务、货物打包整理、铁路线路使用服务、加挂铁路客车服务、铁路行包专列发送服务、铁路到达和中转服务、铁路车辆编解服务、车辆挂运服务、铁路接触网服务、铁路机车牵引服务等业务活动。 (4) 打捞救助服务，是指提供船舶人员救助、船舶财产救助、水上救助和沉船沉物打捞服务的业务活动。 (5) 装卸搬运服务，是指使用装卸搬运工具或者人力、畜力将货物在运输工具之间、装卸现场之间或者运输工具与装卸现场之间进行装卸和搬运的业务活动。 (6) 仓储服务，是指利用仓库、货场或者其他场所代客贮放、保管货物的业务活动。 (7) 收派服务，是指接受寄件人委托，在承诺的时限内完成函件和包裹的收件、分拣、派送服务的业务活动。收件服务，是指从寄件人收取函件和包裹，并运送到服务提供方同城的集散中心的业务活动。分拣服务，是指服务提供方在其集散中心对函件和包裹进行归类、分发的业务活动。派送服务，是指服务提供方从其集散中心将函件和包裹送达同城的收件人的业务活动。

续表

序号	税目	注释
5	租赁服务	(1) 融资租赁服务，是指具有融资性质和所有权转移特点的租赁活动。即出租人根据承租人所要求的规格、型号、性能等条件购入有形动产或者不动产租赁给承租人，合同期内租赁物所有权属于出租人，承租人只拥有使用权，合同期满付清租金后，承租人有权按照残值购入租赁物，以拥有其所有权。不论出租人是否将租赁物销售给承租人，均属于融资租赁。 融资性售后回租按照“金融服务——贷款服务”税目缴纳增值税。 (2) 经营租赁服务，是指在约定时间内将有形动产或者不动产转让他人使用且租赁物所有权不变更的业务活动。 水路运输的光租业务、航空运输的干租业务，属于经营租赁。光租业务，是指运输企业将船舶在约定的时间内出租给他人使用，不配备操作人员，不承担运输过程中发生的各项费用，只收取固定租赁费的业务活动。干租业务，是指航空运输企业将飞机在约定的时间内出租给他人使用，不配备机组人员，不承担运输过程中发生的各项费用，只收取固定租赁费的业务活动。 将飞机、车辆等有形动产的广告位出租给其他单位或者个人用于发布广告，按照经营租赁服务缴纳增值税。 将建筑物、构筑物等不动产的广告位出租给其他单位或者个人用于发布广告，按照经营租赁服务缴纳增值税。 车辆停放服务、道路通行服务（包括过路费、过桥费、过闸费等）等按照不动产经营租赁服务缴纳增值税。
6	鉴证咨询服务	(1) 认证服务，是指具有专业资质的单位利用检测、检验、计量等技术，证明产品、服务、管理体系符合相关技术规范、相关技术规范的强制性要求或者标准的业务活动。 (2) 鉴证服务，是指具有专业资质的单位受托对相关事项进行鉴证，发表具有证明力的意见的业务活动。包括会计鉴证、税务鉴证、法律鉴证、职业技能鉴定、工程造价鉴证、工程监理、资产评估、环境评估、房地产土地评估、建筑图纸审核、医疗事故鉴定等。 (3) 咨询服务，是指提供信息、建议、策划、顾问等服务的活动。包括金融、软件、技术、财务、税收、法律、内部管理、业务运作、流程管理、健康等方面的咨询。翻译服务和市场调查服务按照咨询服务缴纳增值税。
7	广播影视服务	(1) 广播影视节目（作品）制作服务，是指进行专题（特别节目）、专栏、综艺、体育、动画片、广播剧、电视剧、电影等广播影视节目和作品制作的服务。具体包括与广播影视节目和作品相关的策划、采编、拍摄、录音、音视频文字图片素材制作、场景布置、后期的剪辑、翻译（编译）、字幕制作、片头、片尾、片花制作、特效制作、影片修复、编目和确权等业务活动。 (2) 广播影视节目（作品）发行服务，是指以分账、买断、委托等方式，向影院、电台、电视台、网站等单位和个人发行广播影视节目（作品）以及转让体育赛事等活动的报道及播映权的业务活动。 (3) 广播影视节目（作品）播映（含放映）服务，是指在影院、剧院、录像厅及其他场所播映广播影视节目（作品），以及通过电台、电视台、卫星通信、互联网、有线电视等无线或者有线装置播映广播影视节目（作品）。

续表

序号	税目	注释
8	商务辅助服务	(1) 企业管理服务，是指提供总部管理、投资与资产管理、市场管理、物业管理、日常综合管理等服务的业务活动。 (2) 经纪代理服务，是指各类经纪、中介、代理服务。包括金融代理、知识产权代理、货物运输代理、代理报关、法律代理、房地产中介、职业中介、婚姻中介、代理记账、拍卖等。 货物运输代理服务，是指接受货物收货人、发货人、船舶所有人、船舶承租人或者船舶经营人的委托，以委托人的名义，为委托人办理货物运输、装卸、仓储和船舶进出港口、引航、靠泊等相关手续的业务活动。 代理报关服务，是指接受进出口货物的收、发货人委托，代为办理报关手续的业务活动。 (3) 人力资源服务，是指提供公共就业、劳务派遣、人才委托招聘、劳动力外包等服务的业务活动。 (4) 安全保护服务，是指提供保护人身安全和财产安全，维护社会治安等的业务活动。包括场所住宅保安、特种保安、安全系统监控以及其他安保服务。
9	其他现代服务	是指除研发和技术服务、信息技术服务、文化创意服务、物流辅助服务、租赁服务、鉴证咨询服务、广播影视服务和商务辅助服务以外的现代服务。
(七)	生活服务	是指为满足城乡居民日常生活需求提供的各类服务活动。
1	文化体育服务	(1) 文化服务，是指为满足社会公众文化生活需求提供的各种服务。包括：文艺创作、文艺表演、文化比赛，图书馆的图书和资料借阅，档案馆的档案管理，文物及非物质遗产保护，组织举办宗教活动、科技活动、文化活动，提供游览场所。 (2) 体育服务，是指组织举办体育比赛、体育表演、体育活动，以及提供体育训练、体育指导、体育管理的业务活动。
2	教育医疗服务	(1) 教育服务，是指提供学历教育服务、非学历教育服务、教育辅助服务的业务活动。 学历教育服务，是指根据教育行政管理部门确定或者认可的招生和教学计划组织教学，并颁发相应学历证书的业务活动。包括初等教育、初级中等教育、高级中等教育、高等教育等。 非学历教育服务，包括学前教育、各类培训、演讲、讲座、报告会等。 教育辅助服务，包括教育测评、考试、招生等服务。 (2) 医疗服务，是指提供医学检查、诊断、治疗、康复、预防、保健、接生、计划生育、防疫服务等方面的服务，以及与这些服务有关的提供药品、医用材料器具、救护车、病房住宿和伙食的业务。
3	旅游娱乐服务	(1) 旅游服务，是指根据旅游者的要求，组织安排交通、游览、住宿、餐饮、购物、文娱、商务等服务的业务活动。 (2) 娱乐服务，是指为娱乐活动同时提供场所和服务的业务。具体包括：歌厅、舞厅、夜总会、酒吧、台球、高尔夫球、保龄球、游艺（包括射击、狩猎、跑马、游戏机、蹦极、卡丁车、热气球、动力伞、射箭、飞镖）。
4	餐饮住宿服务	(1) 餐饮服务，是指通过同时提供饮食和饮食场所的方式为消费者提供饮食消费服务。 (2) 住宿服务，是指提供住宿场所及配套服务等的活动。包括宾馆、旅馆、旅社、度假村和其他经营性住宿场所提供的住宿服务。

续表

序号	税目	注释
5	居民日常服务	是指主要为满足居民个人及其家庭日常生活需求提供的服务，包括市容市政管理、家政、婚庆、养老、殡葬、照料和护理、救助救济、美容美发、按摩、桑拿、氧吧、足疗、沐浴、洗染、摄影扩印等服务。
6	其他生活服务	是指除文化体育服务、教育医疗服务、旅游娱乐服务、餐饮住宿服务和居民日常服务之外的生活服务。
二	销售无形资产	是指转让无形资产所有权或者使用权的业务活动。无形资产，是指不具实物形态，但能带来经济利益的资产，包括技术、商标、著作权、商誉、自然资源使用权和其他权益性无形资产。
(一)	技术	包括专利技术和非专利技术。
(二)	自然资源使用权	包括土地使用权、海域使用权、探矿权、采矿权、取水权和其他自然资源使用权。
(三)	其他权益性无形资产	包括基础设施资产经营权、公共事业特许权、配额、经营权（包括特许经营权、连锁经营权、其他经营权）、经销权、分销权、代理权、会员权、席位权、网络游戏虚拟道具、域名、名称权、肖像权、冠名权、转会费等。
三	销售不动产	是指转让不动产所有权的业务活动。不动产，是指不能移动或者移动后会引起性质、形状改变的财产，包括建筑物、构筑物等。转让建筑物有限产权或者永久使用权的，转让在建的建筑物或者构筑物所有权的，以及在转让建筑物或者构筑物时一并转让其所占土地的使用权的，按照销售不动产缴纳增值税。
(一)	建筑物	包括住宅、商业营业用房、办公楼等可供居住、工作或者进行其他活动的建造物。
(二)	构筑物	包括道路、桥梁、隧道、水坝等建造物。

提示：为了加大发票管理力度，23号公告第四条规定，国家税务总局发布了《商品和服务税收分类与编码（试行）》，并在新系统中增加了编码相关功能。自2016年5月1日起，纳入新系统推行范围的试点纳税人及新办增值税纳税人，应使用新系统选择相应的编码开具增值税发票。也就是说，发票的“货物及应税劳务品目”栏不再输入中文信息，而是应选择相应的编码进行填写。

| 适用解析 |

1. 总公司收取的管理费要交增值税吗?

解析：《销售服务、无形资产、不动产注释》中对“现代服务——商务辅助服务——企业管理服务”的注释是：指提供总部管理、投资与资产管理、市场管理、物业管理、日常综合管理等服务的业务活动。

因此，总公司收取的管理费应当适用“现代服务——商务辅助服务——企业管理服务”项目缴纳增值税。编码：3040801000000000000。

2. 转让特许经营权、连锁经营权、经销权、分销权是否要交增值税?

解析:《销售服务、无形资产、不动产注释》中对“销售无形资产——其他权益性无形资产”的注释是:包括基础设施资产经营权、公共事业特许权、配额、经营权(包括特许经营权、连锁经营权、其他经营权)、经销权、分销权、代理权、会员权、席位权、网络游戏虚拟道具、域名、名称权、肖像权、冠名权、转会费等。

因此,转让特许经营权、连锁经营权、经销权、分销权应当适用“销售无形资产——其他权益性无形资产”项目缴纳增值税。编码:4060000000000000000。

3. 代扣代缴个人所得税的手续费要交增值税吗?

解析:根据《销售服务、无形资产、不动产注释》,代扣代缴个人所得税的手续费返还应按照“商务辅助服务——代理经纪服务”缴纳增值税。(《深圳市全面推开营改增试点工作指引》)

《财政部 国家税务总局 中国人民银行关于进一步加强代扣代收代征税款手续费管理的通知》(财行〔2005〕365号)第六条第(六)项规定,“三代”单位所取得的手续费收入应该单独核算,计入本单位收入,用于“三代”管理支出,也可以适当奖励相关工作人员。

9. 如何确定一项经济行为是否需要缴纳增值税?

答:《增值税暂行条例》第一条规定,在中华人民共和国境内销售货物或者提供加工、修理修配劳务以及进口货物的单位和个人,为增值税的纳税人,应当依照该条例缴纳增值税。《试点实施办法》第一条规定,在中华人民共和国境内销售服务、无形资产或者不动产(以下称应税行为)的单位和个人,为增值税纳税人,应当按照该办法缴纳增值税,不缴纳营业税。由上述两条规定可知,确定一项经济行为是否需要缴纳增值税,除另有规定外,一般应同时具备以下四个条件:

(1)应税行为发生在中华人民共和国境内。

根据《增值税暂行条例实施细则》第八条和《试点实施办法》第十二条规定,具体指:

①销售货物的起运地或者所在地在境内。

②提供的应税劳务发生在境内。

③服务(租赁不动产除外)或者无形资产(自然资源使用权除外)的销售方或者购买方在境内。

④所销售或者租赁的不动产在境内。

⑤所销售自然资源使用权的自然资源在境内。

⑥财政部和国家税务总局规定的其他情形。

另外，《试点实施办法》第十三条还明确了如下不属于在境内销售服务或者无形资产的情形：

①境外单位或者个人向境内单位或者个人销售完全在境外发生的服务。

②境外单位或者个人向境内单位或者个人销售完全在境外使用的无形资产。

③境外单位或者个人向境内单位或者个人出租完全在境外使用的有形动产。

④财政部和国家税务总局规定的其他情形。

（2）应税行为是属于增值税的征税范围内的业务活动。应税行为分为六类：

①销售货物。

②提供加工、修理修配劳务。

③进口货物。

④销售应税服务，具体包括交通运输服务、邮政服务、电信服务、建筑服务、金融服务、现代服务、生活服务。

⑤销售无形资产。

⑥销售不动产。

（3）提供的加工、修理修配劳务和服务是为他人提供的。

为他人提供的是指应税行为的提供对象必须是其他单位或者个人，不是自己，即自我服务不征税。这里所说的“自我服务”，包括以下两种情形：

①单位或者个体工商户聘用的员工为本单位或者雇主提供取得工资的劳务或服务。

②单位或者个体工商户为聘用的员工提供服务。

需要注意的是，员工向用人单位或雇主提供与工作（职务）无关的服务，凡属于《销售服务、无形资产、不动产注释》范围的，仍应当征收增值税。例如，员工将自己的房屋出租给本单位使用收取房租、员工利用自己的交通工具为本单位运输货物收取运费、员工将自有资金贷给本单位使用收取利息等。

（4）应税行为是有偿的。

有偿，是指取得货币、货物或者其他经济利益。其他经济利益是指非货币、货物形式的收益，具体包括固定资产（不含货物）、生物资产（不含货物）、无形资产（包括特许权）、股权投资、存货、不准备持有至到期的债券投资、服务以及有关权益等。

纳税人只有发生有偿销售货物、提供应税劳务或服务、有偿转让无形资产、不动产的行为才能征收增值税。非经营活动即使是有偿的，也不征收增值税。非经营活动包括：

①行政单位收取的同时满足规定条件的政府性基金或者行政事业性收费。

②单位或者个体工商户聘用的员工为本单位或者雇主提供取得工资的服务。

③单位或者个体工商户为聘用的员工提供服务。

④财政部和国家税务总局规定的其他情形。

| 相关知识 |

境外一咨询公司与境内某公司签订咨询合同，就这家境内公司如何开拓境内、境外市场进行实地调研并提出合理化管理建议，境外咨询公司提供的咨询服务同时在境内和境外发生，属于在境内销售服务。

10. 哪些行为属于增值税视同销售的范围？

答：一项行为是否属于视同销售的范围，需要区分销售货物还是销售服务、无形资产或者不动产，适用不同的税收政策进行处理。

（1）根据《增值税暂行条例实施细则》第四条的规定，单位或者个体工商户的下列行为，视同销售货物：

①将货物交付其他单位或者个人代销。

②销售代销货物。

③设有两个以上机构并实行统一核算的纳税人，将货物从一个机构移送其他机构用于销售，但相关机构设在同一县（市）的除外。

《国家税务总局关于企业所属机构间移送货物征收增值税问题的通知》（国税发〔1998〕137 号）规定，上述所称的用于销售，是指受货机构发生以下情形之一的经营行为：

第一，向购货方开具发票。

第二，向购货方收取货款。

受货机构的货物移送行为有上述两项情形之一的，应当向所在地税务机关缴纳增值税；未发生上述两项情形的，则应由总机构统一缴纳增值税。

如果受货机构只就部分货物向购买方开具发票或收取货款，则应当区别不同情况计算并分别向总机构所在地或分支机构所在地缴纳税款。

④将自产或者委托加工的货物用于非增值税应税项目。

⑤将自产、委托加工的货物用于集体福利或者个人消费。

⑥将自产、委托加工或者购进的货物作为投资，提供给其他单位或者个体工商户。

⑦将自产、委托加工或者购进的货物分配给股东或者投资者。

⑧将自产、委托加工或者购进的货物无偿赠送其他单位或者个人。

（2）根据《试点实施办法》第十四条的规定，下列情形视同销售服务、无形资产或者不动产：

①单位或者个体工商户向其他单位或者个人无偿提供服务，但用于公益事业或者以社会公众为对象的除外。

②单位或者个人向其他单位或者个人无偿转让无形资产或者不动产，但用于公益事业或者以社会公众为对象的除外。

③财政部和国家税务总局规定的其他情形。

国家指令无偿提供的航空运输服务、铁路运输服务，属于该条规定的以公益活动为目的的服务，不征收增值税。

| 案例分析 |

子公司向母公司提供建筑服务，材料由母公司提供，子公司不收取任何费用，并垫支建筑人工费用 100 万元。公司应如何进行税务处理?

分析：

如果不是用于公益事业或者以社会公众为对象的情形，子公司垫支建筑人工费用，作为无偿提供建筑服务需要视同销售，缴纳增值税。主管税务机关有权根据《试点实施办法》第四十四条规定的顺序确定销售额：

（1）按照纳税人最近时期销售同类服务、无形资产或者不动产的平均价格确定。

（2）按照其他纳税人最近时期销售同类服务、无形资产或者不动产的平均价格确定。

（3）按照组成计税价格确定。组成计税价格的公式为：

组成计税价格＝成本×（1＋成本利润率）

成本利润率由国家税务总局确定。

假设为人工费市场价格，则子公司视同销售计算的税额＝100×11%＝11（万元）。

账务处理如下：

借：营业外支出　　1 110 000

　贷：应付职工薪酬　　1 000 000

　　　应交税费——应交增值税（销项税额）　　110 000

11. 赠送客户的礼品、积分换礼品是否需要视同销售缴纳增值税？

答：《增值税暂行条例实施细则》第四条第（八）项以及《试点实施办法》第十四条规定，免费赠送要做视同销售处理。如何理解关于免费赠送的这个规定，鉴于营改增后免费和有偿赠送内容多样化和复杂化，各地方的理解有所不同，目前主要有以下几种观点：

（1）视为无偿赠送，视同销售缴纳增值税。

（2）视为有偿赠送，作为混合销售处理。

（3）视为有偿赠送，作为兼营处理。

这里要提醒读者注意的是，《试点有关事项的规定》第一条第（十六）项第1目对“存话费送手机”已给出了明确的规定：“试点纳税人销售电信服务时，附带赠送用户识别卡、电信终端等货物或者电信服务的，应将其取得的全部价款和价外费用进行分别核算，按各自适用的税率计算缴纳增值税。”

结合《国家税务总局关于确认企业所得税收入若干问题的通知》（国税函〔2008〕875号）第三条、《财政部 国家税务总局关于企业促销展业赠送礼品有关个人所得税问题的通知》（财税〔2011〕50号）两个文件精神，在国家法规层面，对“赠送客户的礼品”如何进行税务处理，其实已经按实质重于形式的原则做出了法理性的规定。结合实务，笔者认为应具体分以下情形进行增值税处理：

（1）对只有购买了企业的货物或服务的，才会获得相应物品或服务的赠送，无须视同销售处理。如住宿服务免费提供餐饮服务，存话费送手机，买房送车位等。

由于上述促销活动不是一项销售行为必须同时涉及货物和服务，从性质上更类似“捆绑销售”，并不符合《试点实施办法》第四十条“一项销售行为如果既涉及服务又涉及货物，为混合销售”的定义。典型的混合销售，比如销售建筑服务（非清包工），既销售服务又销售货物，钢材、水泥和建筑劳务混合在一起才能建成房子，才能构成“建筑服务”这个特殊的商品。因此，作为兼营进行增值税处理，笔者认为更符合财税精神。

（2）对获得相应物品或服务的赠送并不以购买货物、服务为前提的，应当认定为免费赠送，视同销售处理。如开业进店有礼，房地产开盘送礼，周年庆抽奖中家电，银行大客户春节拜访送笔记本电脑等。

纳税人应密切关注所在地国税部门的征管要求，对于存在较大疑问的事项应及时与主管税务机关沟通。

| 政策链接 |

1. 企业所得税政策

《国家税务总局关于确认企业所得税收入若干问题的通知》（国税函〔2008〕875号）第三条规定，企业以买一赠一等方式组合销售本企业商品的，不属于捐赠，应将总的销售金额按各项商品的公允价值的比例来分摊确认各项的销售收入。

2. 个人所得税政策

《财政部 国家税务总局关于企业促销展业赠送礼品有关个人所得税问题的通知》（财税〔2011〕50号）规定：

(1) 企业在销售商品（产品）和提供服务过程中向个人赠送礼品，属于下列情形之一的，不征收个人所得税：

①企业通过价格折扣、折让方式向个人销售商品（产品）和提供服务；

②企业在向个人销售商品（产品）和提供服务的同时给予赠品，如通信企业对个人购买手机赠话费、入网费，或者购话费赠手机等；

③企业对累积消费达到一定额度的个人按消费积分反馈礼品。

共同特点：只有个人购买了企业的商品或劳务的同时才会获得相应物品或服务的赠送。

(2) 企业向个人赠送礼品，属于下列情形之一的，取得该项所得的个人应依法缴纳个人所得税，税款由赠送礼品的企业代扣代缴：

①企业在业务宣传、广告等活动中，随机向本单位以外的个人赠送礼品，对个人取得的礼品所得，按照“其他所得”项目，全额适用20%的税率缴纳个人所得税。

②企业在年会、座谈会、庆典以及其他活动中向本单位以外的个人赠送礼品，对个人取得的礼品所得，按照“其他所得”项目，全额适用20%的税率缴纳个人所得税。

③企业对累积消费达到一定额度的顾客，给予额外抽奖机会，个人的获奖所得，按照“偶然所得”项目，全额适用20%的税率缴纳个人所得税。

共同特点：企业赠送礼品并不以个人购买企业的商品或提供的服务为前提。

(3) 企业赠送的礼品是自产产品（服务）的，按该产品（服务）的市场销售价格确定个人的应税所得；是外购商品（服务）的，按该商品（服务）的实际购置价格确定个人的应税所得。

12. 免租期内的不动产租赁是否要视同销售缴纳增值税？

答：根据《国家税务总局关于土地价款扣除时间等增值税征管问题的公告》（国家税务总局公告2016年第86号，以下简称86号公告）第七条的规定，纳税人出租不动产，租赁合同中约定免租期的，不属于《试点实施办法》第十四条规定的视同销售服务。

三、计税方法、税率和征收率

13. 增值税的税率和征收率是如何设置的？相关规定该如何适用？

答：一般纳税人采取一般计税方法的，适用税率缴纳增值税。小规模纳税人采取简易计税方法的，适用征收率缴纳增值税。

对于一般纳税人，财政部和国家税务总局另有规定可采取简易计税方法的，适用征收率缴纳增值税。

（1）根据《增值税暂行条例》第二条、《试点实施办法》第十五条、《财政部 国家税务总局关于简并增值税税率有关政策的通知》（财税〔2017〕37 号，以下简称财税〔2017〕37 号文件）第一条的规定，纳税人发生增值税应税销售行为或者进口货物，增值税税率有 17%、11%、6%、零税率四档。《财政部 国家税务总局关于调整增值税税率的通知》（财税〔2018〕32 号，以下简称财税〔2018〕32 号文件）第二条规定，自 2018 年 5 月 1 起，原适用 17%和 11%税率的，税率分别调整为 16%、10%。

（2）根据《增值税暂行条例》第十二条、《试点实施办法》第十六条规定，增值税征收率为 3%，财政部和国家税务总局另有规定的除外。

按现行政策，“另有规定”是指：

①《试点有关事项的规定》规定，销售不动产、不动产经营租赁、销售土地使用权的征收率规定为 5%。

②《财政部 国家税务总局关于进一步明确全面推开营改增试点有关劳务派遣服务、收费公路通行费抵扣等政策的通知》（财税〔2016〕47 号）规定，纳税人选择销售额差额计算的劳务派遣服务、人力资源外包服务、不动产租赁服务的征收率规定为 5%。

增值税的税率或征收率具体见表 1-3。

表 1-3　增值税税率、征收率明细表（适用于 2018 年 5 月 1 日以后）

<table>
<tr><td colspan="5">一、销售货物、提供应税劳务</td></tr>
<tr><td>税目</td><td colspan="2">子目</td><td>税率</td><td>征收率</td></tr>
<tr><td rowspan="9">（一）销售或进口货物</td><td colspan="2">1. 一般货物（以下 2 至 9 列举的货物除外）</td><td>16%</td><td>3%</td></tr>
<tr><td colspan="2">2. 食用植物油、食用盐</td><td>10%</td><td>3%</td></tr>
<tr><td colspan="2">3. 自来水、暖气、冷气、热水、煤气、石油液化气、天然气、沼气、居民用煤炭制品</td><td>10%</td><td>3%</td></tr>
<tr><td colspan="2">4. 图书、报纸、杂志</td><td>10%</td><td>3%</td></tr>
<tr><td colspan="2">5. 饲料、化肥、农药、农机、农膜</td><td>10%</td><td>3%</td></tr>
<tr><td colspan="2">6. 农产品（含粮食）</td><td>10%</td><td>3%</td></tr>
<tr><td colspan="2">7. 音像制品</td><td>10%</td><td>3%</td></tr>
<tr><td colspan="2">8. 电子出版物</td><td>10%</td><td>3%</td></tr>
<tr><td colspan="2">9. 二甲醚</td><td>10%</td><td>3%</td></tr>
<tr><td>（二）提供劳务</td><td colspan="2">提供加工、修理修配劳务</td><td>16%</td><td>3%</td></tr>
<tr><td colspan="3">（三）出口货物</td><td>0</td><td>—</td></tr>
<tr><td colspan="5">二、销售服务、无形资产、不动产</td></tr>
<tr><td>税目</td><td>子目</td><td>细目</td><td>税率</td><td>征收率</td></tr>
<tr><td rowspan="2">（一）销售不动产</td><td>建筑物</td><td></td><td rowspan="2">10%</td><td rowspan="2">5%</td></tr>
<tr><td>构筑物</td><td></td></tr>
</table>

续表

税目	子目	细目	税率	征收率
（二）销售无形资产	技术	专利技术和非专利技术	6%	3%
	自然资源使用权	1. 土地使用权	10%	5%
		2. 其他	6%	3%
	其他权益性无形资产		6%	3%
（三）销售服务	交通运输服务	1. 陆路运输服务	10%	3%
		2. 水路运输服务		
		3. 航空运输服务		
		4. 管道运输服务		
	邮政服务	1. 邮政普遍服务	10%	3%
		2. 邮政特殊服务		
		3. 其他邮政服务		
	电信服务	1. 基础电信服务	10%	3%
		2. 增值电信服务	6%	
	建筑服务	1. 工程服务	10%	3%
		2. 安装服务		
		3. 修缮服务		
		4. 装饰服务		
		5. 其他建筑服务		
	金融服务	1. 贷款服务	6%	3%
		2. 直接收费金融服务		
		3. 保险服务		
		4. 金融商品转让		
	现代服务	1. 研发和技术服务	6%	3%
		2. 信息技术服务		
		3. 文化创意服务		
		4. 物流辅助服务		
		5. 租赁服务——有形资产租赁	16%	3%
		租赁服务——不动产租赁	10%	5%
		6. 鉴证咨询服务	6%	3%或5%
		7. 广播影视服务		
		8. 商务辅助服务		
		9. 其他现代服务		
	生活服务	1. 文化体育服务	6%	3%
		2. 教育医疗服务		
		3. 旅游娱乐服务		
		4. 餐饮住宿服务		
		5. 居民日常服务		
		6. 其他生活服务		
（四）境内单位和个人发生的跨境应税行为			0	—

如何适用税率？分两步走。第一步：找税目；第二步：找税率或征收率。

| 适用解析 |

1. 以货币资金投资入股，取得的固定利润要缴增值税吗?

解析：以货币资金投资收取的固定利润或者保底利润，按照“金融服务——贷款服务”缴纳增值税，适用税率6%，征收率3%。

2. 无运输工具承运业务和货物运输代理服务如何缴纳增值税?

解析：(1) 无运输工具承运业务，是指经营者以承运人身份与托运人签订运输服务合同，收取运费并承担承运人责任，然后委托实际承运人完成运输服务的经营活动。按照“交通运输服务”缴纳增值税，适用税率11%，征收率3%。

(2) 货物运输代理服务，是指接受货物收货人、发货人、船舶所有人、船舶承租人或者船舶经营人的委托，以委托人的名义，为委托人办理货物运输、装卸、仓储和船舶进出港口、引航、靠泊等相关手续的业务活动。按照“现代服务——商务辅助服务——货物运输代理服务”缴纳增值税，适用税率6%，征收率3%。

3. 物业公司收取的停车费用收入、广告位收入按什么税率交税?

解析：(1) 车辆停放服务、道路通行服务（包括过路费、过桥费、过闸费等）等按照“租赁服务——不动产经营租赁”缴纳增值税，适用税率11%，征收率5%。

(2) 将车辆等有形动产的广告位出租给其他单位或者个人用于发布广告，按照“租赁服务——有形资产经营租赁”缴纳增值税，适用税率17%，征收率3%。

(3) 将建筑物、构筑物等不动产的广告位出租给其他单位或者个人用于发布广告，按照“租赁服务——不动产经营租赁”缴纳增值税，适用税率11%，征收率5%。

14. 一般计税方法与简易计税方法有什么区别?

答：(1) 一般计税方法。

《试点实施办法》第十八条、第二十一至第二十三条规定，一般纳税人发生应税行为适用一般计税方法计税。一般计税方法的应纳税额，是指当期销项税额抵扣当期进项税额后的余额。应纳税额的计算公式如下：

应纳税额＝当期销项税额－当期进项税额

销项税额＝销售额×税率

销售额＝含税销售额÷(1＋税率)

当期销项税额小于当期进项税额不足抵扣时，其不足部分可以结转下期继续抵扣。

（2）简易计税方法。

《试点实施办法》第十八条、第十九条、第三十四条、第三十五条规定，小规模纳税人发生应税行为适用简易计税方法计税。

一般纳税人发生财政部和国家税务总局规定的特定应税行为，可以选择适用简易计税方法计税，但一经选择，36个月内不得变更。

简易计税方法的应纳税额，是指按照销售额和增值税征收率计算的增值税额，不得抵扣进项税额。

应纳税额的计算公式如下：

应纳税额＝销售额×征收率

销售额＝含税销售额÷(1＋征收率)

| 案例分析 |

［例 1］某租赁业试点一般纳税人 2018 年 5 月提供的 2015 年购建的不动产经营租赁服务销售额为 110 万元，当月该项不动产发生维修费用 30 万元，取得进项税额 3.3 万元。假设该纳税人选择适用一般计税方法。该纳税人应如何进行税务处理？

分析：

该纳税人增值税应纳税额＝110÷(1＋10%)×10%－3.3＝6.7(万元)

账务处理如下：

①取得不动产租赁收入时。

	借方	贷方
借：银行存款	1 100 000	
贷：主营业务收入		1 000 000
应交税费——应交增值税（销项税额）		100 000

②发生不动产检修费用时。

	借方	贷方
借：主营业务成本	300 000	
应交税费——应交增值税（进项税额）	33 000	
贷：银行存款		333 000

③计算当月应交增值税。

	借方	贷方
借：应交税费——应交增值税（转出未交增值税）	67 000	
贷：应交税费——未交增值税		67 000

④2018 年 6 月申报期缴纳上月应交增值税。

	借方	贷方
借：应交税费——未交增值税	67 000	
贷：银行存款		67 000

［**例 2**］某租赁业小规模纳税人 2016 年 5 月提供的不动产经营租赁服务销售额为 10.5 万元，当月该项不动产发生维修费用，取得普通发票价税合计 3 万元。该纳税人应如何进行税务处理?

分析：

小规模纳税人应当适用简易计税方法，当月增值税应纳税额 = 10.5 ÷ (1 + 5%) × 5% = 0.5（万元）。

账务处理如下：

①取得不动产租赁收入时。

借：银行存款　　105 000

　贷：主营业务收入　　100 000

　　　应交税费——应交增值税　　5 000

②发生不动产检修费用时。

借：主营业务成本　　30 000

　贷：银行存款　　30 000

③2016 年 6 月申报期缴纳上月应交增值税。

借：应交税费——应交增值税　　5 000

　贷：银行存款　　5 000

15. 一般纳税人销售哪些货物可以采取简易计税方法?

答：根据财税〔2009〕9 号文件、《国家税务总局关于兽用药品经营企业销售兽用生物制品有关增值税问题的公告》（国家税务总局公告 2016 年第 8 号）、《财政部 海关总署 税务总局 国家药品监督管理关于抗癌药品增值税政策的通知》（财税〔2018〕47 号）的规定，一般纳税人销售符合规定的货物可选择按照简易办法依照 3%征收率计算缴纳增值税。具体见表 1-4。

表 1-4　　一般纳税人可以选择简易计税方法的应税行为
（销售货物）

	（一）销售自产货物	销售额	征收率
1	县级及县级以下小型水力发电单位生产的电力 备注：小型水力发电单位，是指各类投资主体建设的装机容量为 5 万千瓦以下（含 5 万千瓦）的小型水力发电单位	全部价款和价外费用	3%
2	建筑用或生产建筑材料所用的砂、土、石料	全部价款和价外费用	3%
3	以自己采掘的砂、土、石料或其他矿物连续生产的砖、瓦、石灰（不含粘土实心砖、瓦）	全部价款和价外费用	3%

续表

	（一）销售自产货物	销售额	征收率
4	用微生物、微生物代谢产物、动物毒素、人或动物的血液或组织制成的生物制品；生产销售和批发、零售抗癌药品	全部价款和价外费用	3%
5	自来水	全部价款和价外费用	3%
6	商品混凝土（仅限于以水泥为原料生产的水泥混凝土）	全部价款和价外费用	3%
	（二）其他	销售额	征收率
7	兽用药品经营企业销售兽用生物制品。兽用药品经营企业，是指取得兽医行政管理部门颁发的《兽药经营许可证》，获准从事兽用生物制品经营的兽用药品批发和零售企业	全部价款和价外费用	3%
8	寄售商店代销寄售物品（包括居民个人寄售的物品在内）	全部价款和价外费用	3%
9	典当业销售死当物品	全部价款和价外费用	3%
10	经国务院或国务院授权机关批准的免税商店零售的免税品	全部价款和价外费用	3%
11	销售不得抵扣、亦未抵扣进项税的使用过的固定资产（放弃优惠可开具专用发票）	全部价款和价外费用	3%减按2%
12	销售旧货	全部价款和价外费用	3%减按2%

16. 一般纳税人的哪些销售服务及转让不动产、无形资产的行为可以采取简易计税方法？

答：根据《试点实施办法》、《试点有关事项的规定》、财税〔2016〕47号文件、《财政部 国家税务总局关于进一步明确全面推开营改增试点金融业有关政策的通知》（财税〔2016〕46号）和《财政部 国家税务总局关于进一步明确全面推开营改增试点有关再保险、不动产租赁和非学历教育等政策的通知》（财税〔2016〕68号）、《财政部 国家税务总局关于明确金融房地产开发教育辅助服务等增值税政策的通知》（财税〔2016〕140号）的规定，一般纳税人发生符合规定的销售服务及转让不动产、无形资产的应税行为，可以采取简易计税方法，依照规定的征收率计算缴纳增值税。具体见表1-5。

表1-5　一般纳税人可以选择简易计税方法的应税行为

（销售服务及转让不动产、无形资产）

序号	特定应税行为	销售额	征收率
1	公共交通运输服务	全部价款和价外费用	3%
2	经认定的动漫企业为开发动漫产品提供的动漫设计、制作等服务及在境内转让动漫版权	全部价款和价外费用	3%

续表

序号	特定应税行为	销售额	征收率
3	电影放映服务	全部价款和价外费用	3%
4	仓储服务	全部价款和价外费用	3%
5	装卸搬运服务	全部价款和价外费用	3%
6	收派服务	全部价款和价外费用	3%
7	文化体育服务	全部价款和价外费用	3%
8	以纳入营改增试点之日前取得的有形动产为标的物提供的经营租赁服务	全部价款和价外费用	3%
9	在纳入营改增试点之日前签订的尚未执行完毕的有形动产租赁合同	全部价款和价外费用	3%
10	以清包工方式提供的建筑服务	全部价款和价外费用扣除支付的分包款后的余额	3%
11	为甲供工程提供的建筑服务		
12	为建筑工程老项目提供的建筑服务		
13	公路经营企业收取试点前开工的高速公路的车辆通行费	全部价款和价外费用	3%
14	一般纳税人销售其 2016 年 4 月 30 日前取得（不含自建）的不动产	全部价款和价外费用减去该项不动产购置原价或者取得不动产时的作价	5%
15	一般纳税人销售其 2016 年 4 月 30 日前自建的不动产	全部价款和价外费用	5%
16	房地产开发企业中的一般纳税人，销售自行开发的房地产老项目	全部价款和价外费用	5%
17	一般纳税人出租其 2016 年 4 月 30 日前取得的不动产	全部价款和价外费用	5%
18	一般纳税人 2016 年 4 月 30 日前签订的不动产融资租赁合同，或以 2016 年 4 月 30 日前取得的不动产提供的融资租赁服务	全部价款和价外费用	5%
19	纳税人转让 2016 年 4 月 30 日前取得的土地使用权	全部价款和价外费用减去取得该土地使用权的原价后的余额	5%
20	一般纳税人收取试点前开工的一级公路、二级公路、桥、闸通行费	全部价款和价外费用	5%
21	一般纳税人提供劳务派遣服务、安全保护服务	取得的全部价款和价外费用，扣除代用工单位支付给劳务派遣员工的工资、福利和为其办理社会保险及住房公积金后的余额	5%
22	一般纳税人提供人力资源外包服务	不包括受客户单位委托代为向客户单位员工发放的工资和代理缴纳的社会保险、住房公积金	5%
23	一般纳税人提供非学历教育服务	全部价款和价外费用	3%

续表

序号	特定应税行为	销售额	征收率
24	一般纳税人提供教育辅助服务	全部价款和价外费用	3%
25	非企业性单位中的一般纳税人提供的研发和技术服务、信息技术服务、鉴证咨询服务，以及销售技术、著作权等无形资产	全部价款和价外费用	3%
26	非企业性单位中的一般纳税人提供技术转让、技术开发和与之相关的技术咨询、技术服务	全部价款和价外费用	3%
27	农村信用社、村镇银行、农村资金互助社、由银行业机构全资发起设立的贷款公司、法人机构在县（县级市、区、旗）及县以下地区的农村合作银行和农村商业银行提供金融服务	全部价款和价外费用	3%
28	中国农业银行纳入“三农金融事业部”改革试点的各省、自治区、直辖市、计划单列市分行下辖的县域支行和新疆生产建设兵团分行下辖的县域支行（也称县事业部），提供农户贷款、农村企业和农村各类组织贷款，取得利息收入	全部价款和价外费用	3%

| 案例分析 |

A租赁公司2016年10月1日向B公司出租一栋营业用房，收取当月租金价款为105万元，该房屋系2013年购置。当月该项不动产发生维修费用3万元，取得进项税额0.33万元。A公司应如何进行税务处理?

分析：

A租赁公司可以选择适用简易计税方法，同时取得的进项税额不能抵扣。

增值税应纳税额＝105÷(1＋5%)×5%＝5(万元)

账务处理如下：

①取得不动产租赁收入时。

借：银行存款　　1 050 000

　贷：主营业务收入　　1 000 000

　　应交税费——简易计税　　50 000

②发生不动产检修费用时。

借：主营业务成本　　33 300

　贷：银行存款　　33 300

③次月申报缴纳交增值税时。

借：应交税费——简易计税　　50 000

　贷：银行存款　　50 000

四、 销售额

17. 企业收取的违约金是否缴纳增值税?

答: 违约金是合同当事人在合同中预先约定的当一方不履行合同或不完全履行合同时，由违约的一方支付给对方的一定金额的货币。

《增值税暂行条例实施细则》第十二条规定，条例第六条第一款所称价外费用，包括价外向购买方收取的手续费、补贴、基金、集资费、返还利润、奖励费、违约金、滞纳金、延期付款利息、赔偿金、代收款项、代垫款项、包装费、包装物租金、储备费、优质费、运输装卸费以及其他各种性质的价外收费。

《试点实施办法》第三十七条规定，价外费用，是指价外收取的各种性质的收费。

由上述规定可知，违约金是价外费用的一种形式。对收取的违约金一般视为含税收入，应将其换算为不含税收入后并入销售额征收增值税。

| 案例分析 |

甲公司与乙公司于 2016 年 5 月签订建筑工程设计服务协议，协议约定：甲公司应在 2016 年 10 月之前，完成乙公司的 10 万平方米的楼盘设计，合同价款为 600 万元(不含税)，乙公司应于合同签订之日起 5 日内预付 30%的设计费，于设计完成交稿之日起 10 日内，付清全款。如一方违约，须向对方支付 5 万元违约金。对收取的违约金该如何进行税务处理?

分析:

(1) 如果乙公司违约，甲公司在收取服务价款时，同时收取乙方违约金 5 万元。甲乙公司均为一般纳税人。

则甲方此笔价款和违约金收入，应计算增值税销项税额: $600\times6\%+5\div(1+6\%)\times6\%=36.28$ (万元)。

甲公司可以将违约金和货款一并开具增值税专用发票给乙公司，乙公司可以按照规定抵扣增值税进项税额。

(2) 如果甲公司违约，向乙公司支付违约金 5 万元，对乙公司来说，从甲公司取得的违约金收入 5 万元，不符合作为价外费用计征增值税的条件，不属于增值税征税范围，不缴纳增值税。

乙方收取的违约金，不能开具增值税专用发票和普通发票。

18. 代收代付款要缴纳增值税吗？

答：代收代付款是否属于价外费用缴纳增值税，应视不同情形，分别适用以下规定。

第一种情形：销售货物、提供加工或修理修配劳务。

《增值税暂行条例实施细则》第十二条规定，条例第六条第一款所称价外费用，包括价外向购买方收取的手续费、补贴、基金、集资费、返还利润、奖励费、违约金、滞纳金、延期付款利息、赔偿金、代收款项、代垫款项、包装费、包装物租金、储备费、优质费、运输装卸费以及其他各种性质的价外收费。但下列项目不包括在内：

（1）受托加工应征消费税的消费品所代收代缴的消费税。

（2）同时符合以下条件的代垫运输费用：

①承运部门的运输费用发票开具给购买方的；

②纳税人将该项发票转交给购买方的。

（3）同时符合以下条件代为收取的政府性基金或者行政事业性收费：

①由国务院或者财政部批准设立的政府性基金，由国务院或者省级人民政府及其财政、价格主管部门批准设立的行政事业性收费；

②收取时开具省级以上财政部门印制的财政票据；

③所收款项全额上缴财政。

（4）销售货物的同时代办保险等而向购买方收取的保险费，以及向购买方收取的代购买方缴纳的车辆购置税、车辆牌照费。

第二种情形：销售服务、转让无形资产或不动产。

《试点实施办法》第三十七条规定，价外费用，是指价外收取的各种性质的收费，但不包括以下项目：

（1）代为收取并符合该办法第十条规定的政府性基金或者行政事业性收费。

符合第十条规定的政府基金或者行政事业性收费是指：

①由国务院或者财政部批准设立的政府性基金，由国务院或者省级人民政府及其财政、价格主管部门批准设立的行政事业性收费；

②收取时开具省级以上（含省级）财政部门监（印）制的财政票据；

③所收款项全额上缴财政。

（2）以委托方名义开具发票代委托方收取的款项。

由此可见，企业在生产经营中，各种代收代付款项，比如代收代付的货物运输费、水电费、住房维修基金等，只要符合上述两个条件，可界定为不属于增值税征税范围，不需要缴纳增值税。

丨适用解析丨

企业代购保险要不要缴纳增值税?

解析: 第一种情形：保险公司向甲方开具发票。

收取的资金最终属于委托方，委托方会向支付方开具发票，企业在中间只起到代收代付的作用。

符合《试点实施办法》第三十七条的规定，不属于价外费用，不需要计入收入缴纳增值税。

第二种情形：建筑公司代甲方向保险公司购买保险，保险公司向建筑公司开具了发票，建筑公司向甲方收取了保险费。

不符合《试点实施办法》第三十七条的规定，应当属于价外费用，该保险费属于建筑公司的应税收入，应缴纳增值税。

因此，对于代收代付款，委托方是否要缴增值税，是否向付款方开具发票是关键。

19. 哪些应税行为的销售额可以差额计算？相应的增值税专用发票如何开具？

答： 根据《试点有关事项的规定》、财税〔2016〕47 号文件和财税〔2016〕68 号文件的规定，符合条件的应税行为，纳税人可以采取差额计算销售额。具体如表 1-6 所示。

表 1-6　　差额计算销售额的特定应税行为明细表

序号	应税行为	销售额的计算	专用发票的开具
1	一般纳税人提供客运场站服务	以其取得的全部价款和价外费用，扣除支付给承运方运费后的余额为销售额	全额开票
2	试点纳税人提供旅游服务	可以选择以取得的全部价款和价外费用，扣除向旅游服务购买方收取并支付给其他单位或者个人的住宿费、餐饮费、交通费、签证费、门票费和支付给其他接团旅游企业的旅游费用后的余额为销售额	差额开票
3	试点纳税人提供建筑服务适用简易计税方法	以取得的全部价款和价外费用扣除支付的分包款后的余额为销售额	全额开票
4	房地产开发企业中的一般纳税人，适用一般计税方法，销售其开发的房地产项目	以取得的全部价款和价外费用，扣除受让土地时向政府部门支付的土地价款后的余额为销售额	全额开票
5	一般纳税人销售其 2016 年 4 月 30 日前取得（不含自建）的不动产，选择适用简易计税方法	以取得的全部价款和价外费用减去该项不动产购置原价或者取得不动产时的作价后的余额为销售额	全额开票

续表

序号	应税行为	销售额的计算	专用发票的开具
6	小规模纳税人销售其取得（不含自建、个体工商户销售购买的住房）的不动产，其他个人销售其取得（不含自建、个体工商户销售购买的住房）的不动产	以取得的全部价款和价外费用减去该项不动产购置原价或者取得不动产时的作价后的余额为销售额	全额开票
7	纳税人转让2016年4月30日前取得的土地使用权	可以选择适用简易计税方法，以取得的全部价款和价外费用减去取得该土地使用权的原价后的余额为销售额，按照5%的征收率计算缴纳增值税	全额开票
8	经纪代理服务	以取得的全部价款和价外费用，扣除向委托方收取并代为支付的政府性基金或者行政事业性收费后的余额为销售额	差额开票
9	航空运输企业	销售额不包括代收的机场建设费和代售其他航空运输企业客票而代收转付的价款	差额开票
10	金融商品转让	按照卖出价扣除买入价后的余额为销售额	不得开具
11	提供物业管理服务的纳税人，向服务接收方收取自来水水费	以扣除其对外支付的自来水水费后的余额为销售额，按照简易计税方法依3%的征收率计算缴纳增值税	全额开票
12	纳税人提供劳务派遣服务或提供安全保护服务	可以选择差额纳税，以取得的全部价款和价外费用，扣除代用工单位支付给外派员工的工资、福利和为其办理社会保险及住房公积金后的余额为销售额。按照简易计税方法依5%的征收率计算缴纳增值税	差额开票
13	纳税人提供人力资源外包服务	其销售额不包括受客户单位委托代为向客户单位员工发放的工资和代理缴纳的社会保险、住房公积金	差额开票
14	电信企业为公益性机构接受捐款	中国移动通信集团公司、中国联合网络通信集团有限公司、中国电信集团公司及其成员单位通过手机短信公益特服号为公益性机构接受捐款，以其取得的全部价款和价外费用，扣除支付给公益性机构的捐款后的余额为销售额	差额开票
15	经中国人民银行、银监会或者商务部批准从事融资租赁业务的试点纳税人，提供融资租赁服务	以取得的全部价款和价外费用，扣除支付的借款利息（包括外汇借款和人民币借款利息）、发行债券利息和车辆购置税后的余额为销售额	全额开票
16	经中国人民银行、银监会或者商务部批准从事融资租赁业务的试点纳税人，提供融资性售后回租服务	以取得的全部价款和价外费用（不含本金），扣除对外支付的借款利息（包括外汇借款和人民币借款利息）、发行债券利息后的余额作为销售额	全额开票

续表

序号	应税行为	销售额的计算	专用发票的开具
17	经中国人民银行、银监会或者商务部批准从事融资租赁业务的试点纳税人根据2016年4月30日前签订的有形动产融资性售后回租合同，在合同到期前提供有形动产融资性售后回租服务	可以选择：①以向承租方收取的全部价款和价外费用，扣除向承租方收取的价款本金，以及对外支付的借款利息（包括外汇借款和人民币借款利息）、发行债券利息后的余额为销售额。②以向承租方收取的全部价款和价外费用，扣除支付的借款利息（包括外汇借款和人民币借款利息）、发行债券利息后的余额为销售额	①差额开票：向承租方收取的有形动产价款本金，不得开具增值税专用发票；②全额开票

差额计算的纳税申报见本书第二章“增值税纳税申报”。

20. 哪些凭证才是差额扣除的合法有效凭证?

答:《试点有关事项的规定》第一条第（三）项第11目规定，试点纳税人按照规定从全部价款和价外费用中扣除的价款，应当取得符合法律、行政法规和国家税务总局规定的有效凭证。否则，不得扣除。

上述凭证是指：

（1）支付给境内单位或者个人的款项，以发票为合法有效凭证。

（2）支付给境外单位或者个人的款项，以该单位或者个人的签收单据为合法有效凭证，税务机关对签收单据有疑议的，可以要求其提供境外公证机构的确认证明。

（3）缴纳的税款，以完税凭证为合法有效凭证。

（4）扣除的政府性基金、行政事业性收费或者向政府支付的土地价款，以省级以上（含省级）财政部门监（印）制的财政票据为合法有效凭证。

（5）国家税务总局规定的其他凭证。

对于纳税人转让不动产，按照有关规定差额缴纳增值税的，如因丢失等原因无法提供取得不动产时的发票，按照《国家税务总局关于纳税人转让不动产缴纳增值税差额扣除有关问题的公告》（国家税务总局公告2016年第73号）的规定，可向税务机关提供其他能证明契税计税金额的完税凭证等资料，进行差额扣除。纳税人以契税计税金额进行差额扣除的，按照下列公式计算增值税应纳税额：

①2016年4月30日及以前缴纳契税的。

$$\frac{\text{增值税}}{\text{应纳税额}}=\left[\frac{\text{全部交易价格}}{\text{（含增值税）}}-\frac{\text{契税计税金额}}{\text{（含营业税）}}\right]\div(1+5\%)\times5\%$$

②2016年5月1日及以后缴纳契税的。

$$\frac{\text{增值税}}{\text{应纳税额}}=\left[\frac{\text{全部交易价格}}{\text{（含增值税）}}\div(1+5\%)-\frac{\text{契税计税金额}}{\text{（不含增值税）}}\right]\times5\%$$

纳税人同时保留取得不动产时的发票和其他能证明契税计税金额的完税凭证等资料的，应当凭发票进行差额扣除。

21. 什么是混合销售行为？此种行为可否在合同中分开注明价款，分开核算，分开缴纳增值税？

答：《试点实施办法》第四十条规定，一项销售行为如果既涉及服务又涉及货物，为混合销售。从事货物的生产、批发或者零售的单位和个体工商户的混合销售行为，按照销售货物缴纳增值税；其他单位和个体工商户的混合销售行为，按照销售服务缴纳增值税。

本条所称从事货物的生产、批发或者零售的单位和个体工商户，包括以从事货物的生产、批发或者零售为主，并兼营销售服务的单位和个体工商户在内。

由上可知，混合销售行为成立的行为标准有两点，一是其销售行为必须是一项；二是该项行为必须既涉及服务又涉及货物。其中，“货物”是指《增值税暂行条例》中规定的有形动产，包括电力、热力和气体；服务是指属于改征范围的交通运输服务、建筑服务、金融保险服务、邮政服务、电信服务、现代服务、生活服务等。我们在确定混合销售是否成立时需注意，其行为标准中的上述两点必须同时存在，如果一项销售行为只涉及销售服务，不涉及货物，这种行为就不是混合销售行为；反之，如果涉及销售服务和涉及货物的行为，不是存在一项销售行为之中，这种行为也不是混合销售行为。

综上理解，合同的签订只是一种形式，并不能作为实质进行判断。实质为混合销售的按对方主营业务划分适用税率，实质为兼营的按其是否分开核算来确定适用税率。

| 政策链接 |

国家税务总局网站 2016 年 7 月 8 日在线访谈

〔嘉和利蔡桂如〕混合销售问题：如纳税人对混合销售行为已分开核算销售额，可分别适用不同税率吗？

〔国家税务总局货物和劳务税司副司长林枫〕按照现行政策规定，混合销售是指既涉及服务又涉及货物的一项销售行为。从事货物的生产、批发或者零售的单位和个体工商户的混合销售行为，应按照销售货物缴纳增值税；其他单位和个体工商户的混合销售行为，按照销售服务缴纳增值税，对一项混合销售行为，无论是否分开核算销售额，均按上述规定执行。

| 案例分析 |

某实业公司为一般纳税人，2018 年 5 月为 D 项目提供建筑安装服务，取得不含税收入2 000 万元。合同约定设备及材料 1 000 万元，安装费等 800 万元，计划利润 200 万元。当月采购设备材料 1 000 万元，进项税额 160 万元。该实业公司应如何缴纳增值税?

分析：

（1）如果该实业公司为以销售建筑服务为主的纳税人，则按照销售建筑服务缴纳增值税，适用税率 10%。

应交增值税＝2 000×10%－160＝40(万元),税负 2%。

（2）如果该实业公司为以销售货物为主的纳税人，则按照销售货物缴纳增值税，适用税率 16%。

应交增值税＝2 000×16%－160＝160（万元),税负 8%。

22. 什么是兼营行为？此种行为如何缴纳增值税？

答：兼营行为，是指纳税人发生的应税行为既包括销售货物、应税劳务、应税服务，又包括转让不动产、无形资产。但是，各类应税行为不同时发生在同一购买者身上，即不发生在同一项销售行为中。

（1）《增值税暂行条例》第三条规定，纳税人兼营不同税率的货物或者应税劳务，应当分别核算不同税率货物或者应税劳务的销售额；未分别核算销售额的，从高适用税率。

（2）《试点实施办法》第三十九条、《试点有关事项的规定》第一条第（一）项规定，试点纳税人销售货物、加工修理修配劳务、服务、无形资产或者不动产适用不同税率或者征收率的，应当分别核算适用不同税率或者征收率的销售额，未分别核算销售额的，按照以下方法适用税率或者征收率：

①兼有不同税率的销售货物、加工修理修配劳务、服务、无形资产或者不动产，从高适用税率；

②兼有不同征收率的销售货物、加工修理修配劳务、服务、无形资产或者不动产，从高适用征收率；

③兼有不同税率和征收率的销售货物、加工修理修配劳务、服务、无形资产或者不动产，从高适用税率。

（3）《增值税暂行条例》第十六条、《试点实施办法》第四十一条规定，纳税人兼营免税、减税项目的，应当分别核算免税、减税项目的销售额；未分别核算的，不得免税、减税。

| 案例分析 |

某建安公司为一般纳税人，某月取得以下收入：

（1）取得 A 建安项目（2015 年 12 月开工）收入 1 000 万元，选择简易计税方法。

（2）取得甲方延期付款利息收入 100 万元。

（3）取得 B 建安项目（2016 年 5 月开工）收入 2 000 万元。

（4）取得 C 项目收入（甲供工程）500 万元，选择简易计税方法。

（5）取得销售材料收入 200 万元。

（6）取得销售 2015 年 2 月购置的办公楼收入 2 000 万元，选择简易计税方法。

该公司当月进项税额为 340 万元，期初无留抵税额。该公司应如何缴纳增值税？

分析：

（1）假设该公司各项收入能分别核算，则当月应交增值税为：

$$(100\times6\%+2\,000\times11\%+200\times17\%-340)+(1\,000\times3\%+500\times3\%+2\,000\times5\%)=65(\text{万元})$$

（2）假设该公司财务核算不健全，未分别核算收入，应从高适用税率，最高税率为 17%，则应交增值税为：

$$(100+2\,000+200+1\,000+500+2\,000)\times17\%-340=646(\text{万元})$$

23. 企业采取销售折扣方式销售货物，应如何进行增值税处理？

答：销售折扣是指销售方在发生销售货物、应税劳务、应税服务等应税行为时，因采购数量、货款支付时间及商品实际情况等原因，给予购买方价款方面的优惠。销售折扣分为商业折扣和现金折扣。

（1）商业折扣。

商业折扣，又称折扣销售，是指企业为促进商品销售而在商品标价上给予的价格扣除。销售商品涉及商业折扣的，应当按照扣除商业折扣后的金额确定销售商品收入金额。

《国家税务总局关于折扣额抵减增值税应税销售额问题的通知》（国税函〔2010〕56 号）和《试点实施办法》第四十三条规定，纳税人发生应税行为，将价款和折扣额在同一张发票上分别注明的，以折扣后的价款为销售额；未在同一张发票上分别注明的，以价款为销售额，不得扣减折扣额。

纳税人采取折扣方式销售货物，销售额和折扣额在同一张发票上分别注明，是指销售额和折扣额在同一张发票上的“金额”栏分别注明的，可按折扣后的销售额征收增值税。未在同一张发票“金额”栏注明折扣额，而仅在发票的“备注”栏注明折扣额的，折扣额不得从销售额中减除。

（2）现金折扣。

现金折扣，是指债权人为鼓励债务人在规定的期限内付款而向债务人提供的债务扣除。企业应当按照扣除现金折扣前的金额确定销售商品收入金额，现金折扣在实际发生时计入当期损益。

折扣的表示常采用诸如 5/10，3/20，n/30 这样的符号形式。这三种符号的含义为：5/10 表示，10 天内付款可以享受 5%的价格优惠；3/20 表示，20 天内付款可享受 3%的价格优惠；n/30 表示，付款的最长期限为 30 天。

现金折扣发生在销货之后，是一种融资性质的理财费用，因此计算销项税额时，现金折扣不得从销售额中减除。

| 案例分析 |

甲公司产品价目表列明：A 产品的销售价格（不含增值税）每件 500 元，购买 200 件以上，可获得 10%的商业折扣。甲公司销售给乙公司 A 产品 300 件。规定对方付款条件为 2/10，1/20，n/30，购货单位已于第 9 天付款。适用的增值税税率为 17%。甲公司应如何进行账务处理?

分析：

甲公司应确认的销售额 = 500 × 300 × (1 − 10%) = 135 000(元)

甲公司应计算增值税销项税额 = 135 000 × 17% = 22 950(元)

甲公司应确认的现金折扣 = (135 000 + 22 950) × 2% = 3 159(元)

账务处理如下：

(1) 销售实现时。

借：应收账款　157 950

　贷：主营业务收入　135 000

　　　应交税费——应交增值税（销项税额）　22 950

(2) 收到货款时。

借：银行存款　154 791

　　财务费用　3 159

　贷：应收账款　157 950

24. 企业向购买方开具增值税专用发票后，发生销售折让、销售退回的，如何进行处理?

答：销售折让，是指企业因售出商品的质量不合格等原因而在售价上给予的减让。企业已经确认销售商品收入的售出商品发生销售折让的，应当在发生时冲减当期销售商品收入。

销售退回，是指企业售出的商品由于质量、品种不符合要求等原因而发生的退货。企业已经确认销售商品收入的售出商品发生销售退回的，应当在发生时冲减当期销售商品收入。

纳税人向购买方开具增值税专用发票后，如果发生退货或销售折让，应按以下规定办理：

（1）开具红字增值税专用发票扣减销项税额或者销售额。

《国家税务总局关于纳税人折扣折让行为开具红字增值税专用发票问题的通知》（国税函〔2006〕1279号）规定，纳税人销售货物并向购买方开具增值税专用发票后，由于购货方在一定时期内累计购买货物达到一定数量，或者由于市场价格下降等原因，销货方给予购货方相应的价格优惠或补偿等折扣、折让行为，销货方可按现行《增值税专用发票使用规定》的有关规定开具红字增值税专用发票。

《试点实施办法》第四十二条规定，纳税人发生应税行为，开具增值税专用发票后，发生开票有误或者销售折让、中止、退回等情形的，应当按照国家税务总局的规定开具红字增值税专用发票；未按照规定开具红字增值税专用发票的，不得扣减销项税额或者销售额。

（2）开具红字专用发票的方法。

《国家税务总局关于红字增值税发票开具有关问题的公告》（国家税务总局公告2016年第47号，以下简称47号公告）规定，增值税一般纳税人开具增值税专用发票后，发生销货退回、开票有误、应税服务中止等情形但不符合发票作废条件，或者因销货部分退回及发生销售折让，需要开具红字专用发票的，按以下方法处理：

①购买方取得专用发票已用于申报抵扣的，购买方可在增值税发票管理新系统（以下简称新系统）中填开并上传《开具红字增值税专用发票信息表》（以下简称《信息表》），在填开《信息表》时不填写相对应的蓝字专用发票信息，应暂依《信息表》所列增值税税额从当期进项税额中转出，待取得销售方开具的红字专用发票后，与《信息表》一并作为记账凭证。

购买方取得专用发票未用于申报抵扣、但发票联或抵扣联无法退回的，购买方填开《信息表》时应填写相对应的蓝字专用发票信息。

销售方开具专用发票尚未交付购买方，以及购买方未用于申报抵扣并将发票联及抵扣联退回的，销售方可在新系统中填开并上传《信息表》。销售方填开《信息表》时应填写相对应的蓝字专用发票信息。

②主管税务机关通过网络接收纳税人上传的《信息表》，系统自动校验通过后，生成带有“红字发票信息表编号”的《信息表》，并将信息同步至纳税人端系统中。

③销售方凭税务机关系统校验通过的《信息表》开具红字专用发票，在新系统中以销项负数开具。红字专用发票应与《信息表》一一对应。

④纳税人也可凭《信息表》电子信息或纸质资料到税务机关对《信息表》内容进行系统校验。

| 案例分析 |

盛大房地产公司销售3套普通住宅（该普通住宅所在项目为老项目，选择简易计税方法）给甲公司，买卖双方签订的销售合同规定，商品房建筑面积为300平方米，每平方米售价5 250元（含税价），单位成本3 300元，货款总计157.5万元，甲公司先支付50%购房定金，其余款项于交付使用3个月后一次付清。商品房交付使用后，其中1套出现严重质量问题，甲公司要求退房，其余2套也存在不同程度的质量问题，甲公司提出折让。经双方协商同意后，1套作为退回处理，其余2套按全部价款的3%给予折让。假设不考虑税金。盛大公司应如何进行账务处理?

分析：

盛大公司账务处理如下：

（1）收到购房定金时。

借：银行存款　　787 500

　贷：预收账款——甲公司　　787 500

（2）商品房移交甲公司时，确认商品房销售收入。

借：应收账款——甲公司　　787 500

　　预收账款——甲公司　　787 500

　贷：主营业务收入　　1 500 000

　　　应交税费——简易计税　　75 000

同时结转商品房成本。

借：主营业务成本　　990 000

　贷：开发产品——普通住宅　　990 000

（3）发生销售退回和折让时，应开具红字增值税发票，若甲公司已付清房款，发生销售退回或折让需退甲公司购房款的，还应附退款证明。

退回商品房应冲减主营业务收入＝5 000×100＝500 000（元）

销售折让金额＝（5 000×3％）×200＝30 000（元）

销售退回和折让总计＝500 000＋30 000＝530 000（元）

借：主营业务收入　　530 000

　应交税费——简易计税　　26 500

　贷：应收账款——甲公司　　556 500

同时应冲减退回商品房的主营业务成本。

借：开发产品——普通住宅　　330 000

　贷：主营业务成本　　330 000

25. 企业以外币结算销售额的，如何折合成人民币计算缴纳增值税？

答：《增值税暂行条例》第六条、《试点实施办法》第三十八条具体规定如下：

（1）销售额以人民币计算。

（2）纳税人按照人民币以外的货币结算销售额的，应当折合成人民币计算。

（3）折合率可以选择销售额发生的当天或者当月 1 日的人民币汇率中间价。

（4）纳税人应当在事先确定采用何种折合率，确定后 12 个月内不得变更。

26. 企业销售额明显偏低或偏高，税务机关将如何确定销售额？

答：（1）销售货物或者应税劳务的价格明显偏低。

《增值税暂行条例》第七条规定，纳税人销售货物或者应税劳务的价格明显偏低并无正当理由的，由主管税务机关核定其销售额。

《增值税暂行条例实施细则》第十六条规定，纳税人有条例第七条所称价格明显偏低并无正当理由，按下列顺序确定销售额：

①按纳税人最近时期同类货物的平均销售价格确定；

②按其他纳税人最近时期同类货物的平均销售价格确定；

③按组成计税价格确定。组成计税价格的公式为：

组成计税价格＝成本×（1＋成本利润率）

属于应征消费税的货物，其组成计税价格中应加计消费税额。

公式中的成本，是指销售自产货物的为实际生产成本，销售外购货物的为实际采购成本。公式中的成本利润率由国家税务总局确定。

（2）销售服务、转让不动产或无形资产的价格明显偏低或者偏高。

《试点实施办法》第四十四条规定，纳税人发生应税行为价格明显偏低或者偏高且不具有合理商业目的的，或者发生该办法第十四条所列行为而无销售额的，主管税务机关有权按照下列顺序确定销售额：

（1）按照纳税人最近时期销售同类服务、无形资产或者不动产的平均价格确定。

（2）按照其他纳税人最近时期销售同类服务、无形资产或者不动产的平均价格确定。

（3）按照组成计税价格确定。组成计税价格的公式为：

组成计税价格＝成本×（1＋成本利润率）

成本利润率由国家税务总局确定。

不具有合理商业目的，是指以谋取税收利益为主要目的，通过人为安排，减少、免除、推迟缴纳增值税税款，或者增加退还增值税税款。

| 案例分析 |

甲公司给乙公司提供建筑服务，不含税工程价款为 4 000 万元，工程单价为每平方米 800 元。乙公司系甲公司的控股公司，期初留抵税额尚有 1 100 万元。

同时期，甲公司给丙公司提供同类建筑服务，不含税工程价款为 12 000 万元，工程单价为每平方米 1 200 元。甲公司给丁公司提供同类建筑服务，不含税工程价款为 12 400 万元，工程单价为每平方米 1 240 元。丙公司、丁公司与甲公司均无关联关系。

甲公司同时期未发生其他建筑服务，期初无留抵税额。以上建筑服务均适用一般计税方法。

甲公司的销售额应如何确定？

分析：

甲公司给乙公司提供建筑服务，价格明显偏低，有可能达到推迟缴纳增值税税款的目的。因此主管税务机关有权根据《试点实施办法》第四十四条的规定，按照甲公司最近时期销售同类服务的平均价格确定销售额：

甲公司最近时期销售同类服务的平均价格＝(1 200＋1 240)÷2＝1 220(元)

甲公司给乙公司提供建筑服务，主管税务机关应核定销售额＝4 000÷800×1 220＝6 100(万元)

27. 营改增后，统借统还业务增值税政策是如何规定的？

答：《财政部 国家税务总局关于全面推开营业税改征增值税试点的通知》（财税〔2016〕36 号）附件 3《营业税改征增值税试点过渡政策的规定》（以下简称《试点过

渡政策的规定》）第一条第（十九）项第7目规定，统借统还业务中，企业集团或企业集团中的核心企业以及集团所属财务公司按不高于支付给金融机构的借款利率水平或者支付的债券票面利率水平，向企业集团或者集团内下属单位收取的利息，免征增值税。

统借方向资金使用单位收取的利息，高于支付给金融机构借款利率水平或者支付的债券票面利率水平的，应全额缴纳增值税。

统借统还业务，是指：

（1）企业集团或者企业集团中的核心企业向金融机构借款或对外发行债券取得资金后，将所借资金分拨给下属单位（包括独立核算单位和非独立核算单位，下同），并向下属单位收取用于归还金融机构或债券购买方本息的业务。

（2）企业集团向金融机构借款或对外发行债券取得资金后，由集团所属财务公司与企业集团或者集团内下属单位签订统借统还贷款合同并分拨资金，并向企业集团或者集团内下属单位收取本息，再转付企业集团，由企业集团统一归还金融机构或债券购买方的业务。

注意：集团内下属单位统一向金融机构借款或对外发行债券取得资金后，贷给企业集团其他各单位，按不高于支付给金融机构的借款利率水平或者支付的债券票面利率水平，收取的利息不能免征增值税。

| 相关知识 |

什么是企业集团？

《企业集团登记管理暂行规定》规定：企业集团是指以资本为主要联结纽带的母子公司为主体，以集团章程为共同行为规范的母公司、子公司、参股公司及其他成员企业或机构共同组成的具有一定规模的企业法人联合体。

企业集团不具有企业法人资格。应当具备下列条件：

①企业集团的母公司注册资本在5 000万元人民币以上，并至少拥有5家子公司；

②母公司和其子公司的注册资本总和在1亿元人民币以上；

③集团成员单位均具有法人资格。

| 政策链接 |

《房地产开发经营业务企业所得税处理办法》（国税发〔2009〕31号文件发布）

第二十一条第（二）项规定，企业集团或其成员企业统一向金融机构借款分摊集团内部其他成员企业使用的，借入方凡能出具从金融机构取得借款的证明文件，可以在使用借款的企业间合理地分摊利息费用，使用借款的企业分摊的合理利息准予在税前扣除。

28. 营改增后，其他相关税种的计税依据发生了什么变化？

答：根据《财政部 国家税务总局关于营改增后契税、房产税、土地增值税、个人所得税计税依据问题的通知》（财税〔2016〕43 号）的规定，营业税改征增值税后契税、房产税、土地增值税、个人所得税的计税依据如下：

（1）计征契税的成交价格不含增值税；

（2）房产出租的，计征房产税的租金收入不含增值税；

（3）土地增值税纳税人转让房地产取得的收入为不含增值税收入。

《中华人民共和国土地增值税暂行条例》等规定的土地增值税扣除项目涉及的增值税进项税额，允许在销项税额中计算抵扣的，不计入扣除项目，不允许在销项税额中计算抵扣的，可以计入扣除项目。

（4）个人转让房屋的个人所得税应税收入不含增值税，其取得房屋时所支付价款中包含的增值税计入财产原值，计算转让所得时可扣除的税费不包括本次转让缴纳的增值税。

个人出租房屋的个人所得税应税收入不含增值税，计算房屋出租所得可扣除的税费不包括本次出租缴纳的增值税。个人转租房屋的，其向房屋出租方支付的租金及增值税额，在计算转租所得时予以扣除。

（5）免征增值税的，确定计税依据时，成交价格、租金收入、转让房地产取得的收入不扣减增值税额。

（6）在计征上述税种时，税务机关核定的计税价格或收入不含增值税。

那么企业所得税和印花税呢？是否可以以不含税收入计算？

企业所得税的收入是按照不含税收入计算的，这一点从营改增之前缴纳增值税的企业的计算就可以看出，成本费用也是不含允许抵扣的进项税额的，在《中华人民共和国企业所得税法实施条例》第三十一条“企业所得税法第八条所称税金，是指企业发生的除企业所得税和允许抵扣的增值税以外的各项税金及其附加”得到集中体现。

合同印花税，根据《中华人民共和国印花税暂行条例》的规定，是以合同上记载的金额为计算依据，没有明确含税或者不含税，企业在计算合同印花税时易产生疑惑，如果计算错误就会有纳税风险。各地对此的规定也不同，部分地区规定如下：

（1）凡是签订的订货合同，分别填写价款、税款的，仅就价款数额计税贴花。（天津税三〔1995〕15 号）

（2）对购销合同的贴花，均以合同记载的销售额（购入额）不包括记载的增值税额的金额计税贴花。（沪税地〔1993〕103 号）

（3）实行新税制后，有的购销合同含有增值税。对此类合同，凡是能够将价款、税金划分清楚的，按扣除增值税后的余额贴花；划分不清的，按全部合同金额贴花。（辽地税行〔1997〕321号）

（4）营改增纳税人采用核定方式征收印花税的，其印花税征收的计税依据根据纳税人不同性质应税凭证对应的含税收入分别核定。（芜地税函〔2012〕313号）

｜政策链接｜

《国家税务总局关于营改增后土地增值税若干征管规定的公告》（国家税务总局公告2016年第70号）

1. 关于营改增后土地增值税应税收入确认问题

营改增后，纳税人转让房地产的土地增值税应税收入不含增值税。适用增值税一般计税方法的纳税人，其转让房地产的土地增值税应税收入不含增值税销项税额；适用简易计税方法的纳税人，其转让房地产的土地增值税应税收入不含增值税应纳税额。

为方便纳税人，简化土地增值税预征税款计算，房地产开发企业采取预收款方式销售自行开发的房地产项目的，可按照以下方法计算土地增值税预征计征依据：

土地增值税预征的计征依据＝预收款－应预缴增值税税款

2. 关于营改增后视同销售房地产的土地增值税应税收入确认问题

纳税人将开发产品用于职工福利、奖励、对外投资、分配给股东或投资人、抵偿债务、换取其他单位和个人的非货币性资产等，发生所有权转移时应视同销售房地产，其收入应按照《国家税务总局关于房地产开发企业土地增值税清算管理有关问题的通知》（国税发〔2006〕187号）第三条规定执行。纳税人安置回迁户，其拆迁安置用房应税收入和扣除项目的确认，应按照《国家税务总局关于土地增值税清算有关问题的通知》（国税函〔2010〕220号）第六条规定执行。

3. 关于与转让房地产有关的税金扣除问题

（1）营改增后，计算土地增值税增值额的扣除项目中"与转让房地产有关的税金"不包括增值税。

（2）营改增后，房地产开发企业实际缴纳的城市维护建设税（以下简称城建税）、教育费附加，凡能够按清算项目准确计算的，允许据实扣除。凡不能按清算项目准确计算的，则按该清算项目预缴增值税时实际缴纳的城建税、教育费附加扣除。

其他转让房地产行为的城建税、教育费附加扣除比照上述规定执行。

4. 关于营改增前后土地增值税清算的计算问题

房地产开发企业在营改增后进行房地产开发项目土地增值税清算时，按以下方法确定相关金额：

（1）土地增值税应税收入＝营改增前转让房地产取得的收入＋营改增后转让房地产取得的不含增值税收入；

（2）与转让房地产有关的税金＝营改增前实际缴纳的营业税、城建税、教育费附加＋营改增后允许扣除的城建税、教育费附加。

5. 关于营改增后建筑安装工程费支出的发票确认问题

营改增后，土地增值税纳税人接受建筑安装服务取得的增值税发票，应按照23号公告的规定，在发票的备注栏注明建筑服务发生地县（市、区）名称及项目名称，否则不得计入土地增值税扣除项目金额。

6. 关于旧房转让时的扣除计算问题

营改增后，纳税人转让旧房及建筑物，凡不能取得评估价格，但能提供购房发票的，《中华人民共和国土地增值税暂行条例》第六条第一、三项规定的扣除项目的金额按照下列方法计算：

（1）提供的购房凭据为营改增前取得的营业税发票的，按照发票所载金额（不扣减营业税）并从购买年度起至转让年度止每年加计5%计算。

（2）提供的购房凭据为营改增后取得的增值税普通发票的，按照发票所载价税合计金额从购买年度起至转让年度止每年加计5%计算。

（3）提供的购房发票为营改增后取得的增值税专用发票的，按照发票所载不含增值税金额加上不允许抵扣的增值税进项税额之和，并从购买年度起至转让年度止每年加计5%计算。

五、 进项税额

29. 哪些进项税额可以从销项税额中抵扣？

答：进项税额，是指纳税人购进货物、加工修理修配劳务、服务、无形资产或者不动产，支付或者负担的增值税额。

（1）根据《增值税暂行条例》第八条、《试点实施办法》第二十四条、第二十五条的规定，下列进项税额准予从销项税额中抵扣：

①从销售方取得的增值税专用发票（含税控机动车销售统一发票，下同）上注明的增值税额。

②从海关取得的海关进口增值税专用缴款书上注明的增值税额。

③购进农产品，除取得增值税专用发票或者海关进口增值税专用缴款书外，按照农产品收购发票或者销售发票上注明的农产品买价和扣除率计算的进项税额。

进项税额的计算公式为：

进项税额＝买价×扣除率

购进农产品，按照《农产品增值税进项税额核定扣除试点实施办法》（财税〔2012〕38号）抵扣进项税额的除外。

④从境外单位或者个人购进服务、无形资产或者不动产，自税务机关或者扣缴义务人取得的解缴税款的完税凭证上注明的增值税额。

（2）《财政部 税务总局关于租入固定资产进项税额抵扣等增值税政策的通知》（财税〔2017〕90号，以下简称财税〔2017〕90号文件）规定：自2018年1月1日起，纳税人支付的道路、桥、闸通行费，按照以下规定抵扣进项税额：

①纳税人支付的道路通行费，按照收费公路通行费增值税电子普通发票上注明的增值税额抵扣进项税额。

2018年1月1日至6月30日，纳税人支付的高速公路通行费，如暂未能取得收费公路通行费增值税电子普通发票，可凭取得的通行费发票（不含财政票据，下同）上注明的收费金额按照下列公式计算可抵扣的进项税额：

$$\frac{\text{高速公路通行费}}{\text{可抵扣进项税额}}=\text{高速公路通行费发票上注明的金额}\div(1+3\%)\times3\%$$

2018年1月1日至12月31日，纳税人支付的一级、二级公路通行费，如暂未能取得收费公路通行费增值税电子普通发票，可凭取得的通行费发票上注明的收费金额按照下列公式计算可抵扣进项税额：

$$\frac{\text{一级、二级公路通行费}}{\text{可抵扣进项税额}}=\frac{\text{一级、二级公路通行费}}{\text{发票上注明的金额}}\div(1+5\%)\times5\%$$

②纳税人支付的桥、闸通行费，暂凭取得的通行费发票上注明的收费金额按照下列公式计算可抵扣的进项税额：

$$\text{桥、闸通行费可抵扣进项税额}=\text{桥、闸通行费发票上注明的金额}\div(1+5\%)\times5\%$$

③本通知所称通行费，是指有关单位依法或者依规设立并收取的过路、过桥和过闸费用。

30. 进项税额抵扣的凭证具体有哪些？

答：《增值税暂行条例》第九条、《试点实施办法》第二十六条规定，纳税人取得的增值税扣税凭证不符合法律、行政法规或者国家税务总局有关规定的，其进项税额不得从销项税额中抵扣。

根据《增值税暂行条例》第八条、《试点实施办法》第二十六条和财税〔2017〕90号、财税〔2018〕32号文件的有关规定，现将进项税额抵扣凭证总结如表1-7所示。

表1-7　　进项税额抵扣凭证明细表

序号	抵扣项目	抵扣凭证
1	从销售方取得的增值税专用发票（含税控机动车销售统一发票）上注明的增值税额	增值税专用发票、机动车销售统一发票
2	从海关取得的海关进口增值税专用缴款书上注明的增值税额	海关进口增值税专用缴款书
3	购进农产品，除取得增值税专用发票或者海关进口增值税专用缴款书外，按照农产品收购发票或者销售发票上注明的农产品买价和12%或10%的扣除率计算的进项税额	农产品收购发票、农产品销售发票
4	从境外单位或者个人购进服务、无形资产或者不动产，自税务机关或者扣缴义务人取得的解缴税款的完税凭证上注明的增值税额	完税凭证
5	高速公路通行费可抵扣进项税额＝高速公路通行费发票上注明的金额÷(1＋3%)×3%	高速公路通行费发票
6	一级公路、二级公路、桥、闸通行费可抵扣进项税额＝一级公路、二级公路、桥、闸通行费发票上注明的金额÷(1＋5%)×5%	一级公路、二级公路、桥、闸通行费发票

注：农产品的扣除率在2018年4月30日以前为13%或11%。

31. 购进农产品如何抵扣进项税额？

答：《增值税暂行条例》第八条、《试点实施办法》第二十五条第三项规定，购进农产品，除取得增值税专用发票或者海关进口增值税专用缴款书外，按照农产品收购发票或者销售发票上注明的农产品买价和13%的扣除率计算的进项税额准予从销项税额中抵扣。计算公式为：进项税额＝买价×扣除率。

买价，是指纳税人购进农产品在农产品收购发票或者销售发票上注明的价款和按照规定缴纳的烟叶税。

购进农产品，按照《农产品增值税进项税额核定扣除试点实施办法》抵扣进项税额的除外。

财税〔2018〕32号第三条规定，自2018年5月1日起，纳税人购进农产品，原适用11%扣除率的，扣除率调整为10%。纳税人购进用于生产销售或委托加工16%税率货物的农产品，按照12%的扣除率计算进项税额。

财税〔2017〕37号文件第二条规定，纳税人购进农产品，自2017年7月1日起，按下列规定抵扣进项税额：

(1) 营改增试点期间，纳税人购进用于生产销售或委托受托加工 17%或 16%税率货物的农产品，按照农产品收购发票或者销售发票上注明的农产品买价和 13%或 12%的扣除率计算。

(2) 除第 (1) 项规定外，纳税人购进农产品，取得一般纳税人开具的增值税专用发票或海关进口增值税专用缴款书的，以增值税专用发票或海关进口增值税专用缴款书上注明的增值税额为进项税额；

(3) 除第 (1) 项规定外，纳税人购进农产品，从按照简易计税方法依照 3%征收率计算缴纳增值税的小规模纳税人取得增值税专用发票的，以增值税专用发票上注明的金额和 11%或 10%的扣除率计算进项税额；

(4) 除第 (1) 项规定外，纳税人购进农产品，取得 (开具) 农产品销售发票或收购发票的，以农产品销售发票或收购发票上注明的农产品买价和 11%或 10%的扣除率计算进项税额。

(5) 纳税人购进农产品既用于生产销售或委托受托加工 17%或 16%税率货物又用于生产销售其他货物服务的，应当分别核算用于生产销售或委托受托加工 17%或 16%税率货物和其他货物服务的农产品进项税额。未分别核算的，统一以增值税专用发票或海关进口增值税专用缴款书上注明的增值税额为进项税额，或以农产品收购发票或销售发票上注明的农产品买价和 11%或 10%的扣除率计算进项税额。

(6) 继续推进农产品增值税进项税额核定扣除试点，纳税人购进农产品进项税额已实行核定扣除的，仍按照财税〔2012〕38 号、财税〔2013〕57 号文件执行。其中，财税〔2012〕38 号第四条第 (二) 项规定的扣除率调整为 11%或 10%；第 (三) 项规定的扣除率调整为按上述第 (1) 项至第 (4) 项规定执行。

(7) 纳税人从批发、零售环节购进适用免征增值税政策的蔬菜、部分鲜活肉蛋而取得的普通发票，不得作为计算抵扣进项税额的凭证。

(8)《增值税暂行条例》第八条第二款第 (三) 项和该通知所称销售发票，是指农业生产者销售自产农产品适用免征增值税政策而开具的普通发票。

32. ETC 卡充值取得的发票能否计算抵扣进项税额?

问：(1) 公司的车辆统一办理了 ETC 卡充值，充值后取得的发票能否按照过路、过桥费计算抵扣? (2) 现在公司 ETC 卡充值后取得的发票是增值税普通发票，能否按照财税〔2016〕47 号文件的规定执行? [1]

答：〔国家税务总局货物和劳务税司副司长林枫〕：(1) ETC 充值卡充值时并未实

[1] 此问题来自国家税务总局网站 2016 年 7 月 8 日在线访谈。

际接受道路通行服务，其充值取得的发票，不能按照过路过桥费计算抵扣。(2) 财税〔2016〕47 号文件中收费公路通行费抵扣政策中所指的可计算抵扣的通行费发票是指有关单位依法或者依规设立并收取的过路、过桥和过闸费用所开具的发票（不含财政票据）。如您公司取得的增值税普通发票属于上述发票，可按现行规定计算抵扣增值税。

注意：财税〔2016〕47 号文件执行时间为 2016 年 5 月 1 日至 7 月 31 日，2016 年 8 月 1 日以后按财税〔2016〕86 号文件执行。

| 适用解析 |

A 公司 ETC 卡充值 500 元，取得增值税普通发票，可否计算抵扣进项税额?

解析：根据国家税务总局答疑口径，由于此时该公司尚未接受道路通行服务，此 500 元不得计算抵扣进项税额。待实际接受道路服务后，取得财政票据以外的发票，才可根据财税〔2016〕86 号文件的规定，计算抵扣进项税额。

33. 购买加油卡如何抵扣进项税额?

答：根据《成品油零售加油站增值税征收管理办法》的规定，发售加油卡、加油凭证销售成品油的纳税人（以下简称预售单位）在售卖加油卡、加油凭证时，应按预收账款方法做相关会计处理，不征收增值税。

预售单位在发售加油卡或加油凭证时可开具普通发票，如购油单位要求开具增值税专用发票，待用户凭卡或加油凭证加油后，根据加油卡或加油凭证回笼记录，向购油单位开具增值税专用发票。接受加油卡或加油凭证销售成品油的单位与预售单位结算油款时，接受加油卡或加油凭证销售成品油的单位根据实际结算的油款向预售单位开具增值税专用发票。

注意：单位购买的加油卡，应根据实际加油的用途和取得专票情况进行抵扣，如果购买加油卡后发放给职工作为福利，或作为礼品馈赠他人，其进项税额不得抵扣。

| 适用解析 |

甲公司向中石化白马加油站购买加油卡 2 万元，购买时中石化白马加油站可向甲公司开具价税合计 2 万元的增值税普通发票，可否计算抵扣进项税额?

解析：甲公司如要求开具专用发票，只能在实际加油后（不一定在白马加油站）根据加油回笼记录，由白马加油站向甲公司开具相应金额的专票。甲公司按规定进行进项税额抵扣。

实际加油的加油站（如黑马加油站）根据结算的油款向白马加油站开具增值税专用发票。白马加油站用来抵扣进项税额。

34. 分公司从供应商取得专用发票，由总公司统一支付货款，可否抵扣?

答：《国家税务总局关于诺基亚公司实行统一结算方式增值税进项税额抵扣问题的批复》（国税函〔2006〕1211号）规定，对诺基亚各分公司购买货物从供应商取得的增值税专用发票，由总公司统一支付货款，造成购进货物的实际付款单位与发票上注明的购货单位名称不一致的，不属于《国家税务总局关于加强增值税征收管理若干问题的通知》（国税发〔1995〕192号）第一条第（三）款有关规定的情形，允许其抵扣增值税进项税额。

关于是否适用别的企业，争议比较多。比如，宁波国税2015年12月25日网上回答纳税人询问此文件是否适用其他企业的问题时，明确表示：该文只针对诺基亚公司，其他企业还是要按照《国家税务总局关于加强增值税征收管理若干问题的通知》（国税发〔1995〕192号）的规定处理。

35. 增值税专用发票如何抵扣？抵扣是否有期限？

答：根据《国家税务总局关于调整增值税扣税凭证抵扣期限有关问题的通知》（国税函〔2009〕617号）、《国家税务总局关于进一步明确营改增有关征管问题的公告》（国家税务总局公告2017年第11号）第十条的规定，增值税一般纳税人取得的增值税扣税凭证按以下方法和时限抵扣：

（1）增值税一般纳税人取得的增值税专用发票、机动车销售统一发票，应在规定的时限内认证或登录增值税发票选择确认平台进行确认，并在认证通过或确认的次月申报期内，向主管国税机关申报抵扣进项税额；已实行海关缴款书“先比对后抵扣”管理办法的增值税一般纳税人取得的海关进口增值税专用缴款书，应在规定的时限内向主管国税机关报送《海关完税凭证抵扣清单》，申请稽核比对；未实行海关缴款书“先比对后抵扣”管理办法的增值税一般纳税人取得2010年1月1日以后开具的海关缴款书，取得的海关进口增值税专用缴款书，应在规定的时限内的第一个纳税申报期结束以前，向主管税务机关申报抵扣进项税额。

取得的2017年6月30日前开具的增值税扣税凭证，上述规定的时限为应自开具之日起180日内；取得的2017年7月1日及以后开具的增值税扣税凭证，上述规定的时限为应自开具之日起360日内。

（2）取得的增值税专用发票、机动车销售统一发票以及海关进口增值税专用缴款书，未在规定期限内到税务机关办理认证、申报抵扣或者申请稽核比对的，不得作为合法的增值税扣税凭证，不得计算进项税额抵扣。

(3)《国家税务总局关于纳税信用A级纳税人取消增值税发票认证有关问题的公告》(国家税务总局公告2016年第7号)及国家税务总局公告2016年第23号、《国家税务总局关于按照纳税信用等级对增值税发票使用实行分类管理有关事项的公告》(国家税务总局公告2016年第71号)第二条规定,对纳税信用A级、B级和C级的增值税一般纳税人,取得销售方使用增值税发票管理新系统开具的增值税专用发票可以不进行扫描认证,通过增值税发票税控开票软件登录本省增值税发票查询平台,查询、选择并勾选用于申报抵扣或者出口退税的增值税发票信息。

对2016年5月1日新纳入营改增试点、尚未进行纳税信用评级的增值税一般纳税人,2017年4月30日前不需进行增值税发票认证,登录本省增值税发票选择确认平台,查询、选择、确认用于申报抵扣或者出口退税的增值税发票信息,未查询到对应发票信息的,可进行扫描认证。

36. 增值税扣税凭证未在规定期限内认证或稽核比对该如何处理?

答:《国家税务总局关于逾期增值税扣税凭证抵扣问题的公告》(国家税务总局公告2011年第50号)规定,对增值税一般纳税人发生真实交易但由于客观原因造成增值税扣税凭证逾期的,经主管税务机关审核、逐级上报,由国家税务总局认证、稽核比对后,对比对相符的增值税扣税凭证,允许纳税人继续抵扣其进项税额。客观原因包括如下类型:

(1)因自然灾害、社会突发事件等不可抗力因素造成增值税扣税凭证逾期;

(2)增值税扣税凭证被盗、抢,或者因邮寄丢失、误递导致逾期;

(3)有关司法、行政机关在办理业务或者检查中,扣押增值税扣税凭证,纳税人不能正常履行申报义务,或者税务机关信息系统、网络故障,未能及时处理纳税人网上认证数据等导致增值税扣税凭证逾期;

(4)买卖双方因经济纠纷,未能及时传递增值税扣税凭证,或者纳税人变更纳税地点,注销旧户和重新办理税务登记的时间过长,导致增值税扣税凭证逾期;

(5)由于企业办税人员伤亡、突发危重疾病或者擅自离职,未能办理交接手续,导致增值税扣税凭证逾期;

(6)国家税务总局规定的其他情形。

37. 增值税扣税凭证已认证或稽核比对,但未按规定期限申报抵扣,该如何处理?

答:《国家税务总局关于未按期申报抵扣增值税扣税凭证有关问题的公告》(国家

税务总局公告2011年第78号）规定，增值税一般纳税人取得的增值税扣税凭证已认证或已采集上报信息但未按照规定期限申报抵扣；实行纳税辅导期管理的增值税一般纳税人以及实行海关进口增值税专用缴款书“先比对后抵扣”管理办法的增值税一般纳税人，取得的增值税扣税凭证稽核比对结果相符但未按规定期限申报抵扣，属于发生真实交易且符合以下客观原因的，经主管税务机关审核，允许纳税人继续申报抵扣其进项税额：

（1）因自然灾害、社会突发事件等不可抗力原因造成增值税扣税凭证未按期申报抵扣。

（2）有关司法、行政机关在办理业务或者检查中，扣押、封存纳税人账簿资料，导致纳税人未能按期办理申报手续。

（3）税务机关信息系统、网络故障，导致纳税人未能及时取得认证结果通知书或稽核结果通知书，未能及时办理申报抵扣。

（4）由于企业办税人员伤亡、突发危重疾病或者擅自离职，未能办理交接手续，导致未能按期申报抵扣。

（5）国家税务总局规定的其他情形。

具体操作按照该文件附件《未按期申报抵扣增值税扣税凭证抵扣管理办法》的规定，申请办理抵扣手续。

38. 哪些进项税额不能从销项税额中抵扣？

答：根据《增值税暂行条例》第十条、《试点实施办法》第二十七条的相关规定，进项税额不得从销项税额中抵扣的项目有：

（1）用于简易计税方法计税项目、免征增值税项目、集体福利或者个人消费的购进货物、加工修理修配劳务、服务、无形资产和不动产。其中涉及的固定资产、无形资产、不动产，仅指专用于上述项目的固定资产、无形资产（不包括其他权益性无形资产）、不动产。

纳税人的交际应酬消费属于个人消费。

这里要注意《试点有关事项的规定》第二条第（一）项有两个规定：

①原增值税一般纳税人自用的应征消费税的摩托车、汽车、游艇，其进项税额准予从销项税额中抵扣。

②原增值税一般纳税人购进货物或者接受加工修理修配劳务，用于《销售服务、无形资产或者不动产注释》所列项目的，不属于《增值税暂行条例》第十条所称的用于非增值税应税项目，其进项税额准予从销项税额中抵扣。

《试点实施办法》第二十八条规定，不动产、无形资产的具体范围，按照该办法所附的《销售服务、无形资产或者不动产注释》执行。固定资产，是指使用期限超过12个月的机器、机械、运输工具以及其他与生产经营有关的设备、工具、器具等有形动产。

《试点实施办法》第三十一条规定，不得抵扣的进项税额＝固定资产、无形资产或者不动产净值×适用税率。

（2）非正常损失的购进货物，以及相关的加工修理修配劳务和交通运输服务。

（3）非正常损失的在产品、产成品所耗用的购进货物（不包括固定资产）、加工修理修配劳务和交通运输服务。

（4）非正常损失的不动产，以及该不动产所耗用的购进货物、设计服务和建筑服务。

（5）非正常损失的不动产在建工程所耗用的购进货物、设计服务和建筑服务。

纳税人新建、改建、扩建、修缮、装饰不动产，均属于不动产在建工程。

注意：①《试点实施办法》第二十八条规定，非正常损失，是指因管理不善造成货物被盗、丢失、霉烂变质，以及因违反法律法规造成货物或者不动产被依法没收、销毁、拆除的情形。

②上述所称不动产或不动产在建工程所耗用的购进货物，是指构成不动产实体的材料和设备，包括建筑装饰材料和给排水、采暖、卫生、通风、照明、通讯、煤气、消防、中央空调、电梯、电气、智能化楼宇设备及配套设施。

（6）购进的旅客运输服务、贷款服务、餐饮服务、居民日常服务和娱乐服务。

①旅客运输服务，是指利用运输工具将旅客送达目的地，使其空间位置得到转移的业务活动。

②贷款服务，是指将资金贷与他人使用而取得利息收入（包括各种占用、拆借资金取得的收入）的业务活动。

注意：《试点有关事项的规定》第一条、第二条规定，纳税人接受贷款服务向贷款方支付的与该笔贷款直接相关的投融资顾问费、手续费、咨询费等费用，其进项税额不得从销项税额中抵扣。

③餐饮服务，是指通过同时提供饮食和饮食场所的方式为消费者提供饮食消费服务。

④居民日常服务，是指养老、殡葬、照料和护理、救助救济、美容美发、按摩、桑拿、氧吧、足疗、沐浴、洗染、摄影扩印等服务

⑤娱乐服务，是指为娱乐活动同时提供场所和服务的业务。包括：歌厅、舞厅、夜总会、酒吧、台球、高尔夫球、保龄球、游艺（包括射击、狩猎、跑马、游戏机、蹦极、卡丁车、热气球、动力伞、射箭、飞镖）。

（7）《试点有关事项的规定》第二条规定，原增值税一般纳税人兼有销售服务、

无形资产或者不动产的，截止到纳入营改增试点之日前的增值税期末留抵税额，不得从销售服务、无形资产或者不动产的销项税额中抵扣。

（8）财政部和国家税务总局规定的其他情形。

| 案例分析 |

某公司2016年11月将2016年5月购入的用于生产经营的一辆小汽车专门用于员工食堂采购食材用。该汽车购入原价为40万元，增值税专用发票注明增值税额6.8万元，已计提折旧5万元。该公司应如何进行账务处理?

分析：

不得抵扣的进项税额＝固定资产、无形资产或者不动产净值×适用税率＝(40－5)×17%＝5.95（万元）。

账务处理如下：

借：固定资产　　59 500

　贷：应交税费——应交增值税（进项税额转出）　　59 500

39. 一般纳税人需要对属于不能抵扣的项目取得的专票进行认证吗？

问：对属于不能抵扣的项目但取得了专用发票，可否不进行认证，直接当普通发票处理？对于这个问题有不同的解释，有的认为不认证，有的认为认证了不抵扣，有的认为认证抵扣再将进项税转出。我们希望有一个比较统一的答复，也利于纳税人防范税务风险，便于操作管理。

答：根据《试点有关事项的规定》第一条、第二条的规定，按照《增值税暂行条例》第十条、《试点实施办法》第二十七条的规定，不得抵扣且未抵扣进项税额的固定资产、无形资产、不动产，发生用途改变，用于允许抵扣进项税额的应税项目，可在用途改变的次月按照下列公式计算可以抵扣的进项税额：

$$可以抵扣的进项税额=\frac{固定资产、无形资产、不动产净值}{1+适用税率}\times适用税率$$

上述可以抵扣的进项税额应取得合法有效的增值税扣税凭证。

笔者认为，虽然纳税人购进货物、服务或无形资产用于不能抵扣的项目，取得的增值税专用发票可以不进行认证抵扣，但是，为避免用途发生转变时，因取得增值税专用发票未认证造成无法抵扣进项税额，纳税人取得固定资产、无形资产或者不动产专用于简易计税项目的，应将专用发票认证但不进行抵扣，待转变用途时据以计算进项税额。

40. 兼营简易计税方法计税项目、免征增值税项目而无法划分不得抵扣的进项税额，如何计算不得抵扣的进项税额？

答：《增值税暂行条例实施细则》第二十六条、《试点实施办法》第二十九条规定，适用一般计税方法的纳税人，兼营简易计税方法计税项目、免征增值税项目而无法划分不得抵扣的进项税额，按照下列公式计算不得抵扣的进项税额：

$$\text{不得抵扣的进项税额}=\text{当期无法划分的全部进项税额}\times\left(\text{当期简易计税方法计税项目销售额}+\text{免征增值税项目销售额}\right)\div\text{当期全部销售额}$$

主管税务机关可以按照上述公式依据年度数据对不得抵扣的进项税额进行清算。

这里提醒注意的是，《国家税务总局关于发布〈房地产开发企业销售自行开发的房地产项目增值税征收管理暂行办法〉的公告》（国家税务总局公告 2016 年第 18 号，以下简称国家税务总局公告 2016 年第 18 号）第十三条规定，一般纳税人销售自行开发的房地产项目，兼有一般计税方法计税、简易计税方法计税、免征增值税的房地产项目而无法划分不得抵扣的进项税额的，应以《建筑工程施工许可证》注明的“建设规模”为依据进行划分。

注意：财税〔2017〕90 号第一条规定，自 2018 年 1 月 1 日起，纳税人租入固定资产、不动产，既用于一般计税方法计税项目，又用于简易计税方法计税项目、免征增值税项目、集体福利或者个人消费的，其进项税额准予从销项税额中全额抵扣。

| 案例分析 |

宏伟建筑工程有限公司 2018 年 9 月实现建筑设计收入 200 万元，提供建筑材料收入 100 万元、建筑施工收入 400 万元，提供清包工建筑服务收入 200 万元（选择简易计税方法）、向境外某同行客户提供建筑技术咨询服务取得美元折合人民币收入 100 万元。以上收入均不含税。该公司 9 月份取得全部可抵扣进项税额 50 万元，无法在以上业务项目中做区分。上月留抵进项税额 10 万元。该公司应如何计算当月应缴纳的增值税？

分析：

（1）一般计税方法销项税额的计算：200×6%＋100×16%＋400×10%＝68（万元）。

（2）不得抵扣的进项税额＝当期无法划分的全部进项税额×（当期简易计税方法计税项目销售额＋免征增值税项目销售额）÷当期全部销售额＝50×（200＋100）÷1 000＝15（万元）。

（3）一般计税方法应缴纳增值税额＝销项税额－进项税额＝68－（50－15）－10＝23（万元）。

（4）简易计税方法应缴纳增值税为：200×3%＝6（万元）。

合计应缴纳增值税为：23＋6＝29（万元）。

41. 不得抵扣且未抵扣进项税额的固定资产、无形资产、不动产，发生用途改变，是否可用于允许抵扣进项税额的应税项目？

答：《试点有关事项的规定》第一条、第二条规定，按照《增值税暂行条例》第十条、《试点实施办法》第二十七条规定不得抵扣且未抵扣进项税额的固定资产、无形资产、不动产，发生用途改变，用于允许抵扣进项税额的应税项目，可在用途改变的次月按照下列公式计算可以抵扣的进项税额：

$$可以抵扣的进项税额=\frac{固定资产、无形资产、不动产净值}{1+适用税率}\times适用税率$$

上述可以抵扣的进项税额应取得合法有效的增值税扣税凭证。

| 案例分析 |

某公司 2016 年 11 月将 2016 年 5 月购入的用于员工食堂的一辆小汽车用于财务部。该汽车购入原价为 40 万元，增值税额 6.8 万元（原值 46.8 万元），已计提折旧 5.85 万元。该公司应如何进行税务处理？

分析：

$$可以抵扣的进项税额=\frac{固定资产、无形资产、不动产净值}{1+适用税率}\times适用税率$$

$$=\frac{46.8-5.85}{1+17\%}\times17\%=5.95（万元）$$

账务处理如下：

借：应交税费——应交增值税（进项税额）　59 500

　贷：固定资产　59 500

42. 哪些不动产进项税额应执行分两年抵扣的规定？

答：《试点有关事项的规定》和《国家税务总局关于发布〈不动产进项税额分期抵扣暂行办法〉的公告》（国家税务总局公告 2016 年第 15 号，以下简称 15 号公告）规定，下列不动产的进项税额适用分两年抵扣的规定：

（1）适用一般计税方法的试点纳税人，2016 年 5 月 1 日后取得并在会计制度上按固定资产核算的不动产。

取得的不动产，包括以直接购买、接受捐赠、接受投资入股以及抵债等各种形式取得的不动产。

（2）2016 年 5 月 1 日后取得的不动产在建工程。

纳税人新建、改建、扩建、修缮、装饰不动产，属于不动产在建工程。

（3）纳税人 2016 年 5 月 1 日后购进货物和设计服务、建筑服务，用于新建不动产，或者用于改建、扩建、修缮、装饰不动产并增加不动产原值超过 50%的，其进项税额依照该办法有关规定分 2 年从销项税额中抵扣。

不动产原值，是指取得不动产时的购置原价或作价。

上述分两年从销项税额中抵扣的购进货物，是指构成不动产实体的材料和设备，包括建筑装饰材料和给排水、采暖、卫生、通风、照明、通讯、煤气、消防、中央空调、电梯、电气、智能化楼宇设备及配套设施。

43. 哪些不动产进项税额不适用分两年抵扣的规定？

答：《试点有关事项的规定》第一条第（四）项第 1 目和国家税务总局公告 2016 年第 15 号第二条规定，以下进项税额不适用分两年抵扣的规定：

（1）房地产开发企业自行开发的房地产项目；

（2）融资租入的不动产；

（3）在施工现场修建的临时建筑物、构筑物。

| 案例分析 |

A 公司为承建一住宅小区项目，于 2016 年 5 月购入活动板房 5 套用于施工现场，支付价款合计 234 000 元，增值税专用发票注明增值税额 34 000 元，该活动板房于 6 月起投入使用。A 公司应如何进行税务处理?

分析：

活动板房属于在施工现场修建的临时建筑物，不需要执行分期抵扣政策。

账务处理如下：

借：临时设施	200 000
应交税费——应交增值税（进项税额）	34 000
贷：银行存款（应付账款）	234 000

44. 不动产进项税额分期抵扣有哪些管理要求？

答：不动产进项税额分期抵扣应做到以下几点：

第一，建立台账，反映来龙去脉。15 号公告第十三条规定，纳税人应建立不动产和不动产在建工程台账，分别记录并归集不动产和不动产在建工程的成本、费用、扣税凭证及进项税额抵扣情况，留存备查。

用于简易计税方法计税项目、免征增值税项目、集体福利或者个人消费的不动产和不动产在建工程，也应在纳税人建立的台账中记录。

第二，会计核算，单设会计科目。15号公告第十一条规定，待抵扣进项税额记入“应交税费——待抵扣进项税额”科目核算，并于可抵扣当期转入“应交税费——应交增值税（进项税额）”科目。

对不同的不动产和不动产在建工程，纳税人应分别核算其待抵扣进项税额。

第三，据实申报，依法履行义务。15号公告第十二条规定，纳税人分期抵扣不动产的进项税额，应据实填报增值税纳税申报表附列资料。

15号公告第十四条规定，纳税人未按照该办法有关规定抵扣不动产和不动产在建工程进项税额的，主管税务机关应按照《中华人民共和国税收征收管理法》（以下简称《税收征收管理法》）及有关规定进行处理。

45. 新购置的不动产或不动产在建工程，进项税额如何分期抵扣？

答：《试点有关事项的规定》和15号公告第四条规定，纳税人按照规定从销项税额中抵扣进项税额，应取得2016年5月1日后开具的合法有效的增值税扣税凭证。上述进项税额中，60%的部分于取得扣税凭证的当期从销项税额中抵扣；40%的部分为待抵扣进项税额，于取得扣税凭证的当月起第13个月从销项税额中抵扣。

| 案例分析 |

[例1] 某公司2016年5月10日购入店面一套500万元，进项税额55万元。该公司应如何进行税务处理?

分析：

(1) 计算当期可抵扣进项税额和待抵扣进项税额。

当月抵扣进项税额＝55×60%＝33(万元)

待抵扣进项税额＝55×40%＝22(万元)

账务处理如下:

借：固定资产——房屋建筑物	5 000 000
应交税费——应交增值税（进项税额）	330 000
——待抵扣进项税额	220 000
贷：银行存款（应付账款/实收资本）	5 550 000

（2）2017 年 5 月抵扣 40%，即抵扣进项税额 22 万元。

账务处理如下：

借：应交税费——应交增值税（进项税额）　220 000

　贷：应交税费——待抵扣进项税额　220 000

［例 2］ 某公司 2016 年 5 月 10 日购入钢材 100 万元（增值税专用发票上注明增值税额 17 万元），支付设计服务费 50 万元（增值税专用发票上注明增值税额 3 万元），支付建筑工程款 100 万元（增值税专用发票上注明增值税额 11 万元），用于建造办公楼。该公司应如何进行税务处理?

分析：

（1）计算当期可抵扣进项税额和待抵扣进项税额。

$$当月抵扣进项税额 = (17 + 3 + 11) \times 60\% = 18.6(万元)$$
$$待抵扣进项税额 = (17 + 3 + 11) \times 40\% = 12.4(万元)$$

账务处理如下：

借：在建工程　2 500 000

　应交税费——应交增值税（进项税额）　186 000

　　——待抵扣进项税额　124 000

　贷：银行存款（应付账款）　2 810 000

（2）2017 年 5 月，抵扣 40%，即抵扣进项税额 12.4 万元。

账务处理如下：

借：应交税费——应交增值税（进项税额）　124 000

　贷：应交税费——待抵扣进项税额　124 000

46. 购进时已全额抵扣进项税额的货物和服务，转用于不动产在建工程的，进项税额如何分期抵扣?

答： 15 号公告第五条规定，购进时已全额抵扣进项税额的货物和服务，转用于不动产在建工程的，其已抵扣进项税额的 40%部分，应于转用的当期从进项税额中扣减，计入待抵扣进项税额，并于转用的当月起第 13 个月从销项税额中抵扣。

| 案例分析 |

某公司 2016 年 6 月 1 日购入一批钢材 200 万元，进项税额 34 万元，当月已全额抵扣，8 月 1 日将这批钢材全用于不动产新建工程。该公司应如何进行税务处理?

分析：

(1) 计算当月待抵扣进项税额。

当月待抵扣进项税额＝34×40%＝13.6(万元)

账务处理如下：

借：应交税费——待抵扣进项税额　　136 000

　贷：应交税费——应交增值税（进项税额转出）　　136 000

(2) 2017 年 8 月，抵扣进项税额 13.6 万元。

账务处理如下：

借：应交税费——应交增值税（进项税额）　　136 000

　贷：应交税费——应交增值税（待抵扣进项税额）　　136 000

47. 按照规定不得抵扣进项税额的不动产，发生用途改变，用于允许抵扣进项税额项目的，进项税额如何分期抵扣？

答：15 号公告第九条规定，按照规定不得抵扣进项税额的不动产，发生用途改变，用于允许抵扣进项税额项目的，按照下列公式在改变用途的次月计算可抵扣进项税额：

可抵扣进项税额＝增值税扣税凭证注明或计算的进项税额×不动产净值率

依照该条规定计算的可抵扣进项税额，应取得 2016 年 5 月 1 日后开具的合法有效的增值税扣税凭证。

按照该条规定计算的可抵扣进项税额，60%的部分于改变用途的次月从销项税额中抵扣，40%的部分为待抵扣进项税额，于改变用途的次月起第 13 个月从销项税额中抵扣。

| 案例分析 |

某公司 2016 年 5 月 1 日购入不动产 200 万元作为职工食堂，进项税额 22 万元，2018 年 5 月 1 日，将职工食堂用作仓库。假设以直线法 20 年摊销。该公司应如何进行税务处理？

分析：

(1) 计算可抵扣进项税额。

2018 年 6 月不动产净值＝222－222/20×2＝199.8(万元)

不动产净值率＝199.8/222＝90%

可抵扣进项税额＝22×90%＝19.8(万元)

（2）计算当月可抵扣进项税额和待抵扣进项税额。

当月可抵扣进项税额＝19.8×60%＝11.88(万元)

待抵扣进项税额＝19.8×40%＝7.92(万元)

账务处理如下：

借：应交税费——应交增值税（进项税额）	118 800
——待抵扣进项税额	79 200
贷：固定资产	198 000

（3）2019 年 6 月抵扣 40%，即抵扣进项税额 7.92 万元。

账务处理如下：

借：应交税费——应交增值税（进项税额）	79 200
贷：应交税费——待抵扣进项税额	79 200

48. 纳税人销售其取得的不动产或注销税务登记时，尚未抵扣完毕的待抵扣进项税额如何处理？

答：15 号公告第六条规定，纳税人销售其取得的不动产或者不动产在建工程时，尚未抵扣完毕的待抵扣进项税额，允许于销售的当期从销项税额中抵扣。

15 号公告第十条规定，纳税人注销税务登记时，其尚未抵扣完毕的待抵扣进项税额于注销清算的当期从销项税额中抵扣。

| 案例分析 |

A 公司 2016 年 5 月 10 日购入店面一套 500 万元，进项税额 55 万元。2017 年 5 月又将其以 600 万元价格销售给 B 公司，收取价款 666 万元，假设已计提折旧 50 万元。A 公司应如何进行税务处理?

分析：

（1）2016 年 5 月购入时。

可抵扣进项税额＝55×60%＝33(万元)

待抵扣进项税额＝55×40%＝22(万元)

账务处理如下：

借：固定资产——房屋建筑物	5 000 000
应交税费——应交增值税（进项税额）	330 000
——待抵扣进项税额	220 000
贷：银行存款（应付账款/实收资本）	5 550 000

（2）2017 年 5 月再出售时，未抵扣完毕的 22 万元从当期销项税额中抵扣。

账务处理如下：

借：银行存款　6 660 000

　　累计折旧　500 000

　贷：固定资产　5 000 000

　　　营业外收入　1 500 000

　　　应交税费——应交增值税（销项税额）　660 000

借：应交税费——应交增值税（进项税额）　220 000

　贷：应交税费——待抵扣进项税额　220 000

49. 已抵扣进项税额的不动产发生损失或用于简易计税、免税项目的，其进项税额如何转出？

答：15 号公告第七条规定，已抵扣进项税额的不动产，发生非正常损失，或者改变用途，专用于简易计税方法计税项目、免征增值税项目、集体福利或者个人消费的，按照下列公式计算不得抵扣的进项税额：

不得抵扣的进项税额＝（已抵扣进项税额＋待抵扣进项税额）×不动产净值率

不动产净值率＝（不动产净值÷不动产原值）×100％

（1）不得抵扣的进项税额小于或等于该不动产已抵扣进项税额的，应于该不动产改变用途的当期，将不得抵扣的进项税额从进项税额中扣减。

（2）不得抵扣的进项税额大于该不动产已抵扣进项税额的，应于该不动产改变用途的当期，将已抵扣进项税额从进项税额中扣减，并从该不动产待抵扣进项税额中扣减不得抵扣进项税额与已抵扣进项税额的差额。

（3）不动产在建工程发生非正常损失的，其所耗用的购进货物、设计服务和建筑服务已抵扣的进项税额应于当期全部转出；其待抵扣进项税额不得抵扣。

| 案例分析 |

某公司 2016 年 5 月 1 日买了一办公楼，价值 1 000 万元，进项税额 110 万元。当月已抵扣进项税额 66 万元，待抵扣进项税额 44 万元。在下列情形下，该公司应如何进行税务处理?

（1）假定 2026 年 5 月该公司将办公楼改成职工食堂，不动产的净值为 500 万元，净值率 50%。

（2）假定 2017 年 2 月该公司将办公楼改成职工食堂，不动产的净值为 960 万元，净值率 96%。

分析：

在情形（1）下，已抵扣进项税额 110 万元（2016 年 5 月抵扣 66 万元，2017 年 5 月抵扣 44 万元）。

不得抵扣的进项税额 =（已抵扣进项税额 + 待抵扣进项税额）× 不动产净值率

= 110 × 50% = 55（万元）

不得抵扣的进项税额 55 万元小于已抵扣进项税额 110 万元，应将 55 万元做进项税额转出。

账务处理如下：

借：固定资产　　550 000

　贷：应交税费——应交增值税（进项税额转出）　　550 000

在情形（2）下，已抵扣进项税额 66 万元（2016 年 5 月抵扣），待抵扣进项税额 44 万元。

不得抵扣的进项税额 =（已抵扣进项税额 + 待抵扣进项税额）× 不动产净值率

= (66 + 44) × 96% = 105.6（万元）

不得抵扣的进项税 105.6 万元大于已抵扣的 66 万元，已抵扣进项税额 66 万元做转出，并在待抵扣进项税额 44 万元中扣减不得抵扣进项税额与已抵扣进项税额的差额 39.6 万元（105.6 − 66）。

借：固定资产　　1 056 000

　贷：应交税费——待抵扣进项税额　　396 000

　　　　　　——应交增值税（进项税额转出）　　660 000

50. 企业筹建期间购置设备和原料，取得的增值税专用发票可否抵扣进项税额？

答：根据《国家税务总局关于纳税人认定或登记为一般纳税人前进项税额抵扣问题的公告》（国家税务总局公告 2015 年第 59 号）的规定，纳税人自办理税务登记至认定或登记为一般纳税人期间，未取得生产经营收入，未按照销售额和征收率简易计算应纳税额申报缴纳增值税的，其在此期间取得的增值税扣税凭证，可以在认定或登记为一般纳税人后抵扣进项税额。

51. 办理注销手续前，可否用期末留抵税额抵减增值税所欠税款?

答：可以。根据《国家税务总局关于增值税一般纳税人用进项留抵税额抵减增值税欠税问题的通知》(国税发〔2004〕112号)的规定，对纳税人因销项税额小于进项税额而产生期末留抵税额的，应以其期末留抵税额抵减增值税所欠税款。

52. 稽查查补的增值税，可否用期末留抵税额抵减?

答：可以。根据《国家税务总局关于增值税一般纳税人将增值税进项留抵税额抵减查补税款欠税问题的批复》(国税函〔2005〕169号)的规定，增值税一般纳税人拖欠纳税检查应补缴的增值税税款，如果纳税人有进项留抵税额，可按照《国家税务总局关于增值税一般纳税人用进项留抵税额抵减增值税欠税问题的通知》(国税发〔2004〕112号)的规定，用增值税留抵税额抵减查补税款欠税。

六、 纳税义务发生时间

53. 纳税人发生增值税应税行为，应在何时申报缴纳增值税?

答：纳税人发生应税行为应当分别适用以下政策规定，确定纳税义务时间：

(1) 销售货物或者应税劳务、进口货物的行为，根据《增值税暂行条例》第十九条规定，增值税纳税义务发生时间为：

①销售货物或者应税劳务，为收讫销售款项或者取得索取销售款项凭据的当天；先开具发票的，为开具发票的当天。

②进口货物，为报关进口的当天。

③增值税扣缴义务发生时间为纳税人增值税纳税义务发生的当天。

上述所称收讫销售款项或者取得索取销售款项凭据的当天，根据《增值税暂行条例实施细则》第三十八条的规定，按销售结算方式的不同，具体为：

①采取直接收款方式销售货物，不论货物是否发出，均为收到销售款或者取得索取销售款凭据的当天。

②采取托收承付和委托银行收款方式销售货物，为发出货物并办妥托收手续的当天。

③采取赊销和分期收款方式销售货物，为书面合同约定的收款日期的当天，无书面合同的或者书面合同没有约定收款日期的，为货物发出的当天。

④采取预收货款方式销售货物，为货物发出的当天，但生产销售生产工期超过12个月的大型机械设备、船舶、飞机等货物，为收到预收款或者书面合同约定的收款日期的当天。

⑤委托其他纳税人代销货物，为收到代销单位的代销清单或者收到全部或者部分货款的当天。未收到代销清单及货款的，为发出代销货物满180天的当天。

⑥销售应税劳务，为提供劳务同时收讫销售款或者取得索取销售款的凭据的当天。

⑦纳税人发生该细则所列视同销售货物行为，为货物移送的当天。

（2）销售服务、转让不动产或者无形资产的的行为，根据《试点实施办法》第四十五条的规定，增值税纳税义务时间为：

①纳税人发生应税行为并收讫销售款项或者取得索取销售款项凭据的当天；先开具发票的，为开具发票的当天。

收讫销售款项，是指纳税人销售服务、无形资产、不动产过程中或者完成后收到款项。

取得索取销售款项凭据的当天，是指书面合同确定的付款日期；未签订书面合同或者书面合同未确定付款日期的，为服务、无形资产转让完成的当天或者不动产权属变更的当天。

②纳税人提供租赁服务、在2017年6月30日以前提供建筑服务，采取预收款方式的，其纳税义务发生时间为收到预收款的当天。（《财政部 税务总局关于建筑服务等营改增试点政策的通知》（财税〔2017〕58号）删除了建筑服务相关内容）

③纳税人从事金融商品转让的，为金融商品所有权转移的当天。

④纳税人发生该办法第十四条规定情形的，其纳税义务发生时间为服务、无形资产转让完成的当天或者不动产权属变更的当天。

⑤增值税扣缴义务发生时间为纳税人增值税纳税义务发生的当天。

| 案例分析 |

假设A公司发生下列情形，请确定相应的纳税义务发生时间。

（1）A公司2016年6月1日与甲公司签订房屋租赁合同，租期一年（2016年6月1日至2017年5月31日），年租金100万元，分季支付。合同约定，A公司于2016年6月15日将一年租金100万元开具发票给丁公司。

（2）A公司2016年5月25日与乙公司签订房屋租赁合同，租期一年（2016年6月1日至2017年5月31日），年租金80万元。A公司于2016年5月30日一次性收取房屋租金80万元。

（3）A公司2016年6月1日与丙公司签订房屋租赁合同，租期一年（2016年6月1日至2017年5月31日），年租金100万元，分季支付。合同约定，A公司于2016年6月10日收取第一季度的房屋租金25万元，由于丙公司出现债务危机，租金尚未支付。

分析：

在情形（1）下，A公司于2016年6月15日发票开具时，发生增值税纳税义务。（开票日期为先）

在情形（2）下，A公司于2016年5月30日发生增值税纳税义务。（预收款为先）

在情形（3）下，A公司于2016年6月10日发生增值税纳税义务。（合同约定为先）

54. 发现试点前发生的业务未缴或多缴营业税，是否可以补缴或抵减增值税？

答：《试点有关事项的规定》第一条第（十三）项对试点前发生的业务做了如下规定：

（1）试点纳税人发生应税行为，按照国家有关营业税政策规定差额征收营业税的，因取得的全部价款和价外费用不足以抵减允许扣除项目金额，截至纳入营改增试点之日前尚未扣除的部分，不得在计算试点纳税人增值税应税销售额时抵减，应当向原主管地税机关申请退还营业税。

（2）试点纳税人发生应税行为，在纳入营改增试点之日前已缴纳营业税，营改增试点后因发生退款减除营业额的，应当向原主管地税机关申请退还已缴纳的营业税。

（3）试点纳税人纳入营改增试点之日前发生的应税行为，因税收检查等原因需要补缴税款的，应按照营业税政策规定补缴营业税。

23号公告规定，纳税人在地税机关已申报营业税未开具发票，2016年5月1日以后需要补开发票的，可于2016年12月31日前开具增值税普通发票（国家税务总局另有规定的除外）。

根据18号公告的规定，房地产开发企业销售自行开发的房地产项目不受上述“2016年12月31日前开具增值税普通发票”的限制。

营业税、增值税纳税义务发生时间对比见表1-8。

表1-8　　营业税、增值税纳税义务发生时间对比表

具体情形	《中华人民共和国营业税暂行条例》及其实施细则的规定	财税〔2016〕36号文件的规定
1. 在提供应税行为过程中或者完成后收讫款项的	收讫营业收入款项的当天	收讫销售款项的当天
2. 未收到款项但取得索取销售款项凭据的	取得索取营业收入款项凭据的当天	取得索取销售款项凭据的当天
（1）书面合同确定了付款日期的	书面合同确定的付款日期	书面合同确定的付款日期

续表

具体情形	《中华人民共和国营业税暂行条例》及其实施细则的规定	财税〔2016〕36号文件的规定
(2) 未签订书面合同或者书面合同未确定付款日期的	应税行为完成的当天	应税行为完成的当天
3. 尚未收讫款项或取得索取款项凭据但先开具发票的	无规定	开具发票的当天
4. 提供建筑服务、租赁服务采取预收款方式的	收到预收款的当天	收到预收款的当天

| 案例分析 |

A公司2016年4月1日与丁公司签订房屋租赁合同，租期一年，年租金50万元，A公司于2016年4月10日一次性收取2016年4月1日至2017年3月31日的房屋租金50万元。2016年9月，财务人员在税收自查时，发现该笔预收款未缴纳营业税。A公司该如何进行税务处理?

分析：

A公司于2016年4月10日发生营业税纳税义务，应该向主管地税机关缴纳营业税。财务人员发现该笔预收款未交税后，应当立即向主管地税机关申报缴纳营业税及滞纳金。需要补开发票的，可于2016年12月31日前开具增值税普通发票，缴纳营业税及滞纳金的税收完税凭证和相关租赁合同资料留存备查。

七、 纳税地点

55. 纳税人发生增值税应税行为，应在哪里申报缴纳增值税?

答：根据《增值税暂行条例》第二十二条、《试点实施办法》第四十六条的规定，增值税纳税地点为：

(1) 固定业户应当向其机构所在地或者居住地主管税务机关申报纳税。总机构和分支机构不在同一县（市）的，应当分别向各自所在地的主管税务机关申报纳税；经财政部和国家税务总局或者其授权的财政和税务机关批准，可以由总机构汇总向总机构所在地的主管税务机关申报纳税。

注意：《试点有关事项的规定》第一条第（十二）项规定，属于固定业户的试点纳税人，总分支机构不在同一县（市），但在同一省（自治区、直辖市、计划单列市）

范围内的，经省（自治区、直辖市、计划单列市）财政厅（局）和国家税务局批准，可以由总机构汇总向总机构所在地的主管税务机关申报缴纳增值税。

（2）固定业户到外县（市）销售货物或者应税劳务，应当向其机构所在地的主管税务机关申请开具外出经营活动税收管理证明，并向其机构所在地的主管税务机关申报纳税；未开具证明的，应当向销售地或者劳务发生地的主管税务机关申报纳税；未向销售地或者劳务发生地的主管税务机关申报纳税的，由其机构所在地的主管税务机关补征税款。

注意：《试点有关事项的规定》第一条对纳税人跨县（市）提供建筑服务、不动产租赁服务以及销售不动产应税行为的，还做了“在建筑服务发生地或不动产所在地预缴税款后，向机构所在地主管税务机关进行纳税申报”的特殊规定。

还需要注意跨县（市）项目部与分公司的区别。

（3）非固定业户应当向应税行为发生地主管税务机关申报纳税；未申报纳税的，由其机构所在地或者居住地主管税务机关补征税款。

（4）其他个人提供建筑服务，销售或者租赁不动产，转让自然资源使用权，应向建筑服务发生地、不动产所在地、自然资源所在地主管税务机关申报纳税。

（5）扣缴义务人应当向其机构所在地或者居住地主管税务机关申报缴纳扣缴的税款。

（6）进口货物，应当向报关地海关申报纳税。

值得注意的是，有关固定业户的界定税法没有明确。根据《税收征收管理法》及其实施细则有关税务登记的相关规定，对于向税务机关申报办理了税务登记的企业，企业在外地设立的分支机构和从事生产、经营的场所，个体工商户和从事生产、经营的事业单位应界定为固定业户；对未按照规定办理税务登记的从事生产、经营的纳税人以及临时从事经营的纳税人（即没有向税务机关申报办理税务登记、尚未纳入税务机关管理的）不属于固定业户。判断的标准在于是否向税务机关申报办理了税务登记。

56. 分公司是否作为独立纳税人在分公司所在地缴纳增值税?

答：《税务登记管理办法》第二条规定，企业，企业在外地设立的分支机构和从事生产、经营的场所，个体工商户和从事生产、经营的事业单位，均应当按照《税收征收管理法》及其实施细则和该办法的规定办理税务登记。

根据《增值税暂行条例》第二十二条第（一）项、《试点实施办法》第四十六条第（一）项的规定，固定业户应当向其机构所在地或者居住地主管税务机关申报纳税。总机构和分支机构不在同一县（市）的，应当分别向各自所在地的主管税务机关申报纳税；经财政部和国家税务总局或者其授权的财政和税务机关批准，可以由总机构汇总向总机构所在地的主管税务机关申报纳税。

因此，分公司属于固定业户，应按照规定办理税务登记，向其所在地主管税务机关申报纳税。经财政部和国家税务总局或者其授权的财政和税务机关批准，才可以由总机构汇总向总机构所在地的主管税务机关申报纳税。

57. 总机构、分支机构不在同一县（市）的，可以申请汇总申报纳税吗?

答：可以。

（1）政策规定。

《试点实施办法》第四十六条第（一）项规定，总机构和分支机构不在同一县（市）的，应当分别向各自所在地的主管税务机关申报纳税；经财政部和国家税务总局或者其授权的财政和税务机关批准，可以由总机构汇总向总机构所在地的主管税务机关申报纳税。

《试点有关事项的规定》第一条第（十二）项规定，属于固定业户的试点纳税人，总分支机构不在同一县（市），但在同一省（自治区、直辖市、计划单列市）范围内的，经省（自治区、直辖市、计划单列市）财政厅（局）和国家税务局批准，可以由总机构汇总向总机构所在地的主管税务机关申报缴纳增值税。

（2）汇总纳税所需提供的资料。

①汇总缴纳增值税的申请报告。

②纳入汇总申报纳税的《统一核算分支机构清册》，内容包括分支机构名称、纳税人识别号、经营地址、开业时间、是否一般纳税人等情况。

③纳税人财务、会计管理制度和财务、会计软件及操作手册（一式两份，一份报有权审批机关，一份留总机构主管国税机关保存）。

④企业经营管理内控制度和信息管理系统及操作手册，信息管理系统应能实现实时监控、实时数据交换、库存管理、统一配送等功能。

58. 纳税人跨县（市）经营的，什么情况下要预缴增值税?

答：根据《试点有关事项的规定》第一条第（七）、（八）、（九）、（十）项的规定，除其他个人外，纳税人跨县（区）提供建筑服务、不动产经营租赁、销售不动产的，应在建筑服务发生地或不动产所在地税务机关预缴税款，回机构所在地国税机关申报缴纳。

具体税务处理见《国家税务总局关于印发〈纳税人转让不动产增值税征收管理暂

行办法〉的公告》（国家税务总局公告2016年第14号，以下简称14号公告）、《国家税务总局关于印发〈纳税人提供不动产经营租赁服务增值税征收管理暂行办法〉的公告》（国家税务总局公告2016年第16号，以下简称16号公告）、《国家税务总局关于印发〈纳税人跨县（市、区）提供建筑服务增值税征收管理暂行办法〉的公告》（国家税务总局公告2016年第17号，以下简称17号公告）、国家税务总局公告2017年第11号、财税〔2018〕32号规定。现简要总结如表1-9所示。

表1-9　　跨设市（区）经营增值税预缴、申报明细表

<table>
<tr><th>项目</th><th>计税方法</th><th>税率</th><th>机构所在地国税申报</th><th>经营业务发生地预缴（税务机关）</th></tr>
<tr><td rowspan="2">建筑服务</td><td>一般计税</td><td>10%</td><td>全部价款和价外费用÷（1＋10%）×10%－进项税额</td><td>（全部价款和价外费用－支付的分包款）÷（1＋10%）×2%（国税）</td></tr>
<tr><td>简易计税</td><td>3%</td><td>（全部价款和价外费用－支付的分包款）÷（1＋3%）×3%</td><td>（全部价款和价外费用－支付的分包款）÷（1＋3%）×3%（国税）</td></tr>
<tr><td rowspan="2">不动产经营租赁</td><td>一般计税</td><td>10%</td><td>全部价款和价外费用÷（1＋10%）×10%－进项税额</td><td>全部价款和价外费用÷（1＋10%）×3%（国税）</td></tr>
<tr><td>简易计税</td><td>5%</td><td>全部价款和价外费用÷（1＋5%）×5%</td><td>全部价款和价外费用÷（1＋5%）×5%（国税）</td></tr>
<tr><td rowspan="2">销售自建不动产</td><td>一般计税</td><td>10%</td><td>全部价款和价外费用÷（1＋10%）×10%－进项税额</td><td rowspan="2">全部价款和价外费用÷（1＋5%）×5%（地税）</td></tr>
<tr><td>简易计税</td><td>5%</td><td>全部价款和价外费用÷（1＋5%）×5%</td></tr>
<tr><td rowspan="2">销售外购不动产</td><td>一般计税</td><td>10%</td><td>全部价款和价外费用÷（1＋10%）×10%－进项税额</td><td rowspan="2">（全部价款和价外费用－该项不动产购置原价）÷（1＋5%）×5%（地税）</td></tr>
<tr><td>简易计税</td><td>5%</td><td>（全部价款和价外费用－该项不动产购置原价）÷（1＋5%）×5%</td></tr>
</table>

说明：2018年4月30日以前，建筑服务适用税率11%。

此外，《试点有关事项的规定》第一条第（十一）项规定，一般纳税人跨省（自治区、直辖市或者计划单列市）提供建筑服务或者销售、出租取得的与机构所在地不在同一省（自治区、直辖市或者计划单列市）的不动产，在机构所在地申报纳税时，计算的应纳税额小于已预缴税额，且差额较大的，由国家税务总局通知建筑服务发生地或者不动产所在地省级税务机关，在一定时期内暂停预缴增值税。

59. 分公司出租产权归总公司的房屋，由总公司还是分公司缴纳增值税？

问：我公司在外省市有分公司，主营业务就是持有房产并出租，由于总分公司的形式，所有房产的产权都在总公司名下，预计总公司、分公司营改增后都将变成一般纳税人，根据规定应自行开具发票。那么，分公司所在地的房产是总公司在当地预缴由总公司开具发票、申报纳税，还是由分公司直接开具发票、申报纳税？

答：根据16号公告的规定，如果由总公司与承租人签订租房合同，那么总公司应该按照不动产跨县市租赁增值税有关规定，在不动产所在地预缴税款，由总公司申报纳税。如果由分公司与承租人签订租房合同，分公司按照规定开具发票、申报缴纳增值税。由于分公司并不拥有房产产权，此行为属于房产转租，因此还应与总公司补充签订租赁合同。

60. 纳税人跨县（市）经营的，是否要开具《外出经营活动税收管理证明》？如何办理？

答：《国家税务总局关于优化〈外出经营活动税收管理证明〉相关制度和办理程序的意见》（税总发〔2016〕106 号）规定，纳税人跨省税务机关管辖区域经营的，应按该规定开具《外出经营活动税收管理证明》（以下简称《外管证》）；纳税人在省税务机关管辖区域内跨县（市）经营的，是否开具《外管证》由省税务机关自行确定。

《外管证》办理程序如下：

（1）《外管证》的开具。

①“一地一证”。从事生产、经营的纳税人跨省从事生产、经营活动的，应当在外出生产经营之前，到机构所在地主管税务机关开具《外管证》。税务机关按照“一地一证”的原则，发放《外管证》。

②简化资料报送。一般情况下，纳税人办理《外管证》时只需提供税务登记证件副本或者加盖纳税人印章的副本首页复印件（实行实名办税的纳税人，可不提供上述证件）；从事建筑安装的纳税人另需提供外出经营合同（原件或复印件，没有合同或合同内容不全的，提供外出经营活动情况说明）。

③即时办理。纳税人提交资料齐全、符合法定形式的，税务机关应即时开具《外管证》（可使用业务专用章）。

（2）《外管证》的报验登记。

①纳税人应当自《外管证》签发之日起 30 日内，持《外管证》向经营地税务机关报验登记，并接受经营地税务机关的管理。纳税人以《外管证》上注明的纳税人识别号，在经营地税务机关办理税务事项。

②报验登记时应提供《外管证》，建筑安装行业纳税人另需提供外出经营合同复印件或外出经营活动情况说明。

③营改增之前地税机关开具的《外管证》仍在有效期限内的，国税机关应予以受理，进行报验登记。

（3）《外管证》的核销。

①纳税人外出经营活动结束，应当向经营地税务机关填报《外出经营活动情况申报表》，并结清税款。

②经营地税务机关核对资料，发现纳税人存在欠缴税款、多缴（包括预缴、应退

未退）税款等未办结事项的，及时制发《税务事项通知书》，通知纳税人办理。纳税人不存在未办结事项的，经营地税务机关核销报验登记，在《外管证》上签署意见（可使用业务专用章）。

（4）《外管证》的有效期限。

《外管证》有效期限一般不超过 180 天，但建筑安装行业纳税人项目合同期限超过 180 天的，按照合同期限确定有效期限。

八、 综合业务

61. 如何判定走逃（失联）企业？对其开具的增值税专用发票如何处理？

答：根据《国家税务总局关于走逃（失联）企业开具增值税专用发票认定处理有关问题的公告》（国家税务总局公告 2016 年第 76 号）的规定，走逃（失联）企业，是指不履行税收义务并脱离税务机关监管的企业。根据税务登记管理有关规定，税务机关通过实地调查、电话查询、涉税事项办理核查以及其他征管手段，仍对企业和企业相关人员查无下落的，或虽然可以联系到企业代理记账、报税人员等，但其并不知情也不能联系到企业实际控制人的，可以判定该企业为走逃（失联）企业。

该公告规定，对走逃（失联）企业开具增值税专用发票的应做如下处理：

（1）走逃（失联）企业存续经营期间发生下列情形之一的，所对应属期开具的增值税专用发票列入异常增值税扣税凭证（以下简称异常凭证）范围。

①商贸企业购进、销售货物名称严重背离的；生产企业无实际生产加工能力且无委托加工，或生产能耗与销售情况严重不符，或购进货物并不能直接生产其销售的货物且无委托加工的。

②直接走逃失踪不纳税申报，或虽然申报但通过填列增值税纳税申报表相关栏次，规避税务机关审核比对，进行虚假申报的。

（2）增值税一般纳税人取得异常凭证，尚未申报抵扣或申报出口退税的，暂不允许抵扣或办理退税；已经申报抵扣的，一律先作进项税额转出；已经办理出口退税的，税务机关可按照异常凭证所涉及的退税额对该企业其他已审核通过的应退税款暂缓办理出口退税，无其他应退税款或应退税款小于涉及退税额的，可由出口企业提供差额部分的担保。经核实，符合现行增值税进项税额抵扣或出口退税相关规定的，企业可继续申报抵扣，或解除担保并继续办理出口退税。

（3）异常凭证由开具方主管税务机关推送至接受方所在地税务机关进行处理。

对于走逃（失联）企业的判定，该公告也作了明确：走逃（失联）企业，是指不履行税收义务并脱离税务机关监管的企业。根据税务登记管理有关规定，税务机关通过实地调查、电话查询、涉税事项办理核查以及其他征管手段，仍对企业和企业相关人员查无下落的，或虽然可以联系到企业代理记账、报税人员等，但其并不知情也不能联系到企业实际控制人的，可以判定该企业为走逃（失联）企业。

62. 企业资产重组的增值税如何处理？

答：根据《国家税务总局关于纳税人资产重组有关增值税问题的公告》（国家税务总局公告 2011 年第 13 号）和《试点有关事项的规定》第一条第（二）项第 5 目的规定，纳税人在资产重组过程中，通过合并、分立、出售、置换等方式，将全部或者部分实物资产以及与其相关联的债权、负债和劳动力一并转让给其他单位和个人，不属于增值税的征税范围，其中涉及的货物转让、不动产、土地使用权转让行为，不征收增值税。

根据《国家税务总局关于纳税人资产重组增值税留抵税额处理有关问题的公告》（国家税务总局公告 2012 年第 55 号）的规定，增值税一般纳税人在资产重组过程中，将全部资产、负债和劳动力一并转让给其他增值税一般纳税人，并按程序办理注销税务登记的，其在办理注销登记前尚未抵扣的进项税额可结转至新纳税人处继续抵扣。具体规定如下：

（1）原纳税人主管税务机关应认真核查纳税人资产重组相关资料，核实原纳税人在办理注销税务登记前尚未抵扣的进项税额，填写《增值税一般纳税人资产重组进项留抵税额转移单》。

《增值税一般纳税人资产重组进项留抵税额转移单》一式三份，原纳税人主管税务机关留存一份，交纳税人一份，传递新纳税人主管税务机关一份。

（2）新纳税人主管税务机关应将原纳税人主管税务机关传递来的《增值税一般纳税人资产重组进项留抵税额转移单》与纳税人报送资料进行认真核对，对原纳税人尚未抵扣的进项税额，在确认无误后，允许新纳税人继续申报抵扣。

63. 纳税人支付境外费用，如何计算扣缴增值税？

答：《增值税暂行条例》第十八条规定，中华人民共和国境外的单位或者个人在境内提供应税劳务，在境内未设有经营机构的，以其境内代理人为扣缴义务人；在境内没有代理人的，以购买方为扣缴义务人。

《试点实施办法》第六条规定，中华人民共和国境外单位或者个人在境内发生应税行为，在境内未设有经营机构的，以购买方为增值税扣缴义务人。财政部和国家税务总局另有规定的除外。

根据上述规定，实务中应当把握以下几点：

（1）以购买方为增值税扣缴义务人的前提，是境外单位或者个人在境内未设立经营机构，如果境外单位或者个人在境内设立了经营机构，应以其经营机构为增值税纳税人，不存在由扣缴义务人扣缴税款的问题。

（2）扣缴义务人在扣缴增值税的时候，应按照以下公式计算应扣缴税额：

应扣缴税额＝购买方支付的价款÷(1＋税率)×税率

这里需要注意的是，按照上述公式计算应扣缴税额时，无论购买方支付的价款是否超过500万元的一般纳税人标准，无论扣缴义务人是一般纳税人还是小规模纳税人，一律按照境外单位或者个人发生应税行为的适用税率予以计算。

（3）境内购买方从境外单位或者个人购进服务、无形资产或者不动产的，其取得的解缴税款的完税凭证上注明的增值税额，准予从销项税额中抵扣。

（4）扣缴义务发生时间为纳税人增值税纳税义务发生的当天。扣缴义务人应当向其机构所在地或者居住地主管税务机关申报缴纳扣缴的税款。

扣缴义务人代扣代缴、代收代缴税款的义务是法定的，如果不作为，按照《税收征收管理法》第六十九条的规定，扣缴义务人应扣未扣、应收而不收税款的，由税务机关向纳税人追缴税款，对扣缴义务人处应扣未扣、应收未收税款50%以上3倍以下的罚款。

| 案例分析 |

2016年9月，A公司购买德国R公司的非专利技术，合同总价为1 000万元。A公司办理扣缴增值税手续，取得扣缴通用缴款书，并将扣税后的价款支付给德国R公司。书面合同、付款证明和R公司的对账单齐全。A公司应如何进行税务处理?

分析：

A公司应扣缴增值税＝1 000÷(1＋6%)×6%＝56.60(万元)

无形资产入账金额＝1 000－56.60＝943.40(万元)

账务处理如下：

(1) 购进非专利技术时。

借：无形资产——非专利技术　9 434 000

　　应交税费——待认证进项税额　566 000

　贷：应交税费——代扣代交增值税　566 000

　　　应付账款——德国R公司　9 434 000

(2) 实际缴纳代扣代缴增值税时。

借：应交税费——代扣代交增值税　566 000

贷：银行存款　566 000

（3）凭税收缴款书抵扣进项税时。

借：应交税费——应交增值税（进项税额）　566 000

贷：应交税费——待认证进项税额　566 000

64. 纳税人发生不动产经营租赁业务如何计算缴纳增值税？

答：根据《试点有关事项的规定》第一条第（九）项的规定，实务中应把握以下几点：

（1）一般纳税人出租其2016年4月30日前取得的不动产，可以选择适用简易计税方法，按照5%的征收率计算应纳税额。纳税人出租其2016年4月30日前取得的与机构所在地不在同一县（市）的不动产，应按照上述计税方法在不动产所在地预缴税款后，向机构所在地主管税务机关进行纳税申报。

（2）公路经营企业中的一般纳税人收取试点前开工的高速公路的车辆通行费，可以选择适用简易计税方法，减按3%的征收率计算应纳税额。

试点前开工的高速公路，是指相关施工许可证明上注明的合同开工日期在2016年4月30日前的高速公路。

（3）一般纳税人出租其2016年5月1日后取得的、与机构所在地不在同一县（市）的不动产，应按照3%的预征率在不动产所在地预缴税款后，向机构所在地主管税务机关进行纳税申报。

（4）小规模纳税人出租其取得的不动产（不含个人出租住房），应按照5%的征收率计算应纳税额。纳税人出租与机构所在地不在同一县（市）的不动产，应按照上述计税方法在不动产所在地预缴税款后，向机构所在地主管税务机关进行纳税申报。

（5）其他个人出租其取得的不动产（不含住房），应按照5%的征收率计算应纳税额。

（6）个人出租住房，应按照5%的征收率减按1.5%计算应纳税额。

《试点实施办法》第五十一条明确：营业税改征的增值税，由国家税务局负责征收。纳税人销售取得的不动产和其他个人出租不动产的增值税，国家税务局暂委托地方税务局代为征收。

具体征收管理规则见16号公告和《国家税务总局关于营业税改征增值税委托地税机关代征税款和代开增值税发票的公告》（国家税务总局公告2016年第19号，以下简称19号公告）。

经营租赁不动产增值税征收管理规则见表1-10。

表 1-10　　　　经营租赁不动产增值税征收管理规则明细表

纳税人身份	应税行为	计税方法	税率或征收率	销售额《增值税申报表》	异地项目《增值税预缴税款表》
一般纳税人	出租 2016 年 5 月 1 日后取得的不动产（个体工商户出租住房除外）	一般计税	10%	全部价款和价外费用	在不动产所在地主管国税机关按 3%预征，再向机构所在地主管国税机关申报
	出租 2016 年 4 月 30 日前取得的不动产（个体工商户出租住房除外）	一般计税	10%		
		简易计税	5%	全部价款和价外费用	在不动产所在地主管国税机关按 5%预征，再向机构所在地主管国税机关申报
小规模纳税人	出租不动产（个体工商户出租住房除外）	简易计税	5%		
个体工商户	出租住房	简易计税	5%减按 1.5%	全部价款和价外费用	在不动产所在地主管国税机关按 1.5%预征（可向该国税机关申请代开发票），再向机构所在地主管国税机关申报
自然人	出租住房	简易计税	5%减按 1.5%	全部价款和价外费用	在不动产所在地主管地税机关申报缴纳税款按 1.5%缴纳，可向该地税机关申请代开发票。
	出租非住房	简易计税	5%	全部价款和价外费用	在不动产所在地主管地税机关申报缴纳税款按 5%缴纳，可向该地税机关申请代开发票

说明：2018 年 4 月 30 日以前，不动产租赁服务增值税适用税率为 11%。

为了掌握区分纳税人身份是一般纳税人还是小规模纳税人，区分不动产的取得时间是改革前还是改革后，以及区分不动产是住房还是非住房的方法，我们有必要通过几个例子，全流程分析纳税人提供不动产经营租赁服务如何缴纳增值税。

| 案例分析 |

[例 1] 北京市海淀区某纳税人为增值税一般纳税人，该纳税人 2013 年购买了天津商铺一层用于出租，购买时价格为 500 万元，取得“不动产销售统一发票”。纳税人每月收到的租金为 10 万元。假设该纳税人 2016 年 5 月份其他业务的增值税应纳税额为 25 万元。2016 年 6 月申报期，该纳税人应如何计算 5 月所属期的增值税应纳税额？应如何申报纳税？

分析：

（1）假设该纳税人对出租商铺业务选择简易计税方法计税，根据规定，纳税人出租与机构所在地不在同一县（市区）的不动产，需在不动产所在地预缴税款，则该纳税人应在天津国税部门预缴的税款为：

预缴税款 = 10 ÷ (1 + 5%) × 5% = 0.48(万元)

纳税人取得天津国税部门开具的完税凭证。纳税人回机构所在地后，计算 5 月份的增值税应纳税额：

应纳税额 = 10 ÷ (1 + 5%) × 5%(出租业务) + 25(其他业务) = 25.48(万元)

纳税人 6 月 15 日前向主管国税机关申报 5 月份应纳税额 25.48 万元，同时以完税凭证为合法有效凭证，扣减已经在天津预缴的 0.48 万元，即纳税人应缴纳增值税 25 万元。

（2）假设该纳税人对出租商铺业务选择一般计税方法计税同上，纳税人出租与机构所在地不在同一县（市区）的不动产，需在不动产所在地预缴税款，该纳税人应在天津国税部门预缴的税款为：

预缴税款 = 10 ÷ (1 + 11%) × 3% = 0.27(万元)

纳税人取得天津国税部门开具的完税凭证。纳税人回机构所在地后，计算 5 月份的增值税应纳税额：

应纳税额 = 10 ÷ (1 + 11%) × 11%(出租业务) + 25(其他业务) = 25.99(万元)

由于纳税人在 2013 年购买不动产，因此 2016 年 5 月没有相应的不动产进项税额抵扣。

纳税人 6 月 15 日前向主管国税机关申报 5 月份应纳税额 25.99 万元，同时以完税凭证为合法有效凭证，扣减已经在天津预缴的 0.27 万元，即纳税人应缴纳增值税 25.72 万元。

[例 2] 与例 1 类似，但纳税人出租的不动产为改革后取得的不动产。北京市海淀区某纳税人 2016 年 5 月 1 日购买了天津商铺一层用于出租，购买时价格为 555 万元，取得增值税专用发票，注明增值税款 55 万元。纳税人立即将该商铺出租，每月租金为 10 万元，自 2016 年 5 月开始收取租金。假设该纳税人 2016 年 5 月份其他业务的增值税应纳税额为 25 万元。2016 年 6 月申报期，该纳税人应如何计算 5 月所属期的增值税应纳税额？应如何申报纳税？

分析：

（1）假设该纳税人为增值税一般纳税人。

增值税一般纳税人出租改革后取得的不动产，适用一般计税方法，其应在天津国税部门预缴税款为：

预缴税款 = 10 ÷ (1 + 11%) × 3% = 0.27(万元)

纳税人取得天津国税部门开具的完税凭证。纳税人回机构所在地后，计算5月份的增值税应纳税额：

应纳税额＝10÷(1＋11%)×11%(出租业务)—55×60%(购入不动产分两年抵扣，购进当月抵扣60%)＋25(其他业务)＝－7.01(万元)

纳税人5月份的增值税留抵税额为7.01万元，可留待以后纳税期继续抵扣。同时，纳税人在天津预缴的0.27万元税款，也可以结转下期继续抵减。

(2) 假设该纳税人为增值税小规模纳税人。

增值税小规模纳税人出租改革后取得的不动产，仍适用简易计税方法，其应在天津国税部门预缴税款为：

预缴税款＝10÷(1＋5%)×5%＝0.48(万元)

纳税人取得天津国税部门开具的完税凭证。纳税人回机构所在地后，计算5月份的增值税应纳税额：

应纳税额＝10÷(1＋5%)×5%(出租业务)＋25(其他业务)＝25.48(万元)

纳税人6月15日前向主管国税机关申报5月份应纳税额25.48万元，同时以完税凭证为合法有效凭证，扣减已经在天津预缴的0.48万元，即纳税人应缴纳增值税25万元。

[例3] 张三零售店为个体工商户，位于北京市西城区，张三零售店名下拥有北京市东城区住宅三套，购于2012年，一直用于出租。月租金3.5万元。2016年8月，该个体工商户其他业务的销售额为4.5万元。该纳税人8月份应如何计算纳税？[1]

分析：

(1) 假设纳税人需要预缴税款。

纳税人出租与机构所在地不在同一县（市区）的不动产，需要在不动产所在地预缴税款。个人出租住房按照5%征收率减按1.5%计算应纳税额。按照规定，该个体工商户需在北京东城区预缴税款为：

预缴税款＝3.5÷(1＋5%)×1.5%＝0.05(万元)

纳税人取得东城国税部门开具的完税凭证。

该纳税人8月份应纳税额＝3.5÷(1＋5%)×1.5%(出租住房)＋4.5÷(1＋3%)×3%(其他业务)＝0.18(万元)

[1] 此案例摘自国家税务总局货劳司《全面推开营业税改征增值税试点政策培训参考材料》。

该个体工商户应在9月15日前向主管国税机关申报8月份应纳税额0.18万元，同时以完税凭证为合法有效凭证，扣减已经在东城预缴的0.05万元，即纳税人应缴纳增值税0.13万元。

（2）假设纳税人不需要预缴税款。

假设北京市国税局决定，北京市纳税人出租北京市内的不动产，不需要预缴税款，直接在机构所在地申报纳税。则该个体工商户9月15日前直接向主管国税机关申报8月份应纳税额0.181万元。

该纳税人8月份应纳税额＝3.5÷(1＋5％)×1.5％(出租住房)＋4.5÷(1＋3％)×3％(其他业务)＝0.18(万元)

65. 纳税人发生销售不动产业务如何计算缴纳增值税？

答：根据《试点有关事项的规定》第一条第（八）项的规定，实务中应把握以下要点：

（1）一般纳税人销售其2016年4月30日前取得（不含自建）的不动产，可以选择适用简易计税方法，以取得的全部价款和价外费用减去该项不动产购置原价或者取得不动产时的作价后的余额为销售额，按照5％的征收率计算应纳税额。纳税人应按照上述计税方法在不动产所在地预缴税款后，向机构所在地主管税务机关进行纳税申报。

（2）一般纳税人销售其2016年4月30日前自建的不动产，可以选择适用简易计税方法，以取得的全部价款和价外费用为销售额，按照5％的征收率计算应纳税额。纳税人应按照上述计税方法在不动产所在地预缴税款后，向机构所在地主管税务机关进行纳税申报。

（3）一般纳税人销售其2016年5月1日后取得（不含自建）的不动产，应适用一般计税方法，以取得的全部价款和价外费用为销售额计算应纳税额。纳税人应以取得的全部价款和价外费用减去该项不动产购置原价或者取得不动产时的作价后的余额，按照5％的预征率在不动产所在地预缴税款后，向机构所在地主管税务机关进行纳税申报。

（4）一般纳税人销售其2016年5月1日后自建的不动产，应适用一般计税方法，以取得的全部价款和价外费用为销售额计算应纳税额。纳税人应以取得的全部价款和价外费用，按照5％的预征率在不动产所在地预缴税款后，向机构所在地主管税务机关进行纳税申报。

（5）小规模纳税人销售其取得（不含自建）的不动产（不含个体工商户销售购买

的住房和其他个人销售不动产），应以取得的全部价款和价外费用减去该项不动产购置原价或者取得不动产时的作价后的余额为销售额，按照5%的征收率计算应纳税额。纳税人应按照上述计税方法在不动产所在地预缴税款后，向机构所在地主管税务机关进行纳税申报。

（6）小规模纳税人销售其自建的不动产，应以取得的全部价款和价外费用为销售额，按照5%的征收率计算应纳税额。纳税人应按照上述计税方法在不动产所在地预缴税款后，向机构所在地主管税务机关进行纳税申报。

（7）房地产开发企业中的一般纳税人，销售自行开发的房地产老项目，可以选择适用简易计税方法按照5%的征收率计税。

（8）房地产开发企业中的小规模纳税人，销售自行开发的房地产项目，按照5%的征收率计税。

（9）房地产开发企业采取预收款方式销售所开发的房地产项目，在收到预收款时按照3%的预征率预缴增值税。

（10）个体工商户销售购买的住房，应按照《试点过渡政策的规定》第五条的规定征免增值税。

纳税人应按照上述计税方法在不动产所在地预缴税款后，向机构所在地主管税务机关进行纳税申报。

| 政策链接 |

《试点过渡政策的规定》

第五条规定：

①个人将购买不足2年的住房对外销售的，按照5%的征收率全额缴纳增值税；个人将购买2年以上（含2年）的住房对外销售的，免征增值税。上述政策适用于北京市、上海市、广州市和深圳市之外的地区。

②个人将购买不足2年的住房对外销售的，按照5%的征收率全额缴纳增值税；个人将购买2年以上（含2年）的非普通住房对外销售的，以销售收入减去购买住房价款后的差额按照5%的征收率缴纳增值税；个人将购买2年以上（含2年）的普通住房对外销售的，免征增值税。上述政策仅适用于北京市、上海市、广州市和深圳市。

③办理免税的具体程序、购买房屋的时间、开具发票、非购买形式取得住房行为及其他相关税收管理规定，按照《国务院办公厅转发建设部等部门关于做好稳定住房价格工作意见的通知》（国办发〔2005〕26号）、《国家税务总局财政部建设部关于加强房地产税收管理的通知》（国税发〔2005〕89号）和《国家税务总局关于房地产税收政策执行中几个具体问题的通知》（国税发〔2005〕172号）的有关规定执行。

（11）其他个人销售其取得（不含自建）的不动产（不含其购买的住房），应以取得的全部价款和价外费用减去该项不动产购置原价或者取得不动产时的作价后的余额为销售额，按照5%的征收率计算应纳税额。

《销售服务、无形资产、不动产注释》规定，不动产是指不能移动或者移动后会引起性质、形状改变的财产，包括建筑物、构筑物等。建筑物，包括住宅、商业营业用房、办公楼等可供居住、工作或者进行其他活动的建造物。构筑物，包括道路、桥梁、隧道、水坝等建造物。从以上规定可以看出，不动产范围广泛，不仅包括房屋、商铺、楼堂馆所，还包括路、桥、道、坝等。具体征收管理办法适用规则如下：

①对于房地产开发企业销售自行开发的房地产项目，适用18号公告的规定（见表1-11）。

表1-11　　销售自行开发房地产项目增值税政策汇总表（一手房）

<table>
<tr><th>纳税人</th><th>纳税人</th><th>计税方法</th><th>税率或征收率</th><th>销售额</th><th>预缴税款</th></tr>
<tr><td rowspan="3">一般纳税人</td><td>新项目</td><td>一般计税</td><td rowspan="2">10%</td><td rowspan="2">（全部价款和价外费用－当期允许扣除的土地价款）÷（1+10%）</td><td rowspan="2">在取得预收款的次月纳税申报期内向主管国税机关预缴增值税，公式为：全部价款和价外费用÷（1+10%）×3%</td></tr>
<tr><td rowspan="2">老项目</td><td>一般计税</td></tr>
<tr><td>简易计税</td><td>5%</td><td rowspan="2">全部价款和价外费用÷（1+5%）</td><td rowspan="2">在取得预收款的次月纳税申报期内向主管国税机关预缴增值税，公式为：全部价款和价外费用÷（1+5%）×3%</td></tr>
<tr><td>小规模纳税人</td><td>所有项目</td><td>简易计税</td><td>5%</td></tr>
</table>

说明：2018年4月30日以前，销售不动产增值税适用税率为11%。

注意： 如果房地产开发企业将开发产品产权登记在自己企业名下，以自己名义对外出租，以后再次销售时，属于“二手房”，不是尚未办理权属登记的、房地产开发项目的房产，不能适用18号公告办理相关税务事项。

②对于纳税人销售不动产业务，适用14号公告和19号公告的规定（汇总如表1-12所示）。

表1-12　　销售不动产营改增政策汇总表（二手房）

<table>
<tr><th>纳税人</th><th>应税行为</th><th>计税方法</th><th>税率或征收率</th><th>销售额</th><th>跨县（市）
销售不动产</th></tr>
<tr><td rowspan="2">一般纳税人</td><td>转让其2016年5月1日后自建的不动产</td><td>一般计税</td><td>10%</td><td rowspan="2">全部价款和价外费用（全额）</td><td rowspan="2">按照5%的预征率在不动产所在地主管地税机关预缴税款后，向机构所在地主管国税机关进行申报</td></tr>
<tr><td>转让其2016年4月30日前自建的不动产</td><td>简易计税</td><td>5%</td></tr>
</table>

续表

<table>
<tr><th>纳税人</th><th>应税行为</th><th>计税方法</th><th>税率或征收率</th><th>销售额</th><th>跨县（市）销售不动产</th></tr>
<tr><td rowspan="3">一般纳税人</td><td>转让其2016年5月1日后取得的不动产（不含自建）</td><td>一般计税</td><td>10%</td><td>全部价款和价外费用（全额）</td><td rowspan="3">按照5%的预征率在不动产所在地主管地税机关预缴税款后，向机构所在地主管国税机关进行申报</td></tr>
<tr><td rowspan="2">转让其2016年4月30日前取得的不动产（不含自建）</td><td>一般计税</td><td>10%</td><td>全部价款和价外费用（全额）</td></tr>
<tr><td>简易计税</td><td>5%</td><td>全部价款和价外费用减去该项不动产购置原价或取得不动产时的作价的余额（差额）</td></tr>
<tr><td rowspan="2">小规模纳税人</td><td>转让其自建的不动产</td><td rowspan="2">简易计税</td><td>5%</td><td>全部价款和价外费用（全额）</td><td>按照5%的预征率在不动产所在地主管地税机关预缴税款后，向机构所在地主管国税机关进行申报</td></tr>
<tr><td>转让其购买的不动产（不含个人）</td><td>5%</td><td>全部价款和价外费用减去该项不动产购置原价或取得不动产时的作价的余额（差额）</td><td>按照5%的预征率在不动产所在地主管地税机关预缴税款后，向机构所在地主管国税机关进行申报</td></tr>
<tr><td rowspan="2">个体工商户</td><td>将购买不足2年的住房对外销售的</td><td rowspan="2">简易计税</td><td rowspan="2">5%</td><td>销售收入（全额）</td><td rowspan="2">按照5%的预征率在不动产所在地主管地税机关预缴税款，向机构所在地主管国税机关申报纳税</td></tr>
<tr><td>将购买2年以上（含2年）的非普通住房对外销售（北京市、上海市、广州市和深圳市）</td><td>销售收入减去购买住房价款后的差额（差额）</td></tr>
<tr><td>身份</td><td>应税行为</td><td>计税方法</td><td>征收率</td><td>销售额</td><td>异地项目
填写《增值值税申报表》</td></tr>
<tr><td rowspan="4">其他个人</td><td>转让其自建的不动产</td><td rowspan="2">简易计税</td><td rowspan="2">5%</td><td>全部价款和价外费用（全额）</td><td rowspan="2">按照5%的征收率在不动产所在地主管地税机关申报缴纳税款</td></tr>
<tr><td>转让其购买的不动产（不含住房）</td><td>全部价款和价外费用减去该项不动产购置原价或者取得不动产时的作价的余额（差额）</td></tr>
<tr><td>将购买不足2年的住房对外销售的</td><td rowspan="2">简易计税</td><td rowspan="2">5%</td><td>销售收入（全额）</td><td rowspan="2">按照5%的征收率在不动产所在地主管地税机关申报缴纳税款</td></tr>
<tr><td>将购买2年以上（含2年）的非普通住房对外销售的（北京市、上海市、广州市和深圳市）</td><td>销售收入减去购买住房价款后的差额（差额）</td></tr>
</table>

说明：2018年4月30日以前，销售不动产增值税适用税率为11%。

《试点实施办法》第五十一条明确：营业税改征的增值税，由国家税务局负责征收。纳税人销售取得的不动产和其他个人出租不动产的增值税，国家税务局暂委托地方税务局代为征收。

该办法所称取得的不动产，包括以直接购买、接受捐赠、接受投资入股、自建以及抵债等各种形式取得的不动产。

注意：自然人没有机构所在地，也不需要按期申报纳税，只有在纳税义务发生时，才需要计算缴纳增值税。因此，对于自然人销售不动产，只需在不动产所在地缴纳税款即可，不需要再回居住地申报缴纳。

| 案例分析 |

［例 1］A 公司为南昌东湖区居民企业，一般纳税人。2016 年 8 月 30 日转让其 2014 年在北京市西城区以 4 000 万元价格购置的营业用房 1 000 平方米，转让收入为 8 000万元（含税），假设当月进项税额为 440 万元，无其他销售收入。A 公司应如何进行税务处理?

分析：

（1）如果 A 公司选择适用一般计税方法。

第一步，向北京西城区地税机关预缴税款：

应预缴增值税 = (8 000 − 4 000) ÷ (1 + 5%) × 5% = 190. 48(万元)

第二步，向南昌东湖区国税机关申报税款：

应缴增值税 = 8 000 ÷ (1 + 11%) × 11% − 440 = 352. 79(万元)

应补缴增值税 = 352. 79 − 190. 48 = 162. 31(万元)

（2）如果 A 公司选择适用简易计税方法。

第一步，向北京西城区地税机关预缴税款：

应预缴增值税 = (8 000 − 4 000) ÷ (1 + 5%) × 5% = 190. 48(万元)

第二步，向南昌东湖区国税机关申报税款：

应缴增值税 = (8 000 − 4 000) ÷ (1 + 5%) × 5% = 190. 48(万元)

应补缴增值税 = 190. 48 − 190. 48 = 0

［例 2］A 公司为南昌东湖区居民企业，一般纳税人。2016 年 9 月 30 日转让其在南昌市西湖区 2014 年自己建造的厂房一间，取得转让收入 5 000 万元，建造成本 2 000万元。假设当月进项税额为 220 万元，无其他销售收入。A 公司应如何进行税务处理?

分析：

（1）如果A公司选择适用一般计税方法。

第一步，向南昌西湖区地税机关预缴税款：

应预缴增值税＝5 000÷（1＋5%）×5%＝238.10（万元）

第二步，向南昌东湖区国税机关申报税款：

应缴增值税＝5 000÷（1＋11%）×11%－220＝275.50（万元）

应补缴增值税＝275.50－238.10＝37.40（万元）

（2）如果A公司选择适用简易计税方法。

第一步，向南昌西湖区地税机关预缴税款：

应预缴增值税＝5 000÷（1＋5%）×5%＝238.10（万元）

第二步，向南昌东湖区国税机关申报税款：

应缴增值税＝5 000÷（1＋5%）×5%＝238.10（万元）

应补缴增值税＝238.10－238.10＝0

综上所述，在地税机关预缴税款时，不需要区分纳税人性质，也不需要区分房产取得的时间是改征前还是改征后，只需要知道所销售的不动产，是属于自建的不动产，还是非自建。如果属于自建，应以取得的全部价款和价外费用，按照5%的预征率（或者征收率）向不动产所在地主管地税机关预缴（或者缴纳）税款。如果属于非自建，应以取得的全部价款和价外费用扣除不动产购置原价或者取得不动产时的作价后的余额，将含税价换算为不含税价后，按照5%的预征率（或者征收率）向不动产所在地主管地税机关预缴（或者缴纳）税款。除自然人以外的纳税人发生转让取得的不动产业务，在不动产所在地地税机关预缴增值税款后，回到机构所在地国家税机关自行申报纳税。纳税人选择简易计税方法后，向不动产所在地主管地税机关预缴的税款，与回机构所在地计算申报的应纳税额，应是一致的。纳税人选择一般计税方法后，向不动产所在地主管地税机关预缴的税款，与回机构所在地计算申报的应纳税额，可能存在差异。

66. 劳务外包、劳务派遣、人力资源外包如何缴纳增值税？

答：（1）劳务外包。

劳务外包，也称承揽，是指发包人将其特定的工程或生产经营项目发包给承包人，由承包人招用劳动者来完成所承包的项目。承包人从发包人处获得项目及承包费用，赚取利润并为劳动者发放劳动报酬。其特点为：

①劳务外包一般按照事先确定的劳务单价根据劳务承包单位完成的工作量结算，其合同标的一般是“事”。

②劳务外包适用合同法，发包单位与承包单位之间按双方合同承担权利义务。

③劳务外包单位的员工工作形式和工作时间由劳务外包单位自己安排确定。

④劳务发包单位除承担合同约定的违约责任外，对承包单位的员工基本上不承担责任。

比如，《试点有关事项的规定》第一条第（七）项所称“以清包工方式提供建筑服务，是指施工方不采购建筑工程所需的材料或只采购辅助材料，并收取人工费、管理费或者其他费用的建筑服务”，就是一个典型的劳务外包业务。

又如，将造型设计劳务外包，适用“销售服务——现代服务——文化创意服务——设计服务”税目；将建筑装饰劳务外包，适用“销售服务——建筑服务——装饰服务”税目。

（2）劳务派遣。

劳务派遣，也称劳务租赁，是指由劳务派遣机构与派遣劳工订立劳动合同，由派遣劳工向要派企业（实际用工单位）给付劳务，劳动合同关系存在于劳务派遣机构与派遣劳工之间，但劳动力给付的事实则发生于派遣劳工与要派企业（实际用工单位）之间。其特点为：

①一般是按照派遣的时间和费用标准，根据约定派遣的人数结算费用，其合同标的一般是“人”，用工单位买的是“劳动力”。

②劳务派遣单位与用工单位之间订立的劳务派遣协议适用合同法和《中华人民共和国劳动合同法》等劳动法律规范的调整；

③劳务派遣单位必须是严格依照公司法的有关规定设立，注册资本不少于五十万元的有限责任公司或股份有限公司，用工单位是法人或其他组织；

④劳务派遣单位员工必须按照用工单位确定的工作形式和工作时间进行劳动。

⑤劳务派遣中，给被派遣劳动者造成损害的，劳务派遣单位与用工单位按《中华人民共和国劳动合同法》承担连带赔偿责任。

财税〔2016〕47号文件第一条中将劳务派遣服务定义为“劳务派遣公司为了满足用工单位对于各类灵活用工的需求，将员工派遣至用工单位，接受用工单位管理并为其工作的服务”，适用“现代服务——商务辅助服务——人力资源服务”税目。

（3）人力资源外包服务。

人力资源外包服务，也称人事外包，是一种全面的高层次的人事代理服务，企业策略地利用外界资源，将人力资源管理中非核心部分的工作全部或部分委托人才服务专业机构管（办）理。有利于企业降低人力成本，实现效率最大化，使组织把资源集中于那些与企业的核心竞争力有关的活动上。其特点为：

①人才服务机构与企业签订人事外包协议以规范双方在托管期间的权利和义务，以及需要提供外包的人事服务项目（居间关系）。

②托管人员仍隶属于委托企业。

财税〔2016〕47号文件第三条中将纳税人提供人力资源外包服务，调整适用至“现代服务——商务辅助服务——经纪代理服务”税目。

以上三种劳务的增值税处理对比分析如表1-13所示（劳务外包以清包工为例）。

表1-13　　　　劳务外包、劳务派遣、人力资源外包增值税处理对比表

应税行为	适用税目	纳税人	计税方法	销售额（开专票）	税率或征收率
清包工	建筑服务	一般纳税人	一般计税	全部价款和价外费用	10%
			简易计税	全部价款和价外费用扣除支付的分包款后的余额（全额开票，差额征税）	3%
		小规模纳税人	简易计税		
劳务派遣服务	现代服务——商务辅助服务——人力资源服务	一般纳税人	一般计税	全部价款和价外费用	6%
			简易计税	全部价款和价外费用，扣除代用工单位支付给劳务派遣员工的工资、福利和为其办理社会保险及住房公积金后的余额（差额开票）	5%
		小规模纳税人	简易计税	全部价款和价外费用或差额计算	3%或5%
				全部价款和价外费用，扣除代用工单位支付给劳务派遣员工的工资、福利和为其办理社会保险及住房公积金后的余额（差额开票）	5%
人力资源外包服务	现代服务——商务辅助服务——经纪代理服务	一般纳税人	一般计税	不包括受客户单位委托代为向客户单位员工发放的工资和代理缴纳的社会保险、住房公积金（差额开票）	6%
			简易计税		5%
		小规模纳税人	简易计税		

67. 单用途卡、多用途卡如何缴纳增值税？如何开具发票？

答：（1）单用途卡。

根据《国家税务总局公告关于营改增试点若干征管问题的公告》（国家税务总局公告2016年第53号，以下简称53号公告）第二条的规定，单用途商业预付卡（以下简称单用途卡）业务按照以下规定执行：

①单用途卡发卡企业或者售卡企业（以下统称售卡方）销售单用途卡，或者接受单用途卡持卡人充值取得的预收资金，不缴纳增值税。售卡方可按照该公告第九条的

规定，向购卡人、充值人开具增值税普通发票，不得开具增值税专用发票。

②售卡方因发行或者销售单用途卡并办理相关资金收付结算业务取得的手续费、结算费、服务费、管理费等收入，应按照现行规定缴纳增值税。

③持卡人使用单用途卡购买货物或服务时，货物或者服务的销售方应按照现行规定缴纳增值税，且不得向持卡人开具增值税发票。

④销售方与售卡方不是同一个纳税人的，销售方在收到售卡方结算的销售款时，应向售卡方开具增值税普通发票，并在备注栏注明“收到预付卡结算款”，不得开具增值税专用发票。

售卡方从销售方取得的增值税普通发票，作为其销售单用途卡或接受单用途卡充值取得预收资金不缴纳增值税的凭证，留存备查。

下面，我们以 A 公司的相关业务处理为例加以说明。

A 公司向大观园超市广场店购买购物卡 2 万元，购买时广场店可向 A 公司开具价税合计 3 万元的增值税普通发票，征收品目选择 601“预付卡销售和充值”，发票税率栏应填写“不征税”，广场店此笔售卡业务不缴纳增值税。

A 公司根据取得的增值税普通发票入账，不得抵扣进项税额。

对于广场店由于承担售卡及结算功能向实际销售货物的单位（如军民路店）收取的费用，笔者认为应按照经纪代理缴纳增值税。

A 公司持卡向军民路店购买办公用品 1 万元时，军民路店应就此笔销售业务缴纳增值税，但不得向 A 公司开具发票。

军民路店根据实际结算的货款向广场店收取资金时，应向广场店开具增值税普通发票，并在备注栏注明“收到预付卡结算款”，不得向其开具专票。

广场店根据军民路店向其开具的增值税普通发票，作为其向 A 公司售卡收入不缴纳增值税的凭证，留存备查。

（2）多用途卡。

根据 53 号公告第二条的规定，支付机构预付卡（以下简称多用途卡）业务按照以下规定执行：

①支付机构销售多用途卡取得的等值人民币资金，或者接受多用途卡持卡人充值取得的充值资金，不缴纳增值税。支付机构可按照该公告第九条的规定，向购卡人、充值人开具增值税普通发票，不得开具增值税专用发票。

②支付机构因发行或者受理多用途卡并办理相关资金收付结算业务取得的手续费、结算费、服务费、管理费等收入，应按照现行规定缴纳增值税。

③）持卡人使用多用途卡，向与支付机构签署合作协议的特约商户购买货物或服务，特约商户应按照现行规定缴纳增值税，且不得向持卡人开具增值税发票。

④特约商户收到支付机构结算的销售款时，应向支付机构开具增值税普通发票，

并在备注栏注明“收到预付卡结算款”，不得开具增值税专用发票。

支付机构从特约商户取得的增值税普通发票，作为其销售多用途卡或接受多用途卡充值取得预收资金不缴纳增值税的凭证，留存备查。

比较可知，多用途卡的售卡方一般为有牌照的第三方支付机构，独立于服务或者货物的实际销售方，除此之外，其税务处理规定与单用途卡相同。

注意：以购物卡为代表的商业预付卡很难做到公私分明，53 号公告以禁止开具专票的方式，堵塞了抵扣漏洞，即，无论是单用途卡还是多用途卡，无论是购卡时还是实际购买货物及服务时，相关各方均不得开具专用发票。

| 案例分析 |

A 公司向一卡通公司购入洪城一卡通卡 5 张，金额共计 5 万元，同时支付手续费及工本费 0.2 万元。A 公司用该卡到放心大药房买入药品一批，共计 1.2 万元，放心大药房次月 15 日和洪城一卡通公司结算销售额，洪城一卡通公司如何开具发票？放心大药房该如何开具发票？A 公司持卡消费时，是否可以取得发票用于进项抵扣？

分析：

（1）洪城一卡通公司销售卡时，收取的 5 万元作为预收资金，不缴纳增值税，开具一张增值税普通发票，征收品目选择 601“预付卡销售和充值”，发票税率栏应填写“不征税”；收取的 0.2 万元，应纳增值税，可开具增值税专用发票或增值税普通发票给 A 公司。

（2）A 公司持卡消费时，放心大药房销售药品按规定缴纳增值税，不得开具发票给 A 公司；与洪城一卡通公司结算收到销售款时，可开具一张 1.2 万元增值税普通发票给洪城一卡通公司，该发票备注栏应注明“收到预付卡结算款”。洪城一卡通公司将该张发票作为其销售卡时取得预收资金不缴纳增值税的凭证，留存备查。

（3）A 公司持该卡消费，可取得两张发票：第一张为预存资金 5 万元的增值税普通发票，不可抵扣进项税额；第二张为手续费及工本费发票 0.2 万元的增值税专用发票，可用于进项抵扣。

68. 增值税纳税人销售免税货物或劳务放弃免税权的规定有哪些？

答：根据《增值税暂行条例实施细则》第三十六条的规定，纳税人销售货物或者应税劳务适用免税规定的，可以放弃免税，依照条例的规定缴纳增值税。放弃免税后，36 个月内不得再申请免税。

根据《财政部 国家税务总局关于增值税纳税人放弃免税权有关问题的通知》（财

税〔2007〕127 号）的规定，生产和销售免征增值税货物或劳务的纳税人要求放弃免税权，应当以书面形式提交放弃免税权声明，报主管税务机关备案。纳税人自提交备案资料的次月起，按照现行有关规定计算缴纳增值税。

放弃免税权的纳税人符合一般纳税人认定条件尚未认定为增值税一般纳税人的，应当按现行规定认定为增值税一般纳税人，其销售的货物或劳务可开具增值税专用发票。纳税人一经放弃免税权，其生产销售的全部增值税应税货物或劳务均应按照适用税率征税，不得选择某一免税项目放弃免税权，也不得根据不同的销售对象选择部分货物或劳务放弃免税权。

第二章 增值税纳税申报

1. 增值税的纳税期限是怎么规定的?

答: 根据《增值税暂行条例》第二十三条、《试点实施办法》第四十七条的规定,增值税的纳税期限分别为1日、3日、5日、10日、15日、1个月或者1个季度。纳税人的具体纳税期限,由主管税务机关根据纳税人应纳税额的大小分别核定。以1个季度为纳税期限的规定适用于小规模纳税人、银行、财务公司、信托投资公司、信用社,以及财政部和国家税务总局规定的其他纳税人。不能按照固定期限纳税的,可以按次纳税。

纳税人以1个月或者1个季度为1个纳税期的,自期满之日起15日内申报纳税;以1日、3日、5日、10日或者15日为1个纳税期的,自期满之日起5日内预缴税款,于次月1日起15日内申报纳税并结清上月应纳税款。

扣缴义务人解缴税款的期限,按照前两款规定执行。

提示: 纳税申报期一般为次月1日起至15日止,遇最后一日为法定节假日的,顺延1日;在每月1日至15日内有连续3日以上法定休假日的,按休假日天数顺延。

2. 一般纳税人申报增值税的流程是怎样的？

答：一般纳税人在征期内进行申报，申报具体流程为：

第一步，抄报税：纳税人在征期内登录开票软件抄税，并通过网上抄报（报税）—上报汇总等菜单进行操作，或携带金税盘到税务机关办税服务厅自助申报平台抄报（报税）。

第二步，纳税申报：纳税人网上申报成功并通过税银联网预约扣缴税款或由税务机关实时扣款。申报比对成功后，税控设备清卡解锁。

提示：（1）正确申报程序：抄报税—申报—比对—清卡解锁。

（2）逾期不可进行网上申报，须点击办税厅抄报，然后携带金税盘到税务机关办税服务厅办理，有可能还要接受未按规定期限进行纳税申报的税务行政处罚。

（3）申报比对不成功，税控设备将无法清卡解锁，纳税人应持相关证明资料及时至主管税务机关申请人工解锁，避免无法领用和开具发票。

3. 纳税人申报增值税有哪些途径？

答：目前，增值税纳税申报主要有以下两种途径：

（1）根据各地软件提供商不同，纳税人可通过税友、航信等付费软件（如浙江国税是浙江浙科信息技术有限公司）进行网上申报。

（2）纳税人到税务局办税服务厅自助申报平台进行纳税申报。

连接 VPDN 后，浙江国税网上办税平台页面如图 2-1、图 2-2 所示。

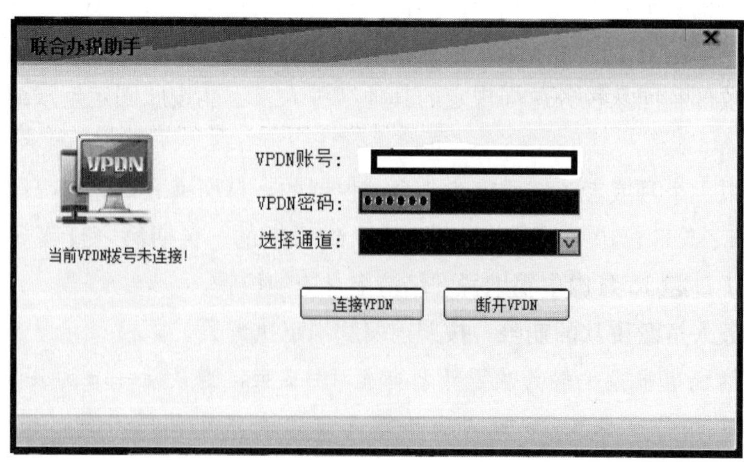

图 2-1

图 2-2

4. 小规模纳税人办理纳税申报时，需要报送什么资料？

答：根据《国家税务总局关于全面推开营业税改征增值税试点后增值税纳税申报有关事项的公告》（国家税务总局公告 2016 年第 13 号，以下简称 13 号公告）及《国家税务总局关于调整增值税纳税申报有关事项的公告》（国家税务总局公告 2016 年第 27 号，以下简称 27 号公告）的规定，小规模纳税人纳税申报需报送的资料如下：

（1）《增值税纳税申报表（小规模纳税人适用）》。

（2）《增值税纳税申报表（小规模纳税人适用）附列资料》。该表由销售服务有扣除项目的纳税人填写，其他小规模纳税人不填报。

（3）《增值税减免税申报明细表》，该表为增值税一般纳税人和增值税小规模纳税人共用表，享受增值税减免税优惠的增值税小规模纳税人需填写该表。

发生增值税税控系统专用设备费用、技术维护费以及购置税控收款机费用的增值税小规模纳税人也需填报该表。

仅享受月销售额不超过 3 万元（按季纳税 9 万元）免征增值税政策或未达起征点的增值税小规模纳税人不需要填报该表。

5. 一般纳税人办理纳税申报时，需要报送什么资料？

答：根据 13 号公告及 27 号公告的规定，一般纳税人纳税申报资料包括一张主表、八个附列资料、一张预缴表、八个其他资料。具体见表 2-1 和表 2-2。

表 2-1　　　　增值税一般纳税人需要填写的表单

填写表单	《增值税纳税申报表（一般纳税人适用）》及其附列资料，2份。 （1）一张主表：《增值税纳税申报表（一般纳税人适用）》（以下简称主表）。 （2）八个附列资料： ①《增值税纳税申报表附列资料（一）》（本期销售情况明细）； ②《增值税纳税申报表附列资料（二）》（本期进项税额明细）； ③《增值税纳税申报表附列资料（三）》（服务、不动产和无形资产扣除项目明细）；该表由服务、不动产和无形资产有扣除项目的营业税改征增值税纳税人填写，其他纳税人不填写。 ④《增值税纳税申报表附列资料（四）》（税额抵减情况表）； 该表反映纳税人发生增值税税控系统专用设备费用和技术维护费抵减应纳税额；营业税改征增值税纳税人，服务、不动产和无形资产按规定汇总计算缴纳增值税的总机构出租不动产预征缴纳税款抵减应纳增值税税额；建筑服务、销售不动产、出租不动产企业预缴增值税抵减应纳税额时填写，未发生上述业务的纳税人不填写该表。 ⑤《增值税纳税申报表附列资料（五）》（不动产分期抵扣计算表）； 该表由分期抵扣不动产进项税额的纳税人填写，其他纳税人不填写。 ⑥《固定资产（不含不动产）进项税额抵扣情况表》；（2018年2月起废止） ⑦《本期抵扣进项税额结构明细表》；（2018年2月起废止） ⑧《增值税减免税申报明细表》； 该表由享受增值税减免税优惠政策的纳税人填写。 （3）一张预缴表：《增值税预缴税款表》。

说明：主表和第①至⑤项附列资料必须填报才可完成提交。

表 2-2　　　　增值税一般纳税人需要提供的其他资料

提供资料	主要包括： ①开具的税控机动车销售统一发票和普通发票的存根联； ②符合抵扣条件且在本期申报抵扣的增值税专用发票（含税控机动车销售统一发票）的抵扣联； ③符合抵扣条件且在本期申报抵扣的海关进口增值税专用缴款书、购进农产品取得的普通发票的复印件； ④符合抵扣条件且在本期申报抵扣的税收完税凭证及其清单，书面合同、付款证明和境外单位的对账单或者发票； ⑤已开具的农产品收购凭证的存根联或报查联； ⑥纳税人销售服务、不动产和无形资产，在确定服务、不动产和无形资产销售额时，按照有关规定从取得的全部价款和价外费用中扣除价款的合法凭证及其清单； ⑦《营改增税负分析测算明细表》； ⑧主管税务机关规定的其他资料。

提示：纳税人通过网上申报的，不需要再向税务机关报送纸质资料，但需要自行将相关资料留存备查。纳税人根据自己经营业务实际选择需要申报提交的资料，并在报表上加盖公章，复印件注明“此件由我单位提供，复印件与原件一致”。

6. 是不是营改增企业都需填报《营改增税负分析测算明细表》？

答：根据《国家税务总局关于营业税改征增值税部分试点纳税人增值税纳税申报

有关事项调整的公告》（国家税务总局公告 2016 年第 30 号，以下简称 30 号公告）的规定，《营改增税负分析测算明细表》仅由从事建筑、房地产、金融或生活服务等经营业务的增值税一般纳税人填报。其主要目的是了解营改增前后四大行业纳税人的实际税收负担变化及产生的影响。对于是否需要填报，各主管国税机关在纳税人申报界面中也会有勾选提示或其他方式的说明。

7. 增值税纳税人填报增值税纳税申报资料时有逻辑顺序吗？

答：有顺序。增值税纳税人区分一般纳税人和小规模纳税人，分别填报不同的申报资料。

（1）增值税一般纳税人。

增值税纳税申报主表由销售额（1～10 栏次）、税款计算（11～24 栏次）、税款缴纳（25～38 栏次）三大模块组成。

主表的部分数据是需要从附列资料中导入的，因此主表与附列资料存在逻辑关系。填报申报表时，应先填报附列资料数据，后填写主表。

填报的基本顺序是：

①《增值税纳税申报表附列资料（五）》（不动产分期抵扣计算表）；

②《本期抵扣进项税额结构明细表》；（2018 年 2 月起废止）

③《增值税纳税申报表附列资料（一）》（本期销售情况明细）；

④《增值税纳税申报表附列资料（二）》（本期进项税额明细）；

⑤《增值税纳税申报表附列资料（三）》（服务、不动产和无形资产扣除项目明细）；

⑥《增值税减免税申报明细表》《增值税纳税申报表附列资料（四）》（税额抵减情况表）《固定资产（不含不动产）进项税额抵扣情况表》等（无顺序要求）；

⑦《增值税纳税申报表（一般纳税人适用）》（主表）；

⑧《营改增税负分析测算明细表》。

提示：还要对财务报表进行录入后，才能进行全申报。

（2）增值税小规模纳税人。

小规模纳税人申报表比较简单，由《增值税纳税申报表（小规模纳税人适用）》《增值税减免申报明细表》《增值税纳税申报表(小规模纳税人适用）附列资料》三张表组成。填报顺序是：

①《增值税减免申报明细表》；

②《增值税纳税申报表（小规模纳税人适用）附列资料》；

③《增值税纳税申报表（小规模纳税人适用）》。

8. 一般纳税人网上申报出现尾差怎么处理?

答: 一般纳税人在进行网上申报时，由于销项税额汇总数据四舍五入的原因，有可能会造成《增值税纳税申报表附列资料（一）》（本期销售情况明细，以下简称《附列资料（一）》）中的销项税额与企业实际抄报税销项税额存在误差。对由于四舍五入问题产生的误差与实际的数据不符问题，纳税人可以通过调整《附列资料（一）》的第1～8列对应销项税额以及第14列“扣除后销项（应纳）税额”解决。

9. 纳税人申报提示扣款不成功是什么原因? 如何处理?

答: 对于已办理税银联网的纳税人，申报提示扣款失败的，纳税人需联系开户银行或通过网上银行查询扣款情况。

若银行显示扣款已成功，纳税人无须进行操作。

若银行提示扣款失败，一般情况下原因为银行账户存款余额不足或申报系统出现问题。

纳税人可到税务局办税服务厅由税务局直接一户通扣款，或到办税服务厅通过银联刷卡进行缴税。

提示: (1) 纳税人必须每月按时将足额资金在规定申报期之前存入账户，因存款不及时或金额不足，延误扣缴税款，纳税人可能要承担不按时纳税的法律责任。委托银行扣缴税款后会发送扣缴信息提示纳税人，纳税人也可登录委托银行的网上银行或到委托银行的柜员机上查询账户扣缴税款情况。

(2) TIPS后纳税人只能预约扣款，不再实施自行扣款。

10. 纳税人开具发票后会自动导入申报系统吗? 有无需要手工填写的?

答: 纳税人开具发票后会把数据直接导入相关申报表中，若企业实际开票数据与申报数据比对不一致，在申报表中就无法保存成功。

需要手工填写录入的一般有：定额发票收入、未开票销售收入、销项税额误差（1元以内）、进项税额转出金额、《增值税纳税申报表附列资料（四）》（税额抵减情况表，以下简称《附列资料（四）》）、《进项税额结构明细表》《固定资产进项税额抵扣明细表》《固定资产（不含不动产）进项税额抵扣情况表》《增值税减免税申报明细表》等。

11. 一般纳税人如何填报销售收入？

答：一般纳税人填报销售收入的方法如下：

（1）一般纳税人开具增值税专用发票（含税控机动车销售统一发票）的，需将相应开票收入填入《附列资料（一）》第1列至第2列“开具增值税专用发票”。

（2）一般纳税人开具除增值税专用发票之外的发票，需将相应开票收入填入《附列资料（一）》第3列至第4列“开具其他发票”。

（3）一般纳税人取得的不开票收入，需如实进行申报，将相应收入填入《附列资料（一）》第5列至第6列“未开具发票收入”。

（4）一般纳税人发生的自营进出口业务，开具国税通用机打发票或增值税普通发票，将相应的收入填入《附列资料（一）》第3列第16行“货物及加工修理修配劳务”。

提示：纳税人当月开票金额和申报销售额实行申报比对，纳税人申报销售额小于当月开票金额的，提示申报比对不相符，如强行保存，会启动异常处理程序，税控设备暂不能解锁。

12. 小规模纳税人如何填报销售收入？

答：小规模纳税人填报销售收入的方法如下：

（1）小规模纳税人到税务机关代开增值税专用发票（销售、出租不动产除外），需将相应代开收入填入《增值税纳税申报表（小规模纳税人适用）》主表第2行“税务机关代开的增值税专用发票”；小规模纳税人销售、出租不动产业务到税务机关代开增值税专用发票，需将相应代开收入填入《增值税纳税申报表（小规模纳税人适用）》主表第5行“税务机关代开的增值税专用发票”。

（2）小规模纳税人自行开具普通发票（销售、出租不动产除外），需将相应开票收入填入《增值税纳税申报表（小规模纳税人适用）》主表第3行“税控器具开具的普通发票”。小规模纳税人销售、出租不动产业务开具普通发票，需将相应开票收入填入《增值税纳税申报表（小规模纳税人适用）》主表第6行“税控器具开具的普通发票”。

（3）小规模纳税人取得的不开票收入（销售、出租不动产除外），需将相应收入填入《增值税纳税申报表（小规模纳税人适用）》主表第1行“应征增值税不含税销售额”。小规模纳税人销售、出租不动产业务取得的不开票收入，需将相应收入填入《增值税纳税申报表》主表第4行“应征增值税不含税销售额”。

13. 一般纳税人以不同方式预缴的增值税税款如何申报纳税？各种方式有何区别？

答：增值税一般纳税人预缴税款的申报方式可分为两种：

第一种，填写《增值税预缴税款表》的预缴税款，包括：

（1）纳税人（不含其他个人）跨县（市）提供建筑服务。

（2）房地产开发企业预售自行开发的房地产项目。

（3）纳税人（不含其他个人）出租与机构所在地不在同一县（市）的不动产。

此种方式预缴的税款，申报时应填写《附列资料（四）》，其中第 4 列“本期实际抵减税额”第 2、3、4、5 行之和，应小于等于当期申报表主表第 24 栏“应纳税额合计”，“本期实际抵减税额”应同时在申报表主表第 28 栏“①分次预缴税额”栏次反映，当期不足抵减的部分应填入《附列资料（四）》第 5 列“期末余额”栏次，即当期“应抵减税额”大于“应纳税额”时，应结转下期抵减。

第二种，不填写《增值税预缴税款表》的预缴税款，如：分次预缴、延期申报预缴、辅导期一般纳税人二次购票预缴等。此种方式预缴的税款，申报时直接填写在申报表主表第 28 栏“①分次预缴税额”栏次，大于当期“应纳税额”时，可申请办理退税或抵减下期税款。

14. 一般纳税人支付道路、桥、闸通行费，取得的通行费发票上注明的进项税额，应如何填报？

答：根据 27 号公告第三条的规定，增值税一般纳税人支付道路、桥、闸通行费，按照政策规定，以取得的通行费发票（不含财政票据）上注明的收费金额计算的可抵扣进项税额，填入 13 号公告附件 1 中《增值税纳税申报表附列资料（二）》（本期进项税额明细，以下简称《附列资料（二）》）第 8 栏“税额”。

该公告附件 2《〈本期抵扣进项税额结构明细表〉填写说明》第四条第二款规定，第 30 栏反映纳税人支付道路、桥、闸通行费，取得的增值税扣税凭证上注明或计算的进项税额。（该表 2018 年 2 月起废止）

因此，取得的通行费发票抵扣进项，需要填写在《附列资料（二）》第 8 栏“其他”以及《本期抵扣进项税额结构明细表》第 30 栏“通行费的进项”中。

提示：如取得的通行费为财政票据，则不得抵扣进项税额。

15. 一般纳税人处置使用过的固定资产，适用3%的征收率减按2%征收，应该如何填报申报表?

答: 应按规定填报《增值税减免税申报明细表》。具体见表2-3。

表2-3　　增值税减免税申报明细表

一、减税项目						
减税性质代码及名称	栏次	期初余额	本期发生额	本期应抵减税额	本期实际抵减税额	期末余额
		1	2	3=1+2	4≤3	5=3-4
合计	1					
01129924 已使用固定资产减征增值税	2					
	3					
	4					

提示: 一般纳税人填写时，第1行“合计”本列数=主表第23行“一般项目”列“本月数”。

小规模纳税人填写时，第1行“合计”本列数=主表第16行“本期应纳税额减征额”之“本期数”。

说明：受书籍版面限制，该申报表及下述申报表只节选了有相关数据的栏次或栏目，数据精确到元、角、分，实际填报时请对照原表使用。

16. 一般纳税人租入个人住房，取得减按1.5%优惠征收率的进项税额，应如何填报申报表?

答:《国家税务总局关于营业税改征增值税委托地税局代征税款和代开增值税发票的通知》(税总函〔2016〕145号) 规定，增值税小规模纳税人销售其取得的不动产以及其他个人出租不动产，购买方或承租方不属于其他个人的，纳税人缴纳增值税后可以向地税局申请代开增值税专用发票。

根据27号公告第三条的规定，《本期抵扣进项税额结构明细表》第27栏反映纳税人租入个人住房，本期申报抵扣的减按1.5%征收率的进项税额。

因此，一般纳税人租入个人住房，取得减按1.5%征收率的进项税额，应填入

《本期抵扣进项税额结构明细表》第 27 栏。

17. 小规模纳税人提供劳务派遣服务，如何进行纳税申报？

答：根据财税〔2016〕47 号文件的规定，小规模纳税人提供劳务派遣服务，可以选择以取得的全部价款和价外费用为销售额，按照简易计税方法依 3%的征收率计算缴纳增值税；也可以选择差额纳税，以取得的全部价款和价外费用，扣除代用工单位支付给劳务派遣员工的工资、福利和为其办理社会保险及住房公积金后的余额为销售额，按照简易计税方法依 5%的征收率计算缴纳增值税。

| 案例分析 |

某小规模纳税人 2016 年 7—9 月提供劳务派遣服务，取得销售收入 103 万元，取得违约金收入 2.06 万元，其中至税务机关代开专用发票，发票上注明的销售额为 20 万元，预缴税款 0.6 万元，自行开具普通发票 82.40 万元，发票上注明的销售额为 80 万元。代用工单位支付给劳务派遣员工的工资、福利和为其办理社会保险及住房公积金共计 73.56 万元。在下列情形下，该纳税人应如何申报纳税？

（1）该纳税人选择全额纳税；

（2）该纳税人选择差额纳税。

分析：

在情形（1）下，该小规模纳税人选择全额纳税，其计税依据为：（全部价款＋价外费用）÷（1＋征收率）＝（103＋2.06）÷（1＋3%）＝102（万元）。

该小规模纳税人应缴纳的增值税额为：102×3%＝3.06（万元）。

填报方法如下：

（1）税务机关代开增值税专用发票注明的销售额 20 万元填入《增值税纳税申报表（小规模纳税人适用）》“服务、不动产和无形资产”列第 2 栏；

（2）自行开具增值税普通发票的不含税销售额 80 万元填入《增值税纳税申报表（小规模纳税人适用）》“服务、不动产和无形资产”列第 3 栏；

（3）计算的本期应纳税额 3.06 万元填入本期《增值税纳税申报表（小规模纳税人适用）》“服务、不动产和无形资产”列第 15 栏、第 20 栏；

（4）本期代开专用发票时预缴的 0.6 万元填入本期《增值税纳税申报表（小规模纳税人适用）》“服务、不动产和无形资产”列第 21 栏；

（5）计算的应补（退）税额 2.46 万元填入本期《增值税纳税申报表（小规模纳

税人适用)》“服务、不动产和无形资产”列第22栏。

具体见表2-4。

表2-4　　增值税纳税申报表

（小规模纳税人适用）

<table>
<tr><td rowspan="2"></td><td rowspan="2">项目</td><td rowspan="2">栏次</td><td colspan="2">本期数</td></tr>
<tr><td>货物及劳务</td><td>服务、不动产和无形资产</td></tr>
<tr><td rowspan="3">一、计税依据</td><td>（一）应征增值税不含税销售额（3%征收率）</td><td>1</td><td>—</td><td>1020 000</td></tr>
<tr><td>税务机关代开的增值税专用发票不含税销售额</td><td>2</td><td>—</td><td>200 000</td></tr>
<tr><td>税控器具开具的普通发票不含税销售额</td><td>3</td><td>—</td><td>800 000</td></tr>
<tr><td rowspan="6">二、税款计算</td><td>本期应纳税额</td><td>15</td><td></td><td>30 600</td></tr>
<tr><td>本期应纳税额减征额</td><td>16</td><td></td><td></td></tr>
<tr><td>本期免税额</td><td>17</td><td></td><td></td></tr>
<tr><td>应纳税额合计</td><td>20＝15－16</td><td></td><td>30 600</td></tr>
<tr><td>本期预缴税额</td><td>21</td><td></td><td>6 000</td></tr>
<tr><td>本期应补（退）税额</td><td>22＝20－21</td><td></td><td>24 600</td></tr>
</table>

在情形（2）下，该小规模纳税人选择差额纳税，其计税依据为：(全部价款＋价外费用－代用工单位支付给劳务派遣员工的工资、福利和为其办理社会保险及住房公积金总额)÷(1＋征收率)＝(103＋2.06－73.56)÷(1＋5%)＝30(万元)。

该小规模纳税人应缴纳的增值税额为：30×5%＝1.5（万元)。

填报方法如下：

(1) 填写《增值税纳税申报表（小规模纳税人适用）附列资料》，附列资料应填写“应税行为（5%征收率)”部分：

第10栏“本期发生额”应填入代用工单位支付给劳务派遣员工的工资、福利和为其办理社会保险及住房公积金的73.56万元（含税)。

第11栏“本期扣除额”应填入代用工单位支付给劳务派遣员工的工资、福利和为其办理社会保险及住房公积金的73.56万元（含税)。

第12栏“期末余额”应填入：“期初余额”＋“本期发生额”－“本期扣除额”＝0＋73.56－73.56＝0。

第13栏“全部含税收入（适用5%征收率)”应填入本期所有销售收入105.06万元（含税)。

第 14 栏“本期扣除额”应填入代用工单位支付给劳务派遣员工的工资、福利和为其办理社会保险及住房公积金的 73.56 万元（含税）。

第 15 栏“含税销售额”应填入：“全部含税收入”－“本期扣除额”＝103＋2.06－73.56＝31.50（万元）。

第 16 栏“不含税销售额”应填入：“含税销售额”÷(1＋征收率)＝31.50÷(1＋5%)＝30（万元）。

具体见表 2-5。

表 2-5　　增值税纳税申报表（小规模纳税人适用）附列资料

应税行为（5%征收率）扣除额计算			
期初余额	本期发生额	本期扣除额	期末余额
9	10	11（11≤9＋10 之和，且 11≤13）	12＝9＋10－11
	735 600	735 600	0
应税行为（5%征收率）计税销售额计算			
全部含税收入（适用 5%征收率）	本期扣除额	含税销售额	不含税销售额
13	14＝11	15＝13－14	16＝15÷1.05
1 050 600	735 600	315 000	300 000

（2）填写《增值税纳税申报表（小规模纳税人适用）》主表，主表应填写本期数下“服务、不动产和无形资产”的各个栏次：

第 4 栏“应征增值税不含税销售额（5%征收率）”应填入数额等于附列资料第 16 栏“不含税销售额”30 万元。

第 6 栏“税控器具开具的普通发票不含税销售额”应填入 80 万元。

第 15 栏“本期应纳税额”应填入第 4 栏“应征增值税不含税销售额（5%征收率）”×征收率＝30×5%＝1.5（万元）。

第 20 栏“应纳税额合计”应填入“本期应纳税额”－“本期应纳税额减征额”＝1.5－0＝1.5（万元）。

第 22 栏“本期应补（退）税额”应填入“应纳税额合计”－“本期预缴税额”＝1.5－0.6＝0.9（万元）。

具体见表 2-6。

表 2-6　　增值税纳税申报表

（小规模纳税人适用）

一、计税依据	项目	栏次	本期数	
			货物及劳务	服务、不动产和无形资产
	（二）应征增值税不含税销售额（5%征收率）	4	—	300 000

续表

	项目	栏次	本期数	
			货物及劳务	服务、不动产和无形资产
一、计税依据	税务机关代开的增值税专用发票不含税销售额	5	—	200 000
	税控器具开具的普通发票不含税销售额	6	—	800 000
二、税款计算	本期应纳税额	15		15 000
	本期应纳税额减征额	16		
	本期免税额	17		
	应纳税额合计	20＝15－16		15 000
	本期预缴税额	21		6 000
	本期应补（退）税额	22＝20－21		9 000

18. 一般纳税人发生差额扣除项目如何进行纳税申报？

答：差额扣除项目因为可以采取全额开具普通发票、差额开票等不同开具发票的方法，因此会存在不同的申报填报方式。下面笔者以从事旅游服务的一般纳税人差额计算申报为例，对差额扣除项目如何进行纳税申报进行分析。

《试点有关事项的规定》第一条第（三）项第 8 目规定，试点增值税一般纳税人在 2016 年 5 月 1 日以后提供旅游服务的，可以选择以取得的全部价款和价外费用，扣除向旅游服务购买方收取并支付给其他单位或者个人的住宿费、餐饮费、交通费、签证费、门票费和支付给其他接团旅游企业的旅游费用后的余额为销售额。付给其他单位的住宿费、餐饮费、交通费、门票费可以从销售额中扣除，但不得开具增值税专用发票。

23 号公告第四条第（二）项规定，按照现行政策规定适用差额征税办法缴纳增值税，且不得全额开具增值税发票的（财政部、税务总局另有规定的除外），纳税人自行开具或者税务机关代开增值税发票时，通过新系统中差额征税开票功能，录入含税销售额（或含税评估额）和扣除额，系统自动计算税额和不含税金额，备注栏自动打印“差额征税”字样，发票开具不应与其他应税行为混开。

| 案例分析 |

[例 1]（全额开具普通发票）A 企业是从事旅游服务的一般纳税人（适用税率为 6%），2016 年 9 月共取得旅游收入 212 万元，并开具了普通发票。该笔旅游收

入包含了向其他单位支付的住宿费 50 万元、餐饮费 30 万元、交通费 20 万元、门票费 37.8 万元，共计 137.8 万元。该纳税人在本月没有其他业务。不考虑上期留抵税额。该企业本期可扣除项目金额以及销售额和销项税额，应如何计算与填报?

分析：

（1）本期可扣除项目金额的计算与填报。

在 2016 年 10 月征期申报 9 月所属期增值税时，根据 9 月份取得的旅游收入 212 万元以及发生的可扣除项目金额按照所属行业的税率，填写在《增值税纳税申报表附列资料（三）》(服务、不动产和无形资产扣除项目明细，以下简称《附列资料（三）》）中。填报方法如下：

①本期取得的含税收入 212 万元填入《附列资料（三）》第 3 栏第 1 列。

②本期取得的且在本期实际扣除的金额 137.8 万元填入《附列资料（三）》第 3 栏第 3 列、第 4 列以及第 5 列。

具体见表 2-7。

表 2-7　　增值税纳税申报表附列资料（三）

（服务、不动产和无形资产扣除项目明细）

项目及栏次		本期服务、不动产和无形资产价税合计额（免税销售额）	服务、不动产和无形资产扣除项目				
			期初余额	本期发生额	本期应扣除金额	本期实际扣除金额	期末余额
		1	2	3	4=2+3	5（5≤1且5≤4）	6=4−5
6%税率的项目（不含金融商品转让）	3	2 120 000		1 378 000	1 378 000	1 378 000	

（2）销售额和销项税额的计算与填报。

应以取得的含税收入 212 万元减去可扣除项目金额合计 137.8 万元后的余额作为销售额。销售额为：212－137.8＝74.20（万元）。

则不含税销售额＝74.2÷1.06＝70（万元），销项税额＝70×6%＝4.20（万元）。

①根据开具普通发票的收入 212 万计算得出不含税收入 200 万元以及税额 12 万元，分别填入《附列资料（一）》第 5 栏第 3、4 列。

②将扣除项目金额 137.8 万元填入《附列资料（一）》第 5 栏第 12 列。

③将扣除后的销售额 74.20 万元填入《附列资料（一）》第 5 栏第 13 列。

④将计算得出的 4.20 万元填入《附列资料（一）》第 5 栏第 14 列并填入主表第 11 栏“销项税额”之“本月数”。

具体见表 2-8。

表 2-8

增值税纳税申报表附列资料（一）

（本期销售情况明细）

项目及栏次				开具其他发票		合计			服务、不动产和无形资产扣除项目本期实际扣除金额	扣除后	
				销售额	销项（应纳）税额	销售额	销项（应纳）税额	价税合计		含税（免税）销售额	销项（应纳）税额
				3	4	9＝1＋3＋5＋7	10＝2＋4＋6＋8	11＝9＋10	12	13＝11－12	14＝13÷（100%＋税率或征收率）×税率或征收率
一、一般计税方法计税	全部征税项	17%税率的货物	1					—	—	—	—
		17%税率的服务	2								
		13%税率	3					—	—	—	—
		11%税率	4								
		6%税率	5	2 000 000	120 000	2 000 000	120 000	2 120 000	1 378 000	742 000	42 000

表 2-9

增值税纳税申报表附列资料（一）

（本期销售情况明细）

项目及栏次				开具增值税专用发票		合计			扣除项目本期实际扣除金额	扣除后	
				销售额	销项（应纳）税额	销售额	销项（应纳）税额	价税合计		含税（免税）销售额	销项（应纳）税额
				1	2	9＝1＋3＋5＋7	10＝2＋4＋6＋8	11＝9＋10	12	13＝11－12	14＝13÷（1＋6%）×6
一、一般计税方法计税	全部征税项目	17%税率的货物	1					—	—	—	—
		17%税率的服务	2								
		13%税率	3					—	—	—	—
		11%税率	4								
		6%税率	5	2 078 000	42 000	2 078 000	42 000	2 120 000	1 378 000	742 000	42 000

［**例 2**］（*差额开具专用发票*）接上例，A 企业当月取得的 212 万元收入通过新系统中差额征税开票功能开具了增值税专用发票。本月可扣除项目金额合计为 137.80 万元。该企业本期可扣除项目金额以及销售额和销项税额，应如何计算与填报？

分析：

（1）本期可扣除项目金额的计算与填报，与上例一致。

（2）销售额及销项税额的计算与填报。

主要区别在于《附列资料（一）》的填报方式。

由于此笔业务是通过系统差额征税的功能开具的发票，通过录入含税销售额 212 万元和扣除额 137.80 万元，系统自动计算税额和不含税金额。销项税额 =（212 − 137.8）÷ 1.06 × 6% = 4.2（万元），不含税金额应为：212 − 4.2 = 207.80（万元），税率用 *** 代替。备注栏自动打印“差额征税”字样。

该张专用发票不含税金额与税额之间不存在税率的勾稽关系，因此应通过本月“合计销售额”与“开具其他发票销售额”“未开具发票销售额”金额的差去计算得出本期应填写的“专用发票的销售额”与“销项税”。本例中，开具其他发票销售额与未开具发票销售额金额合计为 0。

①将本月合计不含税销售额 207.8 万元、销项税额 4.2 万元以及价税合计数 212 万元分别填入《附列资料（一）》第 5 栏第 9、10、11 列。

②通过本月合计销售额还原计算得出的专用发票销售额 207.8 万元与税额 4.2 万元分别填入《附列资料（一）》第 5 栏第 1、2 列。

③扣除项目金额 137.80 万元填入《附列资料（一）》第 5 栏第 12 列。

④计算得出的扣除后的销项税额 4.2 万元填入《附列资料（一）》第 5 栏第 14 列。本列数应等于差额征税发票上的税额 4.2 万元。

具体见表 2-9。

19. 不动产分期抵扣如何进行纳税申报？

答：不动产分期抵扣需填报《增值税纳税申报表附列资料（五）》（不动产分期抵扣计算表，以下简称《附列资料（五）》）及《附列资料（二）》，两表的逻辑关系如表 2-10 所示。

表 2-10　　　　增值税纳税申报表附列资料（五）

（不动产分期抵扣计算表）

期初待抵扣不动产进项税额	本期不动产进项税额增加额	本期可抵扣不动产进项税额	本期转入的待抵扣不动产进项税额	本期转出的待抵扣不动产进项税额	期末待抵扣不动产进项税额
1	2	3≤1+2+4	4	5≤1+4	6=1+2−3+4−5
	=《附列资料（二）》第 9 栏	=《附列资料（二）》第 10 栏	≤《附列资料（二）》第 23 栏		

提示：（1）该表第1栏与第6栏待抵扣不动产进项税额，与《附列资料（二）》中的待抵扣进项税额无关。

（2）该表第5栏填报的是已抵扣进项税额的不动产，发生非正常损失，或改变用途等情形，需要扣减不动产待抵扣进项税额的，填写本栏。

| 案例分析 |

［例1］ A酒店公司为增值税一般纳税人，2016年5月份购进了办公大楼一座，用于公司办公，计入固定资产，并于次月开始计提折旧。该纳税人取得了增值税专用发票并认证相符。专用发票上注明的金额为5 000万元，增值税税额为550万元。假设该纳税人在2016、2017年仅发生这一项不动产业务。该公司应如何填写纳税申报表?

分析：

该550万元进项税额中的60%于当期抵扣，剩余40%于当期的第13个月抵扣。

（1）2016年5月该不动产进项的填报。

①550万元作为本期取得的不动产进项税额填入《附列资料（五）》第2列“本期不动产进项税额增加额”并填入《附列资料（二）》第9栏“本期用于构建不动产的扣税凭证”。

②计算本期可以抵扣的进项税额＝550×60%＝330（万元），填入《附列资料（五）》第3列“本期可抵扣不动产进项税额”，同时填写《附列资料（二）》第10栏“本期不动产允许抵扣进项税额”。

③该大楼待抵扣的进项税额220万元填入《附列资料（五）》第6列“期末待抵扣不动产进项税额”。

具体见表2-11、表2-12。

表2-11　　增值税纳税申报表附列资料（五）

（不动产分期抵扣计算表）

初待抵扣不动产进项税额	本期不动产进项税额增加额	本期可抵扣不动产进项税额	本期转入的待抵扣不动产进项税额	本期转出的待抵扣不动产进项税额	期末待抵扣不动产进项税额
1	2	3≤1+2+4	4	5≤1+4	6＝1+2－3+4－5
	5 500 000	3 300 000			2 200 000

表2-12　　增值税纳税申报表附列资料（二）

（本期进项税额明细）

一、申报抵扣的进项税额				
项目	栏次	份数	金额	税额
（一）认证相符的税控增值税专用发票	1			5 500 000
其中：本期认证相符且本期申报抵扣	2			5 500 000

续表

项目	栏次	份数	金额	税额
前期认证相符且本期申报抵扣	3			
（二）其他扣税凭证	4=5+6+7+8			
其中：海关进口增值税专用缴款书	5			
农产品收购发票或者销售发票	6			
代扣代缴税收缴款凭证	7		—	
其他	8			
（三）本期用于购建不动产的扣税凭证	9			5 500 000
（四）本期不动产允许抵扣进项税额	10	—	—	3 300 000
（五）外贸企业进项税额抵扣证明	11	—	—	
当期申报抵扣进项税额合计	12=1+4−9+10+11			3 300 000

（2）2017 年 5 月该不动产进项的填报。

①上期“期末待抵扣不动产进项税额”转入本月《附列资料（五）》第 1 列“期初待抵扣不动产进项税额”。

②剩余的 40%不动产进项税额 220 万元填入《附列资料（五）》第 3 列“本期可抵扣不动产进项税额”，同时填入《附列资料（二）》第 10 栏“本期不动产允许抵扣进项税额”。

具体见表 2-13、表 2-14。

表 2-13　　增值税纳税申报表附列资料（五）

（不动产分期抵扣计算表）

期初待抵扣不动产进项税额	本期不动产进项税额增加额	本期可抵扣不动产进项税额	本期转入的待抵扣不动产进项税额	本期转出的待抵扣不动产进项税额	期末待抵扣不动产进项税额
1	2	3≤1+2+4	4	5≤1+4	6=1+2−3+4−5
2 200 000	0	2 200 000	0	0	0

表 2-14　　增值税纳税申报表附列资料（二）

（本期进项税额明细）

一、申报抵扣的进项税额				
项目	栏次	份数	金额	税额
（一）认证相符的税控增值税专用发票	1			
其中：本期认证相符且本期申报抵扣	2			
前期认证相符且本期申报抵扣	3			
（四）本期不动产允许抵扣进项税额	10	—	—	2 200 000
（五）外贸企业进项税额抵扣证明	11	—	—	
当期申报抵扣进项税额合计	12=1+4−9+10+11			2 200 000

［**例 2**］假如在 2017 年 6 月，A 企业将该不动产转为职工食堂。此时不动产净值

为 4 000 万元。

2017 年 6 月，该不动产的进项税额已经全部抵扣。该不动产的净值为 4 000 万元，根据政策规定计算不得抵扣的进项税额 =（已抵扣进项税额 + 待抵扣进项税额）× 不动产净值率 =（330 + 220）×（4 000 ÷ 5 000）× 100% = 440（万元）＜已抵扣的进项税额 550 万元。该企业应如何填写纳税申报表？

分析：

申报表填写如下：

此时，应将不得抵扣的进项税额 440 万元填写在《附列资料（二）》第 15 栏“集体福利、个人消费”。具体见表 2-15。

表 2-15　　增值税纳税申报表附列资料（二）

（本期进项税额明细）

二、进项税额转出额		
项目	栏次	税额
本期进项税额转出额	13 = 14 至 23 之和	4 400 000
其中：免税项目用	14	
集体福利、个人消费	15	4 400 000

［例 3］ 假如在 2017 年 4 月，A 企业将该不动产转为职工食堂。此时不动产净值为 4 000 万元。

2017 年 4 月，该不动产已经抵扣的进项税为 330 万元。该不动产的净值为 4 000 万元，根据政策规定计算不得抵扣的进项税额 =（已抵扣进项税额 + 待抵扣进项税额）× 不动产净值率 =（330 + 220）×（4 000 ÷ 5 000）× 100% = 440（万元）＞已抵扣的进项税额 330 万元。该企业应如何填写纳税申报表？

分析：

申报表填写如下：

①将已抵扣的进项税 330 万元做进项税额转出，填入《附列资料（二）》第 15 栏“集体福利、个人消费”。具体见表 2-16。

表 2-16　　增值税纳税申报表附列资料（二）

（本期进项税额明细）

二、进项税额转出额		
项目	栏次	税额
本期进项税额转出额	13 = 14 至 23 之和	3 300 000
其中：免税项目用	14	
集体福利、个人消费	15	3 300 000
非正常损失	16	

②将已抵扣的进项税 330 万元与不得抵扣的进项税 440 万元的差额 110 万元从该

不动产待抵扣进项税中转出。填入《附列资料（五）》第 5 列“本期转出的待抵扣不动产进项税额”。具体见表 2-17。

表 2-17 增值税纳税申报表附列资料（五）

（不动产分期抵扣计算表）

期初待抵扣不动产进项税额	本期不动产进项税额增加额	本期可抵扣不动产进项税额	本期转入的待抵扣不动产进项税额	本期转出的待抵扣不动产进项税额	期末待抵扣不动产进项税额
1	2	3≤1+2+4	4	5≤1+4	6=1+2-3+4-5
2 200 000	0	0	0	1 100 000	1 100 000

③填写主表《增值税纳税申报表（一般纳税人适用）》第 14 行。具体见表 2-18。

表 2-18 增值税纳税申报表

（一般纳税人适用）

项目	栏次	一般项目		即征即退项目	
		本月数	本年累计	本月数	本年累计
进项税额转出	14	3 300 000			

20. 增值税税控系统专用设备费及技术维护费抵减如何填报申报表？

答：根据《财政部 国家税务总局关于增值税专用税控系统设备和技术维护费用抵减增值税税额有关政策的通知》（财税〔2012〕15 号）的规定，纳税人初次购买增值税税控系统专用设备（包括分开票机）支付的费用，可凭购买增值税税控系统专用设备取得的增值税专用发票，在增值税应纳税额中全额抵减，不足抵减的可结转下期继续抵减。纳税人在填写纳税申报表时，对可在增值税应纳税额中全额抵减的增值税税控系统专用设备费用以及技术维护费，按以下要求填报：

（1）增值税一般纳税人将抵减金额填入《附列资料（四）》、《增值税减免税申报明细表》第 1 栏“增值税税控系统专用设备费及技术维护费”，及主表《增值税纳税申报表（一般纳税人适用）》第 23 栏“应纳税额减征额”。

（2）小规模纳税人将抵减金额填入《增值税纳税申报表（小规模纳税人适用）》第 16 栏“本期应纳税额减征额”。

| 案例分析 |

［例 1］ 2016 年 5 月，一般纳税人 A 公司首次购入增值税税控系统设备，支付价款 1 400 元，同时支付当年增值税税控系统专用设备技术维护费 400 元。本月应纳税额1 100 元。该公司应如何进行纳税申报？

分析：

（1）账务处理如下：

①首次购入增值税税控系统专用设备。

借：固定资产——税控设备　　1 400

　贷：银行存款　　1 400

②发生防伪税控系统专用设备技术维护费。

借：管理费用　　400

　贷：银行存款　　400

③抵减当月增值税应纳税额。

借：应交税费——应交增值税（减免税款）　　1 800

　贷：管理费用　　1 800

（2）申报表填写如下：

①将本期发生的 1 800 元增值税税控系统专用设备费及技术维护费填入《附列资料（四）》第 1 行第 2、3 列；本期实际抵减税额 1 100 元填入第 1 行第 4 列（因本期应纳税额 1 100 元，小于本期应抵减税额 1 800 元，因此本期实际抵减税额为 500 元）；未抵完的余额 700 元填入第 1 行第 5 列。具体见表 2-19。

表 2-19　　增值税纳税申报表附列资料（四）

（税额抵减情况表）

序号	抵减项目	期初余额	本期发生额	本期应抵减税额	本期实际抵减税额	期末余额
		1	2	3=1+2	4≤3	5=3-4
1	增值税税控系统专用设备费及技术维护费		1 800	1 800	1 100	700

②将本期发生的 1 800 元增值税税控系统专用设备费及技术维护费分别填入《增值税减免税申报明细表》第 1、2 行第 2、3 列；本期实际抵减税额 1 100 元分别填入第 1、2 行第 4 列；未抵完的余额 700 元分别填入第 1、2 行第 5 列。具体见表 2-20。

表 2-20　　增值税减免税申报明细表

一、减税项目						
减税性质代码及名称	栏次	期初余额	本期发生额	本期应抵减税额	本期实际抵减税额	期末余额
		1	2	3=1+2	4≤3	5=3-4
合计	1		1 800	1 800	1 100	700
增值税税控系统专用设备费及技术维护费	2		1 800	1 800	1 100	700

③本期应纳税额 1 100 元填入《增值税纳税申报表（一般纳税人适用）》主表第 19 行“本月数”栏；本期实际抵减税额 1 100 元填入第 23 行“本月数”栏。具体见表 2-21。

表 2-21　　**增值税纳税申报表**

（一般纳税人适用）

项目		栏次	一般项目	
			本月数	本年累计
税款计算	应抵扣税额合计	17＝12＋13－14－15＋16		—
	实际抵扣税额	18（如 17<11，则为 17，否则为 11）		
	应纳税额	19＝11－18	1 100	
	期末留抵税额	20＝17－18		
	简易计税办法计算的应纳税额	21		
	按简易计税办法计算的纳税检查应补缴税额	22		
	应纳税额减征额	23	1 100	
	应纳税额合计	24＝19＋21－23		
	应抵扣税额合计	17＝12＋13－14－15＋16		—

［**例 2**］2016 年 5 月，小规模纳税人 A 酒店公司首次购入增值税税控系统设备，支付价款 800 元，同时支付当年增值税税控系统专用设备技术维护费 200 元。本月应纳税额1 100 元。该公司应如何进行纳税申报？

分析：

（1）账务处理如下：

①首次购入增值税税控系统专用设备。

借：固定资产——税控设备　　800

　贷：银行存款　　800

②发生防伪税控系统专用设备技术维护费。

借：管理费用　　200

　贷：银行存款　　200

③抵减当月增值税应纳税额。

借：应交税费——应交增值税　　1 000

　贷：管理费用　　1 000

（2）申报表填写如下：

将本期发生的 1 000 元增值税税控系统专用设备费及技术维护费填入《增值税纳税申报表（小规模纳税人适用）》第 16 行“本期应纳税额减征额”。具体见表2-22。

表 2-22　　　　　　　　　　　　增值税纳税申报表
（小规模纳税人适用）

项目		栏次	本期数	
			货物及劳务	服务、不动产和无形资产
二、税款计算	本期应纳税额	15		1 100
	本期应纳税额减征额	16		1 000
	本期免税额	17		
	其中：小微企业免税额	18		
	未达起征点免税额	19		
	应纳税额合计	20＝15－16		100
	本期预缴税额	21		
	本期应补（退）税额	22＝20－21		

21. 异地经营项目预缴的税款，如何进行纳税申报？

答：一般纳税人跨县（市）异地经营的，包括：（1）纳税人（不含其他个人）跨县（市）提供建筑服务，（2）房地产开发企业预售自行开发的房地产项目，（3）纳税人（不含其他个人）出租与机构所在地不在同一县（市）的不动产的，按规定需要在项目所在地或不动产所在地主管国税机关预缴税款的，应填报《增值税预缴税款表》、《附列资料（四）》和主表《增值税纳税申报表（一般纳税人适用）》。其中需将建筑服务、销售不动产、出租不动产已预缴的税款分别填报在《附列资料（四）》第 3 行"建筑服务预征缴纳税款"、第 4 行"销售不动产预征缴纳税款"、第 5 行"出租不动产预征缴纳税款"中。

一般纳税人回机构所在地进行纳税申报时，上述已预缴税款填报在《增值税纳税申报表（一般纳税人适用）》第 28 行"分次预缴税款"中。

| 案例分析 |

某企业为一般纳税人，机构所在地为北京市东城区，纳税人以其 2016 年 6 月 1 日在南昌市西湖区购置的不动产对外出租，2016 年 8 月共取得租金收入 111 万元（含税），并开具了增值税专用发票。8 月为了对外出租购买家俱家电一批，共计 40 万元，两份发票上注明的销售额为 40 万元，税额为 6.8 万元。

分析：

不动产所在地与机构所在地不在同一县（市、区）的，纳税人应按照 3% 的预征率向不动产所在地主管国税机关预缴税款，向机构所在地主管国税机关申报纳税。纳税人出租不动产，需要预缴税款的，应在取得租金的次月纳税申报期或不动产所在地主管国税机关核定的纳税期限预缴税款。因此，该纳税人 2016 年 8 月取得租金，应该于9月申报期内在南昌市西湖区国家税务局预缴增值税3万元［111÷(1+11%)×3%=3］后，向北京市东城区国家税务局进行增值税纳税申报。

应缴纳增值税=111÷(1+11%)×11%-6.8=4.2(万元)

应补缴增值税=4.2-3=1.2(万元)

(1) 纳税人在不动产所在地预缴时的填写。

该一般纳税人出租与机构所在地不在同一县（市）的不动产时，应填写《增值税预缴税款表》。纳税人在“预征项目和栏次”部分的第3行“出租不动产”中填写相关信息：

①第1列“销售额”填写111万元（含税）。

②第2列“扣除金额”无须填写。

③第3列“预征率”填写3%。

④第4列“预缴税额”填写3万元。

具体见表2-23。

表2-23 **增值税预缴税款表**

预征项目和栏次		销售额	扣除金额	预征率	预征税额
		1	2	3	4
建筑服务	1				
销售不动产	2				
出租不动产	3	1 110 000		3%	30 000

(2) 申报期内申报表的填写。

①该一般纳税人出租不动产并且按规定预缴的增值税，应填写《附列资料（四)》第5行“出租不动产预征缴纳税款”。具体见表2-24。

表2-24 **增值税纳税申报表附列资料（四）**

(税额抵减情况表)

序号	抵减项目	期初余额	本期发生额	本期应抵减税额	本期实际抵减税额	期末余额
		1	2	3=1+2	4≤3	5=3-4
3	建筑服务预征缴纳税款					
4	销售不动产预征缴纳税款					
5	出租不动产预征缴纳税款		30 000	30 000	30 000	

②填写《附列资料（一)》中“一、一般计税方法计税”第4行“11%税率”的第1、2列。具体见表2-25。

表 2-25

增值税纳税申报表附列资料（一）

（本期销售情况明细）

项目及栏次				开具其他发票		合计			扣除项目本期实际扣除金额	扣除后	
				销售额	销项税额	销售额	销项税额	价税合计		含税销售额	销项税额
				1	2	9＝1＋3＋5＋7	10＝2＋4＋6＋8	11＝9＋10	12	13＝11－12	14＝13÷（1＋11%）×11
一、一般计税方法计税	全部征税项目	17%税率的货物	1					—	—	—	—
		17%税率的服务	2								
		13%税率	3					—	—	—	—
		11%税率	4	1 000 000	110 000	1 000 000	110 000	1 110 000		110 000	110 000
		6%税率	5								

③取得增值税专用发票，发票上注明的销售额为 40 万元，税额为 6.8 万元。应填入《附列资料（二）》第 1 行“认证相符的税控增值税专用发票”、第 2 行“其中：本期认证相符且本期申报抵扣”。具体见表 2-26。

表 2-26　　　　增值税纳税申报表附列资料（二）

（本期进项税额明细）

一、申报抵扣的进项税额				
项目	栏次	份数	金额	税额
（一）认证相符的税控增值税专用发票	1			68 000
其中：本期认证相符且本期申报抵扣	2			68 000
前期认证相符且本期申报抵扣	3			
（二）其他扣税凭证	4＝5＋6＋7＋8			

④不含税租金 100 万元填入主表《增值税纳税申报表（一般纳税人适用）》第 1 行“（一）按适用税率计税销售额”，相应的税额 11 万元填入第 11 行“销项税额”，进项税额 6.8 万元填入第 12 行“进项税额”，预缴税额 3 万元填入第 28 行“①分次预缴税额”。具体见表 2-27。

表 2-27　　　　增值税纳税申报表

（一般纳税人适用）

项目		栏次	一般项目	
			本月数	本年累计
销售额	（一）按适用税率计税销售额	1	1 000 000	
	其中：应税货物销售额	2		
	应税劳务销售额	3	1 000 000	
	纳税检查调整的销售额	4		
	（二）按简易办法计税销售额	5		
	（三）免、抵、退办法出口销售额	7		
	（四）免税销售额	8		
税款计算	销项税额	11	110 000	
	进项税额	12	68 000	
	上期留抵税额	13	0	
	进项税额转出	14	0	
	免、抵、退应退税额	15		
	按适用税率计算的纳税检查应补缴税额	16		
	应抵扣税额合计	17＝12＋13－14－15＋16	68 000	—

续表

项目		栏次	一般项目	
			本月数	本年累计
税款计算	实际抵扣税额	18（如 17＜11，则为 17，否则为 11）	68 000	
	应纳税额	19＝11－18	42 000	
	期末留抵税额	20＝17－18	0	
	简易计税办法计算的应纳税额	21		
	按简易计税办法计算的纳税检查应补缴税额	22		
	应纳税额减征额	23		
	应纳税额合计	24＝19＋21－23	42 000	
税款缴纳	期初未缴税额（多缴为负数）	25		
	实收出口开具专用缴款书退税额	26		
	本期已缴税额	27＝28＋29＋30＋31	30 000	
	①分次预缴税额	28	30 000	—
	②出口开具专用缴款书预缴税额	29		—
	③本期缴纳上期应纳税额	30		
	④本期缴纳欠缴税额	31		
	期末未缴税额（多缴为负数）	32＝24＋25＋26－27	12 000	
	其中：欠缴税额（≥0）	33＝25＋26－27		—
	本期应补（退）税额	34＝24－28－29	12 000	—
	即征即退实际退税额	35	—	—

应纳税额＝111÷(1＋11%)×11%－6.8－3＝1.2(万元)

⑤《附列资料（二）》第 2 行“17%税率的进项”，“金额”栏填 40 万元，“税额”栏填 6.8 万元。具体见表 2-28。

表 2-28　　　　增值税纳税申报表附列资料（二）

（本期抵扣进项税额结构明细表）

项目	栏次	金额	税额
合计	1＝2＋4＋5＋11＋16＋18＋27＋29＋30		
一、按税率或征收率归集（不包括购建不动产、通行费）的进项			
17%税率的进项	2	400 000	68 000
其中：有形动产租赁的进项	3		
13%税率的进项	4		
11%税率的进项	5		

22. 连锁酒店的一般纳税人总机构如何进行汇总纳税申报?

答:《试点实施办法》第四十六条规定，总机构和分支机构不在同一县（市）的，应当分别向各自所在地的主管税务机关申报纳税；经财政部和国家税务总局或者其授权的财政和税务机关批准，可以由总机构汇总向总机构所在地的主管税务机关申报纳税。现以连锁酒店为例，对总机构如何进行汇总申报进行分析。

| 案例分析 |

某酒店为连锁酒店的总机构，已申请汇总纳税。该企业为一般纳税人，2016 年 9 月发生如下业务:

总公司与分公司共取得收入 429 万元（含税）。其中提供住宿服务开具增值税专用发票，注明销售额合计 300 万元（不含税），票面税额合计 18 万元；分公司开具增值税普通发票取得房屋出租收入 111 万元（含税），预缴增值税 3 万元。

总公司与分公司当月总计购进饮料食品支付价款 117 万元，取得 1 张增值税专用发票，注明不含税销售额 100 万元，税额 17 万元，并已经认证相符；当月总计支付电信服务费用 2. 12 万元，取得 1 张增值税专用发票，注明不含税销售额 2 万元，税额 0. 12 万元，并已经认证相符。总公司应如何进行纳税申报?

分析:

（1）2016 年 9 月销项税额的填报。

取得收入根据开具发票类型不同对应填入《附列资料（一）》相关栏次。具体见表 2-29。

（2）2016 年 9 月进项税额的填报。

《附列资料（二）》第 1 行“认证相符的增值税专用发票”，“份数”填写 2，“金额”填写 102 万元，“税额”填写 17. 12 万元；第 2 行“其中：本期认证相符且本期申报抵扣”，“份数”填写 2，“金额”填写 102 万元，“税额”填写 17. 12 万元。具体见表 2-30。

表 2-30　　增值税纳税申报表附列资料（二）

（本期进项税额明细）

一、申报抵扣的进项税额				
项目	栏次	份数	金额	税额
（一）认证相符的增值税专用发票	1＝2＋3	2	1 020 000	171 200
其中：本期认证相符且本期申报抵扣	2	2	1 020 000	171 200
前期认证相符且本期申报抵扣	3			

表 2-29

增值税纳税申报表附列资料（一）

（本期销售情况明细）

项目及栏次		开具增值税专用发票		开具其他发票		合计			扣除项目本期实际扣除金额	扣除后	
		销售额	销项税额	销售额	销项税额	销售额	销项税额	价税合计		含税销售额	销项税额
		1	2	3	4	9＝1＋3＋5＋7	10＝2＋4＋6＋8	11＝9＋10	12	13＝11－12	14＝13÷（1＋6%）×6%
17%税率	1							—	—	—	—
13%税率	3							—	—	—	—
11%税率	4			1 000 000	110 000	1 000 000	110 000	1 110 000	0	1 110 000	110 000
6%税率	5	3 000 000	180 000			3 000 000	180 000	3 180 000	0	3 180 000	180 000

(3) 总公司对分公司已预缴税款的填报。

《附列资料（四）》第 2 行“分支机构预征缴纳税款”，第 1 列“期初余额”填写 0，第 2 列“本期发生额”填写 3 万元，第 3 列“本期应抵减税额”填写 3 万元，第 4 列“本期实际抵减税额”填写 3 万元，第 5 列“期末余额”填写 0。具体见表 2-31。

表 2-31　　增值税纳税申报表附列资料（四）

（税额抵减情况表）

序号	抵减项目	期初余额	本期发生额	本期应抵减税额	本期实际抵减税额	期末余额
		1	2	3=1+2	4≤3	5=3-4
1	增值税税控系统专用设备费及技术维护费					
2	分支机构预征缴纳税款	0	30 000	30 000	30 000	0
3	建筑服务预征缴纳税款					

(4) 2016 年 9 月主表的填报。

第 1 行“(一) 按适用税率计税销售额”，“一般项目”之“本月数”列 =《附列资料（一）》第 9 列第 1 行之和 400 万元。

第 3 行“应税劳务销售额”填写 400 万元。

第 11 行“销项税额”填写 29 万元。

第 12 行“进项税额”填写 17. 12 万元。

第 17 行“应抵扣税额合计”填写 17. 12 万元。

第 18 行“实际抵扣税额”填写 17. 12 万元。

第 19 行“应纳税额”填写 11. 88 万元。

第 24 行“应纳税额合计”填写 11. 88 万元。

第 27 行“本期已缴税额”填写 3 万元。

第 28 行“①分次预缴税额”填写 3 万元。

第 32 行“期末未缴”填写 8. 88 万元。

第 34 行“本期应补（退）税额”填写 8. 88 万元。

具体见表 2-32。

表 2-32　　增值税纳税申报表

（一般纳税人适用）

项目		栏次	一般项目	
			本月数	本年累计
销售额	(一) 按适用税率计税销售额	1	4 000 000	
	其中：应税货物销售额	2		
	应税劳务销售额	3	4 000 000	

续表

项目		栏次	一般项目	
			本月数	本年累计
销售额	纳税检查调整的销售额	4		
	（二）按简易办法计税销售额	5		
	（三）免、抵、退办法出口销售额	7		
	（四）免税销售额	8		
税款计算	销项税额	11	290 000	
	进项税额	12	171 200	
	上期留抵税额	13	0	
	进项税额转出	14	0	
	免、抵、退应退税额	15		
	按适用税率计算的纳税检查应补缴税额	16		
	应抵扣税额合计	17＝12＋13－14－15＋16	171 200	—
	实际抵扣税额	18（如 17＜11，则为 17，否则为 11）	171 200	
	应纳税额	19＝11－18	118 800	
	期末留抵税额	20＝17－18	0	
	简易计税办法计算的应纳税额	21		
	按简易计税办法计算的纳税检查应补缴税额	22		
	应纳税额减征额	23		
	应纳税额合计	24＝19＋21－23	118 800	
税款缴纳	期初未缴税额（多缴为负数）	25		
	实收出口开具专用缴款书退税额	26		
	本期已缴税额	27＝28＋29＋30＋31	30 000	
	①分次预缴税额	28	30 000	—
	②出口开具专用缴款书预缴税额	29		—
	③本期缴纳上期应纳税额	30		
	④本期缴纳欠缴税额	31		
	期末未缴税额（多缴为负数）	32＝24＋25＋26－27	88 800	
	其中：欠缴税额（≥0）	33＝25＋26－27		—
	本期应补（退）税额	34＝24－28－29	88 800	—

(5)《本期抵扣进项税额结构明细表》的填报。

第 2 行“17%税率的进项”，“金额”栏填写 100 万元，“税额”栏填写 17 万元。第

11 行"6%税率的进项"，"金额"栏填写 2 万元，"税额"栏填写 0.12 万元。第 12 行"电信服务的进项"，"金额"栏填写 2 万元，"税额"栏填写 0.12 万元。具体见表 2-33。

表 2-33　　　　本期抵扣进项税额结构明细表

项目	栏次	金额	税额
合计	1=2+4+5+10+13+15+17+18+19	1 020 000	171 200
17%税率的进项	2	1 000 000	170 000
其中：有形动产租赁的进项	3		
13%税率的进项	4		
6%税率的进项	11	20 000	1 200
其中：电信服务的进项	12	20 000	1 200

23. 农产品核定扣除业务如何进行纳税申报？

答：《财政部 国家税务总局关于在部分行业试行农产品增值税进项税额核定扣除方法的通知》（财税〔2012〕38 号）规定，自 2012 年 7 月 1 日起，以购进农产品为原料生产销售液体乳及乳制品、酒及酒精、植物油的增值税一般纳税人，纳入农产品增值税进项税额核定扣除试点范围，其购进农产品无论是否用于生产上述产品，增值税进项税额均按照《农产品增值税进项税额核定扣除试点实施办法》的规定抵扣。

注意：试行农产品增值税进项税额核定扣除方法的企业根据《财政部 国家税务总局关于免征部分鲜活肉蛋产品流通环节增值税政策的通知》（财税〔2012〕75 号）和《财政部 国家税务总局关于免征蔬菜流通环节增值税有关问题的通知》（财税〔2011〕137 号）的文件规定，鲜活肉蛋及蔬菜批发、零售的纳税人享受免税政策后开具的普通发票不得作为计算抵扣进项税额的凭据。农产品是指《财政部 国家税务总局关于印发〈农业产品征税范围注释〉的通知》（财税字〔1995〕52 号）规定的初级农产品。

营改增后，不少专家认为，餐饮企业购进农产品也应当实行进项税额核定扣除方法。笔者在这里引用《北京市国家税务局营改增申报指引》中的案例，以便读者掌握农产品核定扣除业务的纳税申报。

| 案例分析 |

2016 年 6 月，某一般纳税人餐饮企业为日常经营所需购进面粉等农产品并取得增值税普通发票，纳入成本法进行核定扣除，扣除率为 6%。2016 年 6 月当期营业成本 90 000 元，2015 年用于经营的农产品外购金额 41 250 元，2015 年营业成本 500 000 元。该企业应如何进行纳税申报？

分析：

（1）数据计算。

依据试点纳税人年度会计核算资料，计算确定耗用农产品的外购金额占生产成本的比例（以下称农产品耗用率）。当期允许抵扣农产品增值税进项税额依据当期主营业务成本、农产品耗用率以及扣除率计算。

按照下列公式计算：

$$农产品耗用率=上年投入生产的农产品外购金额\div上年生产成本$$
$$=41\,250\div500\,000=8.25\%$$

$$\begin{matrix}当期允许抵扣农产品\\增值税进项税额\end{matrix}=\begin{matrix}当期主营业\\务成本\end{matrix}\times\begin{matrix}农产品\\耗用率\end{matrix}\times扣除率/(1+扣除率)$$
$$=90\,000\times8.25\%\times6\%/(1+6\%)=420.28(元)$$

农产品外购金额指含税价格，不包括不构成货物实体的农产品（包括包装物、辅助材料、燃料、低值易耗品等）和在购进农产品之外单独支付的运费、入库前的整理费用。生产成本中不包括其未耗用农产品的产品的成本。

“主营业务成本”及“生产成本”中不包括其未耗用农产品的产品的成本。

（2）填写方法。

第一步，填写《成本法核定农产品增值税进项税额计算表》，产品名称原则上按照《销售服务、无形资产、不动产注释》的服务分类填写，第 L1 列“扣除率”填写 6%，第 L2 列“当期主营业务成本”填写 90 000 元，第 L3 列“农产品耗用率”填写 8.25%，第 L4 列“当期允许抵扣农产品进项税额”填写 420.28 元。具体见表 2-34。

表 2-34　　成本法核定农产品增值税进项税额计算表

序号	产品名称	扣除率（%）	当期主营业务成本（元）	农产品耗用率（%）	当期允许抵扣农产品进项税额（元）
		L1	L2	L3	L4＝L2×L3×L1/(1+L1)
1	餐饮服务	6%	90 000	8.25%	420.28

第二步，将《成本法核定农产品增值税进项税额计算表》第 L4 列的数据 420.28 元，填入《农产品核定扣除增值税进项税额计算表（汇总表）》第 2 列“核定方法”第 1 项“以购进农产品为原料生产货物”中的“成本法”所对应的“当期允许抵扣农产品增值税进项税额”栏中。具体见表 2-35。

表 2-35　　农产品核定扣除增值税进项税额计算表（汇总表）

序号	核定方法		当期允许抵扣农产品增值税进项税额（元）	备注
1	以购进农产品为原料生产货物	投入产出法		
		成本法	420.28	
2	购进农产品直接销售			
3	购进农产品用于生产经营且不构成货物实体			

第三步，根据《农产品核定扣除增值税进项税额计算表（汇总表）》中当期允许

抵扣农产品增值税进项税额的数额，填写《附列资料（二）》第6栏“农产品收购发票或者销售发票”之“税额”一项420.28元。具体见表2-36。

表2-36　　**增值税纳税申报表附列资料（二）**

（本期进项税额明细）

一、申报抵扣的进项税额				
项目	栏次	份数	金额	税额
（一）认证相符的增值税专用发票	1=2+3			
其中：本期认证相符且本期申报抵扣	2			
前期认证相符且本期申报抵扣	3			
（二）其他扣税凭证	4=5+6+7+8			420.28
其中：海关进口增值税专用缴款书	5			
农产品收购发票或者销售发票	6			420.28
代扣代缴税收缴款凭证	7		—	
其他	8			

24. 一般纳税人销售非自建的不动产适用一般计税方法的，如何进行纳税申报？

答：根据14号公告的规定，一般纳税人销售其2016年5月1日后取得（不含自建）的不动产，应适用一般计税方法，以取得的全部价款和价外费用为销售额计算应纳税额。纳税人应以取得的全部价款和价外费用减去该项不动产购置原价或者取得不动产时的作价后的余额，按照5%的预征率在不动产所在地预缴税款后，向机构所在地主管税务机关进行纳税申报。

注意：一般纳税人销售其2016年4月30日以前取得（不含自建）的不动产，也可以选择适用一般计税方法。

下面我们通过一个案例来了解具体纳税申报方法。

| 案例分析 |

某企业为一般纳税人，于2018年销售2016年6月后新购入的办公楼一栋，取得全部价款和价外费用5 550万元，开具增值税专用发票，销售时采用一般计税方法，适用税率11%，购进原值4 500万元，预征率5%；本月还购进办公用电脑、家具等1 170万元，取得增值税专用发票并于当期认证。该企业应如何进行纳税申报？

分析：

第一步，计算应纳税额。

预缴税款＝(5 550－4 500)÷(1＋5%)×5%＝50(万元)

不含税销售额＝5 550÷(1＋11%)＝5 000(万元)

销项税额＝5 550÷(1＋11%)×11%＝550(万元)

进项税额＝1 170÷(1＋17%)×17%＝170(万元)

应纳税额＝550－170＝380(万元)

应补缴税额＝380－50＝330(万元)

第二步，填写申报表。

(1) 将本期应纳税额填报《附列资料（一)》。

在第4行“税率11%”的“开具增值税专用发票”之“销售额”栏（第1列）填入不含税销售额5 000万元，“销项（应纳）税额”栏（第2列）填入计算的销项税额550万元；在第4行“税率11%”的“合计”之“销售额”栏（第9列）填入不含税销售额5 000万元，“销项（应纳）税额”栏（第10列）填入计算的销项税额550万元，“价税合计”栏（第11列）填入价税合计金额5 550万元，第12列“服务、不动产和无形资产扣除项目本期实际扣除金额”填写0。具体见表2-37。

(2) 将本期进项税额填报《附列资料（二)》。

在第2行“其中：本期认证相符且本期申报抵扣”的“份数”列填入1份，“金额”列填入取得的增值税专用发票不含税金额1 000万元，“税额”列填入取得的增值税专用发票注明的税额170万元，在本期没有发生其他进项税额的情况下，在第1行“认证相符的增值税专用发票”、第12行“当期申报抵扣进项税额合计”和第35行“本期认证相符的增值税专用发票”填入相应的份数、金额和税额。具体见表2-38。

表2-38　　增值税纳税申报表附列资料（二)

(本期进项税额明细)

一、申报抵扣的进项税额				
项目	栏次	份数	金额	税额
(一) 认证相符的增值税专用发票	1＝2＋3	1	10 000 000	1 700 000
其中：本期认证相符且本期申报抵扣	2	1	10 000 000	1 700 000
当期申报抵扣进项税额合计	12＝1＋4－9＋10＋11	1	10 000 000	1 700 000
二、进项税额转出额				
项目	栏次	税额		
本期进项税额转出额	13＝14＋15＋16＋17＋18			
	105			
三、待抵扣进项税额				
项目	栏次	份数	金额	税额
(一) 认证相符的增值税专用发票	24	—	—	—
四、其他				
项目	栏次	份数	金额	税额
本期认证相符的增值税专用发票	35	1	10 000 000	1 700 000
代扣代缴税额	36	—	—	

表 2-37

增值税纳税申报表附列资料（一）

（本期销售情况明细）

项目及栏次				开具增值税专用发票		合计			服务、不动产和无形资产扣除项目本期实际扣除金额	扣除后	
				销售额	销项（应纳）税额	销售额	销项（应纳）税额	价税合计		含税（免税）销售额	销项（应纳）税额
				1	2	9＝1＋3＋5＋7	10＝2＋4＋6＋8	11＝9＋10	12	13＝11－12	14＝13÷（100%＋税率或征收率）×税率或征收率
一、一般计税方法计税	全部征税项目	17%税率的货物及加工修理修配劳务	1					—		—	—
		17%税率的服务、不动产和无形资产	2								
		13%税率	3					—		—	—
		11%税率	4	50 000 000	5 500 000	50 000 000	5 500 000	55 500 000	0	55 500 000	5 500 000
		6%税率	5								
	其中：即征即退项目	即征即退货物及加工修理修配劳务	6	—	—			—		—	—
		即征即退服务、不动产和无形资产	7	—	—						

(3) 将本期认证抵扣的进项税额填写《本期抵扣进项税额结构明细表》。

将本期认证抵扣的进项税额按不同税率填写在该表中相应栏次，本期取得的增值税专用票为 17%的进项税，应在“17%税率的进项”这一项目对应栏次的“金额”列填入 1 000 万元，“税额”列填入 170 万元。具体见表 2-39。

表 2-39　　本期抵扣进项税额结构明细表

项目	栏次	金额	税额
合计	1=2+4+5+11+16+18+27+29+30	10 000 000	1 700 000
一、按税率或征收率归集（不包括购建不动产、通行费）的进项			
17%税率的进项	2	10 000 000	1 700 000
其中：有形动产租赁的进项	3	0	0

(4) 将预缴税额抵减情况填写《附列资料（四）》。

在上期没有发生扣除税额的情况下，第 4 行“销售不动产预征缴纳税款”第 1 列“期初余额”填写 0；第 2 列“本期发生额”填写计算出的本期预缴税额 50 万元；第 3 列“本期应抵减税额”填写期初余额与本期发生额之和 50 万元，由于本期应纳税额为 380 万元（550－170＝380），大于 50 万元，因此本期发生的应抵减税额可全额抵减，第 4 列“本期实际抵减税额”即填写 50 万元，第 5 列“期末余额”填写本期应抵减税额与实际抵减税额之差 0，表明所有可扣除的税额均被扣除完毕。具体见表 2-40。

表 2-40　　增值税纳税申报表附列资料（四）

（税额抵减情况表）

序号	抵减项目	期初余额	本期发生额	本期应抵减税额	本期实际抵减税额	期末余额
		1	2	3=1+2	4≤3	5=3－4
1	增值税税控系统专用设备费及技术维护费					
2	分支机构预征缴纳税款					
3	建筑服务预征缴纳税款					
4	销售不动产预征缴纳税款	0	500 000	500 000	500 000	0

(5) 填写主表《增值税纳税申报表（一般纳税人适用）》。

主表“一般项目”下的“本月数”第 11 行“销项税额”填写本期销项税额 550 万元，第 12 行“进项税额”填写本期进项税额 170 万元，在本期没有其他进项税额的情况下，第 17 行“应抵扣税额合计”填写本期进项税额 170 万元，在本期销项税额 550 万元大于进项税额 170 万元的前提下，第 18 行“实际抵扣税额”填写本期进项税额 170 万元，第 19 行“应纳税额”填写本期销项税额与进项税额之差 380 万元，将预缴的税款金额 50 万元填入第 27 行“本期已缴税额”、第 28 行“分次预缴税额”，第 32 行“应纳税额合计”填写应纳税额 330 万元，在本期没有发生其他税款的情况下，第 34 行“本期应补（退）税额”填写应纳税额 330 万元。具体见表 2-41。

表 2-41　　**增值税纳税申报表**

（一般纳税人适用）

项目	栏次	一般项目	
		本月数	本年累计
销项税额	11	5 500 000	
进项税额	12	1 700 000	
上期留抵税额	13		
进项税额转出	14		
免、抵、退应退税额	15		
按适用税率计算的纳税检查应补缴税额	16		
应抵扣税额合计	17＝12＋13－14－15＋16	1 700 000	
实际抵扣税额	18（如 17＜11，则为 17，否则为 11）	1 700 000	
应纳税额	19＝11－18	3 800 000	
应纳税额合计	24＝19＋21－23	3 800 000	
期初未缴税额（多缴为负数）	25		
实收出口开具专用缴款书退税额	26		
本期已缴税额	27＝28＋29＋30＋31	500 000	
①分次预缴税额	28	500 000	
期末未缴税额（多缴为负数）	32＝24＋25＋26－27	3 300 000	
其中：欠缴税额（≥0）	33＝25＋26－27		
本期应补（退）税额	34＝24－28－29	3 300 000	

25. 一般纳税人销售自建的不动产适用一般计税方法的，如何进行纳税申报？

答：根据 14 号公告的规定，一般纳税人销售其 2016 年 5 月 1 日后自建的不动产，应适用一般计税方法，以取得的全部价款和价外费用为销售额计算应纳税额。纳税人应以取得的全部价款和价外费用，按照 5％的预征率在不动产所在地预缴税款后，向机构所在地主管税务机关进行纳税申报。

注意：一般纳税人销售其2016年4月30日以前自建的不动产，也可以选择适用一般计税方法。

| 案例分析 |

某企业为一般纳税人，于2018年销售2016年6月后自建的厂房一栋，取得全部价款和价外费用1 165.50万元，开具增值税专用发票，销售时采用一般计税方法，适用税率11%；本月还购进办公用电脑、家具等292.50万元，取得增值税专用发票并于当期认证。该企业应如何进行纳税申报?

分析：

第一步，计算应纳税额。

预缴增值税＝1 165.5÷(1＋5%)×5%＝55.5(万元)

不含税销售额＝1 165.5÷(1＋11%)＝1 050(万元)

销项税额＝1 165.5÷(1＋11%)×11%＝115.5(万元)

进项税额＝292.5÷(1＋17%)×17%＝42.5(万元)

应纳税额＝115.5－42.5＝73(万元)

应补缴税额＝73－55.5＝17.5(万元)

第二步，填写申报表。

(1) 将本期应纳税额填报《附列资料（一）》。

在第4行“税率11%”的“开具增值税专用发票”之“销售额”栏（第1列）填入不含税销售额1 050万元，“销项（应纳）税额”栏（第2列）填入计算的销项税额115.50万元；在第4行“税率11%”的“合计”之“销售额”栏（第9列）填入不含税销售额1 050万元，“合计”之“销项（应纳）税额”栏（第10列）填入计算的销项税额115.50万元，“合计”之“价税合计”栏（第11列）填入价税合计金额1 165.50万元，第12列“服务、不动产和无形资产扣除项目本期实际扣除金额”填写0。具体见表2-42。

(2) 将本期进项税额填报《附列资料（二）》。

在第2行“其中：本期认证相符且本期申报抵扣”的“份数”列填入1份，“金额”列填入取得的增值税专用发票不含税金额250万元，“税额”列填入取得的增值税专用发票注明的税额42.5万元，在本期没有发生其他进项税额的情况下，在第1行“认证相符的增值税专用发票”、第12行“当期申报抵扣进项税额合计”和第35行“本期认证相符的增值税专用发票”填入相应的份数、金额和税额。具体见表2-43。

表 2-42

增值税纳税申报表附列资料（一）

（本期销售情况明细）

项目及栏次				开具增值税专用发票		合计			服务、不动产和无形资产扣除项目本期实际扣除金额	扣除后	
				销售额	销项（应纳）税额	销售额	销项（应纳）税额	价税合计		含税（免税）销售额	销项（应纳）税额
				1	2	9＝1＋3＋5＋7	10＝2＋4＋6＋8	11＝9＋10	12	13＝11－12	14＝13÷（100%＋税率或征收率）×税率或征收率
一、一般计税方法计税	全部征税项目	17%税率的货物及加工修理修配劳务	1					—		—	—
		17%税率的服务、不动产和无形资产	2								
		13%税率	3					—		—	—
		11%税率	4	10 500 000	1 155 000	10 500 000	1 155 000	11 655 000	0	11 655 000	1 155 000
		6%税率	5								
	其中：即征即退项目	即征即退货物及加工修理修配劳务	6	—	—			—		—	—
		即征即退服务、不动产和无形资产	7	—	—						

表 2-43 **增值税纳税申报表附列资料（二）**

（本期进项税额明细）

一、申报抵扣的进项税额				
项目	栏次	份数	金额	税额
（一）认证相符的增值税专用发票	1＝2＋3	1	2 500 000	425 000
其中：本期认证相符且本期申报抵扣	2	1	2 500 000	425 000
当期申报抵扣进项税额合计	12＝1＋4－9＋10＋11	1	2 500 000	425 000
二、进项税额转出额				
项目	栏次		税额	
本期进项税额转出额	13＝14＋15＋16＋17＋18			
	105			
三、待抵扣进项税额				
项目	栏次	份数	金额	税额
（一）认证相符的增值税专用发票	24	—	—	—
四、其他				
项目	栏次	份数	金额	税额
本期认证相符的增值税专用发票	35	1	2 500 000	425 000
代扣代缴税额	36	—	—	

（3）将本期认证抵扣的进项税额填写《本期抵扣进项税额结构明细表》。

将本期认证抵扣的进项税额按不同税率填写在该表中相应栏次，本期取得的增值税专用票为 17%的进项税，应在“17%税率的进项”这一项目对应栏次的“金额”列填入 2 500 000 元，“税额”列填入 425 000 元。具体见表 2-44。

表 2-44 **本期抵扣进项税额结构明细表**

项目	栏次	金额	税额
合计	1＝2＋4＋5＋11＋16＋18＋27＋29＋30	2 500 000	425 000
一、按税率或征收率归集（不包括购建不动产、通行费）的进项			
17%税率的进项	2	2 500 000	425 000

（4）将税额抵减情况填写《附列资料（四)》。

第 4 行“销售不动产预征缴纳税款”第 1 列“期初余额”填写 0；第 2 列“本期发生额”填写计算出的本期预征税额 55. 50 万元；第 3 列“本期应抵减税额”填写期初余额与本期发生额之和 555 000 元，由于本期应纳税额为 115. 50 万元，大于 55. 50 万元，因此本期发生的应抵减税额可全额抵减，第 4 列“本期实际抵减税额”即填写 55. 50 万元，第 5 列“期末余额”填写本期应抵减税额与实际抵减税额之差 0。具体见表 2-45。

表 2-45　　增值税纳税申报表附列资料（四）

（税额抵减情况表）

序号	抵减项目	期初余额	本期发生额	本期应抵减税额	本期实际抵减税额	期末余额
		1	2	3＝1＋2	4≤3	5＝3－4
1	增值税税控系统专用设备费及技术维护费		0	0	0	
2	分支机构预征缴纳税款		0	0	0	
3	建筑服务预征缴纳税款		0	0	0	
4	销售不动产预征缴纳税款	0	555 000	555 000	555 000	0
5	出租不动产预征缴纳税款		0	0	0	

（5）填写《增值税纳税申报表（一般纳税人适用）》主表。

主表“一般项目”下的“本月数”第 11 行“销项税额”填写本期销项税额 115. 50 万元，第 12 行“进项税额”填写本期进项税额 42. 50 万元，在本期没有其他进项税额的情况下，第 17 行“应抵扣税额合计”填写本期进项税额 42. 50 万元，在本期销项税额 115. 50 万元大于进项税额 42. 50 万元的前提下，第 18 行“实际抵扣税额”填写本期进项税额 42. 50 万元，第 19 行“应纳税额”内填写本期销项税额与进项税额之差 73 万元，将预缴的税款金额 55. 50 万元填入第 27 行“本期已缴税额”、第 28 行“①分次预缴税额”，第 32 行“应纳税额合计”填写应纳税额 17. 50 万元，在本期没有发生其他税款的情况下，第 34 行“本期应补（退）税额”填写应纳税额 17. 50 万元。具体见表 2-46。

表 2-46　　增值税纳税申报表

（一般纳税人适用）

项目		栏次	一般项目	
			本月数	本年累计
销售额	（一）按适用税率计税销售额	1	10 500 000	
	其中：应税货物销售额	2		
	应税劳务销售额	3		
税款计算	销项税额	11	1 155 000	
	进项税额	12	425 000	
	上期留抵税额	13		
	进项税额转出	14		
	免、抵、退应退税额	15		
	按适用税率计算的纳税检查应补缴税额	16		
	应抵扣税额合计	17＝12＋13－14－15＋16	425 000	

续表

项目		栏次	一般项目	
			本月数	本年累计
税款计算	实际抵扣税额	18（如 17<11，则为 17，否则为 11）	425 000	
	应纳税额	19＝11－18	730 000	
	应纳税额合计	24＝19＋21－23	730 000	
税款缴纳	期初未缴税额（多缴为负数）	25		
	实收出口开具专用缴款书退税额	26		
	本期已缴税额	27＝28＋29＋30＋31	555 000	
	①分次预缴税额	28	555 000	
	期末未缴税额（多缴为负数）	32＝24＋25＋26－27	175 000	
	其中：欠缴税额（≥0）	33＝25＋26－27		
	本期应补（退）税额	34＝24－28－29	175 000	

26. 一般纳税人销售非自建的不动产适用简易计税方法的，如何进行纳税申报？

答：根据14号公告的规定，一般纳税人销售其2016年4月30日前取得（不含自建）的不动产，可以选择适用简易计税方法，以取得的全部价款和价外费用减去该项不动产购置原价或者取得不动产时的作价后的余额为销售额，按照5%的征收率计算应纳税额。纳税人应按照上述计税方法在不动产所在地预缴税款后，向机构所在地主管税务机关进行纳税申报。

| 案例分析 |

某企业为一般纳税人，于2016年销售2003年购入的办公楼一栋，取得全部价款和价外费用5 250万元，开具增值税专用发票，销售时采用简易计税方法，税率为5%，购进原值为3 150万元，预征率为5%。该企业应如何申报纳税?

分析：

第一步，计算应纳税额。

预缴增值税＝(5 250－3 150)÷(1＋5%)×5%＝100(万元)

不含税销售额＝5 250÷(1＋5%)＝5 000(万元)

应纳税额＝(5 250－3 150)÷(1＋5%)×5%＝100(万元)

应补缴增值税额：0。

第二步，填写申报表。

（1）将本期应纳税额填报《附列资料（一）》。

在第二大类“简易计税方法计税”的 9b 行“5%征收率的服务、不动产和无形资产”的“开具增值税专用发票”之“销售额”栏（第 1 列），填入不含税销售额 5 000 万元，“销项（应纳）税额”栏（第 2 列）填入 250 万元；“合计”之“销售额”栏（第 9 列）填入 5 250 万元，“合计”之“销项（应纳）税额”栏（第 10 列）填入 250 万元，“合计”之“价税合计”栏（第 11 列）填入 5 250 万元；第 12 列“服务、不动产和无形资产扣除项目本期实际扣除金额”填入 3 150 万元；“扣除后”之“含税（免税）销售额”栏（第 13 列）填入 2 100 万元，“扣除后”之“销项（应纳）税额”栏（第 14 列）填入 100 万元。具体见表 2-47。

（2）将不动产扣除项目填报《附列资料（三）》。

在第 5 行“5%征收率的项目”的相应栏次内填入相应数据：第 1 列“本期服务、不动产和无形资产价税合计额（免税销售额）”填入本期销售不动产价税合计额 5 250 万元；第 2 列“期初余额”填入 0，第 3 列“本期发生额”填入本期销售不动产的原值 3 150 万元；第 4 列“本期应扣除金额”填入 3 150 万元；第 5 列“本期实际扣除金额”应保证小于本期发生的销售额且小于应扣除金额，填入 3 150 万元；第 6 列“期末余额”填入 0。具体见表 2-48。

表 2-48　　　　增值税纳税申报表附列资料（三）

（服务、不动产和无形资产扣除项目明细）

项目及栏次		本期服务、不动产和无形资产价税合计额（免税销售额）	服务、不动产和无形资产扣除项目				
			期初余额	本期发生额	本期应扣除金额	本期实际扣除金额	期末余额
		1	2	3	4=2+3	5（5≤1 且 5≤4）	6=4−5
6%税率的项目（不含金融商品转让）	3						
6%税率的金融商品转让项目	4						
5%征收率的项目	5	52 500 000	0	31 500 000	31 500 000	31 500 000	0

（3）将预缴税额抵减情况填写《附列资料（四）》。

第 4 行“销售不动产预征缴纳税款”第 1 列“期初余额”填写 0；第 2 列“本期发生额”填写计算出的本期预缴增值税 100 万元；第 3 列“本期应抵减税额”填写期初余额与本期发生额之和 100 万元，由于本期应纳税额为 100 万元，因此本期发生的应抵减税额可全额抵减，第 4 列“本期实际抵减税额”即填写 100 万元，第 5 列“期末余额”填写本期应抵减税额与实际抵减税额之差 0。具体见表 2-49。

表 2-47

增值税纳税申报表附列资料（一）

（本期销售情况明细）

项目及栏次				开具增值税专用发票		合计			服务、不动产和无形资产扣除项目本期实际扣除金额	扣除后	
				销售额	销项（应纳）税额	销售额	销项（应纳）税额	价税合计		含税（免税）销售额	销项（应纳）税额
				1	2	9＝1＋3＋5＋7	10＝2＋4＋6＋8	11＝9＋10	12	13＝11－12	14＝13÷（100%＋税率或征收率）×税率或征收率
二、简易计税方法计税	全部征税项目	6%征收率	8					—	—	—	—
		5%征收率的货物及加工修理修配劳务	9a					—	—	—	—
		5%征收率的服务、不动产和无形资产	9b	50 000 000	2 500 000	52 500 000	2 500 000	52 500 000	31 500 000	21 000 000	1 000 000
		4%征收率	10					—	—	—	—

表 2-49　　增值税纳税申报表附列资料（四）

（税额抵减情况表）

序号	抵减项目	期初余额	本期发生额	本期应抵减税额	本期实际抵减税额	期末余额
		1	2	3=1+2	4≤3	5=3-4
1	增值税税控系统专用设备费及技术维护费					
2	分支机构预征缴纳税款					
3	建筑服务预征缴纳税款					
4	销售不动产预征缴纳税款	0	1 000 000	1 000 000	1 000 000	0
5	出租不动产预征缴纳税款					

（4）填写《增值税纳税申报表（一般纳税人适用）》主表。

主表“一般项目”下的“本月数”第 5 行“（二）按简易办法计税销售额”填写本期按简易办法计税的销售额 5 000 万元，第 21 行“简易计税办法计算的应纳税额”填写根据简易计税办法计算出的税额 100 万元，在本期没有其他应纳税额项目的前提下，第 24 行“应纳税额合计”等于第 21 行 100 万元，将预缴的税款金额 100 万元填入第 27 行“本期已缴税额”、第 28 行“①分次预缴税额”，在本期没有发生其他税款的情况下，第 32 行“期末未缴税额”、第 34 行“本期应补（退）税额”填 0。具体见表 2-50。

表 2-50　　增值税纳税申报表

（一般纳税人适用）

项目		栏次	一般项目	
			本月数	本年累计
销售额	（一）按适用税率计税销售额	1		
	其中：应税货物销售额	2		
	应税劳务销售额	3		
	纳税检查调整的销售额	4		
	（二）按简易办法计税销售额	5	50 000 000	
税款计算	简易计税办法计算的应纳税额	21	1 000 000	
	按简易计税办法计算的纳税检查应补缴税额	22		
	应纳税额减征额	23		
	应纳税额合计	24=19+21-23	1 000 000	
税款缴纳	期初未缴税额（多缴为负数）	25		
	实收出口开具专用缴款书退税额	26		
	本期已缴税额	27=28+29+30+31	1 000 000	
	①分次预缴税额	28	1 000 000	
	②出口开具专用缴款书预缴税额	29		—
	③本期缴纳上期应纳税额	30		

续表

项目		栏次	一般项目	
			本月数	本年累计
税款缴纳	④本期缴纳欠缴税额	31		
	期末未缴税额（多缴为负数）	32=24+25+26-27	0	
	其中：欠缴税额（≥0）	33=25+26-27		—
	本期应补（退）税额	34=24-28-29	0	—

27. 一般纳税人销售自建的不动产适用简易计税方法的，如何进行纳税申报？

答：根据14号公告的规定，一般纳税人销售其2016年4月30日前自建的不动产，可以选择适用简易计税方法，以取得的全部价款和价外费用为销售额，按照5%的征收率计算应纳税额。纳税人应按照上述计税方法在不动产所在地预缴税款后，向机构所在地主管税务机关进行纳税申报。

| 案例分析 |

某企业为一般纳税人，于2016年销售2003年自建的办公楼一栋，取得全部价款和价外费用5 250万元，开具增值税专用发票，销售时采用简易计税方法，税率为5%，该办公楼建造成本为3 150万元，预征率为5%。该企业应如何进行纳税申报？

分析：

第一步，计算应纳税额。

预缴增值税＝5 250÷(1+5%)×5%＝250(万元)

不含税销售额＝5 250÷(1+5%)＝5 000(万元)

应纳税额＝5 250÷(1+5%)×5%＝250(万元)

应补缴税额：0。

第二步，填写申报表。

（1）将本期应纳税额填报《附列资料（一）》。

在第二大类“简易计税方法计税”的9b行“5%征收率的服务、不动产和无形资产”的“开具增值税专用发票”之“销售额”栏（第1列），填入不含税销售额5 000万元，“销项（应纳）税额”栏（第2列）填入250万元；“合计”之“销售额”栏（第9列）填入5 250万元，“合计”之“销项（应纳）税额”栏（第10列）填入250万元；“合计”之“价税合计”栏（第11列）填入5 250万元；第12列“服务、不动产和无形资产扣除项目本期实际扣除金额”填入0；“扣除后”之“含税销售额”栏（第13列）填入5 250万元，“扣除后”之“销项（应纳）税额”栏（第14列）填入250万元。具体见表2-51。

表 2-51

增值税纳税申报表附列资料（一）

（本期销售情况明细）

项目及栏次				开具增值税专用发票		合计			服务、不动产和无形资产扣除项目本期实际扣除金额	扣除后	
				销售额	销项（应纳）税额	销售额	销项（应纳）税额	价税合计		含税（免税）销售额	销项（应纳）税额
				1	2	9＝1＋3＋5＋7	10＝2＋4＋6＋8	11＝9＋10	12	13＝11－12	14＝13÷（100%＋税率或征收率）×税率或征收率
二、简易计税方法计税	全部征税项目	6%征收率	8					—	—	—	—
		5%征收率的货物及加工修理修配劳务	9a					—	—	—	—
		5%征收率的服务、不动产和无形资产	9b	50 000 000	2 500 000	52 500 000	2 500 000	52 500 000	0	52 500 000	2 500 000
		4%征收率	10					—	—	—	—

（2）将预缴税额抵减情况填写《附列资料（四）》。

第 4 行“销售不动产预征缴纳税款”的第 1 列“期初余额”填写 0；第 2 列“本期发生额”填写计算出的本期预缴增值税 250 万元；第 3 列“本期应抵减税额”填写期初余额与本期发生额之和 250 万元，由于本期应纳税额为 250 万元，因此本期发生的应抵减税额可全额抵减，第 4 列“本期实际抵减税额”即填写 250 万元，第 5 列“期末余额”填写本期应抵减税额与实际抵减税额之差 0。具体见表 2-52。

表 2-52　　增值税纳税申报表附列资料（四）

（税额抵减情况表）

序号	抵减项目	期初余额	本期发生额	本期应抵减税额	本期实际抵减税额	期末余额
		1	2	3＝1＋2	4≤3	5＝3－4
1	增值税税控系统专用设备费及技术维护费					
2	分支机构预征缴纳税款					
3	建筑服务预征缴纳税款					
4	销售不动产预征缴纳税款	0	2 500 000	2 500 000	2 500 000	0
5	出租不动产预征缴纳税款					

（3）填写《增值税纳税申报表（一般纳税人适用）》主表。

主表“一般项目”下的“本月数”第 5 行“（二）按简易办法计税销售额”填写本期按简易办法计税的销售额 5 000 万元，第 21 行“简易计税办法计算的应纳税额”填写根据简易计税办法计算出的税额 250 万元，在本期没有其他应纳税额项目的前提下，第 24 行“应纳税额合计”等于第 21 行 250 万元，将预缴的税款金额 250 万元填入第 27 行“本期已缴税额”、第 28 行“分次预缴税额”，在本期没有发生其他税款的情况下，第 32 行“期末未缴税额”、第 34 行“本期应补（退）税额”填 0。具体见表 2-53。

表 2-53　　增值税纳税申报表

（一般纳税人适用）

项目		栏次	一般项目	
			本月数	本年累计
销售额	（一）按适用税率计税销售额	1		
	其中：应税货物销售额	2		
	应税劳务销售额	3		
	纳税检查调整的销售额	4		
	（二）按简易办法计税销售额	5	50 000 000	

续表

项目		栏次	一般项目	
			本月数	本年累计
税款计算	简易计税办法计算的应纳税额	21	2 500 000	
	按简易计税办法计算的纳税检查应补缴税额	22		
	应纳税额减征额	23		
	应纳税额合计	24＝19＋21－23	2 500 000	
税款缴纳	期初未缴税额（多缴为负数）	25		
	实收出口开具专用缴款书退税额	26		
	本期已缴税额	27＝28＋29＋30＋31	2 500 000	
	①分次预缴税额	28	2 500 000	
	②出口开具专用缴款书预缴税额	29		—
	③本期缴纳上期应纳税额	30		
	④本期缴纳欠缴税额	31		
	期末未缴税额（多缴为负数）	32＝24＋25＋26－27	0	
	其中：欠缴税额（≥0）	33＝25＋26－27		—
	本期应补（退）税额	34＝24－28－29	0	—

28. 自来水公司选择简易办法征收，如何进行纳税申报?

答：根据《财政部 国家税务总局关于简并增值税征收率政策的通知》（财税〔2014〕57号）、《财政部 国家税务总局关于部分货物适用增值税低税率和简易办法征收增值税政策的通知》（财税〔2009〕9号）的规定，自来水公司可以选择按简易办法计算缴纳增值税，征收率为3%。

| 案例分析 |

2016年5月，某自来水公司开具增值税专用发票销售自来水实现收入6万元，开具增值税普通发票销售自来水实现不含税收入8万元。该纳税人选择按简易办法计算缴纳增值税，征收率为3%。该公司应如何进行纳税申报?

分析：

报表填写如下：

(1) 将6万元销售收入和对应的应纳税额0.18万元、8万元销售收入和对应的应纳税额0.24万元分别填入《附列资料（一）》第11行第1至4列，销售收入合计数和应纳税额合计数分别填入第11行第9、10列。具体见表2-54。

表 2-54　　增值税纳税申报表附列资料（一）

（本期销售情况明细）

项目及栏次		开具增值税专用发票		开具其他发票		合计		
		销售额	销项（应纳）税额	销售额	销项（应纳）税额	销售额	销项（应纳）税额	价税合计
		1	2	3	4	9＝1＋3＋5＋7	10＝2＋4＋6＋8	11＝9＋10
3%征收率的货物及加工修理修配劳务	11	60 000	1 800	80 000	2 400	140 000	4 200	—

（2）将销售收入合计数 14 万元和应纳税额合计数 0. 42 万元分别填入《增值税纳税申报表》主表第 5、21、24、32、34 行的“本月数”列。具体见表 2-55。

表 2-55　　增值税纳税申报表

（一般纳税人适用）

项目		栏次	一般项目	
			本月数	本年累计
销售额	（二）按简易办法计税销售额	5	140 000	
	其中：纳税检查调整的销售额	6		
税款计算	简易计税办法计算的应纳税额	21	4 200	
	应纳税额合计	24＝19＋21－23	4 200	
税款缴纳	期初未缴税额（多缴为负数）	25		
	④本期缴纳欠缴税额	31		
	期末未缴税额（多缴为负数）	32＝24＋25＋26－27	4 200	
	本期应补（退）税额	34＝24－28－29	4 200	—

29. 一般纳税人提供管道运输服务，如何进行即征即退纳税申报？

答：根据《试点过渡政策的规定》第二条第（一）款的规定，一般纳税人提供管道运输服务，对其增值税实际税负超过 3%的部分实行增值税即征即退政策。

| 案例分析 |

2016 年 5 月，一般纳税人 A 企业提供管道运输服务取得不含税收入 100 000 元并开具增值税专用发票，该纳税人期初无留抵税额。本期认证一张增值税专用发票，税率为 11%，票面内容为运费，不含税金额为 50 000 元，取得即征即退进项税额 5 500

元。本月收到增值税即征即退税款 2 000 元。该企业应如何进行纳税申报?

分析：

A 企业提供管道运输服务取得的增值税收入实际税负超过 3% 的部分实行增值税即征即退政策。报表填写如下：

（1）填写本期进项税额的申报数据。

①将本期进项税额的数据填写在《附列资料（二）》第 1 行、第 2 行和第 12 行。具体见表 2-56。

表 2-56　　增值税纳税申报表附列资料（二）

（本期进项税额明细）

项目	栏次	份数	金额	税额
(一）认证相符的增值税专用发票	1＝2＋3	1	50 000	5 500
其中：本期认证相符且本期申报抵扣	2	1	50 000	5 500
当期申报抵扣进项税额合计	12＝1＋4－9＋10＋11	1	50 000	5 500

②填写《本期抵扣进项税额结构明细表》第 1 行、第 5 行和第 6 行。具体见表 2-57。

表 2-57　　本期抵扣进项税额结构明细表

项目	栏次	金额	税额
合计	1＝2＋4＋5＋11＋16＋18＋27＋29＋30	50 000	5 500
11％税率的进项	5	50 000	5 500
其中：货物运输服务的进项	6	50 000	5 500

③填写主表《增值税纳税申报表（一般纳税人适用）》第 12 行“进项税额”中“即征即退项目”之“本月数”（第 3 列）。具体见表 2-58。

表 2-58　　增值税纳税申报表

（一般纳税人适用）

项目		栏次	一般项目		即征即退项目	
			本月数	本年累计	本月数	本年累计
税款计算	进项税额	12			5 500	

（2）填写本期销项税额的申报数据。

①填写《附列资料（一）》第 4 行和第 7 行数据。具体见表 2-58。

②填写《增值税纳税申报表（一般纳税人适用）》主表第 1 行和第 11 行“即征即退项目”栏。具体见表 2-59。

表 2-58

增值税纳税申报表附列资料（一）

（本期销售情况明细）

项目及栏次				开具增值税专用发票		合计			扣除后	
				销售额	销项（应纳）税额	销售额	销项（应纳）税额	价税合计	含税（免税）销售额	销项（应纳）税额
				1	2	9=1+3+5+7	10=2+4+6+8	11=9+10	13=11－12	14=13÷(100%+税率或征收率)×税率或征收率
一、一般计税方法计税	全部征税项目	17%税率的货物及加工修理修配劳务	1					—	—	—
		17%税率的服务、不动产和无形资产	2							
		13%税率	3					—	—	—
		11%税率	4	100 000	11000	100 000	11 000	111 000	111 000	11 000
		6%税率	5							
	其中：即征即退项目	即征即退货物及加工修理修配劳务	6	—	—			—	—	—
		即征即退服务、不动产和无形资产	7	—	—	100 000	11 000	111 000	111 000	11 000

表 2-59　　增值税纳税申报表

（一般纳税人适用）

项目	栏次	一般项目		即征即退项目	
		本月数	本年累计	本月数	本年累计
（一）按适用税率计税销售额	1			100 000	
销项税额	11			11 000	

（3）收到即征即退税款时的数据填报。

填写《增值税纳税申报表（一般纳税人适用）》主表第 35 行。具体见表 2-60。

表 2-60　　增值税纳税申报表

（一般纳税人适用）

项目		栏次	一般项目		即征即退项目	
			本月数	本年累计	本月数	本年累计
税款缴纳	即征即退实际退税额	35			2 000	

（本章部分内容引用或借鉴了北京、浙江、江西等国税系统的政策解答或案例，在此一并致谢！）

第三章 增值税发票管理

一、 发票使用和开具

1. 增值税纳税人可以使用哪些发票?

答: 23号公告第三条规定，增值税纳税人可以使用的发票有:

（1）增值税一般纳税人销售货物、提供加工修理修配劳务和应税行为，使用增值税发票管理新系统（以下简称新系统）开具增值税专用发票、增值税普通发票、机动车销售统一发票、增值税电子普通发票。

（2）增值税小规模纳税人销售货物、提供加工修理修配劳务月销售额超过3万元（按季纳税9万元），或者销售服务、无形资产月销售额超过3万元（按季纳税9万元），使用新系统开具增值税普通发票、机动车销售统一发票、增值税电子普通发票。

（3）增值税普通发票（卷式）启用前，纳税人可通过新系统使用国税机关发放的现有卷式发票。

（4）门票、过路（过桥）费发票、定额发票、客运发票和二手车销售统一发票继续使用。

（5）采取汇总纳税的金融机构，省、自治区所辖地市以下分支机构可以使用地市级机构统一领取的增值税专用发票、增值税普通发票、增值税电子普通发票；直辖市、计划单列市所辖区县及以下分支机构可以使用直辖市、计划单列市机构统一领取的增值税专用发票、增值税普通发票、增值税电子普通发票。

（6）国税机关、地税机关使用新系统代开增值税专用发票和增值税普通发票。代开增值税专用发票使用六联票，代开增值税普通发票使用五联票。

2. 纳税信用A级或B级的纳税人可以一次按几个月的发票用量领取发票？

答：《国家税务总局关于按照纳税信用等级对增值税发票使用实行分类管理有关事项的公告》（国家税务总局公告2016年第71号）第一条规定，纳税信用A级的纳税人可一次领取不超过3个月的增值税发票用量，纳税信用B级的纳税人可一次领取不超过2个月的增值税发票用量。以上两类纳税人生产经营情况发生变化，需要调整增值税发票用量，手续齐全的，按照规定即时办理。

3. 营改增后，地税局监制的发票是否可以继续使用？

答：根据23号公告和《国家税务总局关于进一步加强营改增后国税、地税发票管理衔接工作的通知》（税总函〔2016〕192号）的规定，自2016年5月1日起，地税机关不再向试点纳税人发放发票。试点纳税人已领取地税机关印制的发票以及印有本单位名称的发票，可继续使用至2016年6月30日，特殊情况经省国税局确定，可适当延长使用期限，最迟不超过2016年8月31日。

可以延长至2016年8月31日的“特殊情况”是指享受免征增值税政策的纳税人（如医院、博物馆等）使用的印有本单位名称的发票。

4. 国税、地税发票可否同时使用？

答：根据23号公告和税总函〔2016〕192号文件的规定，初次在国税机关领用发票的纳税人，须缴销地税机关已发放的发票后，方可领用；凡在国税机关已领用发票的纳税人，地税机关已发放的发票一律缴销。

5. 已缴纳营业税未开发票的，如何补开发票？

答：根据23号公告和53号公告的规定，如自行开具增值税发票，在增值税税控开票软件中，选择“未发生销售行为的不征税项目”，编码选择603“已申报缴纳营业税未开票补开票”。原已纳营业税相关资料留存备查。如到税务机关申请代开发票的，应携带由原主管地税局出具的纳税人未开发票证明，包括纳税人已申报缴纳营业税额、未开具发票金额等以及未开票业务的营业税完税凭证复印件。如属于免税项目的，还应携带地税局出具的免税证明或免税备案表。

秉持“对于征税主体发生的一项应税行为，不重复征税”的原则，对适用上述情况开具的增值税普通发票，不再征收增值税，也不通过申报表体现。

6. 增值税纳税人不开发票是否还需要安装税控装置？

答：增值税纳税人推行增值税发票税控装置的范围是：增值税一般纳税人，以及销售货物、提供加工修理修配劳务月销售额超过3万元（按季纳税9万元），或者销售服务、无形资产月销售额超过3万元（按季纳税9万元）的小规模纳税人。对于纳入推行范围，但暂不需要开具发票的纳税人，国税机关可以根据其实际情况，尊重纳税人的意见，经纳税人确认后可暂不安装，待以后纳税人需要的时候，国税机关再行安排安装。

7. 汇总纳税的纳税人是否统一购买税控设备，统一以总机构名义开具发票？

问：汇总纳税的纳税人税控设备是总公司统一去办理后分配开票权限，还是各自独立办理？开具发票时是以分支机构名义还是以总公司名义？与之相应的问题是，发票专用章可否以总公司名义统一刻给几个开票点使用？还是各分支机构各刻各的章？

答：目前税控设备分为单机版和服务器版。汇总纳税企业可由总公司统一采购服务器版，也可以由各分支机构自行采购单机版。

无论购买哪种税控设备，根据23号公告的规定，采取汇总纳税的金融机构，分支机构都可以在当地税务机关单独申请领购发票，也可以使用地市级机构统一领取的增值税专用发票、增值税普通发票、增值税电子普通发票；直辖市、计划单列市所辖区县及以下分支机构可以使用直辖市、计划单列市机构统一领取的增值税专用发票、增值税普通发票、增值税电子普通发票。

一般原则是：谁向税务机关领用发票就以谁的名义开票，就用谁的发票专用章。

使用多枚发票专用章的纳税人，应在每枚发票专用章正下方刊顺序编码，如“(1)、(2) ……”字样。具体规定详见《国家税务总局关于发票专用章式样有关问题的公告》(国家税务总局公告 2011 年第 7 号)。

8. 增值税专用发票初次领用的程序是怎样的?

答: 增值税一般纳税人在办理完毕一般纳税人认定手续后，应按照一定的程序领用专用发票。其基本程序如下:

(1) 发票票种核定供票资格核定。所需资料：税务登记证件或工商营业执照副本(三证合一户)、经办人身份证明原件及复印件和发票专用章印模、《纳税人领用发票票种核定表》。

(2) 最高开票限额行政许可。所需资料:《税务行政许可申请表》和《增值税专用发票最高开票限额申请单》。

(3) 税控系统专用设备发行。凭增值税税控系统最高开票限额《准予税务行政许可决定书》和《增值税税控系统安装使用告知书》，持增值税税控系统专用设备到办税服务厅办理发行事宜。

(4) 核发《发票领用簿》。主管税务机关经审核通过后，核发《发票领用簿》，《发票领用簿》上载有核定的发票种类、数量以及领票方式。

(5) 领用发票。凭税务登记证件和经办人身份证明(经办人变更的提供复印件)持《发票领用簿》和增值税税控系统专用设备向主管税务机关领用专用发票。

9. 商家为企业开具增值税普通发票有什么要求?

答:《国家税务总局关于增值税发票开具有关问题的公告》(国家税务总局公告 2017 年第 16 号)规定，自 2017 年 7 月 1 日起，购买方为企业的，索取增值税普通发票时，应向销售方提供纳税人识别号或统一社会信用代码，应在“购买方纳税人识别号”栏填写购买方的纳税人识别号或统一社会信用代码。不符合规定的发票，不得作为税收凭证用于办理涉税业务，如计税、退税、抵免等。销售方开具增值税发票时，发票内容应按照实际销售情况如实开具，不得根据购买方要求填开与实际交易不符的内容。销售方开具发票时，通过销售平台系统与增值税发票税控系统后台对接，导入相关信息开票的，系统导入的开票数据内容应与实际交易相符，如不相符应及时修改完善销售平台系统。

10. 商家为一般纳税人开具增值税专用发票有什么要求?

答: 销售方开具增值税专用发票，由购买方提供以下四项信息:

(1) 名称(不得为自然人);

(2) 纳税人识别号;

（3）地址电话；

（4）开户行及账号信息。

购买方不需要提供营业执照、税务登记证、组织机构代码证、开户许可证、增值税一般纳税人登记表等相关证件或其他证明材料。

若实际付款人与专用发票的“购买方”不一致，销售方可在“备注栏”注明实际付款人的名称和有效证件号码。

11. 增值税专用发票的开具要求是什么？

答：根据《国家税务总局关于修订〈增值税专用发票使用规定〉的通知》（国税发〔2006〕156号）、《中华人民共和国发票管理办法》（以下简称《发票管理办法》）、《国家税务总局关于停止使用货物运输业增值税专用发票有关问题的公告》（国家税务总局公告2015年第99号）的规定，增值税专用发票开具有以下几点要求：

（1）专用发票开具规定。

①项目齐全，与实际交易相符；

②字迹清楚，不得压线、错格；

③发票联和抵扣联加盖发票专用章；

④按照增值税纳税义务的发生时间开具。

对不符合上述要求的专用发票，购买方有权拒收。

（2）开具发票应当按照规定的时限、顺序、栏目，全部联次一次性如实开具，并加盖发票专用章。

（3）一般纳税人销售货物或者提供应税劳务可汇总开具增值税专用发票。汇总开具增值税专用发票的，同时使用防伪税控系统开具《销售货物或者提供应税劳务清单》，并加盖发票专用章。

（4）增值税一般纳税人提供货物运输服务，使用增值税专用发票和增值税普通发票，开具发票时应将起运地、到达地、车种车号以及运输货物信息等内容填写在发票备注栏中，如内容较多可另附清单。

12. 汇总缴纳增值税的纳税人，总分支机构之间调拨资产，如何开具发票？

答：增值税汇总缴纳的纳税人，总分支机构之间调拨资产，按内部调拨处理，不缴纳增值税，也不得开具增值税发票。

13. 收到的增值税发票，为什么税率栏内是星号？

答：在免税、差额征税以及其他个人出租其取得的不动产适用优惠政策减按1.5%征收等情形下，使用金税盘开具发票，“税率”栏自动打印显示“＊＊＊”。

14. 可享受增值税退税政策的货物开具发票时有何规定？

问：新型墙体材料等可享受即征即退税政策的材料，在开具增值税发票时体现的税率是按适用税率，还是按折后税率？

答：即征即退政策即要先缴税入库再退税，发票仍然按货物适用税率开具，并正常申报纳税。

15. 两个不同税率的项目能否开在同一张发票上？

问：某物业管理公司，同时有房屋租赁业务，可否开一张租赁发票，再开一张物业服务费发票，以区别不同税率？

答：不同税率可以在同一张发票上开具。《试点实施办法》第三十九条规定，纳税人兼营销售货物、劳务、服务、无形资产或者不动产，适用不同税率或者征收率的，应当分别核算适用不同税率或者征收率的销售额；未分别核算的，从高适用税率。

因此，同一张发票可以分栏次按照不同税率分别开具。

16. 销售折扣开票有何规定？应选择什么商品或服务编码开具？

答：《试点实施办法》第四十三条规定，纳税人发生应税行为，将价款和折扣额在同一张发票上分别注明的，以折扣后的价款为销售额；未在同一张发票上分别注明的，以价款为销售额，不得扣减折扣额。

注意：折扣、折让、价外费用没有单独编码，需按实际商品和服务编码开具发票。

17. 企业经营地址和注册地址不一致，开具增值税专用发票时应如何处理？

答：应按照税务登记证（统一社会信用代码证）上的地址开具。

18. 销售建筑服务、不动产和出租不动产时如何开具发票？

答： 23 号公告规定，提供建筑服务，纳税人自行开具或者税务机关代开增值税发票时，应在发票的备注栏注明建筑服务发生地县（市、区）名称及项目名称。

销售不动产，纳税人自行开具或者税务机关代开增值税发票时，应在发票“货物或应税劳务、服务名称”栏填写不动产名称及房屋产权证书号码（无房屋产权证书的可不填写），“单位”栏填写面积单位，备注栏注明不动产的详细地址。

出租不动产，纳税人自行开具或者税务机关代开增值税发票时，应在备注栏注明不动产的详细地址。

19. 一般纳税人发生超出税务登记范围业务，是自开发票还是由税务机关代开发票？

答： 一般纳税人发生超出税务登记范围业务的，一律自开增值税发票。可在发票新系统中，自行增加商品和服务编码开具发票。同时，需到主管税务机关补做税种登记。

20. 一般纳税人销售货物或提供应税劳务，可否汇总开具增值税专用发票？

答：（1）一般规定。

国税发〔2006〕156 号文件第十二条规定，一般纳税人销售货物或者提供应税劳务可汇总开具专用发票。汇总开具专用发票的，同时使用防伪税控系统开具《销售货物或者提供应税劳务清单》，并加盖财务专用章或者发票专用章。

（2）稀土企业的特殊规定。

《国家税务总局公告关于将稀土企业开具的发票纳入增值税防伪税控系统汉字防伪项目管理有关问题的公告》（国家税务总局公告 2012 年第 17 号）规定：

①自 2012 年 6 月 1 日起，稀土企业必须通过增值税防伪税控开票系统（稀土企业专用版）开具增值税专用发票和增值税普通发票，发票的密文均为二维码形式。

②销售稀土产品必须开具增值税专用发票，专用发票的“货物或应税劳务”栏内容通过系统中的稀土产品目录库选择，“单位”栏选择公斤或吨，“数量”栏按照折氧化物计量填写，系统在发票左上角自动打印“XT”字样。

③销售稀土产品以及其他货物或应税劳务，应当分别开具发票。销售稀土矿产品

和稀土冶炼分离产品也应当分别开具发票，不得在同一张发票上混开。

④不得汇总开具增值税专用发票，每张专用发票最多填列七行货物或应税劳

（3）成品油经销企业的特殊规定。

《国家税务总局关于成品油经销企业开具的增值税发票纳入防伪税控系统汉字防伪版管理的公告》（国家税务总局公告 2014 年第 33 号）规定：

①自 2014 年 8 月 1 日起，成品油经销企业应通过增值税防伪税控系统汉字防伪版开具增值税专用发票和增值税普通发票。

②成品油经销企业销售成品油开具增值税专用发票，应通过系统中“专用发票填开”模块开具，“单位”栏必须为吨，“数量”栏必须填写且不能为 0；开具增值税普通发票，应通过“普通发票填开”模块开具。

③上述增值税专用发票不得汇总开具，每张发票的“货物和应税劳务名称”栏最多填列 7 行。

21. 差额征税项目如何开具发票？

答：23 号公告第四条第（二）项规定，按照现行政策规定适用差额征税办法缴纳增值税，且不得全额开具增值税发票的（财政部、税务总局另有规定的除外），纳税人自行开具或者税务机关代开增值税发票时，通过新系统中差额征税开票功能，录入含税销售额（或含税评估额）和扣除额，系统自动计算税额和不含税金额，备注栏自动打印“差额征税”字样，发票开具不应与其他应税行为混开。

对于“适用差额征税且不得全额开具增值税（专用）发票”的项目，纳税人自开或税务机关代开发票，可分别采用以下三种方式：

（1）通过增值税发票管理新系统中差额征税开票功能开具增值税专用发票，“税率”栏将自动打印“＊＊＊”。

差额征税的计算公式如下：

税额＝(含税销售额－扣除额)×税率或征收率/(1＋税率或征收率)

金额＝含税销售额－税额

（2）通过增值税发票管理新系统分别开具发票：就差额扣除后的余额部分开具增值税专用发票；就差额扣除部分开具增值税普通发票，开具增值税普通发票时应按适用税率开具，通过增值税申报表附表一实现差额扣除。

（3）通过增值税发票管理新系统全额开具增值税普通发票。

注意：部分地区国税部门对可使用“差额开票功能”的项目另有规定的，需按当地的规定执行。

22. 什么情形下应开具红字增值税专用发票？

答：《试点实施办法》第四十二条规定，纳税人发生应税行为，开具增值税专用发票后，发生开票有误或者销售折让、中止、退回等情形的，应当按照国家税务总局的规定开具红字增值税专用发票；未按照规定开具红字增值税专用发票的，不得按照《试点实施办法》第三十二条和第三十六条的规定扣减销项税额或者销售额。

23. 如何在发票新系统中开具红字增值税专用发票？

答：47 号公告规定，纳税人发生销货退回、开票有误、应税服务中止等情形但不符合发票作废条件，或者因销货部分退回及发生销售折让的，按情形分以下几种情况进行处理：

（1）购买方取得专用发票已用于申报抵扣的：购买方可在增值税发票管理新系统中填开并上传《开具红字增值税专用发票信息表》（以下简称《信息表》），在填开《信息表》时不填写相对应的蓝字专用发票信息，应暂依《信息表》所列增值税税额从当期进项税额中转出，待取得销售方开具的红字专用发票后，与《信息表》一并作为记账凭证。

（2）购买方取得专用发票未用于申报抵扣、但发票联或抵扣联无法退回的：购买方填开《信息表》时应填写相对应的蓝字专用发票信息。

（3）销售方开具专用发票尚未交付购买方，以及购买方未用于申报抵扣并将发票联及抵扣联退回的：销售方可在新系统中填开并上传《信息表》。销售方填开《信息表》时应填写相对应的蓝字专用发票信息。

开具红字增值税专用发票的方法为：

第一步，打开信息表，手工输入《信息表》相关内容，填好后点击“确认”，这里的“打印”相当于保存信息表，接下来可以选择是否打印纸质信息表，再打开信息表查询导出，选中填好的《信息表》进行“上传”。

第二步，主管税务机关通过网络接收纳税人上传的《信息表》，系统自动校验通过后，生成带有“红字发票信息表编号”的《信息表》，并将信息同步至纳税人端系统中。

第三步，审核完毕后，销货方进入开票系统，点击“红字”按钮，选择导入网络下载红字发票信息表，选择审核通过的相对应的《信息表》开具红字专用发票，在新系统中以销项负数开具。红字专用发票应与《信息表》一一对应。

第四步，对红字增值税专用发票信息进行编辑。

第五步，销售方点击“红字”，导入网络下载红字发票信息表。

第六步，选中需要开具的《信息表》点击下载，开具红字专用发票。

提示：增值税发票管理新系统开具红字专用发票，取消了是否在认证期内的校验功能，意味着取得的2017年7月1日及以后开具的增值税扣税凭证，超过360天未认证的，也可以申请开具红字发票。

24. 可否开具小于《信息表》金额的红字增值税专用发票?

问：我公司是增值税一般纳税人，因商品质量问题购买方要求全额退货，由于该发票已认证抵扣，购买方按规定填开了《信息表》，后经协商最终确认为部分退货，可否依据购买方按全额填开的《信息表》开具小于该《信息表》金额的红字增值税专用发票?

答：不可以。47号公告第一条第（三）项规定，销售方凭税务机关系统校验通过的《信息表》开具红字专用发票，在新系统中以销项负数开具。红字专用发票应与《信息表》一一对应。因此，应按《信息表》全额开具红字专用发票，重新按照协商结果开具一张新的蓝字发票。

25. 纳税人如何开具红字增值税普通发票?

答：47号公告第三条规定，纳税人需要开具红字增值税普通发票的，可以在所对应的蓝字发票金额范围内开具多份红字发票。红字机动车销售统一发票需与原蓝字机动车销售统一发票一一对应。

在发票新系统中，红字增值税普通发票可以直接填开，不需要开具红字《信息表》，只需点击“红字”按钮，进行负数发票填开，填写负数发票对应的正数发票代码、号码。

26. 小规模纳税人可否开具增值税专用发票?

答：《试点实施办法》第五十四条规定，小规模纳税人发生应税行为，购买方索取增值税专用发票的，可以向主管税务机关申请代开。

《国家税务总局关于在境外提供建筑服务等有关问题的公告》（国家税务总局公告2016年第69号，以下简称69号公告）第十条、《国家税务总局关于开展鉴证咨询业增值税小规模纳税人自开增值税专用发票试点工作有关事项的公告》（国家税务总局公告2017年第4号）、《国家税务总局关于进一步明确营改增有关征管问题的公告》（国家税务总局公告 2017 年第 11 号）、《国家税务总局关于增值税发票管理若干事项的公告》（国家税务总局公告 2017 年第 45 号）规定，月销售额超过 3 万元（或季销售额超过 9 万元）的住宿业、鉴证咨询业、建筑业、工业以及信息传输、软件和信息技术服务业小规模纳税人提供住宿服务、认证服务、鉴证服务、咨询服务、建筑服务、销售货物或发生其他应税行为，需要开具增值税专用发票的，可以通过增值税发票管理新系统自行开具，主管国税机关不再为其代开；销售其取得的不动产，需要开具增值税专用发票的，仍须向地税机关申请代开。

注意：填写增值税纳税申报表时，应将当期开具专用发票的销售额，按照 3%和 5%的征收率，分别填写在《增值税纳税申报表（小规模纳税人适用）》第 2 栏和第 5 栏“税务机关代开的增值税专用发票不含税销售额”的“本期数”相应栏次中。

27. 一般纳税人适用简易计税方法的，能否开具增值税专用发票？

答：除以下情形之外，适用简易计税方法的应税项目可以开具增值税专用发票：

（1）属于增值税一般纳税人的单采血浆站销售非临床用人体血液，按照简易办法依照 3%征收率计算应纳税额的。[《国家税务总局关于供应非临床用血增值税政策问题的批复》（国税函〔2009〕456 号）]

（2）纳税人销售旧货或销售自己使用过的固定资产，适用简易办法依照 3%征收率减按 2%征收增值税政策的。（国家税务总局公告 2012 年第 1 号、国家税务总局公告 2014 年第 36 号）

注意：《国家税务总局关于营业税改征增值税试点期间有关增值税问题的公告》（国家税务总局公告 2015 年第 90 号）第二条规定，纳税人销售自己使用过的固定资产，适用简易办法依照 3%征收率减按 2%征收增值税政策的，可以放弃减税，按照简易办法依照 3%征收率缴纳增值税，并可以开具增值税专用发票。

（3）光伏发电项目发电户销售电力产品。[《国家税务总局关于国家电网公司购买分布式光伏发电项目电力产品发票开具等有关问题的公告》（国家税务总局公告 2014 年第 32 号）]

28. 纳税人的哪些情形不得开具增值税专用发票？

答：《试点实施办法》第五十三条规定，纳税人发生应税行为，应当向索取增值税专用发票的购买方开具增值税专用发票，并在增值税专用发票上分别注明销售额和销项税额。

属于下列情形之一的，不得开具增值税专用发票：

（1）向消费者个人销售服务、无形资产或者不动产。

（2）适用免征增值税规定的应税行为。（《试点过渡政策的规定》）

（3）金融商品转让，不得开具增值税专用发票。（《试点有关事项的规定》）

（4）有形动产融资性售后回租服务的老合同，选择扣除本金部分后的余额为销售额时，向承租方收取的有形动产价款本金，不得开具增值税专用发票，可以开具普通发票。（《试点有关事项的规定》）

（5）提供劳务派遣服务，选择差额纳税的，其向用工单位收取用于支付给劳务派遣员工工资、福利和为其办理社会保险及住房公积金的费用，不得开具增值税专用发票，可以开具普通发票。（财税〔2016〕47号文件）

（6）提供安全保护服务，选择差额征税的，其向用工单位收取用于支付给劳务派遣员工工资、福利和为其办理社会保险及住房公积金的费用，不得开具增值税专用发票，可以开具普通发票。（财税〔2016〕68号文件）

（7）提供人力资源外包服务，向委托方收取并代为发放的工资和代理缴纳的社会保险、住房公积金，不得开具增值税专用发票，可以开具普通发票。（财税〔2016〕47号文件）

（8）提供旅游服务，选择差额征税的，其向旅游服务购买方收取并支付给其他单位或者个人的住宿费、餐饮费、交通费、签证费、门票费和支付给其他接团旅游企业的旅游费用，不得开具增值税专用发票，可以开具普通发票。（《试点有关事项的规定》）

（9）经纪代理服务。其向委托方收取的政府性基金或者行政事业性收费，不得开具增值税专用发票。（《试点有关事项的规定》）

（10）电信企业为公益性机构接受捐款。销售额中可以扣除其接受的捐款，不得开具增值税专用发票。[《财政部 国家税务总局关于营业税改征增值税试点若干政策的通知》（财税〔2016〕39号）]

（11）收到的商业预付卡的预存资金，向购卡人、充值人开具增值税普通发票，不得开具增值税专用发票。持卡人使用商业预付卡购买货物或服务时，货物或者服务的销售方应按照现行规定缴纳增值税，且不得向持卡人开具增值税发票。销售方在收到售卡方结算的销售款时，应向售卡方开具增值税普通发票，并在备注栏注明“收到预付卡结算款”，不得开具增值税专用发票。（53号公告）

《试点实施办法》第三十三条规定，有下列情形之一者，应当按照销售额和增值税税率计算应纳税额，不得抵扣进项税额，也不得使用增值税专用发票：

（1）一般纳税人会计核算不健全，或者不能够提供准确税务资料的。

（2）应当办理一般纳税人资格登记而未办理的。

国税发〔2006〕156号文件第十条规定，商业企业一般纳税人零售的烟、酒、食品、服装、鞋帽（不包括劳保专用部分）、化妆品等消费品不得开具专用发票。

二、 发票代开

29. 未办证的行政机关、事业单位出租办公用房，可否申请代开增值税专用发票？

答：《试点实施办法》第一条规定，在中华人民共和国境内销售服务、无形资产或者不动产（以下称应税行为）的单位和个人，为增值税纳税人，应当按照该办法缴纳增值税。单位，是指企业、行政单位、事业单位、军事单位、社会团体及其他单位。

16 号公告和《国家税务总局关于营业税改征增值税委托地税局代征税款和代开增值税发票的通知》（税总函〔2016〕145 号）规定，小规模纳税人中的单位和个体工商户出租不动产，不能自行开具增值税发票的，且购买方或承租方不属于其他个人的，纳税人可向不动产所在地主管国税机关申请代开增值税专用发票。

因此，行政机关、事业单位只要发生了应税行为就是增值税的纳税人，就应当缴纳增值税。其提供的不动产租赁服务，如承租方不属于其他个人，可以持租赁合同、组织机构代码证到不动产所在地国税机关申请开具增值税专用发票。

30. 其他个人发生应税项目，是否可以申请代开增值税专用发票？

答：《国家税务总局关于印发〈税务机关代开增值税专用发票管理办法〉（试行）的通知》（国税发〔2004〕153 号）第二条、第四条规定，该办法所称代开专用发票是指主管税务机关为所辖范围内的增值税纳税人代开专用发票，其他单位和个人不得代开。该办法所称增值税纳税人是指已办理税务登记的小规模纳税人（包括个体经营者）以及国家税务总局确定的其他可予代开增值税专用发票的纳税人。

税总函〔2016〕145 号文件规定，增值税小规模纳税人销售其取得的不动产以及其他个人出租不动产，购买方或承租方不属于其他个人的，纳税人缴纳增值税后可以向地税局申请代开增值税专用发票。

《国家税务总局关于关于个人保险代理人税收征管有关问题的公告》（国家税务总局公告 2016 年第 45 号，以下简称 45 号公告）第三条规定，接受税务机关委托代征税款的保险企业，向个人保险代理人支付佣金费用后，可代个人保险代理人统一向主管国税机关申请汇总代开增值税普通发票或增值税专用发票。

综上所述，除出租不动产、保险代理服务外，未办证的自然人不得申请代开增值税专用发票，可申请代开增值税普通发票。

31. 纳税人销售不动产都在国税局开具发票吗？

答：分以下几种情形处理：

（1）一般纳税人转让其取得的不动产，应自行开具增值税发票。

（2）小规模纳税人可自行开具增值税普通发票的，应自行开具，不能自行开具的，应向不动产所在地主管地税机关申请代开。

（3）小规模纳税人如需申请开具增值税专用发票，应向不动产所在地主管地税机关申请代开。

（4）纳税人向其他个人转让其取得的不动产，不得开具或申请代开增值税专用发票。

32. 哪些业务应该到地税机关申请代开发票？

答：根据税总函〔2016〕145号文件的有关规定，主要有以下业务：

（1）其他个人出租不动产，需要申请代开发票的，由代征税款的地税局代开增值税专用发票或增值税普通发票。

（2）小规模纳税人销售取得的不动产以及其他个人出租不动产，购买方或承租方不属于其他个人的，纳税人缴纳增值税后，可以向地税局申请代开增值税专用发票。

（3）不能自行开具增值税普通发票的小规模纳税人销售取得的不动产，以及其他个人出租不动产，可以向地税局申请代开增值税普通发票。

（4）地税局代开发票部门通过增值税发票管理新系统代开增值税发票，系统自动在发票上打印“代开”字样。

注意：个人出租住房，减按1.5%征收，税率栏为“*”，在备注栏注明所出租住房地址和出租人。

33. 代开发票的流程是怎么样的？

答：根据《国家税务总局关于纳税人申请代开增值税发票办理流程的公告》（国家税务总局公告2016年第59号）的规定，分以下两种情形进行处理：

第一种情形，在地税局委托国税局代征税费的办税服务厅，纳税人按照以下次序办理：

在国税局办税服务厅指定窗口：

①提交《代开增值税发票缴纳税款申报单》。

②自然人申请代开发票，提交身份证件及复印件。

③其他纳税人申请代开发票，提交加载统一社会信用代码的营业执照（或税务登记证或组织机构代码证）、经办人身份证件及复印件。

④在同一窗口申报缴纳增值税等有关税费。

⑤在同一窗口领取发票。

第二种情形，在国税地税合作、共建的办税服务厅，纳税人按照以下次序办理：

在办税服务厅国税指定窗口：

①提交《代开增值税发票缴纳税款申报单》。

②自然人申请代开发票，提交身份证件及复印件。

③其他纳税人申请代开发票，提交加载统一社会信用代码的营业执照（或税务登记证或组织机构代码证）、经办人身份证件及复印件。

④在同一窗口缴纳增值税。

⑤到地税指定窗口申报缴纳有关税费。

⑥到国税指定窗口凭相关缴纳税费证明领取发票。

三、 电子发票

34. 电子发票是什么样的？适用于哪些纳税人？

答：电子发票，是指通过增值税发票系统升级版开具的电子增值税普通发票，是基于有效交易结果信息开具的电子收付款凭证。电子发票突破了传统纸质发票的概念，优点在于安全性强，易于查询真伪，用户无须担心丢失或损坏。

根据《国家税务总局关于推行通过增值税电子发票系统开具的增值税电子普通发票有关问题的公告》（国家税务总局公告 2015 年第 84 号，以下简称 84 号公告）的规定，增值税电子普通发票的发票代码为 12 位，编码规则：第 1 位为 0，第 2～5 位代表省、自治区、直辖市和计划单列市，第 6～7 位代表年度，第 8～10 位代表批次，第 11～12 位代表票种（11 代表电子增值税普通发票）。发票号码为 8 位，按年度、分批次编制。

电子发票主要适用于开票量较大的行业（如电商、电信、快递、公用事业等行业）增值税纳税人。

35. 纳税人如何领取电子发票？

答：选择使用增值税电子发票的纳税人，与现有纳税人的登记、票种核定等流程一致。电子发票的号段，由税务后台征管系统通过接口方式同步至增值税电子发票系统，最终赋予纳税人。

36. 纳税人通过什么系统开具电子发票？

答：电商等发票用量大的企业可选用服务器版税控开票系统以满足企业大量集中开票需求。票量小的企业可使用单机版税控开票系统完成电子发票开具及电子数据生成。

37. 受票方如何取得电子发票？

答：84 号公告规定，纳税人使用升级版开票系统开具电子发票，开票系统将发票信息向税务机关正常报税，同时传输给对接的电子发票服务平台，平台将发票信息加盖开票方电子签单后反馈给开票方，开票方通过手机短信、电子邮件等方式将发票信息发送给受票方，受票方可登录服务平台查询、下载、打印已加盖电子签章的发票信息。

至于电子发票服务平台，纳税人可以自建，也可以与第三方合作开发平台，或直接使用服务商服务平台。

38. 自行下载打印的电子发票可以作为记账凭证吗？

问：我公司购买服务后要求对方单位开具发票，但对方单位说已开始使用电子发票，仅提供了一个网络地址，让公司自行下载打印，这样自行下载打印的发票可以作为记账凭证吗？

答：可以。84 号公告第三条规定，电子发票的开票方和受票方需要纸质发票的，可以自行打印电子发票的版式文件（彩色或黑白均可），其法律效力、基本用途、基本使用规定等与税务机关监制的增值税普通发票相同。

39. 电子发票是否需要加盖发票专用章?

答: 消费者从企业购买商品或服务后，在企业的 ERP 系统中产生交易信息，交易信息经电子发票前置系统生成相关税控信息，发送到升级版税务端及电子底账系统，并将税控后的数据返回电子发票服务平台。电子发票服务平台对税控数据处理后进行电子签章，最终生成该笔发票数据的凭证（PDF）文件传给企业 ERP 系统。企业 ERP 系统收到电子发票信息后，可经短信、邮件、APP 等推送至用户手机，消费者可以查看、下载电子发票信息。

因此，电子发票上有税控签名和企业电子签章，不需要另外再加盖发票专用章。

40. 电子发票能否作废?

答: 电子发票系统不支持作废操作，发生退货、电子发票开具有误等情况，开票人应通过开具红字发票进行冲减。电子发票开具红字发票，需要与对应的物流、资金流信息一致。

因此，电子发票不能作废处理。

四、 增值税发票新系统操作

41. 纳税人是否都需要使用增值税发票新系统?

答: 23 号公告规定，除起征点以下的小规模纳税人，以及使用通用定额发票、客运发票、二手车销售统一发票、门票、过路（过桥）费发票的纳税人外，均需使用增值税发票新系统开具增值税发票。

42. 纳税人使用金税盘或税控盘需要支付多少费用? 该笔费用可否抵扣进项税额?

答: 纳税人购买金税盘或税控盘需向有关技术服务单位支付相应费用，且每年需按国家规定标准向有关技术服务单位支付技术维护费。根据《国家发展改革委关于降低增值税税控系统产品及维护服务价格等有关问题的通知》（发改价格〔2017〕1243号）的规定，初次购买金税盘、税控盘的价格为每个200元，报税盘的价格为每个100元。技术服务单位在提供服务时，对使用税控盘系列产品的纳税人，按每户每年每套280元收取技术维护费。对使用两套以上的，从第二套起减半收取技术维护服务费用。

纳税人因推行升级版系统置换税控系统专用设备的费用，依据《国家税务总局关于全面推行增值税发票系统升级版有关问题的公告》（国家税务总局公告2015年第19号）的规定，纳税人原使用的增值税税控系统金税盘（卡）、税控盘，需置换为增值税发票系统升级版专用设备。增值税发票系统升级版服务单位按照优惠价格（报税盘价格）对原金税盘（卡）、税控盘进行置换。

上述购买专用设备时产生的费用，以及每年支付的技术维护费用，均可按照《财政部 国家税务总局关于增值税税控系统专用设备和技术维护费用抵减增值税税额有关政策的通知》（财税〔2012〕15号）的相关规定，在增值税应纳税额中全额抵减，抵减额为价税合计额，不足抵减的可结转下期继续抵减。

同时，依据财税〔2012〕15号文件的规定，增值税纳税人非初次购买增值税税控系统专用设备支付的费用，由其自行负担，不得在增值税应纳税额中抵减。纳税人购买的增值税税控系统专用设备自购买之日起3年内因质量问题无法正常使用的，由专用设备供应商负责免费维修，无法维修的免费更换。

| 政策链接 |

（1）购买增值税发票系统升级版专用设备必须取得增值税专用发票才可全额抵减，支付的技术维护费用可取得增值税专用发票或增值税普通发票，抵减额均为价税合计额。

（2）增值税一般纳税人支付的专用设备购置款及技术维护费用可在增值税应纳税额中全额抵减的，其增值税专用发票不作为增值税抵扣凭证，其进项税额不得从销项税额中抵扣。

43. 什么是商品和服务税收分类编码？新办企业如何使用编码开具发票？

答：税收分类编码是税务总局编制的在开具发票“货物或应税劳务、服务名称”项目时统一使用的分类与编码体系。纳税人填开发票时必须选择含有税收分类编码的商品编码。

商品和服务税收分类编码设置如图3-1所示。

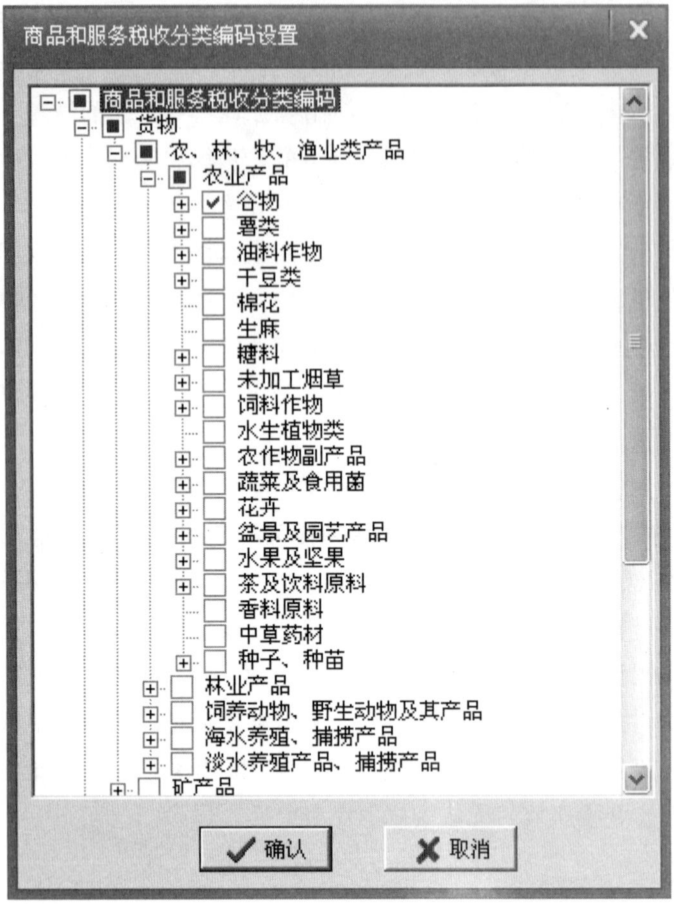

商品和服务税收分类编码设置
商品和服务税收分类编码
货物
农、林、牧、渔业类产品
农业产品
谷物
薯类
油料作物
干豆类
棉花
生麻
糖料
未加工烟草
饲料作物
水生植物类
农作物副产品
蔬菜及食用菌
花卉
盆景及园艺产品
水果及坚果
茶及饮料原料
香料原料
中草药材
种子、种苗
林业产品
饲养动物、野生动物及其产品
海水养殖、捕捞产品
淡水养殖产品、捕捞产品
矿产品
确认
取消

图 3-1

新办企业在申请安装开具发票税控装置时，直接下载具有税收分类编码的开票软件，安装后使用具有编码功能的增值税发票系统开具增值税发票。国家税务总局对税收分类编码进行更新时，企业每次启动开票软件，开票软件会自动请求税务端服务器，比对税收编码版本号，直接下载，更新到开票端（如图 3-2 所示）。

提示
更新成功！当前版本号：36.0
本次更新条数：126
确定

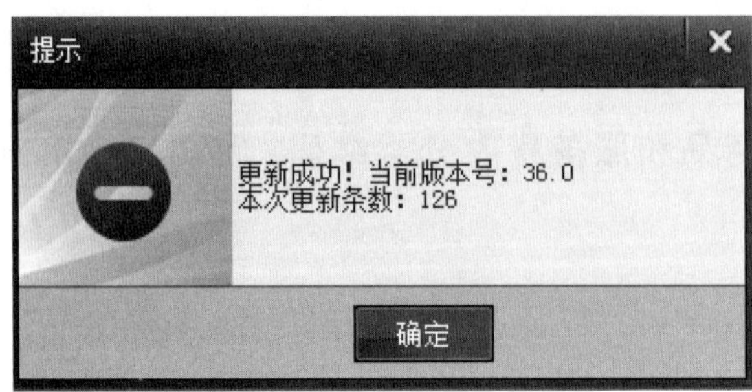

图 3-2

在开具发票界面，选择该商品会自动带出已维护编码（如图 3-3 所示）。

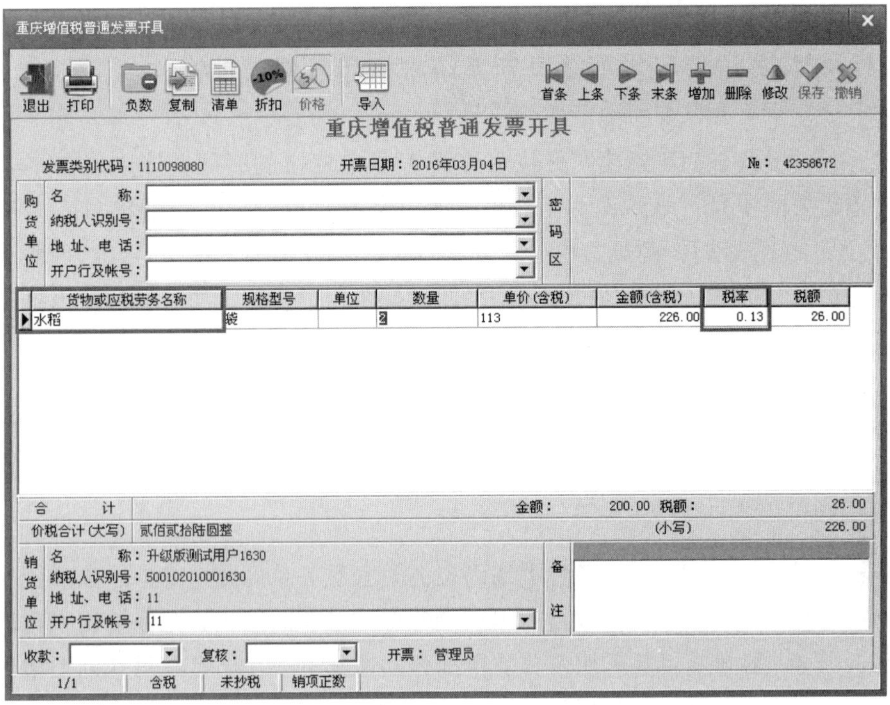

图 3-3

企业的商品和服务享受优惠政策的，需要将商品和服务设置为“享受优惠政策”项目，方可开具优惠税率的发票。维护时在“是否使用优惠政策”后打√，然后选择“优惠政策类型”。在开具发票界面，选择该商品会自动带出已维护税率（如图 3-4 所示）。

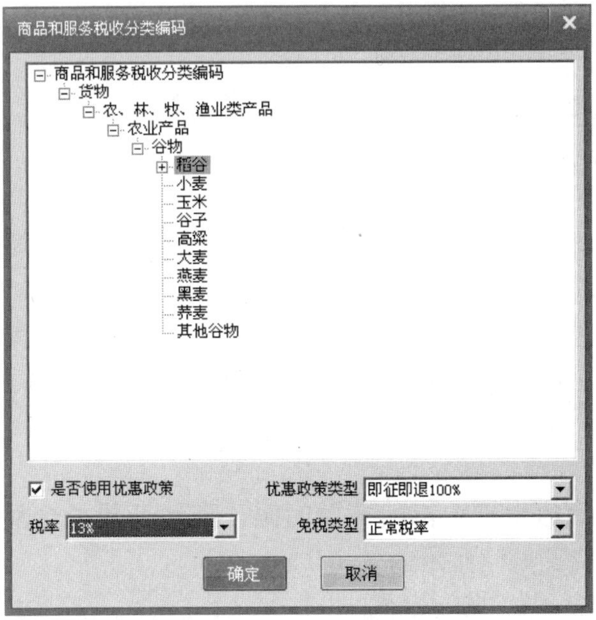

图 3-4

44. 如何在增值税发票管理新系统中打印发票清单？

答：在“发票查询”模块，查找可以设置显示发票的时间范围，点击格式弹出框，把不需要的项目可见性改为 F，再关闭就会自动保存。发票清单只需 8 项可见（发票代码、发票号码、购买方税号、开票日期、合计金额、税率、合计税额、作废标志），选择“打印”——“发票列表”，即可打印发票清单。如有项目超出打印范围的情况，可以点击“更改”把左右边距改小，然后点击“保存”。

45. 相应的商品和服务编码在开具发票时无法满足需求，可否自行增加？

答：可以增加。货物和劳务分类编码表由国家税务总局统一维护，未经同意，任何人不得变动。纳税人不得修改目前国家税务总局已有的编码，允许纳税人自行修改的编码，只能是在现有商品和服务分类再细分的情况下，在已有编码基础上增加下一层编码，纳税人自行增加的编码为系统自动赋码。

46. 开具增值税发票时，发票票面栏次无法满足开具需求的，如何填写？

答：纳税人根据业务需要，开具发票时需要注明的信息，发票票面无相应栏次的，可在发票备注栏注明。增值税发票备注栏最大可容纳 230 个字符或 115 个汉字。

47. 纳税人是否必须在线开具增值税发票？

答：纳税人需在线开具增值税发票，实时向税务机关上传发票明细数据。因网络故障等原因无法在线开票的，在税务机关设定的离线开票时限和离线开具发票总金额范围内纳税人仍可开票，超限将无法开具发票。纳税人开具发票次月仍未连通网络上传已开具发票明细数据的，也将无法开具发票。纳税人需连通网络并上传发票后方可开票，若仍无法连通网络，需持专用设备到税务机关进行征期报税或非征期报税后方可开票。

48. 什么是离线发票？离线开票时限、离线开票总金额是指什么？

答：纳税人已开具未上传的增值税发票称为离线发票。离线开票时限是指自第一份离线发票开具时间起开始计算的可离线开具发票的最长时限。离线开票总金额是指可开具离线发票的累计不含税总金额，离线开票总金额按不同票种分别计算。

49. 开具发票时提示离线发票累计金额超限，如何处理？

答：系统提示离线发票累计金额超限，可采用以下三种方法解决：

（1）将计算机连网，待发票数据自动上传后重试；

（2）到税务机关增加离线开票限额；

（3）执行办税厅抄税，到税务大厅完成报税后再开具。

50. 纳税人申报期内如何抄报税？

答：增值税发票管理新系统实现自动抄报税，在月初首次登录后系统会提示已完成“远程清卡”，除此之外纳税人不需要进行其他操作。如果纳税人点击了“办税厅抄税”，需要拿着金税盘或报税盘去国税窗口报税。如果由于有离线发票等原因导致报税失败，需要进行手工报税，只要选择“上报汇总”后点击“远程清卡”即可。在“金税设备状态查询”模块可以查看报税情况，如果“抄税起始日期”为下月1号，就表示抄报税已经成功了。

51. 纳税人在征期登录了开票系统，为什么防伪税控系统仍然显示未报税？

答：纳税人在征期首次登录开票系统时，开票系统会自动完成上报汇总和清卡操作，并且提示“重新登录开票系统”，此时如果纳税人没有点击重新登录开票系统，就会导致数据没有同步到防伪税控系统，防伪税控系统会显示未报税。

52. 开具的发票上传不了，重启开票软件和执行发票修复都无法抄税，未报送状态提示“验签失败”，如何处理？

答：（1）验签失败的发票，可先进行发票修复（因为如果上层开票数据库中存贮的发票数据异常，金税盘中存贮发票正常，则通过修复功能将上层数据库中发票数据修复正确），修复后发票状态变为未上传，之后系统再次上传，如果依旧验签失败，再考虑作废本张发票。

正常情况下，作废的验签失败发票重新进行加签和验签，可以正常上传和抄报税。但目前软件中，如果出现异常导致作废的验签失败发票上传后再次验签失败，则只能存根联补录，如果在税务端再次“验签失败”，则开票端状态不会为“验签失败”，而是将发票状态变为“已上传”。

（2）指导企业作废该张发票重新开具或执行办税厅抄税，如多次出现该提示，则与服务商联系。

53. 开票时，系统提示不能开具发票的情形有哪些？

答：主要有以下几种情形：

（1）已超过设定的离线开具期限，需上传开票数据或点报税厅抄报到税务局清盘；

（2）已超过设定的累计离线开具金额，需上传开票数据或点报税厅抄报到税务局清盘；

（3）已超过上传截止日期，需上传开票数据或点报税厅抄报到税务局清盘；

（4）开票员无开具此种发票的权限，需以管理员身份进入开票系统更改开票员权限；

（5）发票已开完，需去税务局重新领用发票。

54. 纳税人端系统网络条件要求是什么？出现网络故障时如何处理？

答：纳税人应在互联网连接状态下在线使用增值税发票新系统开具发票。增值税发票新系统可自动上传已开具的发票明细数据。

纳税人因网络故障等原因无法在线开票的，在税务机关设定的离线开票时限和离线开具发票总金额范围内仍可开票，超限将无法开具发票。纳税人开具发票次月仍未连通网络上传已开具发票明细数据的，也将无法开具发票。纳税人需连通网络上传发票数据后方可开票，若仍无法连通网络，需携带专用设备到税务机关进行征期报税或非征期报税后方可开票。

55. 企业数字证书由于口令多次输入错误，导致锁死，如何处理？

答：方法一：携带证书锁死的专用设备，到RA系统中使用“证书申请管理→解锁”菜单做解锁操作。默认口令为88888888。

方法二：携带证书锁死的专用设备，到相应税局端系统中重签或更新证书，证书重签或更新后，也会将口令重置为默认的 88888888。

税局端系统说明：①增值税专普票在防伪税控系统；②货运和机动车发票在货运系统；③增值税专普票、货运机动车混营企业可以在任一系统。

使用“重签证书”后，证书的有效期会按照重签日期开始计算，且在 RA 系统中增加一条记录。因此建议此类情况采用“方法一”处理。

56. 忘记税控盘的返写或金税盘的清卡，会有什么影响?

答：如果在税控盘的开票截止日期或金税盘的锁死期日期内忘记返写或清卡，则系统将不允许开具发票，需到税务机关办税服务厅完成返写监控或清卡后方能恢复。

57. 可否一台电脑装多个不同税号的升级版使用?

答：可以，但是需要安装多次开票，每次输入不同的税号，桌面只有一个图标，企业登录必须与插入的税控设备一一对应才能成功开票。

五、其他

58. 在发票查询平台中进行发票勾选、发票确认操作有没有时间限制?

答：升级版将纳税人确认当月用于抵扣税款或出口退税的增值税发票信息的最后时限，由当月最后 1 日延长至次月纳税申报期。（例如，上月和本月申报期均为 15 日，当期勾选、确认时间为当月 16 日到次月 15 日。）取消征期结束前 2 日不可操作的限制，系统为实时同步，但建议企业提前进行勾选确认，防止数据无法及时导入申报平台。

“勾选认证”数据优化为准实时同步。平台会每天准实时地将当天纳税人已确认的数据（勾选认证）与扫描认证的数据进行同步，其中，勾选认证数据准实时同步，扫描认证数据按天同步。纳税人可在执行确认操作后关注“抵扣统计”功能统计表右上方的“报表更新时间”，并查看统计报表以得到准确的可抵扣数据（含勾选认证和扫描认证两类数据）。

59. 已取得纸质发票，为什么在发票查询平台中查不到？

答：出现这种情况可能是以下原因造成的：

（1）系统平台每天晚上进行数据同步，当天开票数据尚未进入系统；

（2）此份发票已经超过抵扣时限；

（3）此份发票前期已做过确认操作，因此在本期待勾选发票中不显示；

（4）开票方未及时联网上传发票信息至税务局端；

（5）发票为假发票或未抄报税发票。

60. 同一张发票在增值税发票查询平台中是否可以多次执行勾选、确认操作？

答：同一张增值税发票在发票确认前，可以多次执行发票勾选、取消勾选的操作，但一张发票只能确认一次，一旦确认就无法再执行勾选操作了。

61. 三证合一后的纳税人，用以前纳税人识别号开具的发票在增值税发票查询平台中能否进行操作？

答：如果税务机关已在相关系统中完成了纳税人识别号对应关系的维护，那么在增值税发票查询平台中就可以对用以前纳税人识别号开具的发票进行操作。若不能查询到以前纳税人识别号开具的发票信息，则需要联系主管机关核实处理。

62. 发生销货退回、开票有误等情形，增值税专用发票可以作废吗？如何办理？

答：根据国税发〔2006〕156 号文件的规定，一般纳税人在开具专用发票当月，发生销货退回、开票有误等情形，收到退回的发票联、抵扣联符合作废条件的，按作废处理；开具时发现有误的，可即时作废。

作废专用发票须在防伪税控系统中将相应的数据电文按“作废”处理，在纸质专用发票（含未打印的专用发票）各联次上注明“作废”字样，全联次留存。

上述符合作废条件，是指同时具有下列情形：

（1）收到退回的发票联、抵扣联时间未超过销售方开票当月；

（2）销售方未抄税并且未记账；

（3）购买方未认证或者认证结果为“纳税人识别号认证不符”、“专用发票代码、号码认证不符”。

不符合作废条件，只能开红字专用发票冲销。增值税一般纳税人开具增值税专用发票（以下简称专用发票）后，发生销货退回、开票有误、应税服务中止等情形但不符合发票作废条件，或者因销货部分退回及发生销售折让，需要开具红字专用发票，按 47 号公告的规定进行税务处理。

63. 一般纳税人不慎丢失了供应商开具的增值税专用发票该怎么办？

答：根据《国家税务总局关于简化增值税发票领用和使用程序有关问题的公告》（国家税务总局公告 2014 年第 19 号）的规定，分以下几种情形进行处理：

（1）一般纳税人丢失已开具专用发票的发票联和抵扣联，如果丢失前已认证相符的，购买方可凭销售方提供的相应专用发票记账联复印件及销售方主管税务机关出具的《丢失增值税专用发票已报税证明单》或《丢失货物运输业增值税专用发票已报税证明单》（以下统称《证明单》），作为增值税进项税额的抵扣凭证；如果丢失前未认证的，购买方凭销售方提供的相应专用发票记账联复印件进行认证，认证相符的可凭专用发票记账联复印件及销售方主管税务机关出具的《证明单》，作为增值税进项税额的抵扣凭证。专用发票记账联复印件和《证明单》留存备查。

（2）一般纳税人丢失已开具专用发票的抵扣联，如果丢失前已认证相符的，可使用专用发票发票联复印件留存备查；如果丢失前未认证的，可使用专用发票发票联认证，专用发票发票联复印件留存备查。

（3）一般纳税人丢失已开具专用发票的发票联，可将专用发票抵扣联作为记账凭证，专用发票抵扣联复印件留存备查。

64. 财务室失窃，不慎丢失空白增值税专用发票，该如何处理？

答：《中华人民共和国发票管理办法实施细则》（以下简称《发票管理办法实施细则》）第三十一条规定，使用发票的单位和个人应当妥善保管发票。发生发票丢失情形时，应当于发现丢失当日书面报告税务机关，并登报声明作废。

《发票管理办法》第三十六条第二款规定，丢失发票或者擅自损毁发票的，由税务机关责令改正，可以处 1 万元以下的罚款；情节严重的，处 1 万元以上 3 万元以下的罚款；有违法所得的予以没收。

《国家税务总局关于被盗、丢失增值税专用发票有关问题的公告》（国家税务总局公告 2016 年第 50 号）规定，为方便纳税人，国家税务总局决定取消纳税人的增值税专用发票发生被盗、丢失时必须统一在《中国税务报》上刊登“遗失声明”的规定。

65. 发生哪些情形，一般纳税人不得领购开具专用发票？

答：国税发〔2006〕156 号文件第八条、第九条规定，一般纳税人有下列情形之一的，不得领购开具专用发票：

（1）会计核算不健全，不能向税务机关准确提供增值税销项税额、进项税额、应纳税额数据及其他有关增值税税务资料的。

上列其他有关增值税税务资料的内容，由省、自治区、直辖市和计划单列市国家税务局确定。

（2）有《税收征收管理法》规定的税收违法行为，拒不接受税务机关处理的。

（3）有下列行为之一，经税务机关责令限期改正而仍未改正的：

①虚开增值税专用发票；

②私自印制专用发票；

③向税务机关以外的单位和个人买取专用发票；

④借用他人专用发票；

⑤未按本规定开具专用发票；

⑥未按规定保管专用发票和专用设备；

⑦未按规定申请办理防伪税控系统变更发行；

⑧未按规定接受税务机关检查。有上列情形的，如已领购专用发票，主管税务机关应暂扣其结存的专用发票和 IC 卡。

上述所称未按规定保管专用发票和专用设备，是指：

①未设专人保管专用发票和专用设备；

②未按税务机关要求存放专用发票和专用设备；

③未将认证相符的专用发票抵扣联、《认证结果通知书》和《认证结果清单》装订成册；

④未经税务机关查验，擅自销毁专用发票基本联次。

66. 增值税发票是否还需要手工验旧？

答：使用税控收款机开具发票的纳税人不需要手工验旧，使用手工开票及未实行电子数据报送的纳税人需要使用验旧购新的方式购票。

（1）《国家税务总局关于进一步加强普通发票管理工作的通知》（国税发〔2008〕

80 号）规定，凡使用税控收款机开具发票的纳税人，税务机关要按规定通过税控管理后台对其报送的开票电子数据进行采集认证，即“验旧”，验旧通过的，准予“购新”；凡使用手工开票及未实行电子数据报送的纳税人，税务机关要定期核验发票使用情况，并将纳税人使用发票的开具情况、经营情况与纳税情况进行分析比对，发现问题及时处理并相应调整供票量。

（2）《国家税务总局关于简化增值税发票领用和使用程序有关问题的公告》（国家税务总局公告 2014 年第 19 号）第一条规定，取消增值税发票（包括增值税专用发票、增值税普通发票和机动车销售统一发票）手工验旧。税务机关应用增值税一般纳税人发票税控系统报税数据，通过信息化手段实现增值税发票验旧工作。

67. 纳税人发票保管满 5 年后该如何处理?

答：《发票管理办法》第二十九条规定，开具发票的单位和个人应当按照税务机关的规定存放和保管发票，不得擅自损毁。已经开具的发票存根联和发票登记簿，应当保存 5 年。保存期满，报经税务机关查验后销毁。

68. 供应商以各种理由拒绝开具增值税专用发票怎么办?

问：企业部分业务取得专用发票比较难，如实际工作中，支付水电、物管、房租在取得专用发票时存在一定困难，供应商以各种理由拒绝向公司开具增值税专用发票。发生这种情形该如何处理?

答：支付租赁不动产的水电、物管、房租等，在租赁时均可要求对方开具增值税专用发票。租赁方为小规模纳税人的，可向应税服务发生地主管税务机关申请代开增值税专用发票。

《发票管理办法》第三十五条规定，应当开具而未开具发票，或者未按照规定的时限、顺序、栏目，全部联次一次性开具发票，或者未加盖发票专用章的，由税务机关责令改正，可以处 1 万元以下的罚款，有违法所得的予以没收。

《试点实施办法》第五十三条规定，纳税人发生应税行为，应当向索取增值税专用发票的购买方开具增值税专用发票，并在增值税专用发票上分别注明销售额和销项税额。

《国家税务总局关于开展增值税发票使用管理情况专项检查的通知》（税总函〔2016〕455 号）规定，对以各种理由拒绝开具发票的，主管国税机关要严格规定予以处理。涉嫌虚开发票的，移交稽查处理。对查实纳税人存在发票违法行为的，通过税务网站、新闻媒体进行公开曝光。同时，要将违法违规行为纳入纳税人信用记录，在年度纳税信用评价时扣减纳税信用评价指标得分或直接判为D级；情节严重的按规定纳入税收黑名单。

一般纳税人购买商品、劳务或接受提供服务，除政策规定不得开具增值税专用发票的情形外，可向销售方索取增值税专用发票，对方拒不开具的，纳税人可拨打12366或向当地主管国税机关举报。国税机关将在3个工作日内响应办结，切实维护纳税人及社会公众合法权益。

OPERATIONAL PRACTICES AND CASE ANALYSIS

of VAT in all Industries

下 篇

行 业 篇

Chapter 04

第四章

房地产业增值税规定

一、 基本规定

1. 什么是销售不动产？包括什么内容？

答：《销售服务、无形资产、不动产注释》关于销售不动产税目的注释如下：

销售不动产，是指转让不动产所有权的业务活动。不动产，是指不能移动或者移动后会引起性质、形状改变的财产，包括建筑物、构筑物等。

建筑物，包括住宅、商业营业用房、办公楼等可供居住、工作或者进行其他活动的建造物。

构筑物，包括道路、桥梁、隧道、水坝等建造物。

转让建筑物有限产权或者永久使用权的，转让在建的建筑物或者构筑物所有权的，以及在转让建筑物或者构筑物时一并转让其所占土地的使用权的，按照销售不动产缴纳增值税。

2. 销售不动产的税率和征收率是如何规定的？

答：根据《试点实施办法》第十五条第（二）项、财税〔2018〕32号第二条的规定，销售不动产，转让土地使用权，增值税税率2018年4月30日以前为11%，2018年5月1日以后为10%。

《试点有关事项的规定》第一条第（八）项规定，销售不动产纳税人适用简易计税方法的，征收率为5%。

3. 房地产开发企业销售自行开发的房地产项目如何缴纳增值税？

答：《试点有关事项的规定》第一条第（四）项和第（八）项关于“房地产开发企业销售自行开发的房地产项目”的增值税政策的要点是：

（1）房地产开发企业中的一般纳税人自行开发的房地产项目，不执行“纳税人自建不动产”进项税额分期抵扣政策，其进项税额可一次性抵扣。

（2）房地产开发企业中的一般纳税人销售试点前开工的老项目，可选择简易计税，征收率为5%；销售试点后开工的新项目，或者销售未选择简易计税的老项目，适用一般计税方法，2018年4月30日以前税率为11%，5月1日以后为10%，但可从销售额中扣除上缴政府的土地价款。

（3）房地产开发企业中的小规模纳税人销售自行开发的房地产项目（无论新项目还是老项目），都按照5%的征收率计算应纳税额。

（4）房地产开发企业采取预收款方式销售所开发的房地产项目，在收到预收款时按照3%的预征率预缴增值税，待产权发生转移时，再清算应纳税款，并扣除已预缴的增值税款。

18号公告进一步明确了房地产开发企业销售自行开发的房地产增值税政策的适用范围、计税方法的运用、扣除土地价款的时间、预缴税款的计算，以及纳税申报、发票开具等方面的问题。具体见表4-1。

表4-1　房地产企业转让自行开发房地产项目增值税征收管理规则明细表

<table>
<tr><th>税人</th><th colspan="2">计税方法</th><th>专用发票</th><th>税率或征收率
《增值税申报表》</th><th>预缴
《增值税预缴税款表》</th></tr>
<tr><td rowspan="3">一般纳税人</td><td rowspan="2">自行开发的老项目</td><td>简易计税</td><td rowspan="3">自开</td><td>全额申报，5%征收率，扣减预缴</td><td>取得全额3%预缴，含税价÷(1+5%)</td></tr>
<tr><td>一般计税</td><td>按面积配比扣土地价款差额申报，10%税率，扣减预缴</td><td>全额3%预缴，含税价÷(1+10%)</td></tr>
<tr><td colspan="2">自行开发新项目</td><td>按面积配比扣土地价款差额申报，10%税率，扣减预缴</td><td>全额3%预缴，含税价÷(1+10%)</td></tr>
</table>

续表

税人	计税方法	专用发票	税率或征收率《增值税申报表》	预缴《增值税预缴税款表》
小规模纳税人	自行开发老项目	代开	全额申报，5%征收率，扣减预缴	全额3%预缴，含税价÷(1+5%)

说明：(1) 纳税人应当在取得预收款的次月纳税申报期向主管国税机关预缴税款。

(2) 纳税人应照《试点实施办法》第四十五条规定的纳税义务发生时间，以当期销售额和11%的适用税率计算当期应纳税额，抵减已预缴税款后，向主管国税机关申报纳税。未抵减完的预缴税款可以结转下期继续抵减。以预缴税款抵减应纳税额，应以完税凭证作为合法有效凭证。

4. 自行开发的房地产项目用于出租，两年后再销售，如何缴纳增值税?

答：18号公告第二条规定，房地产开发企业销售自行开发的房地产项目，适用该办法。自行开发，是指在依法取得土地使用权的土地上进行基础设施和房屋建设。

由上述规定可知，18号公告的适用对象是第一次进入流通领域的“一手房”。(具体见国家税务总局辅导资料政策关于18号公告第二条的解读)

第二次进入流通领域的“二手房”不适用该文件，应当适用14号公告的有关规定，申报缴纳增值税。(具体参见本书第一章有关内容。)

因此，开发产品用于出租两年后再销售，应根据开发产品的产权登记情况来选择适用的增值税政策：

(1) 如果该开发产品未将产权登记到房开企业自己名下，则应是“一手房”，适用18号公告的规定计算缴纳增值税。如果该房地产项目适用一般计税方法计税，该开发产品的销售额按照取得的全部价款和价外费用，扣除其对应的土地价款后的余额计算。

(2) 如果该开发产品已将产权登记到房开企业自己名下，则应是“二手房”，若不满足前述条件，应适用14号公告的转让不动产政策计算增值税，不能扣除对应的土地价款。

| 政策链接 |

国家税务总局政策辅导资料

关于18号公告第二条，要注意三个关键词：

一是“房地产开发企业”，也就是说这个《办法》不是对所有的纳税人都适用，而是仅适用于“拥有房地产开发经营资质的建设单位”。房地产开发企业是指按照城市房地产管理法的规定，以营利为目的，从事房地产开发和经营的企业。按房地产开发业务在企业经营范围中地位的不同，可将房地产开发企业分为房地产开发专营企业、兼营企业和项目公司。设立房地产开发企业，应当具备下列条件：

(1) 有自己的名称和组织机构。

(2) 有固定的经营场所。

(3) 有符合国务院规定的注册资本。房地产开发企业是资金密集性企业，对其注册资金的要求高于一般经营性、劳务性、中介性的企业。目前住建部按照房地产开发企业的资质等级，规定了不同的注册资本要求。这有助于扼制房地产开发领域过于严重的投机态势，降低房地产投资风险，保障交易安全。

(4) 有足够的专业技术人员。房地产开发是一项专业性很强的经营活动。开发商拥有足够的专业技术人员系为保障开发项目产品的安全及开发中其他社会效益和环境效益实现的必要条件。目前，住建部按照房地产开发企业的资质等级，规定了不同的专业技术人员要求。

(5) 法律、行政法规规定的其他条件。

二是“自行开发”，即适用对象是第一次进入流通领域的“一手房”。

三是“房地产项目”。房地产开发项目，一般是对土地和地上建筑物进行的投资开发建设项目。在我国，依照《中华人民共和国城市房地产管理法》的规定，房地产开发项目是指在依法取得土地使用权的国有土地上进行基础设施、房屋建设的项目。

5. 房地产开发企业接盘“烂尾楼”再销售的，如何缴纳增值税？

答：在房价下行的时候，经常会出现开发商资金断裂急需套现的情况，无法投资继续建设导致项目烂尾。“烂尾楼”再销售后，接盘的房地产企业一般会重新办理立项手续，继续投入资金，建成后以自己的名义对外销售。根据18号公告第三条的规定，房地产开发企业以接盘等形式购入未完工的房地产项目继续开发后，以自己的名义立项销售的，属于该办法规定的销售自行开发的房地产项目。若不满足前述条件，应适用14号公告的转让不动产政策规定计算缴纳增值税，不能扣除对应的土地款。

6. 房地产企业在取得销售收入前是否需要登记为一般纳税人？

问：我公司为新办房地产开发企业，通过招拍挂取得开发用土地，目前处于前期规划设计阶段，尚无销售收入。那么我公司在取得销售收入前是否需要登记为一般纳税人？

答：根据《试点实施办法》第四条的规定，年应税销售额未超过规定标准的纳税人，会计核算健全，能够提供准确税务资料的，可以向主管税务机关办理一般纳税人资格登记，成为一般纳税人。会计核算健全，是指能够按照国家统一的会计制度规定设置账簿，根据合法、有效凭证核算。

一般纳税人的认定是以纳税人为主体，不是以项目为主体。房地产企业可以按照《国家税务总局关于调整增值税一般纳税人管理有关事项的公告》（国家税务总局公告2015年第18号）的规定，向主管税务机关提供是否“会计核算健全”和“能够准确提供税务资料”的情况。在取得销售收入前向主管税务机关办理一般纳税人资格登记，成为一般纳税人。

新设房地产公司在取得收入前登记为一般纳税人，如果采用一般计税方法，则取得的进项税发票可以认证抵扣，待公司实际产生销售收入时，留抵进税项税额可以抵扣当期销项税额。

7. 如何认定房地产开发项目是老项目还是新项目?

问：2016年4月1日，瑞安达地产公司与总包方签订工程承包合同，合同注明开工日期为2016年4月20日，总包施工队于2016年4月25日进场施工。由于规划调整原因，于2016年5月10日取得《建筑工程施工许可证》，注明的开工日期为5月10日。那么该项目是否可以按照工程承包合同注明的开工日期认定为老项目，选择简易计税方法?

答：18号公告第八条第二款规定，房地产老项目，是指：

（1）《建筑工程施工许可证》注明的合同开工日期在2016年4月30日前的房地产项目；

（2）《建筑工程施工许可证》未注明合同开工日期或者未取得《建筑工程施工许可证》但建筑工程承包合同注明的开工日期在2016年4月30日前的建筑工程项目。

因此，该公司取得的《建筑工程施工许可证》上注明的日期是5月10日，应该判定为新项目，适用新项目有关规定，选择一般计税方法。

注意：该公告所指“未取得《建筑工程施工许可证》”的情况，是指根据《建筑工程施工许可管理办法》规定的以下情况：

（1）工程投资额在30万元以下或者建筑面积在300平方米以下的建筑工程，可以不申请办理施工许可证。

（2）按照国务院规定的权限和程序批准开工报告的建筑工程，不再领取施工许可证。根据《建筑工程施工许可管理办法》规定应当申请领取施工许可证的建筑工程未取得施工许可证的，一律不得开工。

对于现实中存在的《建筑工程施工许可证》以及建筑工程承包合同都没有注明开工时间的情况，按照实质重于形式的原则，只要纳税人可以提供2016年4月30日前实际已开工的证明，可以按照建筑工程老项目进行税务处理，具体请咨询当地税务机关。

| 政策链接 |

《中华人民共和国建筑法》

第七条规定，建筑工程开工前，建设单位应当按照国家有关规定向工程所在地县级以上人民政府建设行政主管部门申请领取施工许可证；但是，国务院建设行政主管部门确定的限额以下的小型工程除外。

按照国务院规定的权限和程序批准开工报告的建筑工程，不再领取施工许可证。

《建筑工程施工许可管理办法》

第二条规定，在中华人民共和国境内从事各类房屋建筑及其附属设施的建造、装修装饰和与其配套的线路、管道、设备的安装，以及城镇市政基础设施工程的施工，建设单位在开工前应当依照该办法的规定，向工程所在地的县级以上地方人民政府住房城乡建设主管部门（以下简称发证机关）申请领取施工许可证。

工程投资额在30万元以下或者建筑面积在300平方米以下的建筑工程，可以不申请办理施工许可证。省、自治区、直辖市人民政府住房城乡建设主管部门可以根据当地的实际情况，对限额进行调整，并报国务院住房城乡建设主管部门备案。

按照国务院规定的权限和程序批准开工报告的建筑工程，不再领取施工许可证。

第三条规定，本办法规定应当申请领取施工许可证的建筑工程未取得施工许可证的，一律不得开工。

8. 房地产销售自行开发的房地产项目应如何选择计税方法？

答：首先，应区分纳税人的身份。如果是小规模纳税人，应适用简易计税方法。如果是一般纳纳税人，则需要区分开发项目是否为老项目，如果为新项目，只能适用一般计税方法计税；如果为老项目，可以选择一般计税方法计税，也可以根据18号公告第八条的规定，选择简易计税方法计税，一经选择简易计税方法计税的，36个月内不得变更为一般计税方法计税。

（1）适用一般计税方法计税的房地产项目，按照取得的全部价款和价外费用，扣除当期销售房地产项目对应的土地价款后的余额计算销售额，适用税率10%，允许从销项税额中扣除进项税额。计算公式如下：

$$\text{应交增值税}=\left(\text{全部价款和价外费用}-\text{当期允许扣除的土地价款}\right)\div(1+10\%)\times10\%-\text{当期允许抵扣的进项税额}$$

（2）适用简易计税方法计税的房地产项目，按照取得的全部价款和价外费用计算销售额，适用征收率5%，不能扣除进项税额。计算公式如下：

$$\text{应交增值税}=\text{全部价款和价外费用}\div(1+5\%)\times5\%$$

两种方法如何合理选择？笔者认为，应该根据“预算销售收入、预算成本、预计可取得的进项税额”进行两种方法下的税务测算比较。当然这仅是理论上的计算，所有测算数据均为预算数，与实际发生数肯定会有差异，测算结果肯定有偏差。另外，适用简易计税方法的项目，其进项税额不能及时从销项税额中抵扣，还要考虑进项税额的资金成本。

9. 房地产企业选择简易计税方法后，是否可以改为一般计税方法？

问：我公司是房地产企业，一般纳税人，2016年5月20日到主管国税机关对4月30日前的项目登记一般计税方法，但施工企业选择了简易计税方法，经测算，选择一般计税方法增值税税负比简易计税方法高。我公司是否可以变更为简易计税方法？

答：不能再次变更为简易计税方法。《试点实施办法》第十八条规定，一般纳税人发生应税行为适用一般计税方法。一般纳税人发生财政部和国家税务总局规定的特定应税行为，可以选择简易计税方法计税，但一经选择，36个月内不得变更。

10. 房地产企业与建筑企业对同一个项目是否可选择不同的计税方法？

问：我们公司开发的房地产项目的施工许可证的开工日期是2016年4月30日前，房地产公司选择一般计税方法，施工企业是否可以选择简易计税方法？房地产公司选择简易计税方法，施工企业是否可以选择一般计税方法？

答：可以选择不同的计税方法。施工企业与房地产企业的计税方法的选择没有必然联系，双方各自根据自身项目情况，选择一般计税方法或简易计税方法。

房地产企业按照18号公告第八条的规定选择计税方法，建筑企业按照17号公告第三条的规定选择计税方法。

二、具体规定

11. 销售无产权的地下车位应如何缴纳增值税？

问：我公司开发的住宅项目，地下车位（储藏间、自行车库）可以对外销售，但不能取得产权，销售合同约定购买方享有与土地使用权相同的使用权，销售无产权的地下车位应如何缴纳增值税？

答：《销售服务、无形资产、不动产注释》第三条第四款规定，"转让建筑物有限产权或者永久使用权的，转让在建的建筑物或者构筑物所有权的，以及在转让建筑物或者构筑物时一并转让其所占土地的使用权的，按照销售不动产缴纳增值税"。因此，按照实质重于形式的原则，如果购买方取得了不动产的占有、使用、收益、分配等权力，仍应按照出售不动产处理。

注意：根据《国家税务总局关于土地价款扣除时间等增值税征管问题的公告》（国家税务总局公告 2016 年第 86 号，以下简称 86 号公告）第五条的规定，18 号公告第五条公式"当期允许扣除的土地价款＝（当期销售房地产项目建筑面积÷房地产项目可供销售建筑面积）×支付的土地价款"中的"当期销售房地产项目建筑面积""房地产项目可供销售建筑面积"，是指计容积率地上建筑面积，不包括地下车位建筑面积。也就是说，在计缴增值税时，转让地下车位的销售额不存在扣除对应土地价款的问题。

12. "买房送车位"、"买房送汽车"如何缴纳增值税？

问：瑞安达地产公司开发的名筑别墅项目，现优惠促销，买 A 户型住宅送车位一个，买 B 户型住宅送宝马 3 系车一辆，那么，赠送的车位、汽车如何处理？

答：首先，买一赠一的前提是买卖合同成立，其赠品属于有偿赠送，不属于《试点实施办法》第十四条规定的向个人无偿赠送不动产的情形，车位、汽车的价格已包含在合同总价中。

其次，买房送车位涉及两项不动产，买房送宝马涉及一项不动产和一项货物，不属于《试点实施办法》第四十条规定的"一项销售行为如果既涉及服务又涉及货物，为混合销售"的情形，应当适用《试点实施办法》第三十九条的有关规定缴纳增值税。

“买房送车位”、“买房送汽车”的税务处理如表 4-2 所示。

表 4-2　“买房送车位”、“买房送汽车”的税务处理对比表

	买房送车位	买房送汽车
赠品的性质	赠品车位与主物房屋均属开发产品	赠送的汽车属于外购商品
增值税处理	房屋、车位捆绑销售，共同按销售开发产品计税	按房屋、汽车的公允价值的比例来分摊确认各项的销售收入，分别适用不同的税率计算缴纳增值税

| 政策链接 |

1. 企业所得税政策

《国家税务总局关于确认企业所得税收入若干问题的通知》（国税函〔2008〕875 号）第三条规定，企业以买一赠一等方式组合销售本企业商品的，不属于捐赠，应将总的销售金额按各项商品的公允价值的比例来分摊确认各项的销售收入。

2. 个人所得税政策

《财政部 国家税务总局关于企业促销展业赠送礼品有关个人所得税问题的通知》（财税〔2011〕50 号）第一条规定，企业在销售商品（产品）和提供服务过程中向个人赠送礼品，属于下列情形之一的，不征收个人所得税：

①企业通过价格折扣、折让方式向个人销售商品（产品）和提供服务；

②企业在向个人销售商品（产品）和提供服务的同时给予赠品，如通信企业对个人购买手机赠话费、入网费，或者购话费赠手机等；

③企业对累积消费达到一定额度的个人按消费积分反馈礼品。

13. 房地产开发企业转让在建工程如何缴纳增值税?

问：当前房地产市场冷热不均，部分房地产企业因资金紧张，将开发的在建工程或者烂尾楼进行整体转让，应如何缴纳增值税?

答：转让在开发的在建工程需要分以下两种情况缴纳增值税：

（1）转让已完成土地前期开发或正在进行土地前期开发，但尚未进入施工阶段的在建项目，根据《销售服务、无形资产、不动产注释》的规定，应当适用“销售无形资产——自然资源使用权——土地使用权”项目缴纳增值税，适用税率 10%（2018 年 4 月 30 日以前为 11%）。

（2）转让已进入建筑物施工阶段的在建项目，也称烂尾楼，根据《销售服务、无形资产、不动产注释》的规定，应当适用“销售不动产——建筑物”项目缴纳增值税，适用税率 10%（2018 年 4 月 30 日以前为 11%）。

| 案例分析 |

2016年8月18日，万友房地产公司由于资金紧张，现将在建未完工的太湖别墅项目整体转让给瑞安达房地产公司，转让价格为5亿元人民币。瑞安达房地产公司接盘后，以自己的名义重新立项并继续开发销售。两公司应如何进行税务处理？

分析：

（1）万友公司：转让在建工程，应按照销售开发产品缴纳增值税，税率为11%，开具增值税专用发票。根据国家税务总局公告2016年第18号，取得的全部价款和价外费用，扣除对应的土地价款后的余额计算销售额。

（2）瑞安达公司：购进在建工程，取得增值税专用发票，按照发票注明的税额抵扣销项税额。

14. 养老地产的会员卡如何缴纳增值税？

问：星海房地产公司开发健康养老社区项目，该项目不分割销售，采用会员制俱乐部运营模式，会员卡80万元/个，可以免费享单套养老用房（约70平方米）40年的服务，会员卡可以转让、赠予、继承，同时凭会员卡可优惠享受养老社区保健、护理等服务。那么，星海公司销售的会员卡是按销售不动产、出租不动产、养老服务哪种税目缴纳增值税？

答：根据《销售服务、无形资产、不动产注释》对于销售不动产的注释的规定，转让建筑物有限产权或者永久使用权的，转让在建的建筑物或者构筑物所有权的，以及转让建筑物或者构筑物时一并转让其所占土地的使用权的，按照销售不动产缴纳增值税。

从会员卡的使用年限、处分权利方面可以看出，实际上是销售该养老地产的永久使用权，应按销售不动产缴纳增值税。

15. 土地使用权被政府回购获得的补偿费是否缴纳增值税？

问：瑞安达地产开发公司2010年拍得A地块（住宅用地，500亩），土地价款1.2亿元，随后投入资金进行前期开发。2012年因政府规划调整，当地国土资源局向该公司签发《关于解除出让合同的通知书》，该公司停止项目开发。2016年5月14日，当地政府与该公司正式签订《土地收储合同》，以人民币每亩40万元的价格收储，总价为2亿元。那么，瑞安达公司收到的政府土地回购款，是否需要缴纳增值税？

答：根据《试点过渡政策的规定》第一条第（三十）项的规定，土地所有者出让土地使用权和土地使用者将土地使用权归还给土地所有者，免征增值税。

因此，该公司将土地归还给政府取得的土地回购款不需要缴纳增值税。

16. 房地产企业的宣传礼品是否需要缴纳增值税？

问：瑞安达房地产公司开发的瑞馨花园项目开盘，对前来看房并登记购房信息的来宾赠送带有项目 LOGO 的茶杯、雨伞，该赠品是否需要缴纳增值税？

答：《增值税暂行条例实施细则》第四条第（八）项规定，单位或者个体工商户将自产、委托加工或者购进的货物无偿赠送其他单位或者个人，视同销售货物。

该公司将带有 LOGO 的礼品用于销售宣传赠送给来宾，需要视同销售按公允价值计算缴纳增值税，该礼品对应的进项税额可以抵扣。

17. 房地产企业向购房业主收取的购房违约金是否需要缴纳增值税？

问：由于购房业主未及时办理交房手续，根据购房合同约定，需要向房地产企业支付违约金。那么，房地产企业收取的购房违约金是否需要缴纳增值税？

答：销售行为成立，买房违约赔偿收入属于价外费用，需要计算缴纳增值税。若销售行为不成立，则买房违约赔偿收入属于营业外收入，不需要计算缴纳增值税；关于价外费用的增值税规定如表 4-3 所示。

表 4-3　　关于价外费用的增值税规定

文件	政策内容
《试点实施办法》	第三十七条　销售额，是指纳税人发生应税行为取得的全部价款和价外费用，财政部和国家税务总局另有规定的除外。价外费用，是指价外收取的各种性质的收费，但不包括以下项目：……
《增值税暂行条例实施细则》	第十二条　条例第六条第一款所称价外费用，包括价外向购买方收取的手续费、补贴、基金、集资费、返还利润、奖励费、违约金、滞纳金、延期付款利息、赔偿金、代收款项、代垫款项、包装费、包装物租金、储备费、优质费、运输装卸费以及其他各种性质的价外收费……

18. 开发商退赔业主的款项能否冲减售房收入？

问：A 房地产公司在某市开发了一写字楼项目。由于施工条件及平衡成本计划的压力，A 公司经批准将部分写字楼的层高从 4.8 米降低到 4.4 米。但由于各种原因，未告知消费者并修改房屋销售合同。交付验房时，业主对其层高提出质疑并要求赔偿，经协商最终该公司承诺退赔600万元。那么，退赔的600万元可以冲减当期的销售收入吗？

答：600万元退赔金额事实上是对企业实际交付的商品房，未能达到企业公开承诺的房屋层高而做的销售折让。纳税人适用一般计税方法计税的，因销售折让、中止或者退回而退还给购买方的增值税额，应当根据《试点实施办法》第三十二条的规定从当期的销项税额中扣减。纳税人适用简易计税方法计税的，因销售折让、中止或者退回而退还给购买方的销售额，应当根据《试点实施办法》第三十六条的规定从当期销售额中扣减。

如果售出写字楼已开具增值税专用发票的，按照《试点实施办法》第三十二条的规定，应当按照国家税务总局的规定开具红字增值税专用发票；未按照规定开具红字增值税专用发票的，不得扣减销项税额或者销售额。增值税专用发票红字发票的开具，具体见国家税务局总局公告2016年第47号第一条规定。

| 政策链接 |

《国家税务总局关于确认企业所得税收入若干问题的通知》(国税函〔2008〕875号)

企业已经确认销售收入的售出商品发生销售折让和销售退回，应当在发生当期冲减当期销售商品收入。

19. 销售价格偏低的开发产品如何缴纳增值税？

问：美华地产公司开发了财富广场商业项目。由于资金紧张，公司将4 000平方米的商业房以4 500元/平方米的价格过户到董事长高总名下，高总以个人名义办理银行抵押贷款用于公司经营，商业房的开发成本为4 800元/平方米。该商业房以4 500元的单价计算增值税是否存在税务风险？

答：该商业房的销售价格明显偏低，应该按照公允价格确认销售额计算缴纳增值税。

《试点实施办法》第四十四条规定，纳税人发生应税行为价格明显偏低或者偏高且不具有合理商业目的，或者发生该办法第十四条所列行为而无销售额的，主管税务机关有权按照下列顺序确定销售额：

（1）按照纳税人最近时期销售同类服务、无形资产或者不动产的平均价格确定。

（2）按照其他纳税人最近时期销售同类服务、无形资产或者不动产的平均价格确定。

（3）按照组成计税价格确定，组成计税价格的公式为：

组成计税价格＝成本×(1＋成本利润率)

成本利润率由国家税务总局确定。

20. 房地产企业以开发产品对外投资是否需要缴纳增值税?

问：瑞安达地产公司开发了瑞鑫广场项目，开发业态有商业、酒店、公寓、写字楼。现瑞安达公司以2万平方米商业用房作价出资，新光公司以货币资金出资5 000万元，共同成立百货公司。那么，瑞安达公司以开发的商业地产对外投资是否需要缴纳增值税?

答：根据《试点实施办法》第十条、第十一条的规定，销售服务、无形资产或者不动产，是指有偿提供服务、有偿转让无形资产或者不动产。有偿，是指取得货币、货物或者其他经济利益。

该公司以商业地产对外投资，取得被投资方股权，即其他经济利益，应按销售自行开发的房地产计算缴纳增值税。

| 政策链接 |

1. 土地增值税政策

《财政部 国家税务总局关于企业改制重组有关土地增值税政策的通知》（财税〔2015〕5号）第四条规定，单位、个人在改制重组时以国有土地、房屋进行投资，对其将国有土地、房屋权属转移、变更到被投资的企业，暂不征土地增值税。但是该文件第五条规定，上述改制重组有关土地增值税政策不适用于房地产开发企业。

2. 企业所得税政策

《财政部 国家税务总局关于非货币性资产投资企业所得税政策问题的通知》（财税〔2014〕116号）规定，居民企业以非货币性资产对外投资确认的非货币性资产转让所得，可在不超过5年期限内，分期均匀计入相应年度的应纳税所得额，按规定计算缴纳企业所得税。

企业以非货币性资产对外投资，应对非货币性资产进行评估并按评估后的公允价值扣除计税基础后的余额，计算确认非货币性资产转让所得。

企业以非货币性资产对外投资，应于投资协议生效并办理股权登记手续时，确认非货币性资产转让收入的实现。

企业以非货币性资产对外投资而取得被投资企业的股权，应以非货币性资产的原计税成本为计税基础，加上每年确认的非货币性资产转让所得，逐年进行调整。

企业在对外投资5年内转让上述股权或投资收回的，应停止执行递延纳税政策，并就递延期内尚未确认的非货币性资产转让所得，在转让股权或投资收回当年的企业所得税年度汇算清缴时，一次性计算缴纳企业所得税；企业在计算股权转让所得时，可按该通知第三条第一款规定将股权的计税基础一次调整到位。

企业在对外投资5年内注销的，应停止执行递延纳税政策，并就递延期内尚未确认的非货币性资产转让所得，在注销当年的企业所得税年度汇算清缴时，一次性计算缴纳企业所得税。

21. 房地产开发企业将开发的商品房作为职工福利发放给员工需要缴纳增值税吗?

问：瑞安达地产成立10周年庆，股东会决定，在公司工作满10年的员工可以享受自行开发的商品房100平方米住房福利，超过部分的面积由员工按市场价格购买。那么，该用于职工福利的商品房如何缴纳增值税?

答：根据《试点实施办法》第十四条第（二）项的规定，除用于公益事业或以社会公众为对象外，单位或个人向其他单位无偿转让不动产，视同销售不动产。该公司自行开发的商品房用于职工福利，应视同销售，按公允价计算缴纳增值税。

《试点实施办法》第二十七条第（一）项规定，用于简易计税方法项目、免征增值税项目、集体福利或者个人消费的购进货物、加工修理修配劳务、服务、无形资产和不动产的进项税额不得从销项税中抵扣。如果该公司以外购的商品房给职工发放福利，则外购商品房的进项税额不得抵扣，不做视同销售处理。

| 政策链接 |

1. 土地增值税政策

《国家税务总局关于房地产开发企业土地增值税清算管理有关问题的通知》（国税发〔2006〕187号）第三条第（一）项规定，房地产开发企业将开发产品用于职工福利、奖励、对外投资、分配给股东或投资人、抵偿债务、换取其他单位和个人的非货币性资产等，发生所有权转移时应视同销售房地产，其收入按下列方法和顺序确认：

①按本企业在同一地区、同一年度销售的同类房地产的平均价格确定；

②由主管税务机关参照当地当年、同类房地产的市场价格或评估价值确定。

2. 企业所得税政策

《国家税务总局关于企业处置资产所得税处理问题的通知》（国税函〔2008〕828号）第二条第（三）项规定，企业将资产移送他人，用于职工奖励或福利；因资产所有权属已发生改变而不属于内部处置资产，应按规定视同销售确定收入。根据国家税务总局公告2016年第80号第二条的规定，企业发生上述情形的，除另有规定外，应按照被移送资产的公允价值确定销售收入。

《房地产开发经营业务企业所得税处理办法》（国税发〔2009〕31号文件发布）第

七条规定，企业将开发产品用于捐赠、赞助、职工福利、奖励、对外投资、分配给股东或投资人、抵偿债务、换取其他企事业单位和个人的非货币性资产等行为，应视同销售，于开发产品所有权或使用权转移，或于实际取得利益权利时确认收入（或利润）的实现。确认收入（或利润）的方法和顺序为：

①按本企业近期或本年度最近月份同类开发产品市场销售价格确定；

②由主管税务机关参照当地同类开发产品市场公允价值确定；

③按开发产品的成本利润率确定。开发产品的成本利润率不得低于15%，具体比例由主管税务机关确定。

22. 房地产开发企业发生代建行为，如何缴纳增值税？

答：主要根据代建项目的土地使用权权属和立项情况来判断增值税税目的适用。

（1）受托企业拥有土地使用权，并以自已的名义立项。

受托企业取得土地使用权并办理施工手续后根据委托单位的要求进行施工，并按施工进度向乙方收取房款，工程完工后，受托企业替委托单位办理产权转移等手续。根据《销售服务、无形资产、不动产注释》有关税目的解释，受托企业上述行为属于销售不动产，应按“销售不动产”税目缴纳增值税；如果受托企业自备施工力量建造该房屋，还应对受托企业的建造行为按“建筑服务”税目缴纳增值税。

（2）委托单位拥有土地使用权，并以自已的名义立项

委托方与受托方签订《委托代建合同》，以委托方的名义办理立项及相关手续，与委托方不发生土地使用权、产权的转移，而且受托方不垫付资金、不以受托方名义办理建安工程结算，只是按合同约定收取一定的管理费，根据《销售服务、无形资产、不动产注释》有关税目的解释，受托企业上述收取的管理费按“商务辅助服务——经纪代理服务”缴纳增值税。如果受托企业自备施工力量建造该房屋，还应对受托企业的建造行为按“建筑服务”税目征收增值税。

| 适用解析 |

1. 某实验中学委托A房地产公司建造新校区，土地为划拨教育用地，双方签订委托代建合同，合同约定：A房地产公司负责项目规划、建设手续报批备案（不包括土地使用权的手续办理）、施工单位招标选定、建筑材料与设备采购、监理及施工等合同的履行、组织工程的竣工验收、工程技术资料的汇编整理、工程结算等事项。教育局按照项目造价的2%向A房地产公司支付代建手续费。工程建设资金由区财政直接支付给施工单位。该代建手续费应如何缴纳增值税?

解析：A房地产公司取得的代建手续费应按“商务辅助服务——经纪代理服务”

缴纳增值税。

2. 某市国检局委托 B 房地产公司建造办公大楼，土地为该国检局行政事业单位用地，双方签订委托代建合同，立项为国检局办公大楼，土地权属、性质不变，B 房地产公司负责提供资金并建造，建成后 B 房地产公司享有大楼 1～20 层 25 年的使用权。该业务 B 公司应如何缴纳增值税?

解析：B 房地产公司代垫建设资金，不符合代建行为的规定，实际上是提供建筑服务，应该按照大楼 25 年使用权的公允价值计算收入，并按"建筑服务"缴纳增值税。

3. C 房地产公司受政府委托代建动迁安置房，土地为政府划拨用地，C 房地产公司以自已名义立项并建造，政府按照进度向 C 公司支付进度款，建成后由委托方分配给动迁户，C 房地产公司按照 1 500 元/平方米政府核定价开具销售发票给动迁户办理产权证。政府按照 50 元/平方米向 C 房地产公司支付代建手续费。该业务 C 公司应如何缴纳增值税?

解析：C 房地产公司以自己名义立项并开发回迁安置房，应该按照"销售开发产品"缴纳增值税。按照政府支付的项目开发成本与代建手续费之和计算销项税额，按实际发生的进项税额抵扣销项税额。

23. 营改增后，合作建房模式如何进行税务处理?

答：合作建房模式需要按不同的合作模式分别进行税务处理，现从增值税、所得税两方面对不同的合作模式的税务处理做简要分析。

（1）增值税处理（见表 4-4）。

表 4-4　　合作建房模式的增值税处理

合作建房模式（甲方出地，乙方出资）			原营业税处理	现增值税处理
土地使用权和房屋所有权相互交换	土地使用权换房屋所有权	出地方以转让部分土地使用权为代价，换取部分房屋的所有权；出资方以转让部分房屋的所有权为代价，换取部分土地的使用权	1. 出地方：按"转让无形资产——土地使用权"缴纳营业税	按"销售无形资产——自然资源使用权（土地使用权）"缴纳增值税
			2. 出资方：按"销售不动产"缴纳营业税	按"销售不动产"缴纳增值税
	出租土地使用权换房屋所有权	土地出租若干年，承租方在该土地上建造建筑物并使用。租赁期满后，承租方将土地使用权连同所建的建筑物归还出租方（以出租土地使用权为代价换取建筑物）	1. 出租方：发生了出租土地使用权的行为，按"服务业——租赁业"缴纳营业税	按"租赁不动产"缴纳增值税
			2. 承租方：发生了销售不动产的行为，按"销售不动产"缴纳营业税	按"销售不动产"缴纳增值税

续表

<table>
<tr><th colspan="3">合作建房模式（甲方出地，乙方出资）</th><th>原营业税处理</th><th>现增值税处理</th></tr>
<tr><td rowspan="7">甲方以土地使用权出资、乙方以货币资金出资，成立合营企业合作建房</td><td rowspan="3">风险共担，利润共享</td><td rowspan="3">房屋建成后如果双方采取风险共担，利润共享的分配方式。即甲方以土地使用权投资入股，参与接受投资方的利润分配，共同承担投资风险</td><td>1. 甲方以土地使用权投资入股，不缴纳营业税</td><td>按“销售无形资产——自然资源使用权（土地使用权）”缴纳增值税</td></tr>
<tr><td>2. 合营企业销售房屋取得的收入按“销售不动产”缴纳营业税</td><td>按“销售不动产”缴纳增值税</td></tr>
<tr><td>3. 双方分得的利润不缴纳营业税</td><td>分回利润不缴纳增值税</td></tr>
<tr><td rowspan="2">按收入比例提成或提取固定利润</td><td rowspan="2">房屋建成后甲方采取按销售收入的一定比例提成方式参与分配，或按提取的固定利润参与分配</td><td>1. 甲方取得的固定利润或按收入比例提取的收入按“转让无形资产——土地使用权”缴纳营业税</td><td>按“销售无形资产——自然资源使用权”征增值税</td></tr>
<tr><td>2. 合营企业按全部房屋的销售收入依“销售不动产”税目征营业税</td><td>按“销售不动产”缴纳增值税</td></tr>
<tr><td rowspan="2">房屋建成后双方按一定比例分配房屋</td><td rowspan="2">房屋建成后双方按一定比例分配房屋</td><td>1. 甲方向合营企业转让的土地，按“转让无形资产”缴纳营业税</td><td>按“销售不动产”缴纳增值税</td></tr>
<tr><td>2. 对合营企业的房屋，在分配给甲方和乙方后，如果各自销售，则再按“销售不动产”缴纳营业税</td><td>按“销售不动产”缴纳增值税</td></tr>
</table>

文件依据：①《国家税务总局关于印发〈营业税问题解答（之一）〉的通知》（国税函发〔1995〕156号）；

②《财政部 国家税务总局关于全面推开营业税改征增值税试点的通知》（财税〔2016〕36号）。

（2）土地增值税处理。

根据《财政部国家税务总局关于土地增值税一些具体问题规定的通知》（财税〔1995〕48号）的规定，对于一方出地，一方出资金，双方合作建房，建成后按比例分房自用的，暂免征收土地增值税；建成后转让的，应征收土地增值税。

（3）企业所得税处理（具体见表4-5）。

表4-5　　　　合作建房模式的企业所得税处理

<table>
<tr><th colspan="2">合作建房模式</th><th>企业所得税处理</th></tr>
<tr><td rowspan="2">未成立独立法人公司</td><td>约定向投资各方分配开发产品</td><td>1. 企业在首次分配开发产品时，如该项目已经结算计税成本，其应分配给投资方开发产品的计税成本与其投资额之间的差额计入当期应纳税所得额
2. 如未结算计税成本，则将投资方的投资额视同销售收入进行相关的税务处理</td></tr>
<tr><td>约定分配项目利润</td><td>1. 企业应将该项目形成的营业利润额并入当期应纳税所得额统一申报缴纳企业所得税，不得在税前分配该项目的利润。同时不能因接受投资方投资额而在成本中摊销或在税前扣除相关的利息支出
2. 投资方取得该项目的营业利润应视同股息、红利进行相关的税务处理</td></tr>
</table>

续表

合作建房模式		企业所得税处理
以土地使用权投资其他项目公司	换取开发产品为目的	企业应在首次取得开发产品时，将其分解为转让土地使用权和购入开发产品两项经济业务进行所得税处理，并按应从该项目取得的开发产品（包括首次取得的和以后应取得的）的市场公允价值计算确认土地使用权转让所得或损失

文件依据：《国家税务总局关于印发〈房地产开发经营业务企业所得税处理办法〉的通知》（国税发〔2009〕31号）。

24. 房地产开发项目在计算销售额时，土地价款如何进行扣除？

答： 18号公告第五条规定，当期允许扣除的土地价款按照以下公式计算：

$$\text{当期允许扣除的土地价款}=\left(\text{当期销售房地产项目建筑面积}\div\text{房地产项目可供销售建筑面积}\right)\times\text{支付的土地价款}$$

当期销售房地产项目建筑面积，是指当期进行纳税申报的增值税销售额对应的建筑面积。

房地产项目可供销售建筑面积，是指房地产项目可以出售的总建筑面积，不包括销售房地产项目时未单独作价结算的配套公共设施的建筑面积。

支付的土地价款，是指向政府、土地管理部门或受政府委托收取土地价款的单位直接支付的土地价款。

| 案例分析 |

瑞安达房地产开发公司是一般纳税人，2016 年 5 月通过招拍挂方式取得 10 000 平方米的净地用于开发写字楼，支付土地价款 15 000 万元。总规划建筑面积 42 000 平方米，其中，未单独作价结算的配套公共设施的建筑面积 2 000 平方米。2017 年 10 月，该写字楼建成并交付业主使用，同时办理了产权登记。已销售面积 30 000 平方米，实现含税销售收入 77 850 万元，已预缴增值税 2 100 万元。当期进项税额 500 万元，留抵税额 2 500 万元。该公司应如何进行增值税处理？

分析：

（1）允许扣除的土地价款 = 15 000 × 30 000 ÷ (42 000 − 2 000) = 11 250（万元）；

（2）销售额 = (77 850 − 11 250) ÷ (1 + 11%) = 60 000（万元）；

（3）应交增值税 = 60 000 × 11% − (500 + 2 500) = 3 600（万元）；

（4）应补缴增值税 = 3 600 − 2 100 = 1 500（万元）。

25. 一次拿地、分次开发如何扣除土地价款?

问：2016年5月10日，我公司取得太湖新城住宅用地，规划分两期开发，一期、二期的土地价款如何抵扣?

答：18号公告关于土地价款的扣除公式对于一次拿地、一次开发可直接适用，对于一次拿地、分次开发则不能直接适用。笔者认为，应先按占地面积法分摊每次开发的土地价款；然后，分摊每次开发当期销售房地产项目建筑面积所对应的土地价款；最后，按照当期取得的全部价款和价外费用扣除对应的土地价款后的余额计算销售额。

在这方面，可以参考下面的湖北国税局营改增执行口径。

关于房地产公司一般纳税人一次购地、分期开发的，其土地成本如何分摊的问题：

房地产企业一次性购地，分次开发，可供销售建筑面积无法一次全部确定的，按以下顺序计算当期允许扣除分摊土地价款：

(1) 首先，计算出已开发项目所对应的土地出让金：

$$\text{已开发项目所对应的土地出让金}=\text{土地出让金}\times\left(\text{已开发项目占地面积}\div\text{开发用地总面积}\right)$$

(2) 然后，按照以下公式计算当期允许扣除的土地价款：

$$\text{当期允许扣除的土地价款}=\left(\text{当期销售房地产项目建筑面积}\div\text{房地产项目可供销售建筑面积}\right)\times\text{已开发项目所对应的土地出让金}$$

当期销售房地产项目建筑面积，是指当期进行纳税申报的增值税销售额对应的建筑面积。

房地产项目可供销售建筑面积，是指房地产项目可以出售的总建筑面积，不包括销售房地产项目时未单独作价结算的配套公共设施的建筑面积。

(3) 按上述公式计算出的允许扣除的土地价款要按项目进行清算，且其总额不得超过支付的土地出让金总额。

| 案例分析 |

瑞安达房地产开发公司是一般纳税人，2016年5月通过招拍挂方式取得30 000平方米的净地用于开发写字楼，支付土地价款30 000万元，总规划建筑面积84 000平方米，项目分两期开发，一期占地面积12 000平方米，总建筑面积42 000平方米，其中未单独作价结算的配套公共设施的建筑面积2 000平方米，于2016月6月开工建设。2017 年 10 月，该写字楼建成并交付业主使用，同时办理了产权登记。已销售面积 30 000 平方米，实现含税销售收入 64 500 万元，已预缴增值税 1 750 万元。当期进项税额 500 万元，留抵税额 2 200 万元。二期占地面积 18 000 平方米，总建筑面积 36 000平方米，2017 年 6 月开工建设。该公司应如何进行增值税处理?

分析：

（1）一期分摊的土地价款＝30 000×12 000/30 000＝12 000（万元）；

（2）一期已销售部分允许扣除的土地价款＝12 000×30 000/(42 000－2 000)＝9 000（万元）；

（3）销售额＝（64 500－9 000)÷(1＋11%)＝50 000（万元）；

（4）应交增值税＝50 000×11%－(500＋2 200)＝2 800（万元）；

（5）应补缴增值税＝2 800－1 750＝1 050（万元）。

26. 取得土地使用权支付的拆迁补偿费是否允许在计算销售额时扣除？

问：房地产公司取得开发用地，按合同约定支付的拆迁补偿费，是否允许在计算销售额时扣除？

答：根据 18 号公告第五条的规定，支付的土地价款，是指向政府、土地管理部门或受政府委托收取土地价款的单位直接支付的土地价款。

财税〔2016〕140 号文件第七条规定，“向政府部门支付的土地价款”，包括土地受让人向政府部门支付的征地和拆迁补偿费用、土地前期开发费用和土地出让收益等。

房地产开发企业中的一般纳税人销售其开发的房地产项目（选择简易计税方法的房地产老项目除外)，在取得土地时向其他单位或个人支付的拆迁补偿费用也允许在计算销售额时扣除。纳税人按上述规定扣除拆迁补偿费用时，应提供拆迁协议、拆迁双方支付和取得拆迁补偿费用凭证等能够证明拆迁补偿费用真实性的材料。

27. 以接受投资取得的土地开发商品房，其土地价款是否可以从销售额中扣除？

答：根据 18 号公告第五条的规定，支付的土地价款，是指向政府、土地管理部门或受政府委托收取土地价款的单位直接支付的土地价款。因此，接受投资的土地使用权，在计算销售额时，不可以扣除对应的土地价款。

投资企业以土地使用权对外投资，相当于用土地使用权换得了股权，属于《试点实施办法》第十条、第十一条规定的有偿销售情形，应当按“销售无形资产——土地使用权”税目，适用10%的税率（2018年4月30日以前为11%）缴纳增值税。如果为2016年4月30日以前取得的土地使用权，根据财税〔2016〕47号文件第三条第（二）项的规定，可以选择适用简易计税方法，以取得的全部价款和价外费用减去取得该土地使用权的原价后的余额为销售额，按照5%的征收率计算缴纳增值税。

被投资企业在接受土地使用权投资时，可按规定取得增值税专用发票，其进项税额可以从当期销项税额中抵扣。如果从该地块的开发产品销售额中再扣除对应的土地价款，必然会造成重复扣除。

28. 因土地权属更名，项目公司取得的土地出让金收据抬头与公司名称不一致，如何进行增值税处理？

问：瑞安达地产公司于2015年12月通过挂拍方式取得树山地块土地使用权，支付土地价款3亿元，并取得土地出让金财政收据。2016年1月，瑞安达公司成立全资项目公司新瑞公司，并与国土局签订补充协议，将该土地使用权变更为新瑞公司，新瑞公司取得原国土局开具给瑞安达公司的土地价款收据。新瑞公司取得的土地出让金收据抬头与公司名称不一致，是否可以从全部价款和价外费用中扣除？

答：财税〔2016〕140号文件第八条规定，房地产开发企业（包括多个房地产开发企业组成的联合体）受让土地向政府部门支付土地价款后，设立项目公司对该受让土地进行开发，同时符合下列条件的，可由项目公司按规定扣除房地产开发企业向政府部门支付的土地价款。

（1）房地产开发企业、项目公司、政府部门三方签订变更协议或补充合同，将土地受让人变更为项目公司；

（2）政府部门出让土地的用途、规划等条件不变的情况下，签署变更协议或补充合同时，土地价款总额不变；

（3）项目公司的全部股权由受让土地的房地产开发企业持有。

如果土地使用权变更符合上述规定，则土地价款可以从全部价款和价外费用中扣除。

| 政策链接 |

《国土资源部关于印发〈招标拍卖挂牌出让国有土地使用权规范（试行）〉的通知》（国土资发〔2006〕114号）

申请人竞得土地后，拟成立新公司进行开发建设的，应在申请书中明确新公司的出资构成、成立时间等内容。出让人可以根据招拍挂出让结果，先与竞得人签订《国有土地使用权出让合同》，在竞得人按约定办理完新公司注册登记后，再与新公司签订《国有土地使用权出让合同变更协议》；也可以直接与新公司签订《国有土地使用权出让合同》。

29. 房地产开发企业在 2016 年 4 月 30 日以前从其他企业购买土地支付的价款可否进行差额扣除？

答：根据 18 号公告第五条和第六条的规定，允许扣除的土地价款，是指向政府、土地管理部门或受政府委托收取土地价款的单位直接支付的土地价款，并且取得省级以上（含省级）财政部门监制的财政票据。因此，房地产企业在 2016 年 4 月 30 日以前从其他房地产企业购买土地支付的土地款，不得差额扣除。

如果转让方企业销售土地使用权时，营业税纳税义务已经发生，取得的是营业税发票或增值税普通发票，其土地价款不能抵扣当期销售收入；如果转让方企业销售土地使用权时，营业税纳税义务尚未发生，应当按照增值税纳税义务发生时间缴纳增值税，则可以按规定取得增值税专用发票，其进项税额可以抵扣当期销项税额。

30. 公共配套设施的建筑面积是否可以作为土地价款扣除的计算基数？

问：某房地产公司开发的青剑湖项目主要业态为：小高层住宅、LOFT 公寓、写字楼、会所（可以单独作价出售）、物业用房、配电房、地下车位。该项目可供销售面积是哪些？

答：根据 18 号公告第五条的规定，当期销售房地产项目建筑面积，是指当期进行纳税申报的增值税销售额对应的建筑面积。房地产项目可供销售建筑面积，是指房地产项目可以出售的总建筑面积，不包括销售房地产项目时未单独作价结算的配套公共设施的建筑面积。

根据 86 号公告第五条的规定，上述“当期销售房地产项目建筑面积”“房地产项目可供销售建筑面积”，是指计容积率地上建筑面积，不包括地下车位建筑面积。

因此，该项目的可售面积包括：可销售的小高层住宅、LOFT 公寓、写字楼、单独作价出售的会所。物业用房、配电房、地下车位的面积不能计算在内。

31. 被政府没收的土地所支出的价款是否可以在销售额中扣除？

问：我公司拍卖取得一块开发用地，土地价款 1 亿元，由于房地产宏观调控导致楼市低迷，项目一直未开工，2 年后被政府没收。那么，被政府没收的土地价款能否在另一个项目的销售额中扣除？

答：18 号公告第四条规定，房地产开发企业中的一般纳税人销售自行开发的房地产项目，适用一般计税的，按照取得的全部价款和价外费用，扣除当期销售房地产项目对应的土地价款后的余额计算销售额。

根据上述规定，另一个项目的销售额只能扣除其对应的土地价款，而不能扣除被没收的土地价款。

32. 哪些属于房地产开发企业的非正常损失？

问：福建某地产公司在建项目被台风“莫兰蒂”袭击，造成严重损失，该损失是否属于非正常损失？为此取得的购进材料、建筑服务和设计服务的进项税额是否可以抵扣？

答：根据《试点实施办法》第二十八条第二款的规定，非正常损失，是指因管理不善造成货物被盗、丢失、霉烂变质，以及违反法律法规造成货物或者不动产被依法没收、销毁、拆除的情形。台风袭击损失不属于非正常损失，其取得的相关进项税额可以抵扣。

房地产开发项目的非正常损失情形主要有：施工现场的材料被盗、丢失；红线外建筑、未批先建筑、违章建筑被主管机关依法没收、销毁或拆除等。

33. 兼营一般计税和简易计税项目的，如何划分可以抵扣的进项税额？

问：蓝天房地产公司同时销售新项目和老项目，老项目选择简易计税方法，取得的收入同时有销售开发产品收入与商业用房租赁收入，期间费用以及办公用房的租金支出均取得增值税专用发票。那么，如何计算不得抵扣的进项税额？

答：（1）先按销售开发产品收入与商业用房租赁收入的比例计算销售开发产品应分摊的进项税额。（《试点实施办法》第二十九条）

$$\text{销售开发产品应分摊的进项税额}=\text{当期无法划分的全部进项税额}\times\left(\text{当其销售开发产品销售额}\div\text{当期全部销售额}\right)$$

（2）再按简易计税项目与一般计税项目的建筑面积比例计算简易计税项目不得抵扣的进项税额。（18 号公告第十三条）

$$\text{当期不得抵扣的进项税额}=\text{销售开发产品应分摊的进项税额}\times\left(\text{简易计税方法计税房地产建筑面积}\div\text{房地产项目总建设规模}\right)$$

（3）主管税务机关可以按照上述公式依据年度数据对不得抵扣的进项税额进行清算。（《试点实施办法》第二十九条）

34. 开发产品转用于固定资产时进项税额如何抵扣？

问：瑞安达房地产公司开发的瑞鑫广场项目，主要有酒店、写字楼、酒店式公寓、商铺四种业态，公寓、写字楼、商铺已售完，酒店自持经营并办理了产权证。那么，酒店部分的进项税额如何抵扣？

答：《试点有关事项的规定》第一条第（四）项第1目规定，适用一般计税方法的试点纳税人，2016年5月1日后取得并在会计制度上按固定资产核算的不动产或者2016年5月1日后取得的不动产在建工程，其进项税额应自取得之日起分2年从销项税额中抵扣，第一年抵扣比例为60%，第二年抵扣比例为40%。

15号公告第五条规定，购进时已全额抵扣进项税额的货物和服务，转用于不动产在建工程的，其已抵扣进项税额的40%部分，应于转用的当期从进项税额中扣减，计入待抵扣进项税额，并于转用的当月起第13个月从销项税额中抵扣。

根据上述规定，该公司自持的酒店转为固定资产，按照固定资产核算管理，其进项税额应分两年抵扣，开发产品结转固定资产之日将其已抵扣的进项税额转出40%计入待抵扣进项税额，并于结转的当月起第13个月从销项税额中抵扣。

35. 企业间借款利息的进项税额能否抵扣？

问：我公司因资金困难，向瑞安达公司借入5 000万元用于项目开发，利率为6%（不超过银行同期同类贷款利率），瑞安达公司开具增值税专用发票。我公司取得的利息发票的进项税额可以抵扣吗？

答：《试点实施办法》第二十七条第（六）项规定，购进的旅客运输服务、贷款服务、餐饮服务、居民日常服务和娱乐服务的进项税额不得从销项税额中抵扣。

企业间的资金借贷属于贷款服务，取得利息发票的进项税额不得从销项税额中抵扣。

注意：《试点有关事项的规定》规定，纳税人接受贷款服务向贷款方支付的与该笔贷款直接相关的投融资顾问费、手续费、咨询费等费用，其进项税额不得从销项税额中抵扣。

36. 适用一般计税方法项目的进项税额需要按项目分别抵扣吗？

问：房地产公司有两个开发项目，均采用一般计税方法，两项目的进项税额需要分别抵扣对应的销项税额吗？

答：根据《试点实施办法》第二十一条的规定，一般计税方法的应纳税额，是指当期销项税额抵扣当期进项税额后的余额。应纳税额的计算公式为：

应纳税额＝当期销项税额－当期进项税额

当期销项税额小于当期进项税额不足抵扣时，其不足部分可以结转下期继续抵扣。

采用一般计税方法的不同项目取得的进项税额，不需要分项目抵扣，属于当期的进项税额可以一起抵扣。

37. 开发项目 2016 年 4 月 30 日以前的购进货物，在 2016 年 5 月 1 日以后取得的增值税专用发票是否可以抵扣？

问：我公司开发项目施工日期在 4 月 30 日前，营改增后我公司登记为增值税一般纳税人，对该项目采用一般计税方法。那么，发生在 4 月 30 日前的购进货物、建筑服务和设计服务，5 月 1 日后取得的增值税专用发票是否可以抵扣？

答：根据《国家税务总局关于纳税人认定或登记为一般纳税人前进项税额抵扣问题的公告》（国家税务总局公告 2015 年第 59 号）第一条的规定，纳税人自办理税务登记至认定或登记为一般纳税人期间，未取得生产经营收入，未按照销售额和征收率简易计算应纳税额申报缴纳增值税的，其在此期间取得的增值税扣税凭证，可以在认定或登记为一般纳税人后抵扣进项税额。

如果你公司自办理税务登记以来，从未取得生产经营收入，2016 年 5 月 1 日以后取得以前购进货物、服务的增值税专用发票，其进项税额可以抵扣。

如果你公司在登记为一般纳税人之前，就取得了开发产品销售收入，那么 2016 年 5 月 1 日以后取得以前购进货物、服务的增值税专用发票，其进项税额不可以抵扣。

38. 支付的境外设计费、策划费如何扣缴增值税？

答：应按以下步骤操作：

（1）确定扣缴义务人。

《试点实施办法》第六条规定，中华人民共和国境外单位或者个人在境内发生应税行为，在境内未设有经营机构的，以购买方为增值税扣缴义务人。

（2）计算扣缴税额。

《试点有关事项的规定》第一条第（十五）项规定，境内的购买方为境外单位和个人扣缴增值税的，按照适用税率扣缴增值税。

应扣缴税额＝接受方支付的价款÷(1＋适用税率)×适用税率

（3）抵扣进项税额。

《试点实施办法》第二十六条第三项规定，纳税人凭完税凭证抵扣进项税额的，应当具备书面合同、付款证明和境外单位的对账单或者发票。资料不全的，其进项税额不得从销项税额中抵扣。

| 案例分析 |

嘉安房地产公司为一般纳税人，开发的嘉安国际广场项目采用一般计税方法，该项目聘请美国 SOM 设计公司提供策划、设计服务，向外方支付服务费 500 万元。该公司应如何扣缴增值税?

分析：

（1）如果美国 SOM 设计公司在我国境内有经营机构，由该经营机构自行申报缴纳增值税，嘉安房地产公司无增值税扣缴义务。

（2）如果美国 SOM 设计公司在我国境内未设经营机构，则嘉安房地产公司为增值税扣缴义务人。应按以下情形计算应扣缴增值税:

①假如合同约定为不含税价。

应扣缴的增值税＝500×6%＝30（万元），同时 30 万元作为进项税额抵扣当期销项税额。

②假如合同约定为含税价。

应扣缴的增值税＝500÷(1＋6%)×6%＝28.30（万元），同时 28.30 万元作为进项税额抵扣当期销项税额。

| 相关知识 |

对外付汇办理流程如下：

（1）合同备案，根据《国家税务总局关于印发〈非居民企业所得税源泉扣缴管理暂行办法〉的通知》（国税发〔2009〕3 号）的规定，在国税局网站办理合同备案。

（2）扣缴税款，支付或到期应支付时代扣代缴税款，其中：企业所得税为网上扣缴，增值税需要在办税服务厅现场扣缴。取得代扣代缴完税凭证，其进项税额按规定抵扣。

(3) 对外支付备案，依据《国家税务总局 国家外汇管理局关于服务贸易等项目对外支付税务备案有关问题的公告》(国家税务总局 国家外汇管理局公告 2013 年第 40 号)，向所在地主管国税机关进行税务备案。

(4) 后续对外支付税务备案后续报告。非居民享受税收协定待遇审批免税、税收协定待遇备案免税的，纳税人或扣缴义务人应在对外支付税务备案后 15 日内提交后续报告时，同时将《非居民享受税收协定待遇执行情况报告表》报主管税务机关。

报送资料如下：

①《服务贸易等项目对外支付税务备案表》；

②加盖公章的合同（协议）或相关交易凭证复印件（外文文本应同时附送中文译本，同一笔合同需要多次对外支付的，只在首次对外支付时提供）；

③《对外支付税务备案后续报告表》(支付备案后 15 日内提交)；

④税务机关要求提供的其他资料证明。

39. 如何区分订金、诚意金、意向金、定金？房地产公司收到的相应资金是否需要预缴增值税？

答：订金、诚意金、意向金、定金的区别如下：

（1）订金、诚意金、意向金，指房地产企业在领取预售许可证之前与潜在业主签订《购房意向书》或《预约登记协议》，而收取的预约登记费。潜在业主在约定时限内有优先购买权利。订金、诚意金、意向金，三者意思一样，是潜在购房者的购房意愿表示，没有法律约束力。购房订金、诚意金、意向金的税务处理如下：

①收到订金、诚意金、意向金时，记入“其他应付款”科目，不作为预收账款，不预缴增值税。

②若潜在业主如期签订购房合同，则订金（诚意金、意向金）不予退还，转为定金或预售房款，则应转入“预收账款”科目，按 3%预缴增值税。

③若潜在业主未按期签订购房合同，则订金（诚意金、意向金）予以退还。

（3）定金，指房地产企业与购房者签订正式购房合同而收到的合同保证金。定金属于法律上的担保方式，具有法律效力。给付定金的一方不履行合同，则无权要求返还定金；收受定金的一方不履行合同则应当双倍返还定金。购房定金的税务处理如下：

①收到购房定金，记入“预收账款”科目，按 3%预缴增值税。

②购房者违约终止合同，定金不予退还，则转入“营业外收入”科目，不属于增值税的征税范围，不需要缴纳增值税。

③房地产公司违约终止合同，双倍返还定金，则记入“营业外支出”科目。

40. 房地产开发企业销售现房，直接开具发票，是否需要预缴增值税？

答：现房销售是指，在不动产达到交付条件后进行的销售。现房销售应按纳税义务发生时间计算缴纳增值税。现房销售收取的销售款项不同于预收款方式销售不动产所收取的预收款，不应按照3%的预征率预缴增值税，应按适用税率缴纳增值税。

41. 房地产企业代垫首付款要预缴增值税吗？

问：房地产企业为推动房产销售，促使客户尽快办理银行按揭贷款，及时回笼资金，推出了代业主垫付全部首付款（即零首付）的销售策略，房地产企业与业主签订《资金垫付协议》，根据协议约定：客户必须在规定时限内（一般在交房前）将首付款全额付清，方可办理交房手续。那么，房地产企业代垫的首付款要预缴增值税吗？

答：根据《资金垫付协议》可以判定：房地产企业代业主垫付全部首付款，应视为将资金贷于业主使用，指定业主用于支付购房首付款，虽然房地产企业没有收到款项，但会计处理上一方面记“其他应收款”，另一方面记“预收账款”。同时，房地产企业需要出具首付款收据，用于办理银行按揭贷款。按照《试点有关事项的规定》第一条第（八）项和18号公告第十条、第十二条的规定，房地产开发企业采取预收款方式销售所开发的房地产项目，在收到预收款时按照3%的预征率预缴增值税。纳税人应在取得预收款的次月纳税申报期向主管国税机关预缴税款。因此，房地产企业代业主垫付首付款时，应当将垫付的首付款全额作为预收款按上述规定预缴增值税。

房地产企业垫付购房首付款收取的利息或不按期还款的违约金，根据《销售服务、无形资产、不动产注释》的规定，按“金融服务——贷款服务”计算缴纳增值税。

42. 销售开发产品纳税义务发生时间是合同约定日期还是发票开具日期？

答：根据《试点实施办法》第四十五条的规定，纳税人发生应税行为并收讫销售款项或者取得索取销售款项凭据的当天为纳税义务发生时间；先开具发票的，为开具发票的当天。

收讫销售款项，是指纳税人销售服务、无形资产、不动产过程中或者完成后收到款项。取得索取销售款项凭据的当天，是指书面合同确定的付款日期；未签订书面合同或者书面合同未确定付款日期的，为服务、无形资产转让完成的当天或者不动产权属变更的当天。

根据房地产项目销售特点，以房地产公司将不动产交付给买受人的当天作为应税行为发生的时间。具体交房时间以《商品房买卖合同》上约定的交房时间为准；若实际交房时间早于合同约定时间的，以实际交房时间为准。

房地产开发企业销售房地产项目纳税义务发生之前收取的款项应作为预收款，按照规定预缴增值税。

43. 已预缴营业税的预收款未开具发票的，可否开具增值税普通发票？

问：我公司为房地产开发企业，在2016年5月1日前预收M公司（一般纳税人）购买的两间商铺30万元，开具了地税局监制的预收款收据，并于当期申报缴纳了营业税。2017年1月24日，收到余款154万元，该如何开具发票给M公司？

答：根据18号公告的规定，纳税人销售自行开发的房地产项目，其2016年4月30日前收取并已向主管地税机关申报缴纳营业税的预收款，未开具营业税发票的，可以开具增值税普通发票，不得开具增值税专用发票。

贵公司可视情况采取以下两种形式开具发票：

一是两票结算。可开具两张发票，一张为增值税普通发票，发票注明价税合计金额为30万元，另一张为增值税专用发票，发票注明价税合计金额为154万元。

二是全额开具增值税普通发票，发票价税合计金额为184万元。房地产企业补开发票不受2016年12月31日期限的限制。

开具增值税普通发票时，编码选择603“已申报缴纳营业税未开票补开票”，税率栏填写“不征税”。53号公告第九条第（十一）项规定，在《国家税务总局关于全面推开营业税改征增值税试点有关税收征收管理事项的公告》（国家税务总局公告2016年第23号）附件《商品和服务税收分类与编码（试行）》中的分类编码中，增加6“未发生销售行为的不征税项目”，下设603“已申报缴纳营业税未开票补开票”。纳税人应将增值税税控开票软件升级到最新版本（V2.0.11），选择相应编码，正确开具增值税普通发票。

贵公司应将缴纳营业税的完税凭证留存备查，建议在开具的增值税普通发票备注栏注明“已缴纳营业税，完税凭证号码××××”字样。

44. 房地产企业预收房款如何开具发票？

答：预收款包括分期取得的预收款（首付＋按揭＋尾款）、全款取得的预收款。定金属于预收款；诚意金、认筹金和订金不属于预收款。

房地产开发企业收到预收款时，未达到纳税义务发生时间，不能开具增值税专用发票，应当开具增值税普通发票，编码选择 602“销售自行开发的房地产项目预缴税款”，税率栏填写“不征税“。

53 号公告第九条第（十一）项规定，在《国家税务总局关于全面推开营业税改征增值税试点有关税收征收管理事项的公告》（国家税务总局公告 2016 年第 23 号）附件《商品和服务税收分类与编码（试行）》中的分类编码中，增加 6“未发生销售行为的不征税项目”，下设 602“销售自行开发的房地产项目预收款”。纳税人应将增值税税控开票软件升级到最新版本（V2.0.11），选择相应编码，正确开具发票。

45. 房产属于两个以上共有人所有，销售发票应如何开具？

答：共有人购买房产时，发票购买方名称一栏可以填写两个共有人名称，纳税人识别号一栏先填写其中一个共有人的有效证件号码，在备注栏内填写另一个共有人的有效证件号码和房产地址等信息。

46. 房地产公司的置换房如何开具发票？

答：《试点实施办法》第十条、第十一条规定，销售服务、无形资产或者不动产，是指有偿提供服务、有偿转让无形资产或者不动产；有偿，是指取得货币、货物或者其他经济利益。

因此，房地产公司置换房可以参照增值税“以物易物”处理原则，各自按规定开具增值税发票，缴纳税款。

47. 房地产企业售房面积差如何开具发票？

问：在房管部门还未出具实际测绘房产面积时，房地产开发企业在地税机关的催促下，于 2016 年 4 月 30 日前在地税机关已开票缴税，取得了地税机关的销售不动产统一发票。2016 年 5 月 1 日后，如出现预售房产面积与实际房产测绘面积不符，需重开发票的情形，应如何操作？如出现预售房产面积小于实际房产测绘面积的情形，应补缴增值税还是营业税？

答：《试点有关事项的规定》第一条第（十三）项规定，试点纳税人发生应税行为，在纳入营改增试点之日前已缴纳营业税，营改增试点后因发生退款减除营业额的，应当向原主管地税机关申请退还已缴纳的营业税。试点纳税人纳入营改增试点之日前发生的应税行为，因税收检查等原因需要补缴税款的，应按照营业税政策规定补缴营业税。

因此，如果房地产开发企业已在地税部门开具销售不动产发票，在5月1日之后发生房产实测建筑面积大于预测建筑面积的，按照规定应向地税部门补缴营业税，就补缴部分开具增值税普通发票；实测建筑面积小于预测建筑面积的，应向地税部门申请办理差额部分的退税，并按规定作废或红字冲减原已开具的地税发票，重新开具增值税普通发票。房地产开发企业采取自开票方式开具销售不动产发票，在结余地税发票用完或7月1日后发生上述情况的，应正确区分税款所属期，按规定申报缴纳；发票开具按照国税部门规定办理。

48. 适用一般计税方法的房地产开发企业如何开具增值税专用发票？如何进行纳税申报？

答：23号公告第四条第（二）款规定："按照现行政策规定适用差额征税办法缴纳增值税，且不得全额开具增值税发票的（财政部、国家税务总局另有规定的除外），纳税人自行开具或者税务机关代开增值税专用发票时，通过新系统中差额征税开票功能开具增值税发票。"

由此可见，只有财政部、国家税务总局明确规定"适用差额征税办法缴纳增值税，且不得全额开具增值税发票的"，才需要通过新系统差额征税开票功能开具增值税发票。现行政策对于房地产开发企业销售额中扣除土地价款，未规定不得全额开具增值税发票。因此适用一般计税方法的增值税一般纳税人，可以全额开具增值税专用发票。

| 案例分析 |

A房地产公司2018的5月将一栋价税合计1 100万元的楼销售给M公司，并开具增值税专用发票，经过计算这栋楼对应的土地成本为300万元。该公司应如何进行纳税申报？

分析：

第一步，计算销项税额。销项税额＝1100÷（1＋10%）×10%＝100（万元）；

第二步，计算销售额。销售额＝1100－100＝1000（万元）；

第三步，按照上述销售额和销项税额的数据开具增值税专用发票。M公司取得增值税专用发票后，可以抵扣进项税额100万元。

第四步，在《增值税纳税申报表附列资料（一）》第14列"销项（应纳）税额"中填报：（1 100－300）÷（1＋10%）×10%＝72.73（万元）；

第五步，在《增值税纳税申报表》主表第1行"按适用税率计税销售额"中，填报销售额1 000万元，并将《附列资料（一）》第14列"销项（应纳）税额"72.73

万元，填报在《增值税纳税申报表》主表第 11 行“销项税额”栏次中。

49. 房地产开发企业的增值税留抵税额是否可以抵减预缴税款？

答：房地产开发企业的增值税留抵税额不可以抵减预缴税款，原因如下：

（1）增值税留抵税额是留待以后的销项进行抵扣的进项税额。

《试点实施办法》第二十一条规定，一般计税方法的应纳税额，是指当期销项税额抵扣当期进项税额后的余额。应纳税额的计算公式为：应纳税额＝当期销项税额－当期进项税额。当期销项税额小于当期进项税额不足抵扣时，其不足部分可以结转下期继续抵扣。

（2）根据预缴税款的计算公式可知，预缴税款不可以用增值税留抵税额进行抵减。

18 号公告第十条规定，一般纳税人采取预收款方式销售自行开发的房地产项目，应在收到预收款时按照 3%的预征率预缴增值税。该公告第十一条规定，应预缴税款按照以下公式计算：

应预缴税款＝预收款÷(1＋适用税率或征收率)×3%

适用一般计税方法计税的，按照 10%的适用税率（2018 年 4 月 30 日以前为 11%）计算；适用简易计税方法计税的，按照 5%的征收率计算。

50. 不同开发项目的预缴税款能否相互抵减？

问：房地产开发企业分期开发，2016 年 5 月 1 日后预售，首期按 3%预缴税款，假定 2017 年 3 月清算后多预缴税款，二期 2017 年 4 月预售，原预缴时多缴税款可否退税或抵减二期预售时待预缴的税款？

答：首期预缴税款不可退税或抵减二期预售时待预缴的税款。首期预缴税款只可在纳税人向主管国税机关申报纳税时抵减。

国家税务总局公告 2016 年第 18 号第十四条规定，一般纳税人销售自行开发的房地产项目适用一般计税方法计税的，应按照《试点实施办法》第四十五条规定的纳税义务发生时间，以当期销售额和 10%（2018 年 4 月 30 日以前为 11%）的适用税率计算当期应纳税额，抵减已预缴税款后，向主管国税机关申报纳税。未抵减完的预缴税款可以结转下期继续抵减。

18 号公告第十五条规定，一般纳税人销售自行开发的房地产项目适用简易计税方法计税的，应按照《试点实施办法》第四十五条规定的纳税义务发生时间，以当期销售额和 5%的征收率计算当期应纳税额，抵减已预缴税款后，向主管国税机关申报纳税。未抵减完的预缴税款可以结转下期继续抵减。

51. 房地产开发项目施工现场发生的水电费应如何进行税务处理?

问：房地产开发企业（甲方）与建筑总包（乙方）签订总包合同，合同约定现场施工水电费由乙方承担。但水表、电表是以甲方名义开户的，所以结算水电费时水、电发票开给甲方，并由甲方支付水电费。则甲方取得的水电费发票直接计入开发成本，乙方按总包价减去水电费金额与甲方结算开票，是否可行?

答：按照总包合同，应该是水电费发票开给乙方，乙方再开建筑服务发票给甲方。鉴于水表、电表是甲方户名，故水电费发票只能开给甲方。为此，我们建议按以下两种方案解决：

（1）总包合同注明现场施工水电费由甲方提供，不含在总包价中。

（2）水电费发票开给甲方，甲方再向乙方开具转售水电发票（如图 4-1 所示）。

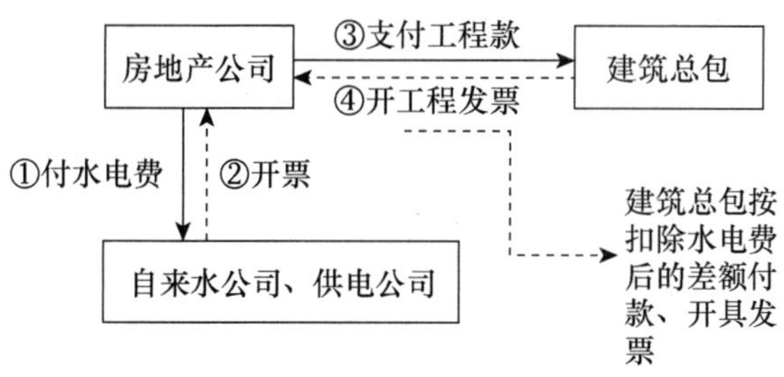

图 4-1

转售电：按 16%缴纳增值税，购进电取得 16%的进项税额可以抵扣（2018 年 4 月 30 日之前为 17%）。

转售水：按 10%缴纳增值税，购进水取得自来水公司 3%的进项税发票抵扣。

政策依据如下：

财税〔2017〕37 号文件第一条规定："纳税人销售或者进口下列货物，税率为 11%：农产品（含粮食）、自来水、暖气、石油液化气、天然气、食用植物油、冷气、热水、煤气、居民用煤炭制品……"（2018 年 5 月 1 日起税率为 10%）

《财政部 国家税务总局关于部分货物适用增值税低税率和简易办法征收增值税政策的通知》（财税〔2009〕9 号）第三条规定，对属于一般纳税人的自来水公司销售自来水按简易办法依照 6%征收率征收增值税，不得抵扣其购进自来水取得增值税扣税凭证上注明的增值税税款。

《财政部 国家税务总局关于简并增值税征收率政策的通知》（财税〔2014〕57 号）规定："为进一步规范税制、公平税负，经国务院批准，决定简并和统一增值税征收率，将 6%和 4%的增值税征收率统一调整为 3%。……二、财税〔2009〕9 号文件第二条第（三）项和第三条'依照 6%征收率'调整为'依照 3%征收率'。"

52. 房地产企业的违约金、赔偿金如何进行税务处理？

答：房地产企业在采购、销售过程中涉及的违约金、赔偿金的税务处理归纳如表4-6所示。

表4-6　　房地产企业违约金、赔偿金的税务处理

违约方	合同是否成立	对方单位	房地产企业的财税处理办法
对方违约	成立	供应商	经济合同违约，记入“营业外收入”，不征增值税；或者可签订补充协议，以违约金或赔偿金给予采购折扣
		购房者	价外费用，记入“主营业务收入”计算增值税
	未成立	供应商	经济合同违约，记入“营业外收入”，不征增值税
		购房者	
本方违约	成立	供应商	支付的违约金或赔偿金作为采购成本，应取得对应的增值税专用发票
		购房者	经济合同违约，记入“营业外支出”，或者可以签订补充协议，将违约金或赔偿金作为销售折扣处理
	未成立	供应商	经济合同违约，记入“营业外支出”
		购房者	

53. 营改增对土地增值税清算有哪些影响？

答：营改增后，土地增值税清算主要有以下几个方面的变化：

（1）营改增后，纳税人转让房地产的土地增值税应税收入不含增值税。适用增值税一般计税方法的纳税人，其转让房地产的土地增值税应税收入不含增值税销项税额；适用简易计税方法的纳税人，其转让房地产的土地增值税应税收入不含增值税应纳税额。[《国家税务总局关于营改增后土地增值税若干征管规定的公告》（国家税务总局公告2016年第70号）]

（2）取得土地使用权支付的金额，包括纳税人为取得土地使用权所支付的地价款和按国家统一规定交纳的有关费用。

（3）适用一般计税方法的项目，开发成本为不含税价，不得抵扣的进项税额可计入开发成本；适用简易计税方法的项目，开发成本为含税价。

（4）与转让房地产有关的税金中，增值税不作为与转让房地产有关的税金费用扣除，城市维护建设税、教育费附加、地方教育附加可以扣除。

54. 房地产开发企业统借统还利息增值税规定与企业所得税规定有何不同？

答：统借统还的增值税与企业所得税规定的区别可归纳如下：

（1）增值税方面。

《过渡政策的规定》规定：

统借统还业务中，企业集团或企业集团中的核心企业以及集团所属财务公司按不高于支付给金融机构的借款利率水平或者支付的债券票面利率水平，向企业集团或者集团内下属单位收取的利息，免征增值税。

统借方向资金使用单位收取的利息，高于支付给金融机构借款利率水平或者支付的债券票面利率水平的，应全额缴纳增值税。

统借统还业务，是指：

①企业集团或者企业集团中的核心企业向金融机构借款或对外发行债券取得资金后，将所借资金分拨给下属单位（包括独立核算单位和非独立核算单位，下同），并向下属单位收取用于归还金融机构或债券购买方本息的业务。

②企业集团向金融机构借款或对外发行债券取得资金后，由集团所属财务公司与企业集团或者集团内下属单位签订统借统还贷款合同并分拨资金，并向企业集团或者集团内下属单位收取本息，再转付企业集团，由企业集团统一归还金融机构或债券购买方的业务。

政策分析如表 4-7 所示。

表 4-7　　统借统还利息增值税政策分析表

序号	条件项	具体规定
1	企业集团	1. 具备条件： （1）企业集团的母公司注册资本在 5 000 万元人民币以上，并至少拥有 5 家子公司； （2）母公司和其子公司的注册资本总和在 1 亿元人民币以上； （3）集团成员单位均具有法人资格。 2. 证明文件：《企业集团登记证》。 3. 政策依据：《企业集团登记管理暂行规定》（工商企字〔1998〕第 59 号）。
2	资金来源	金融机构借款或对外发行债券取得资金。
3	统借方	1. 企业集团或企业集团核心企业； 2. 集团所属财务公司。
4	资金流向	1. 集团企业及核心企业与下属企业签订统借统还贷款合同：金融机构→集团及核心企业→下属单位。 2. 财务公司与下属企业签订统借统还贷款合同：金融机构→集团及核心企业→财务公司→集团及下属单位。

续表

序号	条件项	具体规定
5	利率规定	1. 利率不高于支付给金融机构的借款利率水平或者支付的债券票面利率水平，免增值税； 2. 利率高于支付给金融机构的借款利率水平或者支付的债券票面利率水平，全额缴纳增值税。

（2）企业所得税方面。

国税发〔2009〕31号文件第二十一条规定，企业集团或其成员企业统一向金融机构借款分摊集团内部其他成员企业使用的，借入方凡能出具从金融机构取得借款的证明文件，可以在使用借款的企业间合理地分摊利息费用，使用借款的企业分摊的合理利息准予在税前扣除。

政策分析如表4-8所示。

表4-8　　统借统还利息所得税政策分析表

序号	条件项	具体规定
1	企业集团	1. 符合《企业集团登记管理暂行规定》并登记的集团公司； 2. 统借方与下属单位属于同一个集团的证明《企业集团登记证》。
2	资金来源	1. 金融机构借款，要有统借方向金融机构取得贷款的证明文件； 2. 不能是非金融企业。
3	统借方	企业集团或其成员企业（注意与核心企业的区别）。
4	资金流向	集团企业及成员企业与下属企业签订统借统还贷款合同：金融机构⟶集团及成员企业⟶集团下属单位。
5	利率规定	1. 使用借款的企业分摊的合理利息准予在税前扣除； 2. 合理分摊是指： （1）利率不高于支付给金融机构的借款利率水平； （2）使用借款的企业间分摊合理利息的《利息分摊表》。

| 案例分析 |

A集团公司下设子公司（二级公司）B公司、C公司、D公司、E公司、F公司，B公司下设子公司（三级公司）B1公司、B2公司。A集团公司对外有两笔融资：（1）对外发行债券融资2亿元，利率8%；（2）向银行贷款2亿元，利率6%。假设A集团发生以下情形：

（1）A集团公司与B公司签订借款协议，将两笔融资4亿元全部借给B公司，B公司按加权平均约定利率7%向A公司支付利息。

（2）A 集团公司与 B 公司签订统借统还协议，将债券融资 2 亿元借给 B 公司，B 公司又将其中的 1 亿元借给 B1 公司。B 公司按 8% 向 A 集团公司支付利息，B1 公司按 8% 向 B 公司支付利息。

A 集团应如何进行增值税处理?

分析：

（1）该借款形式不符合统借统还业务条件，B 公司向 A 公司借两笔贷款未单独签订统借统还协议，B 公司按 7% 利率向 A 公司支付利息，高于银行贷款 6% 的利率。

A 集团公司应根据向金融机构的借款逐笔与 B 公司签订统借统还协议，B 公司应分别按照金融机构的利率 6% 或 8% 向 A 公司支付对应的利息。不要将不同利率的资金混在一起签约、付息。

（2）A 集团向 B 公司收取的利息符合统借统还业务条件，免征增值税。B 公司向 B1 公司收取的利息不符合统借统还业务条件，应缴纳增值税，因为 B 公司不是统借方。

A 集团公司直接与 B1 公司签订统借统还协议，将 1 亿元借给 B1 公司。

55. 房地产开发项目如何进行增值税会计核算和纳税申报?

答：《试点有关事项的规定》第一条第（八）项第 9 目规定，房地产开发企业采取预收款方式销售所开发的房地产项目，在收到预收款时按照 3％的预征率预缴增值税；第 9 目规定，房地产开发企业中的一般纳税人，销售自行开发的房地产老项目，可以选择适用简易计税方法按照 5％的征收率计税。

《试点有关事项的规定》第一条第（三）项规定，房地产开发企业中的一般纳税人销售其开发的房地产项目（选择简易计税方法的房地产老项目除外），以取得的全部价款和价外费用，扣除受让土地时向政府部门支付的土地价款后的余额为销售额。

| 案例分析 |

瑞安达地产公司于 2016 年 1 月，通过招拍挂方式取得独墅湖地块开发用地 150 亩，容积率为 2，土地价款 6 亿元，另行支付规划区内工业厂房拆迁补偿费 5 000 万元。2016 年 2 月，取得立项批文，总建筑面积为 20 万平方米，分两期开发。主要经济指标如表 4-9 所示。

表 4-9　　独墅湖地块开发主要经济指标　　单位：平方米

业态分布		一期	二期	合计
可销售商品房	住宅	60 000	50 000	110 000
	商业	20 000	5 000	25 000
	写字楼		31 000	31 000
	地下车位（有产权）		12 000	12 000
	小计	80 000	98 000	178 000
配套用房（不可售）	人防车位	17 500		17 500
	物业用房	500		500
	幼儿园		4 000	4 000
	小计	18 000	4 000	22 000
总建筑面积	合计	98 000	102 000	200 000

2016 年 3 月 1 日，取得一期《建筑施工许可证》，注明的开工日期为 2016 年 3 月 1 日，建设规模为 98 000 平方米。根据各项经济业务，该公司应如何进行会计、税务处理?

分析：

主要经济事项及会计、税务处理（单位：万元）如下[1]：

◆ 1 月主要经济业务。

1 月，支付土地款 6 亿元，取得财政专用票据；根据拆迁协议，向被拆迁工厂直接支付拆迁补偿费 5 000 万元，取得对方开具的收款收据；缴纳契税 1 800 万元。

借：开发成本——土地成本——土地价款　　60 000
　　　　　　　　　　　——契税　　1 800
　　　　　　　　　　　——拆迁补偿费　　5 000
　贷：银行存款　　66 800

◆ 2 月主要经济业务。

2 月，取得立项批文，总建筑面积为 20 万平方米，分两期开发，一期建筑面积 98 000平方米，二期建筑面积 102 000 平方米。一期、二期土地成本分摊情况如表 4-10 所示。

表 4-10　　一期、二期土地成本分摊明细表　　单位：万元

项目	一期	二期	合计
土地价款	29 400	30 600	60 000
契税	882	918	1 800
拆迁补偿费	2 450	2 550	5 000
合计	32 732	34 068	66 800

[1] 本案例经济事项较多，为便于具体分析，笔者对各项业务做分项说明。

借：开发成本——土地成本（一期）　　32 732

——土地成本（二期）　　34 068

贷：开发成本——土地成本　　66 800

◆ 3 月主要经济业务。

（1）3 月 1 日，取得一期《建筑施工许可证》，注明的开工日期为 2016 年 3 月 1 日，建设规模为 98 000 平方米。

（2）3 月 10 日，向施工方支付一期工程进度款 8 000 万元，取得营业税发票。

借：开发成本——建安费用（一期）　　8 000

贷：银行存款　　8 000

◆ 4 月主要经济业务。

4 月 10 日，购进钢材一批 400 吨，价税合计 140.4 万元，取得增值税普通发票，全部用于一期项目。

借：开发成本——建安费用（一期）　　140.40

贷：银行存款　　140.40

◆ 5 月主要经济业务。

（1）5 月 4 日，取得二期《建筑施工许可证》，注明的开工日期为 2016 年 5 月 1 日，建设规模为 102 000 平方米。

（2）5 月 15 日，向主管税务机关登记为一般纳税人，并就项目的计税方法进行备案，一期采用简易计税方法，二期采用一般计税方法。

（3）5 月 16 日，瑞安达公司与总包方协商，就营改增后的合同总价、计税方法达成补充协议，总包方承建的一期项目按照简易计税方法计税，开具普通发票，合同总价不变；二期项目按照一般计税方法计税，乙方开具增值税专用发票，税率为 11%。

（4）5 月一期商品房共预售 58 200 平方米，取得预售收入 87 150 万元。

①收到预售房款。

借：银行存款　　87 150

贷：预收账款　　87 150

②月末计算预缴增值税。

预缴增值税 = 87 150 ÷（1 + 5%）× 3% = 2490（万元）

◆ 6 月主要经济业务。

（1）6 月 10 日，申报预缴 5 月份增值税 2 490 万元，填制《增值税预缴税款表》。

根据《增值税会计处理规定》（财会〔2016〕22 号文件发布）的规定，增值税一般纳税人在“应交税费”科目下设置的“简易计税”明细科目核算一般纳税人采用简易计税方法发生的增值税计提、扣减、预缴、缴纳等业务。

借：应交税费——简易计税　　2 490

　贷：银行存款　　2 490

《增值税预缴税款表》的填报如下：

①在“是否适用一般计税方法”栏，选择“否”；

②在第2行“销售不动产”，第1列“销售额”填写预收款87150万元，第2列“扣除金额”填0，第3列“预征率”填3%，第4列“预征税额”填预缴的税额填2 490万元。具体见表4-11，表中金额单位为万元。

表4-11　　增值税预缴税款表

预征项目和栏次		销售额	扣除金额	预征率	预征税额
		1	2	3	4
建筑服务	1				
销售不动产	2	87 150	0	3%	2 490
出租不动产	3				
	4				
	5				
合计	6	87 150	0	3%	2 490

（2）6月15日，向香港设计公司支付二期设计咨询费1 060万元，合同约定为含税价，瑞安达公司代扣代缴增值税。

①根据设计合同，计算代扣代缴增值税＝1 060/1.06×6%＝60（万元）。

借：开发成本——前期工程费（二期）　　1 000

　　应交税费——待认证进项税额　　60

　贷：应付账款——香港设计公司　　1 000

　　　应交税费——代扣代交增值税　　60

②对外付汇，代扣代缴增值税。

借：应付账款——香港设计公司　　1 000

　　应交税费——代扣代交增值税　　60

　贷：银行存款　　1 060

③按照完税凭证上注明的增值税额抵扣进项税额。

借：应交税费——应交增值税（进项税额）　　60

　贷：应交税费——待认证进项税额　　60

（3）6月20日，购进钢材一批4 000吨，价税合计1 404万元，取得增值税专用发票，当月认证抵扣。

①钢材验收，发票当月已认证抵扣。

借：库存材料——钢材　1 200

　　应交税费——应交增值税（进项税额）　204

　贷：应付账款　1 404

②二期项目领用钢材 3 000 吨。

借：开发成本——建筑工程费（二期）　900

　贷：库存材料　900

③一期项目领用钢材 1 000 吨。

借：开发成本——建筑工程费（一期）　351

　贷：库存材料　300

　　　应交税费——应交增值税（进项税额转出）　51

（4）6 月 28 日，向施工方支付二期进度款 2 775 万元，取得增值税专用发票，当月认证抵扣。

借：开发成本——建安费用（二期）　2 500

　　应交税费——应交增值税（进项税额）　275

　贷：银行存款　2 775

（5）6 月 30 日，购进办公用品 11.7 万元，取得增值税专用发票，税率为 17%。

①购进办公用品取得的进项税额为 1.70 万元。

借：管理费用——办公用品　10

　　应交税费——应交增值税（进项税额）　1.70

　贷：银行存款　11.70

②不得抵扣的进项税额 = 当期无法划分的全部进项税额 ×（简易计税、免税房地产项目规模 ÷ 房地产项目总建设规模）= 1.70 × 98 000 ÷ 200 000 = 0.833（万元）。

借：管理费用——办公用品　0.833

　贷：应交税费——应交增值税（进项税额转出）　0.833

《增值税纳税申报表》的填报如下：

（1）进项税额填报在《附列资料（二）》。

“本期认证相符且本期申报抵扣”的进项税额为：204 + 275 + 1.7 = 480.70（万元）；第 2 行“金额”列填写 3 710 万元，“税额”列填写 480.70 万元；本期进项税转出额为：51 + 0.833 = 51.833（万元），第 17 行“简易计税方法项目用”的“税额”列填写 51.833 万元。具体如表 4-12 所示，表中金额单位为万元。

表 4-12　　　　增值税纳税申报表附列资料（二）

（本期进项税额明细）

一、申报抵扣的进项税额				
项目	栏次	份数	金额	税额
（一）认证相符的增值税专用发票	1=2+3	3	3 710	480.70
其中：本期认证相符且本期申报抵扣	2	3	3 710	480.70
前期认证相符且本期申报抵扣	3			
（二）其他扣税凭证	4=5+6+7+8	1	1 000	60
其中：海关进口增值税专用缴款书	5			
农产品收购发票或者销售发票	6			
代扣代缴税收缴款凭证	7	1	1 000	60
其他	8			
（三）本期用于购建不动产的扣税凭证	9			
（四）本期不动产允许抵扣进项税额	10	—	——	
（五）外贸企业进项税额抵扣证明	11	—	——	
当期申报抵扣进项税额合计	12=1+4−9+10+11	4	4 710	540.70

二、进项税额转出额		
项目	栏次	税额
本期进项税额转出额	13=14 至 23 之和	51.833
其中：免税项目用	14	
集体福利、个人消费	15	
非正常损失	16	
简易计税方法征税项目用	17	51.833
免抵退税办法不得抵扣的进项税额	18	
纳税检查调减进项税额	19	

（2）进项税额填报《本期抵扣进项税额结构明细表》。

支付设计费的不含税金额 1 000 万元填写在第 11 行“6%税率的进项”的“金额”列中；取得的进项税额 60 万元填写在第 11 行的“税额”列中。

购入钢材取得的发票销售金额 1 200 万元和办公司用品发票销售金额 10 万元填写在第 2 行“17%税率的进项”的“金额”列中；取得的进项税额 205.70 万元填写在第 2 行的“税额”列中。

支付工程款取得的发票销售金额 2 500 万元分别填写在第 5 行“11%税率的进项”和第 8 行“建筑安装服务的进项”的“金额”列中；取得的进项税额 275 万元分别填写在第 5 行和第 8 行的“税额”列中。

合计进项金额 4 710 万元填写在第 1 行“合计”的“金额”列中；合计进项税额 540.70 元填写在第 1 行的“税额”列中。

具体如表 4-13 所示，表中金额单位为万元。

表 4-13　　　　　　　　**本期抵扣进项税额结构明细表**

项目	栏次	金额	税额
合计	1=2+4+5+11+16+18+27+29+30	4 710	540.70
一、按税率或征收率归集（不包括购建不动产、通行费）的进项			
17%税率的进项	2	1 210	205.70
其中：有形动产租赁的进项	3		
13%税率的进项	4		
11%税率的进项	5	2 500	275
其中：运输服务的进项	6		
电信服务的进项	7		
建筑安装服务的进项	8	2 500	275
不动产租赁服务的进项	9		
受让土地使用权的进项	10		
6%税率的进项	11	1 000	60
其中：电信服务的进项	12		
金融保险服务的进项	13		
生活服务的进项	14		
取得无形资产的进项	15		

（3）填写主表《增值税纳税申报表（一般纳税人适用）》。

将进项税额540.70万元填写在第12行，进项税额转出51.833万元填写在第14行，应抵扣税额488.867万元填写在第17行，实际抵扣税额0填写在第18行，期末留抵税额488.867万元填写在第20行。具体如表4-14所示，表中金额单位为万元。

表 4-14　　　　　　　　**增值税纳税申报表**
（一般纳税人适用）

项目		栏次	一般项目	
			本月数	本年累计
销售额	（一）按适用税率计税销售额	1		
	其中：应税货物销售额	2		
	应税劳务销售额	3		
	纳税检查调整的销售额	4		
	（二）按简易办法计税销售额	5		
	（三）免、抵、退办法出口销售额	7		
	（四）免税销售额	8		
税款计算	销项税额	11		
	进项税额	12	540.70	540.70
	上期留抵税额	13	0	0
	进项税额转出	14	51.833	51.833
	免、抵、退应退税额	15		

续表

项目		栏次	一般项目	
			本月数	本年累计
税款计算	按适用税率计算的纳税检查应补缴税额	16		
	应抵扣税额合计	17 = 12 + 13 − 14 − 15 + 16	488.867	488.867
	实际抵扣税额	18（如 17＜11，则为 17，否则为 11）	0	0
	应纳税额	19 = 11 − 18		
	期末留抵税额	20 = 17 − 18	488.867	488.867
	简易计税办法计算的应纳税额	21		
	按简易计税办法计算的纳税检查应补缴税额	22		
	应纳税额减征额	23		
	应纳税额合计	24 = 19 + 21 − 23		

◆ 7 月主要经济业务。

（1）7 月 10 日，一期项目办理竣工决算，开发成本为 57 232 万元，其中建安成本为 24 500 万元，土地成本 32 732 万元，单位建筑面积成本为 5 840 元。

借：开发产品——一期　　57 232

　贷：开发成本——一期　　57 232

（2）7 月 15 日，一期预售商品房集中交付，建筑面积 58 200 平方米，开具增值税普通发票，总额 87 150 万元，办理房产登记手续。

借：预收账款　　87 150

　贷：主营业务收入　　83 000

　　应交税费——简易计税　　4 150

应补缴的增值税额 = 87 150 ÷（1 + 5%）× 5% − 2 490 = 1 660（万元）

（3）7 月 21 日，二期楼盘开始预约认购，每套认购诚意金 2 万元，收到 100 套认购诚意金共计 200 万元。

借：银行存款　　200

　贷：其他应付款——诚意金　　200

《增值税纳税申报表》的填报如下：

（1）将本期销售明细填入《附列资料（一）》。

在第二大类“简易计税方法计税”的 9b 行“5% 征收率的服务、不动产和无形资产”的“开具其他发票”之“销售额”栏（第 3 列），填入不含税销售额 83 000 万元；“开具其他发票”之“销项（应纳）税额”栏（第 4 列）填入 4 150 万元；“合计”之“销售额”栏（第 9 列）填入 83 000 万元；“合计”之“销项（应纳）税额”栏（第 10 列）填入 4 150 万元；“合计”之“价税合计”栏（第 11 列）填入 87 150 万元；第 12 列“服务、不动产和无形资产扣除项目本期实际扣除金额”填 0。具体如表 4-15 所示，表中金额单位为万元。

表 4-15

《增值税纳税申报表附列资料（一）》

（本期销售情况明细）

项目及栏次				开具其他发票			合计			服务、不动产和无形资产扣除项目本期实际扣除金额	扣除后	
				销售额	销项（应纳）税额		销售额	销项（应纳）税额	价税合计		含税（免税）销售额	销项（应纳）税额
				3	4	…	9	10	11	12	13	14
二、简易计税该法计税	全部征税项目	6%征收率	8									
		5%征收率（货物）	9a									
		5%征收率（服务）	9b	83 000	4 150		83 000	4 150	87 150	0	87 150	4 150
		4%征收率	10									
		3%征收率（货物）	11									
		3%征收率（服务）	12									
		预征率　%	13a									
		预征率　%	13b									

（2）将预缴税额填入《附列资料（四）》。

第4行“销售不动产预征缴纳税款”第1列“期初余额”填写2 490万元；第2列“本期发生额”填写计算出的本期预征税额0元；第3列“本期应抵减税额”填写期初余额与本期发生额之和2 490万元，由于本期应纳税额为4 150万元，大于2 490万元，因此期初可抵减税额可全额抵减，第4列“本期实际抵减税额”即填写2 490万元。第5列“期末余额”填写本期应抵减税额与实际抵减税额之差0。具体如表4-16所示，表中金额单位为万元。

表4-16　　增值税纳税申报表附列资料（四）

（税额抵减情况表）

序号	抵减项目	期初余额	本期发生额	本期应抵减税额	本期实际抵减税额	期末余额
		1	2	3=1+2	4≤3	5=3−4
1	增值税税控系统专用设备费及技术维护费					
2	分支机构预征缴纳税款					
3	建筑服务预征缴纳税款					
4	销售不动产预征缴纳税款	2 490	0	2 490	2 490	0
5	出租不动产预征缴纳税款					

（3）填写主表《增值税纳税申报表（一般纳税人适用）》。

“一般项目”下的“本月数”第5行“按简易办法计税销售额”填写本期按简易办法计税的销售额87 150万元；

第21行“简易计税办法计算的应纳税额”填写根据简易计税办法计算出的税额4 150万元；

在本期没有其他应纳税额项目的前提下，第24行“应纳税额合计”等于第21行4 150万元，将预缴的税款金额2 490万元填入第27行“本期已缴税额”、第28行“分次预缴税额”。

在本期没有发生其他税款的情况下，第32行“期末未缴税额”、第34行“本期应补（退）税额”填1 660万元。

具体如表4-17所示，表中金额单位为万元。

表4-17　　增值税纳税申报表

（一般纳税人适用）

项目		栏次	一般项目	
			本月数	本年累计
销售额	（一）按适用税率计税销售额	1		
	其中：应税货物销售额	2		
	应税劳务销售额	3		
	纳税检查调整的销售额	4		

续表

项目		栏次	一般项目	
			本月数	本年累计
销售额	（二）按简易办法计税销售额	5	87 150	
	其中：纳税检查调整的销售额	6		
	（三）免、抵、退办法出口销售额	7		
	（四）免税销售额	8		
	其中：应税货物销售额	9		
	应税劳务销售额	10		
税款计算	销项税额	11		
	进项税额	12		
	上期留抵税额	13	488.867	
	进项税额转出	14		
	免、抵、退应退税额	15		
	按适用税率计算的纳税检查应补缴税额	16		
	应抵扣税额合计	17＝12＋13－14－15＋16		
	实际抵扣税额	18（如 17<11，则为 17，否则为 11）		
	应纳税额	19＝11－18		
	期末留抵税额	20＝17－18	488.867	
	简易计税办法计算的应纳税额	21	4 150	
	按简易计税办法计算的纳税检查应补缴税额	22		
	应纳税额减征额	23		
	应纳税额合计	24＝19＋21－23	4 150	
税款缴纳	期初未缴税额（多缴为负数）	25		
	实收出口开具专用缴款书退税额	26		
	本期已缴税额	27＝28＋29＋30＋31	2 490	
	①分次预缴税款	28	2 490	
	②出口开具专用缴款书预缴税款	29		
	③本期缴纳上期应纳税额	30		
	④本期缴纳欠缴税款	31		
	期末未交税额（多缴为负数）	32＝24＋25＋26－27	1 660	
	其中：欠缴税额（≥0）	33＝25＋26－27		
	本期应补（退）税额	34＝24－28－29	1 660	
	即征即退实际退税额	35	－	
	期初未缴查补税额	36		
	本期入库查补税额	37		
	期末未交查补税额	38＝16＋22＋36－37		

◆ 8 月主要经济业务。

（1）8 月 10 日，申报缴纳 7 月份增值税。

借：应交税费——简易计税　　1 660

贷：银行存款　　1 660

（2）8 月 15 日，取得二期预售许可证，正式开盘，预约登记的 95 套商品房正式签订购房合同，190 万元诚意金转为购房定金，另外 5 套取消购房意向，瑞安达公司退回诚意金 10 万元。开盘当天共收到签约首付款 4 916 万元。

①诚意金转为定金。

借：其他应付款——诚意金　　200

贷：预收账款　　190

银行存款　　10

②收到签约首付款。

借：银行存款　　4 916

贷：预收账款　　4 916

③开具增值税普通发票，分类编码选择 602 “销售自行开发的房地产项目预收款”。使用“未发生销售行为的不征税项目”编码，发票税率栏应填写“不征税”，不得开具增值税专用发票。

④月末计算预缴增值税。

$$(190+4\,916)\div(1+11\%)\times3\%=138\text{（万元）}$$

◆ 9 月主要经济业务。

预缴 8 月预收账款的增值税 138 万元。

借：应交税费——预交增值税　　138

贷：银行存款　　138

《增值税预缴税款表》的填写如下：

（1）在“是否适用一般计税方法”栏，选择“是”；

（2）在第 2 行“销售不动产”，第 1 列“销售额”填写 4 600 万元，第 2 列“扣除金额”填 0，第 3 列“预征率”填 3%，第 4 列“预征税额”填预缴的税额填 138 万元。具体见表 4-18，表中金额单位为万元。

表 4-18　　增值税预缴税款表

预征项目和栏次		销售额	扣除金额	预征率	预征税额
		1	2	3	4
建筑服务	1				
销售不动产	2	4 600		3%	138
出租不动产	3				
	4				
	5				
合计	6	4 600		3%	138

◆ 11 月主要经济业务。

（1）11 月 5 日，购进苗木用于二期项目景观绿化，取得免税农产品销售发票，总价 100 万元。

借：开发成本——基础设施费　87

　　应交税费——应交增值税（进项税额）　13（100×13%）

　贷：银行存款　100

（2）11 月 15 日，二期期项目办理竣工决算，开发成本为 62 668 万元，其中建安成本为 28 600 万元，土地成本 34 068 万元，单位建筑面积成本为 6 200 元。

借：开发产品——二期　62 668

　贷：开发成本——二期　62 668

（3）11 月 28 日，二期商品房集中交付，结清尾款，开具销售不动产普通发票，合计开票金额 44 400 万元（含税），建筑面积 46 000 平方米，其中住宅 45 000 平方米，商业 1 000 平方米，商业的平均销售单价为 25 000 元/平方米。

①结转累计预缴增值税 1 200 万元。

借：应交税费——未交增值税　1 200

　贷：应交税费——预交增值税　1 200

说明：《增值税会计处理规定》第二条第（七）项第 3 目规定，房地产开发企业等在预缴增值税后，应直至纳税义务发生时方可从“应交税费——预交增值税”科目结转至“应交税费——未交增值税”科目。

②结转二期商品房销售收入。

借：预收账款　44 400

　贷：主营业税收入　40 000

　　　应交税费——应交增值税（销项税额）　4 400

③结转二期商品房销售成本。（6 200 元/平方米×46 000 平方米＝28 520 万元）

借：主营业务成本　28 520

　贷：开发产品　28 520

④二期分摊的土地成本为 34 068 万元，其中包括：拆迁补偿费 2 550 万元，契税 918 万元。拆迁补偿费根据财税〔2016〕140 号文件的规定可以计入土地价款扣除，契税不属于当期允许扣除的土地价款，因此，允许扣除的土地款为：34 068－918＝33 150（万元）。

房地产项目可供销售建筑面积＝98 000－12 000＝86 000（平方米）

当期允许扣除的土地价款＝（当期销售项目建筑面积÷房地产项目可供销售建筑面积）×支付的土地价款＝（46 000÷86 000）×33 150＝17 731. 40（万元）

可以抵减的销项税额＝17 731. 40÷（1＋11%）×11%＝1 757. 17（万元）

抵减销项税额的账务处理如下：

借：应交税费——应交增值税（销项税额抵减） 1 757. 17

贷：主营业务成本 1 757. 17

⑤登记土地价款的扣除台账（单位：万元、万平方米）。具体见表 4-19。

表 4-19　　土地价款扣除台账（二期）

日期		允除扣除的土地款		本期抵减数			累计抵减数		未扣的土地款	
月	日	可售面积	土地价款	已售面积	已售比例	扣除土地	已售面积	已扣土地	未售面积	未扣土地
11	28	86	33 150	46	53. 5%	17 731. 4	46	17 731. 4	40	15 418. 6

假设期初留抵税额为 1 167. 65 万元。

《增值税纳税申报表》的填报如下：

（1）将本期应纳税额填报《附列资料（一）》。

在第 4 行"税率 11%"的"开具其他发票"之"销售额"栏（第 3 列）填入不含税销售额 40 000 万元，"销项（应纳）税额"栏（第 4 列）填入计算的销项税额 4 400 万元；

在第 4 行"税率 11%"的"合计"之"销售额"栏（第 9 列）填入不含税销售额 40 000万元，"合计"之"销项（应纳）税额"栏（第 10 列）填入计算的销项税额 4 400万元，"合计"之"价税合计"栏（第 11 列）填入价税合计金额 44 400 万元；

第 12 列"服务、不动产和无形资产扣除项目本期实际扣除金额"填写本期允许扣除的土地价款 17 731. 40 万元，"扣除后"之"含税销售额"栏（第 13 列）填入 26 668. 60万元，"扣除后"之"销项（应纳）税额"栏（第 14 列）填入 2 642. 83 万元。

具体见表 4-20，表中金额单位为万元。

（2）填报《附列资料（三）》。

在第 2 行"11%税率的项目"的相应栏次内填入相应数据：第 1 列"本期服务、不动产和无形资产价税合计额"等于附列资料（一）第 11 列第 4 栏的金额，应为本期销售项目价税合计额 44 400 万元；第 2 列"期初余额"填入 0；第 3 列"本期发生额"填入本期允许扣除的土地价款 17 731. 40 万元；第 4 列"本期应扣除金额"填入 17 731. 40 万元；第 5 列"本期实际扣除金额"应保证小于本期发生的销售额且小于应扣除金额，填入 17 731. 40 万元；第 6 列"期末余额"填入 0。

具体见表 4-21，表中金额单位为万元。

表 4-20

《增值税纳税申报表附列资料（一）》

（本期销售情况明细）

项目及栏次				开具其他发票			合计			服务、不动产和无形资产扣除项目本期实际扣除金额	扣除后	
				销售额	销项（应纳）税额		销售额	销项（应纳）税额	价税合计		含税（免税）销售额	销项（应纳）税额
				3	4	…	9	10	11	12	13	14
一、一般计税方法计税	全部征税项目	17%税率（货）	1									
		17%税率（服）	2									
		13%税率	3									
		11%税率	4	40 000	4 400		40 000	4 400	44 400	17 731.40	26 668.60	2 642.83
		6%税率	5									
	其中：		6									
			7									

表 4-21　　　　增值税纳税申报表附列资料（三）
（服务、不动产和无形资产扣除项目明细）

项目及栏次		本期服务、不动产和无形资产价税合计额	服务、不动产和无形资产扣除项目				
			期初余额	本期发生额	本期应扣除金额	本期实际扣除金额	期末余额
		1	2	3	4=2+3	5（5≤1且5≤4）	6=4−5
17%税率的项目	1						
11%税率的项目	2	44 400	0	17 731.40	17 731.40	17 731.40	0
6%税率的项目（不含金融商品转让）	3						
6%税率的金融商品转让项目	4						

（3）将进项税额填入《附列资料（二）》。

将农产品发票金额 100 万元和计算的 13 万元进项税额分别填写第 6 行“农产品收购发票或者销售发票”的“金额”列和“税额”列。具体如表 4-22 所示，表中金额单位为万元。

表 4-22　　　　增值税纳税申报表附列资料（二）
（本期进项税额明细）

一、申报抵扣的进项税额				
项目	栏次	份数	金额	税额
…	…	…	…	…
（二）其他扣税凭证	4=5+6+7+8			
其中：海关进口增值税专用缴款书	5			
农产品收购发票或者销售发票	6	1	100	13
代扣代缴税收缴款凭证	7			
其他	8			
…	…	…	…	…
当期申报抵扣进项税额合计	12=1+4−9+10+11	1	100	13

（4）将预缴税额填入《附列资料（四）》。

第 4 行“销售不动产预征缴纳税款”第 1 列“期初余额”填写 1 200 万元；第 2 列“本期发生额”填写计算出的本期预征税额 0；第 3 列“本期应抵减税额”填写期初余额与本期发生额之和 1 200 万元，由于本期应纳税额为 4 400 万元，大于 1 200 万元，因此期初可抵减税额可全额抵减，第 4 列“本期实际抵减税额”即填写 1 200 万元。第 5 列“期末余额”填写本期应抵减税额与实际抵减税额之差 0。具体如表4-23所示，表中金额单位为万元。

表 4-23　　增值税纳税申报表附列资料（四）

（税额抵减情况表）

序号	抵减项目	期初余额	本期发生额	本期应抵减税额	本期实际抵减税额	期末余额
		1	2	3=1+2	4≤3	5=3-4
1	增值税税控系统专用设备费及技术维护费					
2	分支机构预征缴纳税款					
3	建筑服务预征缴纳税款					
4	销售不动产预征缴纳税款	1 200	0	1 200	1 200	0
5	出租不动产预征缴纳税款					

（5）填报主表《增值税纳税申报表（一般纳税人适用）》。

不含税销售额 40 000 万元填写在主表第 1 行"（一）按适用税率计税销售额"本月数。

销项税额 2 642.86 万元填写在主表第 11 行"销项税额"本月数。

进项税额 13 万元填写在主表第 12 行"进项税额"本月数，第 17 行"应抵扣税额合计"本月数，第 18 行"实际抵扣税额"本月数。

应纳税额＝2 642.86－1 180.65＝1 462.21（万元），填写在主表第 19 行"应纳税额"本月数，第 24 行"应纳税额合计"本月数。

预缴税款 1 200 万元＜应纳税额合计 1 462.21 万元，可在本期全额抵减，1 200 万元填写在主表第 27 行"本期已缴税额"本月数，第 28 行"分次预缴税额"本月数。

应补缴的增值税额＝1 462.21－1 200＝262.21（万元），填写在主表第 32 行"期末未缴税额"本月数，第 34 行"本期应补（退）税额"本月数。

具体如表 4-24 所示，表中金额单位为万元。

表 4-24　　增值税纳税申报表

（一般纳税人适用）

项目		栏次	一般项目	
			本月数	本年累计
销售额	（一）按适用税率计税销售额	1	40 000	
	其中：应税货物销售额	2		
	应税劳务销售额	3		
	纳税检查调整的销售额	4		
	（二）按简易办法计税销售额	5		
	其中：纳税检查调整的销售额	6		
	（三）免、抵、退办法出口销售额	7		
	（四）免税销售额	8		
	其中：应税货物销售额	9		
	应税劳务销售额	10		

续表

项目		栏次	一般项目	
			本月数	本年累计
税款计算	销项税额	11	2 642.86	
	进项税额	12	13	
	上期留抵税额	13	1 167.65	
	进项税额转出	14		
	免、抵、退应退税额	15		
	按适用税率计算的纳税检查应补缴税额	16		
	应抵扣税额合计	17＝12＋13－14－15＋16	1 180.65	
	实际抵扣税额	18（如 17<11，则为 17，否则为 11）	1 180.65	
	应纳税额	19＝11－18	1 462.21	
	期末留抵税额	20＝17－18		
	简易计税办法计算的应纳税额	21		
	按简易计税办法计算的纳税检查应补缴税额	22		
	应纳税额减征额	23		
	应纳税额合计	24＝19＋21－23	1 462.21	
税款缴纳	期初未缴税额（多缴为负数）	25		
	实收出口开具专用缴款书退税额	26		
	本期已缴税额	27＝28＋29＋30＋31	1 200	
	①分次预缴税款	28	1 200	
	②出口开具专用缴款书预缴税款	29		
	③本期缴纳上期应纳税额	30		
	④本期缴纳欠缴税款	31		
	期末未交税额（多缴为负数）	32＝24＋25＋26－27	262.21	
	其中：欠缴税额（≥0）	33＝25＋26－27		
	本期应补（退）税额	34＝24－28－29	262.21	
	即征即退实际退税额	35	－	
	期初未缴查补税额	36		
	本期入库查补税额	37		
	期末未交查补税额	38＝16＋22＋36－37		

Chapter 05

第五章

建筑业增值税规定

一、 税目和税率

1. 营改增后，建筑服务有什么变化？包括哪些内容？

答：《销售服务、无形资产、不动产注释》中关于建筑服务的注释，与原营业税政策相比变化不大，在建筑服务税目下细分了工程服务、安装服务、修缮服务、装饰服务和其他建筑服务 5 个子目。具体内容见表 5-1。

表 5-1　　建筑服务分类注释明细表

序号	细目	税目注释
1	工程服务	是指新建、改建各种建筑物、构筑物的工程作业，包括与建筑物相连的各种设备或者支柱、操作平台的安装或者装设，以及各种窑炉和金属结构工程。
2	安装服务	是指生产设备、动力设备、起重设备、运输设备、传动设备、医疗实验设备以及其他各种设备、设施的装配、安置工程作业，包括与被安装设备相连的工作台、梯子、栏杆的装设工程作业，以及被安装设备的绝缘、防腐、保温、油漆等工程作业。 固定电话、有线电视、宽带、水、电、燃气、暖气等经营者向用户收取的安装费、初装费、开户费、扩容费以及类似收费，按照安装服务缴纳增值税。

续表

序号	细目	税目注释
3	修缮服务	是指对建筑物、构筑物进行修补、加固、养护、改善，使之恢复原来的使用价值或者延长其使用期限的工程作业。
4	装饰服务	是指对建筑物、构筑物进行修饰装修，使之美观或者具有特定用途的工程作业。
5	其他建筑服务	上列工程作业之外的各种工程作业服务。如钻井（打井）、拆除建筑物或者构筑物、平整土地、园林绿化、疏浚（不包括航道疏浚）、建筑物平移、搭脚手架、爆破、矿山穿孔、表面附着物（包括岩层、土层、沙层等）剥离和清理等工程作业。

| 适用解析 |

1. 为客户提供供电设施带电修复作业，取得的收入应按照什么税目缴纳增值税？

解析：为客户提供供电设施带电修复作业，属于建筑服务中的不动产修缮服务。

2. 用电扩容费按什么税目缴纳增值税？

解析：固定电话、有线电视、宽带、水、电、燃气、暖气等经营者向用户收取的安装费、初装费、开户费、扩容费以及类似收费，按照安装服务缴纳增值税。

3. 提供绿化养护服务，具体包括施肥，松土，修剪，浇水，除杂草及垃圾清运等，应按哪个项目缴纳增值税？

解析：提供的绿化养护服务，属于建筑服务中的其他建筑服务。

2. 建筑服务的增值税税率与征收率分别是多少？

答：《试点实施办法》第十五条第（二）项规定，建筑服务适用税率为 11%。一般纳税人采用一般计税方法，适用税率计缴增值税。

《试点实施办法》第十六条第（二）项规定，增值税征收率为 3%，财政部和国家税务总局另有规定的除外。小规模纳税人以及一般纳税人从事“清包工、甲供工程、老项目”的特定建筑服务，选择简易计税方法，适用征收率计缴增值税。

3. 建筑施工设备出租给他人使用并配备操作人员，如何缴纳增值税？

答：财税〔2016〕140 号文件第十六条规定，纳税人将建筑施工设备出租给他人使用并配备操作人员的，按照“建筑服务”缴纳增值税，适用税率 10%（2018 年 4 月 30 日以前为 11%）。

如果纳税人仅将建筑施工设备出租给他人使用，按照“有形动产租赁”缴纳增值税，适用税率 16%（2018 年 4 月 30 日以前为 17%）。

4. 出租并包安装脚手架，如何缴纳增值税?

答：第一，《销售服务、无形资产、不动产注释》规定，脚手架出租适用税目为“有形动产租赁”，搭建脚手架适用税目为“建筑服务——其他建筑服务”，根据《试点实施办法》第十五条的规定，提供有形动产租赁服务，税率为17%，而销售建筑服务，税率为11%。

第二，脚手架出租并提供安装涉及租赁服务和建筑服务，并不符合《试点实施办法》第四十条“一项销售行为如果既涉及服务又涉及货物，为混合销售”的定义。

因此，根据《试点实施办法》第三十九条的规定，如果脚手架出租和安装分开计价，分别适用17%和11%的税率，如果安装未单独计价，则应从高适用17%的税率。

5. 企业提供建筑服务，如何缴纳增值税?

答：《试点有关事项的规定》第一条第（四）、（七）项，财税〔2017〕58号文件第三条对建筑服务增值税的基本规定如下：

（1）一般纳税人以清包工方式提供的建筑服务，可以选择适用简易计税方法计税。

（2）一般纳税人为甲供工程、建筑工程老项目提供的建筑服务，可以选择适用简易计税方法计税。

（3）纳税人提供建筑服务取得预收款，应在收到预收款时，以取得的预收款扣除支付的分包款后的余额，按照规定的预征率预缴增值税。适用一般计税方法计税的项目预征率为2%，适用简易计税方法计税的项目预征率为3%。

（4）一般纳税人非同一地级行政区范围内跨县（市）[以下称跨县（市）]提供建筑服务，适用一般计税方法计税的，应以取得的全部价款和价外费用为销售额计算应纳税额。纳税人应以取得的全部价款和价外费用扣除支付的分包款后的余额，按照2%的预征率在建筑服务发生地预缴税款后，向机构所在地主管税务机关进行纳税申报。

（5）一般纳税人跨县（市）提供建筑服务，选择适用简易计税方法计税的，应以取得的全部价款和价外费用扣除支付的分包款后的余额为销售额，按照3%的征收率计算应纳税额。纳税人应按照上述计税方法在建筑服务发生地预缴税款后，向机构所在地主管税务机关进行纳税申报。

（6）试点纳税人中的小规模纳税人跨县（市）提供建筑服务，应以取得的全部价款和价外费用扣除支付的分包款后的余额为销售额，按照3%的征收率计算应纳税额。纳税人应按照上述计税方法在建筑服务发生地预缴税款后，向机构所在地主管税务机关进行纳税申报。

（7）建筑企业在施工现场修建的临时建筑物、构筑物，虽然也属于不动产的范畴，但其进项税额不适用不动产分两年抵扣的规定，可以一次性进行进项抵扣。

《国家税务总局关于发布〈纳税人跨县（市、区）提供建筑服务增值税征收管理暂行办法〉的公告》（国家税务总局公告 2016 年第 17 号，以下简称 17 号公告）规定，以建筑服务发生地预缴税款，机构所在地纳税申报为基本征管原则，按照纳税人类别、计税方法，分别对纳税人跨县（市、区）提供建筑服务应如何在服务发生地预缴、如何在机构所在地进行纳税申报、开具发票等内容做了细化明确，以便于纳税人执行和税务机关的征收管理。具体见表 5-2。

(8)《财政部 税务总局关于建筑服务等营改增试点政策的通知》（财税〔2017〕58 号）第一条：建筑工程总承包单位为房屋建筑的地基与基础、主体结构提供工程服务，建设单位自行采购全部或部分钢材、混凝土、砌体材料、预制构件的，适用简易计税方法计税。

地基与基础、主体结构的范围，按照《建筑工程施工质量验收统一标准》（GB50300—2013）附录 B《建筑工程的分部工程、分项工程划分》中的“地基与基础”“主体结构”分部工程的范围执行。

二、 纳税人和纳税地点

6. 建筑业如何确定工程承包的纳税人？

答：《试点实施办法》第二条规定，单位以承包、承租、挂靠方式经营的，承包人、承租人、挂靠人（以下统称承包人）以发包人、出租人、被挂靠人（以下统称发包人）名义对外经营并由发包人承担相关法律责任的，以该发包人为纳税人。否则，以承包人为纳税人。

7. 建筑企业的分支机构是否可以认定为一般纳税人？

问：建筑企业的分公司或项目部可以认定或登记为一般纳税人吗？建筑企业总机构中标并签订施工合同，由分公司或项目部登记缴纳增值税，是否违反了税法的规定？

答：根据《试点实施办法》第三条、第四条、《试点有关事项的规定》第一条第（五）项和财税〔2018〕33 号文件的规定和财税〔2018〕33 号文件的规定，纳税人分为一般纳税人和小规模纳税人。应税行为的年应征增值税销售额（以下称应税销售额）超过 500 万元（含本数）的纳税人为一般纳税人，未超过规定标准的纳税人为小规模纳税人。年应税销售额未超过规定标准的纳税人，会计核算健全，能够提供准确税务资料的，可以向主管税务机关办理一般纳税人资格登记，成为一般纳税人。

表 5-2 **建筑服务增值税政策明细表**

纳税人	建安项目	计税方法	税率	销售额	异地项目预征申报
一般纳税人	新项目	一般计税	10%	全部价款和价外费用	在建筑服务发生地预征［全部价款和价外费用一支付的分包款）÷（1＋10%）×2%］，再向机构所在地纳税申报
	老项目	一般计税			
		简易计税	3%	全部价款和价外费用扣除支付的分包款后余额	在建筑服务发生地预征［全部价款和价外费用一支付的分包款）÷（1＋3%）×3%］，再向机构所在地纳税申报
	清包工、甲供工程、建筑工程总承包单位为房屋建筑的地基与基础、主体结构提供工程服务，建设单位自行采购全部或部分钢材、混凝土、砌体材料、预制构件的	一般计税	10%	全部价款和价外费用	在建筑服务发生地预征［全部价款和价外费用一支付的分包款）÷（1＋10%）×2%］，再向机构所在地纳税申报
		简易计税	3%	全部价款和价外费用扣除支付的分包款后余额	在建筑服务发生地预征［全部价款和价外费用一支付的分包款）÷（1＋3%）×3%］，再向机构所在地纳税申报
小规模纳税人	所有项目	简易计税	3%		

说明：(1) 纳税人跨县（市、区）提供建筑服务，应按照财税〔2016〕36 号文件规定的纳税义务发生时间和计税方法，向建筑服务发生地主管国税机关预缴税款，向机构所在地主管国税机关申报纳税（2018 年 4 月 30 日以前税率为 11%）。

(2) 纳税人跨县（市、区）提供建筑服务，向建筑服务发生地主管国税机关预缴的增值税税款，可以在当期增值税应纳税额中抵减，抵减不完的，结转下期继续抵减。纳税人以预缴税款抵减应纳税额，应以完税凭证作为合法有效凭证。

根据上述规定，办理正式税务登记的分支机构符合条件的，可申请登记为一般纳税人。总机构跨县（市）提供建筑服务，分支机构作为总机构在建筑服务发生地的分包商提供建筑服务，分别独立计算缴纳增值税，而总机构的项目部不是增值税的独立纳税人，应由总机构计算缴纳增值税。

三、 计税方法

8. 建筑工程新老项目如何界定?

问：我单位是一家央企的建筑施工企业，应如何界定新老项目？

答：《试点有关事项的规定》第一条第（七）项以及17号公告第三条规定，建筑工程老项目，是指：

（1）《建筑工程施工许可证》注明的合同开工日期在2016年4月30日前的建筑工程项目。

（2）《建筑工程施工许可证》未注明合同开工日期，但建筑工程承包合同注明的开工日期在2016年4月30日前的建筑工程项目。

（3）未取得《建筑工程施工许可证》的，建筑工程承包合同注明的开工日期在2016年4月30日前的建筑工程项目。

在判断建筑项目新老工程时，是有主次和先后顺序的。先看施工许可证，施工许可证没有规定的情况下看合同，同时营改增过渡政策制定的原则之一是确保每一个行业的税负只减不增，故笔者认为，对于现实中存在的《建筑工程施工许可证》以及建筑工程承包合同都没有注明开工时间的情况，按照实质重于形式的原则，只要纳税人可以提供2016年4月30日前实际已开工的证明，就可以按照建筑工程老项目进行税务处理。

| 适用解析 |

1. 建筑企业4月30日之前签订了合同，但5月1日后才招投标的项目，是新项目还是老项目?

解析：4月30日前签订了建筑工程承包合同，合同上注明的开工时间在4月30日之前的属于建筑工程老项目。

2. 一个项目甲方和乙方签订了合同，施工许可证上注明的开工日期在4月30日前，5月1日后乙方又与丙方签订了分包合同，丙方是否能够选择简易计税方法?

解析：《试点有关事项的规定》第一条第（七）项规定，为建筑工程老项目提供的建筑服务可以选择适用简易计税方法。从实质来看，丙方提供的建筑服务业务是为甲方的建筑老项目提供建筑服务，所以按照政策规定，丙方可以选择适用简易计税方法。

注意，各地对分包工程是否适用简易计税方法有不同的规定，建议与当地国税机关加强沟通。

3. 建筑工程承包合同中约定以开工令上注明的日期为开工时间的，该开工令可以作为选择简易计税方法计税的依据吗?

解析：建筑工程承包合同中约定以开工令上注明的日期为开工时间的，该开工令与合同具有同等法律效力，开工令上注明开工日期在 2016 年 4 月 30 日前的，可以作为选择简易计税方法计税的依据。

4. 建筑总包方将部分项目分给工程分包方，分包方在什么情况下可以适用建筑安装行业“老项目”简易计税方法?

解析：一般纳税人分包的工程符合建筑工程老项目、清包工工程以及甲供工程条件的，可以选择简易计税方法缴纳增值税。如果总包合同对应的《建筑工程施工许可证》上面注明的开工日期在 2016 年 4 月 30 日之前的，相应的分包合同签订在 5 月 1 日之后，也可以按照老项目选择简易计税方法。

5. 一个工程项目，甲方和乙方未签订合同，也未取得工程施工许可证，能否以其他方式证明工程实际上在 4 月 30 日已经开工，并选择适用简易计税方法?

解析：是否属于建筑老项目的标准有两个，一是以施工许可证上注明的开工时期来划分；二是未取得建筑工程施工许可证的，以建筑工程承包合同注明的开工日期来进行划分。但是按照实质重于形式的原则，只要纳税人可以提供 2016 年 4 月 30 日前实际已开工的证明，就可以按照建筑工程老项目进行税务处理。

6. 工程合同注明的开工日期在 2016 年 4 月 30 日前的建筑服务工程项目，经住建部门批准在原建筑工程项目基础上进行新增建设（如扩大建筑面积等），新增合同对应项目可否参照原建筑工程项目按照老项目选择简易计税方法?

解析：从提供的建筑服务业务实质来看，是为甲方的建筑老项目提供的新增建筑服务，所以按照政策规定，新增合同对应项目可参照原建筑工程项目按照老项目选择简易计税方法

7. 房地产开发项目于 2016 年 5 月 1 日之前取得建筑施工许可证，并进行了房屋主体建筑施工。但由于房地产开发项目的工期较长，除建筑项目外的消防、绿化等项目在 5 月 1 日之后才签订施工合同。该工程项目是一个整体，消防、绿化等部分无法取得建筑安装施工许可证。请问，上述情形是否属于建筑安装老项目? 能否适用简易计税办法?

解析：根据重庆国税的执行口径，如果该项目的建筑施工许可证上已包含消防、绿化等项目，则消防、绿化工程项目属于建筑安装老项目，纳税人可以选择简易计税方法；如果该项目的建筑施工许可证上未包含消防、绿化等项目，且该部分无法单独取得建筑安装施工许可证，则以建筑工程承包合同注明的开工日期作为判断是否属于建筑工程老项目的依据。

9. 企业提供建筑服务，哪些情况下可以适用简易计税方法？

答：根据《试点有关事项的规定》第一条第（七）项、财税〔2017〕58 号及 2017 年第 11 号公告的规定，一般纳税人下列行为可以选择简易计税方法：

（1）一般纳税人以清包工方式提供的建筑服务，可以选择适用简易计税方法计税。

（2）一般纳税人为甲供工程提供的建筑服务，可以选择适用简易计税方法计税。

（3）一般纳税人为建筑工程老项目提供的建筑服务，可以选择适用简易计税方法计税。

（4）建筑工程总承包单位为房屋建筑的地基与基础、主体结构提供工程服务，建设单位自行采购全部或部分钢材、混凝土、砌体材料、预制构件的，适用简易计税方法计税。

（5）一般纳税人销售电梯的同时提供安装服务，其安装服务可以按照甲供工程选择适用简易计税方法计税。

小规模纳税人提供建筑服务，适用简易计税方法。

10. 甲供工程是否有比例的规定？

问：企业承接一项建筑工程，其中既有甲供材料也有非甲供材料，能否适用甲供材料简易计税的政策？甲供材料是否有比例的要求？

答：财税〔2016〕36 文件规定，甲供工程，是指全部或部分设备、材料、动力由工程发包方自行采购的建筑工程。

对于甲供材的工程项目，该文件提到全部或部分材料甲供，建筑业即可选择适用简易计税方法，但文件未规定甲供的比例，所以同一个工程项目，没有甲供材的比例规定。

11. 甲供工程选择适用简易计税方法计税，是否取决于甲方？

问：我建筑公司是一般纳税人建筑企业，为甲供工程提供建筑服务，选择适用简易计税方法计税，是否取决于甲方必须接受简易计税方法呢？

答：《试点实施办法》第十八条规定，一般纳税人发生应税行为适用一般计税方法计税。

一般纳税人发生财政部和国家税务总局规定的特定应税行为，可以选择适用简易计税方法计税，但一经选择，36个月内不得变更。

由此可知，选择哪一种计税方法是纳税人的法定权利。

12. 不同的建筑项目可以选择不同的计税方法吗？

答：建筑企业中的增值税一般纳税人，提供的建筑服务符合财政部和国家税务总局有关规定的，可以就不同的项目，分别选择适用一般计税方法或简易计税方法。

提醒注意的是，财税〔2017〕58号文件第一条规定，建筑工程总承包单位为房屋建筑的地基与基础、主体结构提供工程服务，建设单位自行采购全部或部分钢材、混凝土、砌体材料、预制构件的，适用简易计税方法计税。

四、销售额

13. 建筑企业可以选择差额征收吗？有何具体规定？

答：《试点有关事项的规定》第一条第（七）项规定，试点纳税人提供建筑服务适用简易计税方法的，以取得的全部价款和价外费用扣除支付的分包款后的余额为销售额。

因此，纳税人只有在选择简易计税方法的情况下，才可以适用差额征收税收政策。

14. 建筑企业收取的合同违约金、提前竣工奖要缴纳增值税吗？

答：《试点实施办法》第三十七条规定，销售额，是指纳税人发生应税行为取得的全部价款和价外费用，财政部和国家税务总局另有规定的除外。

价外费用，是指价外收取的各种性质的收费，但不包括以下项目：

（1）代为收取并符合该办法第九条规定的政府性基金或者行政事业性收费；

（2）以委托方名义开具发票代委托方收取的款项。

由此可见，建筑企业在提供建筑服务时，收取的违约金、奖励款等款项应作为价外费用，适用建筑服务税率10%（2018年4月30日以前为11%），缴纳增值税。

15. 甲供工程在计算增值税时，销售额中是否应包括甲供材料及设备的价款?

答:《试点实施办法》第三十七条规定，销售额是指纳税人发生应税行为取得的全部价款和价外费用，财政部和国家税务局另有规定的除外。

甲供工程的计税依据为建筑方提供建筑服务向甲方取得的全部价款和价外费用。甲方自行采购的甲供材料及设备，在不直接支付建筑方时，不属于纳税人发生应税行为取得的全部价款和价外费用，因此不计入建筑服务销售额。

16. 适用一般计税方法的建筑服务是否可以差额扣除分包款?

答: 一般纳税人跨县（市）提供建筑服务，适用一般计税方法计税的，虽然根据17号公告的规定，在建筑服务发生地预缴税款作为预缴依据时可以扣除，即：预缴税款=(全部价款和价外费用－支付的分包款)÷(1+10%)×2%，但在机构所在地申报计算应纳税款时不能适用差额扣除，应凭合法有效凭证作为进项税额在销项税额中抵扣。否则会造成重复扣除。

17. 建筑企业可以扣除的“分包款”是指什么?

问：《试点有关事项的规定》第一条第（七）项规定，试点纳税人提供建筑服务适用简易计税方法的，以取得的全部价款和价外费用扣除支付的分包款后的余额为销售额。所称“分包款”中的“分包”，是指工程分包、劳务分包还是材料分包?

答: 分包仅指《销售服务、无形资产、不动产注释》中建筑服务税目注释范围内的应税服务。

18. 对于建筑企业扣除分包款应取得的凭证，税法有何规定?

答: 17号公告第六条规定，纳税人按照规定从取得的全部价款和价外费用中扣除支付的分包款，应当取得符合法律、行政法规和国家税务总局规定的合法有效凭证，否则不得扣除。

上述凭证是指：

(1) 从分包方取得的2016年4月30日前开具的建筑业营业税发票。

上述建筑业营业税发票在2016年6月30日前可作为预缴税款的扣除凭证。

（2）从分包方取得的2016年5月1日后开具的，备注栏注明建筑服务发生地所在县（市、区）、项目名称的增值税发票（包括增值税专用发票和普通发票）。

（3）国家税务总局规定的其他凭证。

19. 建筑企业可以扣除的分包款必须分项目计算吗？

问：纳税人取得的全部价款和价外费用扣除支付的分包款后的余额为负数的，可结转下次预缴税款时继续扣除。那么，扣除时是否必须为同一项目？

答：扣除的分包款应当为同一项目。

根据17号公告第五条第三款、第十条的规定，纳税人应按照工程项目分别计算应预缴税款，分别预缴。对跨县（市、区）提供的建筑服务，纳税人应自行建立预缴税款台账，区分不同县（市、区）和项目逐笔登记全部收入、支付的分包款、已扣除的分包款、扣除分包款的发票号码、已预缴税款以及预缴税款的完税凭证号码等相关内容，留存备查。

20. 分包工程营改增前未抵减完的销售额如何处理？

问：在有分包的情况下，乙方已向甲方开具了营业税发票并缴纳了营业税，但分包出去的部分其发票没有及时取得，导致允许差额扣除的部分在5月1日前未能足额扣除，多缴纳了营业税，且在地税机关因为各种原因不能取得退还。那么，能否在5月1日后实现的增值税中进行相应的扣除？

答：《试点有关事项的规定》第一条第（十三）项规定，试点纳税人发生应税行为，按照国家有关营业税政策规定差额征收营业税的，因取得的全部价款和价外费用不足以抵减允许扣除项目金额，截至纳入营改增试点之日前尚未扣除的部分，不得在计算试点纳税人增值税应税销售额时抵减，应当向原主管地税机关申请退还营业税。

17号公告第六条规定，纳税人从取得的全部价款和价外费用中扣除支付的分包款，应当取得符合法律、行政法规和国家税务总局规定的合法有效凭证，否则不得扣除。其中合法有效的凭证包括从分包方取得的2016年4月30日前开具的建筑业营业税发票，该建筑业营业税发票在2016年6月30日前可作为预缴税款的扣除凭证。

根据上述规定，纳税人可以对4月30日前支付的分包款不能在全部价款和价外费用中扣除导致多缴纳的营业税向主管地税机关申请退还，也可以凭取得的在2016年4月30日前开具的建筑业营业税发票在2016年6月30日前作为在工程项目所在地预缴增值税税款的扣除凭证。

21. 发包方代发农民工工资的增值税如何处理？

问：发包方代分包方发放农民工工资，代发的工资从应付分包款中直接扣除，分包方能否将发包方代为发放的农民工工资并入分包款中，向发包方开具增值税专用发票？

答：《国务院办公厅关于全面治理拖欠农民工工资问题的意见》（国办发〔2016〕1号）第二条第三款规定，明确工资支付各方主体责任。全面落实企业对招用农民工的工资支付责任，督促各类企业严格依法将工资按月足额支付给农民工本人，严禁将工资发放给不具备用工主体资格的组织和个人。在工程建设领域，施工总承包企业（包括直接承包建设单位发包工程的专业承包企业，下同）对所承包工程项目的农民工工资支付负总责，分包企业（包括承包施工总承包企业发包工程的专业企业，下同）对所招用农民工的工资支付负直接责任，不得以工程款未到位等为由克扣或拖欠农民工工资，不得将合同应收工程款等经营风险转嫁给农民工。

根据上述文件精神，在实践中，发包方通常会采用代分包方发放农民工工资的形式来避免拖欠农民工工资的风险，代发的工资通常都是从应付分包款中直接扣除，所以，分包方可以将发包方代为发放的农民工工资并入分包款中，向发包方开具增值税专用发票，发包方作为进项税额进行抵扣。

22. 建筑企业采购部分材料用于提供建筑服务，是否需要分别纳税并开具发票？

答：《试点实施办法》第四十条规定，一项销售行为如果既涉及服务又涉及货物，为混合销售。从事货物的生产、批发或者零售的单位和个体工商户的混合销售行为，按照销售货物缴纳增值税；其他单位和个体工商户的混合销售行为，按照销售服务缴纳增值税。

因此，建筑企业采购部分材料用于提供建筑服务的，应视为混合销售。建筑企业混合销售属于“其他单位和个体工商户”的，应按照销售建筑服务缴纳增值税，不需要分别纳税、分别开票。

23. 销售自产建筑材料同时提供建筑服务的，可否在销售合同中分别注明材料和建筑服务价款，适用不同税率缴纳增值税？

问：生产钢构件并负责安装施工的企业，销售钢构件按照销售货物适用17%税率计提销项税额，安装施工费按照建筑业适用3%税率全额缴纳营业税。营改增后，这种业务如何处理？

答：在营改增前，《增值税暂行条例实施细则》第六条和《营业税暂行条例实施细则》第七条，都将销售自产货物并同时提供建筑劳务的行为定性为混合销售行为，但是采取了“应当分别核算应税劳务的营业额和货物的销售额，其应税劳务的营业额缴纳营业税，货物销售额缴纳增值税，未分别核算的，由主管税务机关核定其货物的销售额或应税劳务的营业额”的特殊税务处理规定。

营改增后，《试点实施办法》第四十条规定，一项销售行为如果既涉及服务又涉及货物，为混合销售。从事货物的生产、批发或者零售的单位和个体工商户的混合销售行为，按照销售货物缴纳增值税；其他单位和个体工商户的混合销售行为，按照销售服务缴纳增值税。国家税务总局货物和劳务税司副司长林枫在国家税务总局网站2016年7月在线访谈中回答网友提出的“如果纳税人对混合销售行为已经分开核算销售的，可否分别适用不同税率”的问题时，重申上述“混合销售行为只能适用一种税率”的观点。

但是，根据2017年4月20日发布的《国家税务总局关于进一步明确营改增有关征管问题的公告》（国家税务总局公告2017年第11号）第一条的规定，纳税人销售活动板房、机器设备、钢结构件等自产货物的同时提供建筑、安装服务，不属于混合销售，应分别核算货物和建筑服务的销售额，分别适用不同的税率或者征收率。颠覆了《增值税暂行条例实施细则》第六条和《营业税暂行条例实施细则》第七条的定性。例如，生产钢构件并负责安装施工的企业，销售钢构件按照销售货物适用16%税率计提销项税额，安装施工费按照建筑业适用10%税率计提销项税额。

| 政策链接 |

《增值税暂行条例实施细则》

第六条规定，纳税人的下列混合销售行为，应当分别核算货物的销售额和非增值税应税劳务的营业额，并根据其销售货物的销售额计算缴纳增值税，非增值税应税劳务的营业额不缴纳增值税；未分别核算的，由主管税务机关核定其货物的销售额：

（一）销售自产货物并同时提供建筑业劳务的行为；

（二）财政部、国家税务总局规定的其他情形。

《中华人民共和国营业税暂行条例实施细则》

第七条规定，纳税人的下列混合销售行为，应当分别核算应税劳务的营业额和货物的销售额，其应税劳务的营业额缴纳营业税，货物销售额不缴纳营业税；未分别核算的，由主管税务机关核定其应税劳务的营业额：

（一）提供建筑业劳务的同时销售自产货物的行为；

（二）财政部、国家税务总局规定的其他情形。

国家税务总局网站 2016 年 7 月在线访谈

〔嘉和利蔡桂如〕混合销售问题：如纳税人对混合销售行为已分开核算销售额的，可否分别适用不同税率？

〔国家税务总局货物和劳务税司副司长林枫〕按照现行政策规定，混合销售是指既涉及服务又涉及货物的一项销售行为。从事货物的生产、批发或者零售的单位和个体工商户的混合销售行为，应按照销售货物缴纳增值税；其他单位和个体工商户的混合销售行为，按照销售服务缴纳增值税，对一项混合销售行为，无论是否分开核算销售额，均按上述规定执行。

24. 处置结余建筑材料的增值税如何处理？

问：建筑工程项目采用不同计税方法，在 2016 年 5 月 1 日后竣工的，处置结余的工程物资如何计税？

答：对于未使用完毕结余的工程物资，其处理分两种情况：

（1）用于另外的工程项目。对这一部分工程物资，在本项目未抵扣完的部分，可结转至下一项目继续抵扣。但将剩余材料用于《试点实施办法》第二十七条规定的项目的，不得抵扣。

（2）出售未使用完毕的工程物资。一般纳税人销售其资格登记为一般纳税人之前的库存货物，应按货物的适用税率计算缴纳增值税。因此，不管工程物资用在一般计税项目还是简易计税项目，一般纳税人处置结余的工程物资，均应按照货物的适用税率计算缴纳增值税。

| 政策链接 |

《试点实施办法》

第二十七条规定，下列项目的进项税额不得从销项税额中抵扣：

（一）用于简易计税方法计税项目、免征增值税项目、集体福利或者个人消费的购进货物、加工修理修配劳务、服务、无形资产和不动产。其中涉及的固定资产、无形资产、不动产，仅指专用于上述项目的固定资产、无形资产（不包括其他权益性无形资产）、不动产。

纳税人的交际应酬消费属于个人消费。

（二）非正常损失的购进货物，以及相关的加工修理修配劳务和交通运输服务。

（三）非正常损失的在产品、产成品所耗用的购进货物（不包括固定资产）、加工修理修配劳务和交通运输服务。

（四）非正常损失的不动产，以及该不动产所耗用的购进货物、设计服务和建筑服务。

（五）非正常损失的不动产在建工程所耗用的购进货物、设计服务和建筑服务。

纳税人新建、改建、扩建、修缮、装饰不动产，均属于不动产在建工程。

（六）购进的旅客运输服务、贷款服务、餐饮服务、居民日常服务和娱乐服务。

（七）财政部和国家税务总局规定的其他情形。

本条第（四）项、第（五）项所称货物，是指构成不动产实体的材料和设备，包括建筑装饰材料和给排水、采暖、卫生、通风、照明、通讯、煤气、消防、中央空调、电梯、电气、智能化楼宇设备及配套设施。

25. 建筑公司免费为其总经理建私人别墅，如何计算增值税？

问：建筑公司免费为其总经理建私人别墅，所需材料、设备、动力均由总经理自己提供。对此需要视同销售缴纳增值税吗？如何计算销售额？

答：《试点实施办法》第十四条规定，下列情形视同销售服务、无形资产或者不动产：

（1）单位或者个体工商户向其他单位或者个人无偿提供服务，但用于公益事业或者以社会公众为对象的除外。

（2）单位或者个人向其他单位或者个人无偿转让无形资产或者不动产，但用于公益事业或者以社会公众为对象的除外。

（3）财政部和国家税务总局规定的其他情形。

《试点实施办法》第四十四条规定，纳税人发生应税行为价格明显偏低或者偏高且不具有合理商业目的的，或者发生单位或者个体工商户向其他单位或者个人无偿提供建筑服务而无销售额的（用于公益事业或者以社会公众为对象的除外），主管税务机关有权按照下列顺序确定销售额：

（1）按照纳税人最近时期销售同类服务、无形资产或者不动产的平均价格确定。

（2）按照其他纳税人最近时期销售同类服务、无形资产或者不动产的平均价格确定。

（3）按照组成计税价格确定。组成计税价格的公式为：

组成计税价格＝成本×（1＋成本利润率）

五、 进项税额

26. 建筑企业哪些开支项目的进项税额可以抵扣？

答： 办公用品、电子耗材、车辆租赁、水费、电费、房屋租赁、物业管理、会议费、培训费等，这些项目取得增值税专用发票可以抵扣进项税额。具体见表5-3。

表 5-3　　建筑业成本费用可抵扣增值税进项税额一览表
（供应商为一般纳税人）

序号	大类	小类	能否抵扣	税率
1	原材料	钢材、水泥、油品、火工品	可	16%
2		混凝土	可	16%或3%
3		原木和原竹	可	10%
4	周转材料（自制、外租）	包括包装物、低值易耗品、工程施工中可多次使用的材料、钢模板、木模板、竹胶板、脚手架和其他周转材料等。	可	16%
5	临时设施	临时性建筑、管线、道路、其他不动产性质的临时设施	可	10%
6		临时设施材料	可	16%
7	人工费	建筑劳务分包	可	10%
8		劳务派遣费用、人力资源外包	可	6%或5%
9		员工工资	否	
10	机械租赁	指从外单位或本企业其他独立核算的单位租用的施工机械（如吊车、挖机、装载机、塔吊、电梯、运输车辆等），包含设备进出场费、燃料费、修理费	可	16%
11	专业分包	总承包方将所承包的专业工程分包给具有专业资质的其他建筑企业，主要形式体现为包工包料，总包对分包工程实施管理	可	10%
12	不动产	自建或外购办公大楼	看具体情况	10%或5%

续表

序号	大类	小类	能否抵扣	税率
13	费用类	租入办公楼	可	10%或5%减按1.5%
14		物业管理	可	6%
15		办公用品	可	16%
16		会议费（外包）	可	6%
17		会议费（租赁场地）	可	6%（10%）
18		电信基础服务	可	10%
19		电信增值	可	6%
20		车辆	可	16%
21		办公用车汽/柴油	可	16%
22		车辆维修	可	16%
23		汽车租赁费	可	16%
24		财产保险费	可	6%
25		水电费	可	3%、10%、16%
26		劳动保护费	可	16%
27		业务宣传用礼品	可	16%、10%（农产品）
28		书报费	可	10%
29		检验试验费	可	6%
30		安保费	可	6%
31		信息技术服务	可	6%
32		住宿费	可	6%
33		现代服务（各种鉴证、咨询、培训）	可	6%
34		过桥、路费	可	3%、5%
35		财务费用（与贷款业务不直接相关的各类手续费）	可	6%
36		贷款服务	否	
37		餐饮服务	否	
38		免税、集体福利和个人消费的购进货物、服务	否	
39		旅客运输服务	否	
40		居民日常服务和娱乐服务	否	

说明：2018年5月1日以后税率17%降为16%，税率11%降为10%。

27. 总分工程付款流不一致可以抵扣进项税额吗？

问：甲单位是总包单位，与乙单位签订分包合同，乙单位向甲单位开具发票，并委托甲单位将工程款支付给丙单位。这种委托付款情形下，乙方开给甲方的专票上注明的税额是否可以抵扣？

答：国税发〔1995〕192号文件第一条第（三）项规定，“纳税人购进货物或应税劳务，支付运输费用，所支付款项的单位，必须与开具抵扣凭证的销货单位、提供劳务的单位一致，才能够申报抵扣进项税额，否则不予抵扣。”这是增值税征管中“三流一致”的政策依据。

《国家税务总局关于进一步明确营改增有关征管问题的公告》（国家税务总局公告2017年第11号）第二条规定，建筑企业与发包方签订建筑合同后，以内部授权或者三方协议等方式，授权集团内其他纳税人（以下称第三方）为发包方提供建筑服务，并由第三方直接与发包方结算工程款的，由第三方缴纳增值税并向发包方开具增值税发票，与发包方签订建筑合同的建筑企业不缴纳增值税。发包方可凭实际提供建筑服务的纳税人开具的增值税专用发票抵扣进项税额。

国家税务总局在2016年5月26日总局视频会政策问题解答（政策组发言材料）中对一个住宿费发票进项税抵扣中的“三流一致”的答复尤其值得我们关注。问题和答复内容如下：

问：纳税人取得服务品名为住宿费的增值税专用发票，但住宿费是以个人账户支付的，这种情况能否允许抵扣进项税额？是否需要以单位对公账户转账付款才允许抵扣？

答：其实现行政策在住宿费的进项税抵扣方面，从未做出过类似的限制性规定，纳税人无论通过私人账户还是对公账户支付住宿费，只要其购买的住宿服务符合现行规定，都可以抵扣进项税。而且，需要补充说明的是，不仅是住宿费，对纳税人购进的其他任何货物、服务，都没有因付款账户不同而对进项税抵扣做出限制性规定。

因此，笔者认为，国家税务总局对此已经非常明确，企业购进货物或服务，只要其购买的货物、服务符合抵扣政策，不论款项如何支付，其进项税额均可抵扣。

| 适用解析 |

1. 企业发生购买办公用品、支付住宿费等费用，由员工个人以现金、刷卡等方式支付的，其取得的专票上注明的税额，可以作为进项税额抵扣吗?

解析：企业发生的购买办公用品、支付住宿费等费用，由员工个人采取现金、刷卡等方式支付，并最终由企业实际负担的，其进项税额可以按规定抵扣。

2. 与施工企业签订施工合同的是政府机关或事业单位，但支付工程款的是财政账户，票款不一致，如何处理?

解析：根据国家预算管理的相关规定，纳入中央或地方预算支出范围的，其支出应由相应财政账户进行支付。因此，施工单位向政府和事业单位销售货物、提供服务等从财政账户取得收入属正常业务，不属于发票与收款不一致情形。

28. 砂石水泥采购如何抵扣进项税额?

答：一般纳税人销售自产的沙土石料，可选择按简易计税方法依照3%征收率计算缴纳增值税。从适用一般计税方法的一般纳税人处采购，能够取得增值税专用发票的，可抵扣进项税额。若从适用简易计税方法的一般纳税人处采购，能够取得增值税专用发票的，可抵扣进项税额。若从小规模纳税人处采购，能够取得税务机关代开的增值税专用发票的，也可抵扣进项税额。

29．分公司购进的材料，总公司如何抵扣进项税额？

问：跨县（市、区）的建安项目，经总公司授权并由分公司对外签订分包合同、材料合同等，其取得进项发票回机构所在地税务机构时，由于公司名称不一致，无法抵扣进项税额。建筑企业总公司如何才能抵扣分公司采购建筑物资取得的进项税额？

答：总公司和分公司作为增值税链条上的独立纳税人，应当根据税收法律法规，独立核算和纳税申报，总公司与分公司之间的业务往来也应当独立作价并开具发票，以分公司名义取得的进项抵扣凭证不能在总公司做进项抵扣。

30．简易计税项目和一般计税项目无法划分的进项税额如何抵扣？

答：《试点实施办法》第二十九条规定，适用一般计税方法的纳税人，兼营简易计税方法计税项目、免征增值税项目而无法划分不得抵扣的进项税额，按照下列公式计算不得抵扣的进项税额：

$$\text{不得抵扣的进项税额}=\text{当期无法划分的全部进项税额}\times\left(\text{当期简易计税方法计税项目销售额}+\text{免征增值税项目销售额}\right)\div\text{当期全部销售额}$$

《国家税务总局关于分摊不得抵扣进项税额时免税项目销售额如何确定问题的批复》（国税函〔1997〕529号）规定，纳税人在计算不得抵扣进项税额时，对其取得的销售免税货物的销售收入和经营非应税项目的营业收入额，不得进行不含税收入的换算。

根据上述计算公式，准确计算不得抵扣的进项税额，笔者认为，应该掌握以下四个关键点：

（1）准确筛选纳入计算范围的进项税额。“当月无法划分的全部进项税额”是指企业在购入原材料时，没有明确用途，即没有明确是用于一般计税方法项目、简易计税方法项目还是免税项目，并且在使用时既用于一般计税方法项目，又用于简易计税方法项目或免税项目，同时又无法划分混用的进项税部分。

（2）免税项目销售额不得进行不含税收入的换算。该公式中的免征增值税项目销售额不得进行不含税收入的换算。

（3）“当期全部销售额”应该指与“当月无法划分的全部进项税额”有关联的一般计税方法项目、简易计税方法项目及免征增值税项目的销售额，即与“当月无法划分的全部进项税额”无关联的其他收入不应该计算在内。

（4）计算及时。对于存在难以划分不得抵扣的进项税情形时，纳税人不能先全部视同生产应税项目，全部列入进项税金抵扣，然后计算不得抵扣的进项税并做转出处理，这样存在滞纳缴税的嫌疑。

| 适用解析 |

建筑企业同时存在一般计税项目和简易计税项目，对于费用类取得的增值税专用发票抵扣的进项税额，是否需要按照当月简易计税项目收入占总收入比例做进项税转出?

解析：《试点实施办法》第二十九条规定，适用一般计税方法的纳税人，兼营简易计税方法计税项目、免征增值税项目而无法划分不得抵扣的进项税额，按照下列公式计算不得抵扣的进项税额：

$$\text{不得抵扣的进项税额}=\text{当期无法划分的全部进项税额}\times\left(\text{当期简易计税方法计税项目销售额}+\text{免征增值税项目销售额}\right)\div\text{当期全部销售额}$$

所以建筑企业同时存在一般计税项目和简易计税项目，对于费用类取得的增值税专用发票抵扣的进项税额，需要按照上述公式做进项税转出处理。

| 案例分析 |

某公司 2016 年 8 月共有三个项目，其中甲项目采用简易计税方法，乙项目和丙项目采用一般计税方法，当月购进 2 000 万元（不含税）的原材料，其中用于乙项目的材料为 600 万元，用于甲项目和丙项目的原材料无法准确划分清楚。已知 8 月甲项目取得收入 800 万元，乙项目取得收入 1 000 万元，丙项目取得收入 500 万元。(假设购进原材料进项税率为 17%，简易计税方法征收率为 3%，一般计税方法税率为 11%，各项目取得的收入都是含税收入。) 8 月该公司不得抵扣的进项税额是多少?

分析：

综合上述文件规定，不得抵扣的进项税额 = 当期无法划分的全部进项税额 × (当期简易计税方法计税项目销售额 + 免征增值税项目销售额) ÷ 当期全部销售额 = (2 000 − 600) × 17% × {[800/(1+3%)] ÷ [800/(1+3%) + 500/(1+11%)]} = 150.64（万元）。

31. 项目管理型 BT 项目需要将全部工程支出按 CAS22 的要求按金融资产进行处理，其进项税额是否可以抵扣?

答：项目管理型 BT 项目，其实质是二次招标型（项目管理型）BT 模式。投融资方组建项目公司，项目公司负责项目的融资、投资，二次招标确认施工方，项目公司负责全程负责建设施工管理的模式。常规的理解就是项目公司不负责项目设施的施工。项目公司将工程支出按金融资产进行处理符合准则的要求。

有人认为其工程支出的进项税额不能抵扣，估计是因为误解了《试点有关事项规定》中“纳税人接受贷款服务向贷款方支付的与该笔贷款直接相关的投融资顾问费、手续费、咨询费等费用，其进项税额不得从销项税额中抵扣”的规定。项目公司将工程支出归集进长期应收款，并根据合同约定向政府收取项目设施回购款项，并不影响其抵扣合法的进项税额。

六、 纳税义务发生时间和纳税地点

32. 提供建筑服务的纳税义务发生时间如何确定？

问：A公司2015年1月开始的一个建安工程项目，初始合同金额170万元，2016年6月最终合同金额定为215万元，合同注明执行日期为2015年1月1日—2016年4月30日，截止到现在没有收到工程款，营业税没有缴纳，只是在2015年按照完工百分比确认了一笔主营业务收入100万元，主营业务成本80万元，计提营业税金及附加3.36万元，在2015年汇算清缴中做了申报。请问，215万元工程款是缴纳营业税还是增值税？何时缴纳？

答： 应根据合同、收款、完工进度、发票开具等因素判断215万元工程款的纳税义务发生时间。发生在2016年4月30日前的缴纳营业税，发生在2016年5月1日以后的缴纳增值税。

纳税义务发生时间需要根据《中华人民共和国营业税暂行条例》及其实施细则、财税〔2016〕36号文件及财税〔2017〕58号的文件的有关规定，依据工程款收取时间、合同约定付款时间、工程完工时间等情形来确定（具体见表5-4）。

表5-4　　营业税、增值税纳税义务发生时间一览表

具体情形	《中华人民共和国营业税暂行条例》及其实施细则	财税〔2016〕36号文件、财税〔2017〕58号文件
1. 在提供建筑服务过程中或者完成后收讫款项的	收讫营业收入款项的当天	收讫销售款项的当天
2. 未收到款项但取得索取销售款项凭据的	取得索取营业收入款项凭据的当天	取得索取销售款项凭据的当天
(1) 书面合同确定了付款日期的	书面合同确定的付款日期	书面合同确定的付款日期
(2) 未签订书面合同或者书面合同未确定付款日期的	建筑业劳务完成的当天	建筑服务完成的当天
3. 尚未收讫款项或取得索取款项凭据但先开具发票的	无规定	开具发票的当天
4. 采取预收款方式的	收到预收款的当天	2017年6月30日以前，收到预收款的当天（2017年7月1日以后，预缴增值税）

由表5-4可知，“票先”“款先”“合同先”是增值税纳税义务发生时间的“三先”节点，“款先”“合同先”是营业税纳税义务发生时间的节点。

| 适用解析 |

1．A施工企业2016年4月1日与甲公司签订工程承包合同，开工日期5月1日，合同约定开工之前10日，甲公司预付A施工企业备料款100万元，甲公司于4月20日预付上述款项。A企业何时发生纳税义务?

解析：A企业于2016年4月20日发生营业税纳税义务。

2．A施工企业与乙公司签订工程承包合同，2016年5月20日乙公司向A企业预付工程款103万元，A企业于5月30日向乙公司开具发票103万元。A企业何时发生纳税义务?

解析：A企业于2016年5月20日发生增值税纳税义务。（预收款为先）

3．A施工企业与丙公司签订工程承包合同，工程已开工，2016年6月1日，丙公司批复5月工程进度款1 030万元，依据合同约定80%的付款比例，6月30日支付A企业工程款824万元，A企业于7月1日向丙公司开具发票824万元。A企业何时发生纳税义务?

解析：A企业于2016年6月30日发生纳税义务。（收款为先）

4．A施工企业与丁公司签订工程承包合同，书面合同约定，工程款按月度计量，每月计量单签发之后的7日内按照80%的比例支付工程款。2016年7月10日签发的6月计量单显示，A企业6月完成工程量2 000万元，8月10日丁公司向A企业支付进度款1 600万元，同日A企业向丁公司开具发票。A企业何时发生纳税义务?

解析：A企业于2016年7月17日发生纳税义务。（合同约定为先）

5．A施工企业与戊公司签订工程承包合同，2016年5月25日，戊公司通知A企业将于近期付款111万元，要求A企业开具增值税发票，A企业当日开具发票111万元，6月16日，A企业收到工程款111万元。A企业何时发生纳税义务?

解析：A企业于2016年5月25日发生增值税纳税义务。（开票日期为先）

6．2016年6月1日，A施工企业与寅公司签订工程承包合同，合同约定，施工期间工程款先由A企业垫付，未标明具体付款日期，2018年5月31日，工程竣工验收。施工期间，寅公司未支付款项，A企业也未向该公司开具发票。A企业何时发生纳税义务?

解析：A企业于2018年5月31日发生纳税义务。（应税行为完成）

7．2016年6月1日，A施工企业与巳公司签订工程承包合同，合同约定，施工期间工程款先由A企业垫付，竣工验收后一年内向A企业支付，2018年5月31日，工程竣工验收。施工期间，巳公司未支付款项，A企业也未向该公司开具发票。A企业何时发生纳税义务?

解析：A企业最晚于2018年5月31日发生纳税义务，此前如有向甲方开具发票或提前收款情形，以开票或收款时间为纳税义务发生时间。

需要提醒注意的是，企业所得税处理和会计处理，收入一般按完工进度确认，具体见《国家税务总局关于确认企业所得税收入若干问题的通知》（国税函〔2008〕875号）及《企业会计准则第 15 号——建造合同》。

33. 被工程发包方从工程款中扣押的保证金未开具发票，如何确认纳税义务发生时间？

答：《国家税务总局关于在境外提供建筑服务等有关问题的公告》（国家税务总局公告 2016 年第 69 号）第四条规定，纳税人提供建筑服务，被工程发包方从应支付的工程款中扣押的质押金、保证金，未开具发票的，以纳税人实际收到质押金、保证金的当天为纳税义务发生时间。

34. 建筑业增值税纳税地点有什么规定？

答：《试点实施办法》第四十六条规定，增值税纳税地点为：

（1）固定业户应当向其机构所在地或者居住地主管税务机关申报纳税。总机构和分支机构不在同一县（市）的，应当分别向各自所在地的主管税务机关申报纳税；经财政部和国家税务总局或者其授权的财政和税务机关批准，可以由总机构汇总向总机构所在地的主管税务机关申报纳税。

（2）非固定业户应当向应税行为发生地主管税务机关申报纳税；未申报纳税的，由其机构所在地或者居住地主管税务机关补征税款。

（3）其他个人提供建筑服务，应向建筑服务发生地主管税务机关申报纳税。

（4）扣缴义务人应当向其机构所在地或者居住地主管税务机关申报缴纳扣缴的税款。

另外，17 号公告第三条规定，纳税人跨县（市、区）提供建筑服务，应按照财税〔2016〕36 号文件规定的纳税义务发生时间和计税方法，向建筑服务发生地主管国税机关预缴税款，向机构所在地主管国税机关申报纳税。国家税务总局公告 2017 年第 11 号第三条规定，纳税人在同一地级行政区范围内跨县（市、区）提供建筑服务，不适用上述规定。

35. 建筑企业跨区经营需要办理税务登记吗？

答：根据《税务登记管理办法》和财税〔2016〕36 号文件的规定，建筑企业到外地承接建筑工程，如果只是设立项目部，未单独成立子公司或分公司，则不需要在劳务发生地办理税务登记证，但要按规定的预征率先在劳务发生地预缴税款，然后在机构所在地申报纳税。其在劳务发生地预缴的税款可全额抵减其在机构所在地申报的应纳税额。

36. 建筑企业分支机构要办理税务登记吗?

答:《税务登记管理办法》第二条规定，企业，企业在外地设立的分支机构和从事生产、经营的场所，个体工商户和从事生产、经营的事业单位，均应当按照《税收征收管理法》及其实施细则和《税务登记管理办法》的规定办理税务登记。

因此，总机构和分支机构都属于固定业户，都应按照规定办理税务登记，向其机构所在地主管税务机关申报纳税，这是有关纳税地点的一般性规定。

建筑企业跨县（市、区）提供建筑服务在建筑服务发生地预缴税款是对建筑服务纳税地点的一种特殊税收安排，无论是总机构还是分支机构，只要存在跨县（市、区）提供建筑服务，都应在建筑服务发生地按规定预缴税款。

37. 跨区经营预缴申报制与总分机构汇总缴纳是一回事吗?

问：老项目遍布各省，在服务销售地预缴，回机构地申报缴纳，同时抵扣预缴税款，这种方式是否属于总分机构汇总缴纳？如此，是否需要省级国家税务局或国家税务总局批准？

答: 老项目在建筑服务发生地预缴税款和回机构所在地纳税申报并抵减预缴税款的规定与总分支机构汇总核算方式不同，不需要审批。

《试点实施办法》第四十六条规定，属于固定业户的试点纳税人，总分支机构不在同一县（市），但在同一省（自治区、直辖市、计划单列市）范围内的，经省（自治区、直辖市、计划单列市）财政厅（局）和国家税务局批准，可以由总机构汇总向总机构所在地的主管税务机关申报缴纳增值税。

38. 为适应营改增，建筑企业总分机构应如何设置?

问：建筑企业若按总分机构分别申报纳税，由于资质要求，施工合同必须由总机构签订，分支机构开具的发票与总机构名称不一致，也与合同不一致，导致分支机构销项专票项目业主无法抵扣；同时，分支机构采购进项也只能以总机构名义索取发票，这样，建筑业分支机构就无法纳入增值税征管范围。由此，分支机构或者异地（含跨省）项目部是否需要办理国税登记？是临时税务登记还是项目报备？

答: 总机构是否在建筑服务发生地设立分支机构并办理正式税务登记作为一个独

立的增值税纳税人，由纳税人自主决定；未设立分支机构的，不作为独立纳税人，由其总机构在机构所在地开具《外出经营活动税收管理证明》（以下简称《外管证》），持《外管证》在建筑服务发生地办理报验登记，独立纳税人与持外管证经营的纳税人两者在增值税的征收管理上存在一定的区别。

| 适用解析 |

A公司是外地建安企业在××地注册的非法人分公司，总部要求它回总部开具增值税发票，再到项目所在地国税机关预缴增值税。目前A公司已经到所在地国税机关申请了增值税一般纳税人，现在应该如何操作？是按总部要求先到总部开具发票，再到项目所在地申报纳税，分公司则零申报吗？

解析：如果是以分公司名义提供建筑服务，应由分公司自行开具增值税发票，并向机构（项目）所在地预缴税款和申报纳税；如果是以总部名义提供建筑服务，则总部应向其机构所在地主管税务机关申请开具《外管证》，向项目所在地主管税务机关报验登记，由总部自行开具增值税发票，按规定在项目所在地预缴税款，回机构所在地申报纳税。

七、预缴税款与申报

39. 建筑企业跨县（市）提供建筑服务应如何缴纳增值税？

答：《试点有关事项的规定》第一条第（七）项以及17号公告规定：

（1）一般纳税人跨县（市）提供建筑服务，适用一般计税方法计税的，应以取得的全部价款和价外费用为销售额计算应纳税额。纳税人应以取得的全部价款和价外费用扣除支付的分包款后的余额，按照2%的预征率在建筑服务发生地预缴税款后，向机构所在地主管税务机关进行纳税申报。

（2）一般纳税人跨县（市）提供建筑服务，选择适用简易计税方法计税的，应以取得的全部价款和价外费用扣除支付的分包款后的余额为销售额，按照3%的征收率计算应纳税额。纳税人应按照上述计税方法在建筑服务发生地预缴税款后，向机构所在地主管税务机关进行纳税申报。

（3）试点纳税人中的小规模纳税人跨县（市）提供建筑服务，应以取得的全部价款和价外费用扣除支付的分包款后的余额为销售额，按照3%的征收率计算应纳税额。纳税人应按照上述计税方法在建筑服务发生地预缴税款后，向机构所在地主管税务机关进行纳税申报。

（4）一般纳税人跨省（自治区、直辖市或者计划单列市）提供建筑服务在机构所在地申报纳税时，计算的应纳税额小于已预缴税额，且差额较大的，由国家税务总局通知建筑服务发生地所在地省级税务机关，在一定时期内暂停预缴增值税。

（5）纳税人跨县（市、区）提供建筑服务预缴税款时间，按照《试点实施办法》第四十五条规定的纳税义务发生时间和纳税期限执行。

| 案例分析 |

［例 1］ A 建筑公司机构所在地为 X，是一般纳税人，2016 年 10 月承接 H 地的工程项目，2016 年 12 月取得该项目的建筑服务价款 555 万元（含税价），当月支付给分包方 B 公司分包款 111 万元（含税价，B 公司为一般纳税人，提供的为清包工服务，未选择简易计税）。A 公司应如何预缴增值税？

分析：

A 建筑公司应在 H 地主管国税机关预缴增值税。

应预缴税款 = (555 − 111) ÷ (1 + 11%) × 2% = 8（万元）

［例 2］ A 建筑公司 2016 年 2 月承接 F 地的工程项目，2016 年 12 月取得该项目的建筑服务价款 206 万元（含税价），当月支付给分包方 C 公司分包款 51.5 万元（含税价，C 公司为一般纳税人，选择简易计税）。A 公司应如何预缴增值税？

分析：

A 建筑公司应在 F 地主管国税机关预缴增值税。

应预缴税款 = (206 − 51.5) ÷ (1 + 3%) × 3% = 4.5（万元）

［例 3］ A 建筑公司为一般纳税人，采用一般计税方法核算。收取 B 公司工程款 100 万元，开具增值税专用发票。A 公司应如何缴纳增值税？

分析：

计算金额（不含税）、税额方法如下：

税额 = 1 000 000 ÷ (1 + 11%) × 11% = 99 099.1（元）

金额 = 1 000 000 − 99 099.10 = 900 900.90（元）

按照上述金额和税额开具增值税专用发票。B 公司取得增值税专用发票后，可以抵扣进项税额 99 099.10 元。

在发票备注栏注明建筑服务发生地所在县（市、区）及项目名称。

［例 4］ A 建筑公司为一般纳税人，采用简易计税方式。收取 B 公司工程款 100 万元，支付 C 公司分包款 80 万元。开具增值税专用发票。A 公司应如何缴纳增值税？

分析：

计算金额（不含税）、税额方法如下：

税额 = 1 000 000 ÷ (1 + 3%) × 3% = 29 126.21（元）

金额＝1 000 000－29 126.21＝970 873.79（元）

按照上述金额和税额开具增值税专用发票。B公司取得增值税专用发票后，可以抵扣进项税额29 126.21元。

A建筑公司申报按差额计算税额：

(1 000 000－800 000)÷(1＋3%)×3%＝5 825.24（元）

在发票备注栏注明建筑服务发生地所在县（市、区）及项目名称。

40. 建筑企业跨区经营预缴税款应提供什么资料?

答：53号公告第八条规定，纳税人跨县（市、区）提供建筑服务，在向建筑服务发生地主管国税机关预缴税款时，需填报《增值税预缴税款表》，并出示以下资料：

（1）与发包方签订的建筑合同复印件（加盖纳税人公章）；

（2）与分包方签订的分包合同复印件（加盖纳税人公章）；

（3）从分包方取得的发票复印件（加盖纳税人公章）。

41. 建筑企业申报税款小于预缴税款可以申请退预缴税款吗?

问：一般纳税人跨县（市、区）提供建筑服务，适用一般计税方法计税的，以取得的全部价款和价外费用扣除支付的分包款后的余额，按照2%的预征率计算应预缴税款，如果申报缴纳的税款比预缴的少，是否可以申请退税?

答：17号公告第八条规定，纳税人跨县（市、区）提供建筑服务，向建筑服务发生地主管国税机关预缴的增值税税款，可以在当期增值税应纳税额中抵减，抵减不完的，结转下期继续抵减。

纳税人以预缴税款抵减应纳税额，应以完税凭证作为合法有效凭证。

42. 收到的总包款与分包款相同时，需要预缴税款吗?

答：对跨县（市）提供的建筑服务，纳税人应自行建立预缴税款台账，区分不同县（市）和项目逐笔登记全部收入、支付的分包款、已扣除的分包款、扣除分包款的发票号码、已预缴税款以及预缴税款的完税凭证号码等相关内容，留存备查。

当期取得的建筑服务价款小于或等于支付的分包款，不需要进行预缴税款申报，但应登记在预缴税款台账中。

43. 建筑企业跨区经营未按规定进行预缴，哪家主管国税机关有权处罚?

答：根据17号公告第十二条的规定，纳税人跨县（市、区）提供建筑服务，按照该办法应向建筑服务发生地主管国税机关预缴税款而自应当预缴之月起超过6个月没有预缴税款的，由机构所在地主管国税机关按照《税收征收管理法》及相关规定进行处理。

纳税人跨县（市、区）提供建筑服务，未按照该办法缴纳税款的，由机构所在地主管国税机关按照《税收征收管理法》及相关规定进行处理。

44. 纳税人跨县（市）提供建筑服务的，向建筑服务发生地主管税务机关预缴增值税，相应的城市维护建设税及教育费附加应在何地缴纳?

答：《财政部 国家税务总局关于纳税人异地预缴增值税有关城市维护建设税和教育费附加政策问题的通知》（财税〔2016〕74号）规定：

（1）纳税人跨地区提供建筑服务、销售和出租不动产的，应在建筑服务发生地、不动产所在地预缴增值税时，以预缴增值税税额为计税依据，并按预缴增值税所在地的城市维护建设税适用税率和教育费附加征收率就地计算缴纳城市维护建设税和教育费附加。

（2）预缴增值税的纳税人在其机构所在地申报缴纳增值税时，以其实际缴纳的增值税税额为计税依据，并按机构所在地的城市维护建设税适用税率和教育费附加征收率就地计算缴纳城市维护建设税和教育费附加。

因此，在服务发生地预缴增值税以及机构所在地汇总纳税时，均应该根据实际预缴或缴纳的增值税金额计算缴纳城市维护建设税、教育费附加等附加税费。

八、 征收管理

45. 建筑企业向自然人购进建筑材料或设计服务如何获取增值税发票?

问：一般纳税人的要求包括：会计核算健全、进行一般纳税人资格登记。其中也就意味者收入、成本费用发票齐全。但是建筑业的行业特点，决定了将会有大量采购来自无票供应商，这些开支能否由施工企业自行向国税机关申请开具机打普通发票，用于所得税前列支？开具机打普通发票要提供哪些证明材料?

答：根据《国家税务总局关于印发〈税务机关代开增值税专用发票管理办法（试行）〉的通知》（国税发〔2004〕153号）和16号公告的规定，除出租不动产、保险代理服务外，未办证的自然人不得申请代开增值税专用发票，可申请代开增值税普通发票。

因此，对于无法提供发票的自然人，可以要求其到国税部门申请代开增值税普通发票作为成本列支之用，代开发票需携带个人身份证件以及发生相关的业务证明。施工企业作为购买方不得以自己的名义进行申请。

46. 营改增前后提供建筑服务，如何开具发票?

问：2016年5月1日前收取的价款要求同步开具建安税票。但可能存在个别项目是在5月1日前收取的工程价款，而营业税发票未开，5月1日以后国税局能否补开增值税发票?

答：23号公告规定，纳税人在地税机关已申报营业税未开具发票，2016年5月1日以后需要补开发票的，可于2016年12月31日前开具增值税普通发票（国家税务总局另有规定的除外）。对于已缴纳营业税或按照纳税义务发生时间应当确认计算缴纳营业税但尚未开具发票的情况，允许凭原主管地税机关出具的完税证明开具增值税普通发票，不得开具增值税专用发票。

47. 每个建筑项目是否都要购买一套税控设备?

问：每个建筑项目是否都要购买一套税控设备?

答：对于省内跨县（市、区）提供建筑服务的，以公司为纳税主体，由公司统一开具增值税发票，所以建筑工程项目部不需要开具发票，不必购买安装税控设备。

48. 总分包合同项目开具发票的名称是否需要一致?

问：建筑业总包合同与其涉及的专业分包合同名称必须一致吗？如总包合同名称是＊＊＊一期、二期工程，分包合同名称是＊＊＊一期、二期景观工程。分包方开具发票时备注栏中的工程名称写总包合同名称（＊＊＊一期、二期工程）还是写分包合同名称（＊＊＊一期、二期景观工程）?

答：根据23号公告第四条第三款的规定，提供建筑服务，纳税人自行开具或者税务机关代开增值税发票时，应在发票的备注栏注明建筑服务发生地县（市、区）名称及项目名称。

因此，项目名称应为《建筑工程施工许可证》上注明的项目工程名称，未取得《建筑工程施工许可证》的项目，应注明总包合同上的项目名称。

49. 建筑分包项目，总包方和分包方分别如何开具发票？

答：建筑分包项目不属于《试点有关事项的规定》和23号公告规定的差额开票的范围，分包方就所承包项目总金额向总包方开票，总包方按规定向建筑工程发包方全额开具增值税发票，票面不体现差额扣除分包款。

| 案例分析 |

A公司是一般纳税人，以清包工方式或者甲供工程提供建筑服务，适用简易计税方法，以收到的全部价款减去分包款的余额为销售额，开具发票金额是总金额还是减分包之后的金额？例如总包方收到100万元工程款，分包款为50万元，如何开票？

分析：

分包方开具金额为50万元的发票给总包方。

总包方可以全额开具增值税专用发票或增值税普通发票，即A公司开具发票上注明的金额为：100÷(1+3%)=97.09（万元)，税额为：100÷(1+3%)×3%=2.91(万元)，发包方可全额抵扣。

纳税人申报时，通过填写《附列资料（三)》，实现差额扣除，该项目A公司实际缴纳的税额为：(100－50)÷(1+3%)×3%=1.46（万元)。

50. 建筑企业采用不同的计税方法，发票开具有何不同？

问：如果施工方适用一般计税方法，而房地产开发商选择适用简易计税方法，是否可以开具11%的增值税专用发票？如果施工方采用简易计税方法（比如甲供工程)，而开发商采用一般计税方法，可否开具3%的增值税专用发票？

答：根据《试点实施办法》第十五条的规定，建筑服务适用税率为11%。建筑企业选择适用一般计税方法，按适用税率11%计算增值税，应该开具税率为11%的增值税专用发票或增值税普通发票。开发商选择适用简易计税方法计算的，无论是否取得增值税专用发票都不能抵扣。

根据《试点实施办法》第十六条、《试点有关事项的规定》的相关规定，一般纳税人以清包工方式提供的建筑服务、为甲供工程提供的建筑服务、为建筑工程老项目提供的建筑服务，可以选择适用简易计税方法计税，增值税征收率为3%。建筑企业选择适用简易计税方法的，只能开具3%的增值税专用发票或增值税普通发票，适用一般计税方法的房地产开发商可凭施工方开具的增值税专用发票抵扣。

51. 跨县（市、区）提供建筑服务如何开具发票?

问：建筑企业跨县、市、区承接建筑工程，是自行开具增值税发票还是由工程所在地国税机关代开增值税发票?

答：《国家税务总局关于固定业户临时外出经营有关增值税专用发票管理问题的通知》（国税发〔1995〕87号）规定，固定业户（指增值税一般纳税人）临时到外省、市销售货物的，必须向经营地税务机关出示《外出经营活动税收管理证明》（以下简称《外管证》）回原地纳税，需要向购货方开具专用发票的，亦回原地补开。对未持《外管证》的，经营地税务机关按3%的征收率征税。对擅自携票外出，在经营地开具专用发票的，经营地主管税务机关根据发票管理的有关规定予以处罚，并将其携带的专用发票逐联注明“违章使用作废”字样。

17号公告第三条规定，纳税人跨县（市、区）提供建筑服务，应按照《试点实施办法》规定的纳税义务发生时间和计税方法，向建筑服务发生地主管国税机关预缴税款，向机构所在地主管国税机关申报纳税。该公告第九条规定，小规模纳税人跨县（市、区）提供建筑服务，不能自行开具增值税发票的，可向建筑服务发生地主管国税机关按照其取得的全部价款和价外费用申请代开增值税发票。

因此，建筑企业跨县、市、区承接建筑工程，应按以下要求开具增值税发票：

（1）一般纳税人应自行向建筑服务购买方开具增值税发票。

（2）符合自开增值税普通发票条件的增值税小规模纳税人，建筑服务购买方不索取增值税专用发票的，小规模纳税人应自行开具增值税普通发票；建筑服务购买方索取增值税专用发票的，小规模纳税人可按规定向建筑服务发生地主管国税机关申请代开。

（3）不符合自开增值税普通发票条件的增值税小规模纳税人，可按规定向建筑服务发生地主管国税机关申请代开增值税普通发票和增值税专用发票。

（4）其他个人提供建筑服务的，应向建筑服务发生地主管国税机关申请代开增值税普通发票。

| 适用解析 |

湖南一家幕墙公司，原来的异地老项目在天津，采用简易计税方式。该公司应如何开具发票?

解析：可视以下情况开具发票：

（1）如果该公司为一般纳税人，应当在天津国税机关预缴税款后，回湖南机构所在地自行开具增值税发票。

(2) 如果该公司为符合自开增值税普通发票条件的小规模纳税人，应当在湖南机构所在地自行开具普通发票。

(3) 若该公司为小规模纳税人，如果建筑服务购买方索取增值税专用发票的，可按规定向天津主管国税机关申请代开。如果该公司为不符合自开增值税普通发票条件的小规模纳税人，应当按规定向天津主管国税机关申请代开增值税普通发票或增值税专用发票。

52. 建筑企业的《外管证》管理有何特殊规定?

问：营改增后，企业所得税仍在地税征收的试点纳税人，对于异地提供建筑服务，是否需在国税、地税分别办理开具《外管证》？按照什么时间点开具？

答：《国家税务总局关于创新跨区域涉税事项报验管理制度的通知》（税总发〔2017〕103号）规定，纳税人跨区域经营前不再开具相关证明，改为填报《跨区域涉税事项报告表》。纳税人跨省（自治区、直辖市和计划单列市）临时从事生产经营活动的，不再开具《外出经营活动税收管理证明》，改向机构所在地的税务机关填报《跨区域涉税事项报告表》。纳税人在省（自治区、直辖市和计划单列市）内跨县（市）临时从事生产经营活动的，是否实施跨区域涉税事项报验管理由各省（自治区、直辖市和计划单列市）税务机关自行确定。

53. 向境外提供建筑服务能否免征增值税?

答：《跨境应税行为适用增值税零税率和免税政策的规定》（财税〔2016〕36号文件附件4，以下简称《跨境应税行为适用增值税零税率和免税政策的规定》）第二条以及《国家税务总局关于发布〈营业税改征增值税跨境应税行为增值税免税管理办法（试行）〉的公告》（国家税务总局公告2016年第29号，以下简称29号公告）第二条规定，境内的单位和个人提供的工程项目在境外的建筑服务，免征增值税。工程总承包方和工程分包方为施工地点在境外的工程项目提供的建筑服务，均属于工程项目在境外的建筑服务。

54. 境内的单位为施工地点在境外的工程项目提供建筑服务能否免征增值税？应如何办理备案手续?

答：（1）基本规定。

根据29号公告第八条的规定，纳税人提供的工程项目在境外的建筑服务，应在首次享受免税的纳税申报期内或在各省、自治区、直辖市和计划单列市国家税务局规定的申报征期后的其他期限内，到主管税务机关办理跨境应税行为免税备案手续，同时提交以下备案材料：

①《跨境应税行为免税备案表》；

②工程项目在境外的证明、与发包方签订的建筑合同原件及复印件；

③应提交服务地点在境外的证明材料原件及复印件；

④服务购买方的机构所在地在境外的证明材料；

⑤国家税务总局规定的其他资料。

（2）特殊规定。

《国家税务总局关于在境外提供建筑服务等有关问题的公告》（国家税务总局公告2016年第69号，以下简称69号公告）第一条规定，境内的单位和个人为施工地点在境外的工程项目提供建筑服务，按照《国家税务总局关于发布〈营业税改征增值税跨境应税行为增值税免税管理办法〉的通知》（国家税务总局公告2016年第29号）第八条规定办理免税备案手续时，凡与发包方签订的建筑合同注明施工地点在境外的，可不再提供工程项目在境外的其他证明材料。

55. BT项目如何计算缴纳增值税？

答：BT，即“建设—移交”，主要指政府利用非政府资金来进行基础非经营性设施建设项目的一种融资模式。

目前国务院财税主管部门对BT项目如何计算缴纳增值税并没有统一的口径。现笔者就BT项目常见的两种方式谈谈对BT项目如何计算缴纳增值税的看法，具体还是要看当地国税机关的文件规定。

（1）以投融资人的名义立项建设（B），工程完工后转让给业主（T）的，在项目的不同阶段，分别按以下方法计税：

①在建设阶段，投融资人建设期间发生的支出为取得该项目（一般为不动产）所有权的成本，所取得的进项税额可以抵扣。投融资人将建筑工程承包给其他施工企业的，该施工企业为建筑业增值税纳税人，按“建筑业”税目缴纳增值税，其销售额为工程承包总额。

②在转让阶段，就所取得收入按照“销售不动产”缴纳增值税，其销售额为取得的全部回购价款（包括工程建设费用、融资费用、管理费用和合理回报等收入，下同）。

（2）以项目业主的名义立项建设（B），工程完工后交付业主（T）的，在项目的各个阶段，按以下方法计税：

①在建设阶段，投融资人建设期间发生的支出工程建设成本，所取得的进项税额可以按规定抵扣。投融资人将建筑工程承包给其他施工企业的，该施工企业为建筑业

增值税纳税人，按“建筑业”税目缴纳增值税，其销售额为工程承包总额。

②在交付阶段，就所取得收入按照“提供建筑服务”缴纳增值税，其销售额为取得的全部回购价款。

按 BT 方式建设的项目，建设方（或投资方）纳税义务发生时间为按 BT 合同确定的分次付款时间。合同未明确付款日期的，其纳税义务发生时间为建设方（或投资方）收讫款项或者取得索取款项凭据以及应税行为完成的当天。

56. BOT 项目如何计算缴纳增值税？

答：BOT，即建设—经营—转让，主要指私营企业参与基础设施建设，向社会提供公共服务的一种方式。我国一般称之为“特许权”，是指政府部门就某个基础设施项目与私人企业（项目公司）签订特许权协议，授予签约方的私人企业（包括外国企业）来承担该项目的投资、融资、建设和维护，在协议规定的特许期限内，许可其融资建设和经营特定的公用基础设施，并准许其通过向用户收取费用或出售产品以清偿贷款，回收投资并赚取利润。政府对这一基础设施有监督权、调控权，特许期满，签约方的私人企业将该基础设施无偿或有偿移交给政府部门。

目前国务院财税主管部门对 BOT 项目如何计算缴纳增值税并没有统一的口径。现笔者就 BOT 项目常见的两种方式谈谈对 BOT 项目如何计算缴纳增值税的看法，具体还是要看当地国税机关的文件规定。

（1）以投融资人的名义立项建设（B），工程完工后经营（O）一段时间，再转让业主（T）的，在项目的各个阶段，按以下方法计税：

①在建设阶段，投融资人建设期间发生的支出为取得该项目（一般为不动产）所有权的成本，所取得的进项税额可以抵扣。投融资人将建筑工程承包给其他施工企业的，该施工企业为建筑业增值税纳税人，按“建筑业”税目征收增值税，其销售额为工程承包总额。

②在经营阶段，投融资人对所取得的收入按照其销售的货物、服务适用的税率计税。

③在转让阶段，就所取得收入按照“销售不动产”税目征收增值税，其销售额为实际取得的全部回购价款（包括工程建设费用、融资费用、管理费用和合理回报等收入）。

（2）以项目业主的名义立项建设（B），工程完工后经营（O）一段时间，再交付业主（T）的，在项目的各个阶段，按以下方法计税：

①在建设阶段，投融资人建设期间发生的支出为取得该项目（一般为不动产）经营权的成本，作为“其他权益性无形资产——基础设施资产经营权”核算，所取得的进项税额可以抵扣。投融资人将建筑工程承包给其他施工企业的，该施工企业为建筑业增值税纳税人，按“建筑业”税目征收增值税，其销售额为工程承包总额。

②在经营阶段，投融资人对所取得的收入按照其销售的货物、服务适用的税率计税。

③在交付阶段，就所取得收入按照“销售无形资产”税目征收增值税，其销售额为实际取得的全部回购价款。

57. PPP模式下，项目公司在经营期如何缴纳增值税？

答：PPP模式下，项目公司在经营期提供的公共服务形式可能有多种。除一级土地开发，不动产租赁外，多数为提供服务。由于PPP模式涉及项目较多，无法一一列举。在此笔都只能举例加以说明。

例如，提供轨道运输服务的PPP模式，应根据《销售服务、无形资产、不动产注释》中“其他陆路运输服务，是指铁路运输以外的陆路运输业务活动。包括公路运输、缆车运输、索道运输、地铁运输、城市轻轨运输等”的规定，适用“销售服务——交通运输服务——陆路运输服务”税目按11％税率缴纳增值税。

又如，利用互联网收费提供基础教育的PPP模式，应根据《销售服务、无形资产、不动产注释》中“增值电信服务，是指利用固网、移动网、卫星、互联网、有线电视网络，提供短信和彩信服务、电子数据和信息的传输及应用服务、互联网接入服务等业务活动”的规定，适用“销售服务——电信服务——增值电信服务”税目按6％税率缴纳增值税。

再如，收费公路的PPP模式，项目公司在项目投入使用后，根据合同约定向有偿通过该路段的客户收费，应根据《销售服务、无形资产、不动产注释》中“车辆停放服务、道路通行服务（包括过路费、过桥费、过闸费等）等按照不动产经营租赁服务缴纳增值税”的规定，按照11％的税率缴纳增值税，如果为2016年4月30日以前开工建设的公路，项目公司可以选择适用简易计税方法按照5％的征收率缴纳增值税。

注意：如果特许经营权合同规定，项目公司应提供不止一项服务（比如既提供基础设施建造服务又提供建成后经营服务）的，各项服务能够单独区分时，其收取或应收的对价应当按照各项服务的相对公允价值比例分配给所提供的各项服务。

（IFRIC12）BC53：如果经营方因其建造服务获得的报酬一部分由金融资产支付，一部分由无形资产支付，必须单独核算经营方对价的每一部分。

从税法的角度看，不同的服务，尤其是不同税率的服务，就构成了兼营。《试点实施办法》第三十九条规定，纳税人兼营销售货物、劳务、服务、无形资产或者不动产，适用不同税率或者征收率的，应当分别核算适用不同税率或者征收率的销售额；未分别核算的，从高适用税率。

因此，项目公司提供的各项服务应单独区分并单独核算，并根据不同的税目，适用不同的税率缴纳增值税。

58. 小规模纳税人跨县（市、区）提供建筑服务，是否可以享受小微企业免征增值税政策？

答：26号公告第三条规定，适用增值税差额征收政策的增值税小规模纳税人，以差额前的销售额确定是否可以享受3万元（按季纳税9万元）以下免征增值税政策。因此，小规模纳税人跨县（市、区）提供建筑服务，应以在建筑服务发生地取得的全部价款和价外费用，确定是否可以享受3万元（按季纳税9万元）以下免征增值税政策。

是否享受3万元（按季纳税9万元）以下免征增值税政策，应以增值税纳税主体来判定，也就是在机构所在地申报时，才能判定是否享受。而由于小规模纳税人跨（县、区）提供建筑服务，在建筑服务发生地预缴税款时，难以判定该纳税人在机构所在地申报时，是否符合小微企业免税条件。一旦符合免税条件，在建筑服务发生地预缴的税款将难以处理。本着有利于纳税人，有利于国家小微企业政策落实的原则，对于小规模纳税人跨县（市、区）提供建筑服务的，在建筑服务发生地取得的全部价款和价外费用，按月不超过3万元（按季纳税9万元）的，暂不在建筑服务发生地预缴税款，回机构所在地主管税务机关进行纳税申报，按照申报销售额来确定是否享受小微企业免征增值税政策。

九、 综合业务

59. 跨县（市）提供建筑服务、适用一般计税方法的建筑企业如何进行会计核算和纳税申报？

答：《试点有关事项的规定》第一条第（七）项规定，一般纳税人跨县（市）提供建筑服务，适用一般计税方法计税的，应以取得的全部价款和价外费用为销售额计算应纳税额。纳税人应以取得的全部价款和价外费用扣除支付的分包款后的余额，按照2%的预征率在建筑服务发生地预缴税款后，向机构所在地主管税务机关进行纳税申报。

| 案例分析 |

甲市建筑企业A公司（一般纳税人），2016年8月发生如下业务：在乙市提供建筑物服务，收取工程款1 110 000元，并开具增值税专用发票，发票注明增值税额110 000元。该项目开工日期为2016年4月1日，合同总金额为8 880 000元（含税）。

A 公司将其中部分业务分包给建筑企业 B 公司，支付分包款 444 000 元，取得增值税专用发票，发票注明增值税额 44 000 元。该项目购进钢材 100 000 元，取得增值税专用发票，发票注明税额 17 000 元。A 公司期初无留抵税额，该项目选择一般计税方法。A 公司应如何进行会计核算和纳税申报？

分析：

账务处理如下：

（1）支付分包款、钢材款时。

借：工程施工　400 000

　　应交税费——应交增值税（进项税额）　44 000

　贷：银行存款　444 000

借：原材料　100 000

　　应交税费——应交增值税（进项税额）　17 000

　贷：银行存款　117 000

（2）在乙市主管税务机关预缴增值税时。

预缴增值税 =（1 110 000 − 444 000）÷（1 + 11%）× 2% = 12 000（元）

借：应交税费——预交增值税　12 000

　贷：银行存款　12 000

月末，结转预缴税款。

借：应交税费——未交增值税　12 000

　贷：应交税费——预交增值税　12 000

（3）在甲市申报缴纳增值税。

销项税额 = 1 110 000 ÷（1 + 11%）× 11% = 110 000（元）

应交增值税 = 销项税额 − 进项税额 = 110 000 − 44 000 − 17 000 = 49 000（元）

应补缴增值税 = 49 000 − 12 000 = 37 000（元）

①收取价款。

借：银行存款　1 110 000

　贷：预收账款　1 000 000

　　应交税费——应交增值税（销项税额）　110 000

②月末，转出未交增值税。

借：应交税费——应交增值税（转出未交增值税）　49 000

　贷：应交税费——未交增值税　49 000

③在甲市补缴增值税。

借：应交税费——未交增值税　37 000

　贷：银行存款　37 000

报表填写如下：

（1）在乙区填写《增值税预缴税款表》。

该项目纳税人选择了一般计税方法，因此“是否适用一般计税方法”要勾选“是”。

取得的全部价款和价外费用 1 110 000 元填入该表第 1 行“建筑服务”第 1 列“销售额”。

支付的分包款 444 000 元填入该表第 1 行“建筑服务”第 2 列“扣除金额”。

适用一般计税方法计税的预征率 2%填入该表第 1 行“建筑服务”第 3 列“预征率”。

计算在乙区预缴的税款为：(1 110 000 − 444 000) ÷ (1 + 11%) × 2% = 12 000（元），填入该表第 1 行“建筑服务”第 4 列“预征税额”。

具体见表 5-5。

表 5-5　　增值税预缴税款表

项目编号		××××	项目名称	×××××××	
项目地址		×××××××××××			
一、预征项目					
预征项目和栏次		销售额	扣除金额	预征率	预征税额
		1	2	3	4
建筑服务	1	1 110 000	444 000	2%	12 000

（2）在甲区填写《增值税纳税申报表（一般纳税人适用）》及其附列资料。

①销项税额填报《附列资料（一）》。

计算不含税销售额 = 1 110 000 ÷ (1 + 11%) = 1 000 000 元，填写在《附列资料（一）》第 4 行“11%税率”的“开具增值税专用发票”之“销售额”栏（第 1 列）。

计算销项税额 = 1 000 000 × 11% = 110 000 元，填写在《附列资料（一）》第 4 行“11%税率”的“开具增值税专用发票”之“销项（应纳）税额”栏（第 2 列）。

说明：本例以开具增值税专用发票为例，如开具普通发票则分别将金额和税额填入“开具其他发票”之“销售额”栏（第 3 列）和“销项（应纳）税额”栏（第 4 列）；未开具发票则分别将金额和税额填入“未开具发票”之“销售额”栏（第 5 列）和“销项（应纳）税额”栏（第 6 列）。

不含税销售额 1 000 000 元填写在《附列资料（一）》第 4 行“11%税率”的“合计”之“销售额”栏（第 9 列）。

销项税额 110 000 元分别填写在《附列资料（一）》第 4 行“11%税率”的“合计”之“销项（应纳）税额”栏（第 10 列）和“扣除后”之“销项（应纳）税额”栏（第 14 列）。

含税销售额 1 110 000 元分别填写在《附列资料（一）》第 4 行“11%税率”的“合计”之“价税合计”栏（第 11 列）和“扣除后”之“含税（免税）销售额”栏（第 13 列）。

具体见表 5-6。

表 5-6

增值税纳税申报表附列资料（一）

（本期销售情况明细）

项目及栏次				开具增值税专用发票		开具其他发票		未开具发票		纳税检查调整		合计			服务、不动产和无形资产扣除项目本期实际扣除金额	扣除后	
				销售额	销项（应纳）税额	销售额	销项（应纳）税额	销售额	销项（应纳）税额			销售额	销项（应纳）税额	价税合计		含税（免税）销售额	销项（应纳）税额
				1	2	3	4	5	6	7	8	9=1+3+5+7	10=2+4+6+8	11=9+10	12	13=11－12	14 = 13 ÷（100%＋税率或征收率）×税率或征收率
一、一般计税方法计税	全部征税项目	11%税率	4	1 000 000	110 000							1 000 000	110 000	1 110 000		11 100 000	110 000

②进项税额填报《附列资料（二）》。

取得的增值税专用发票 2 份填在《附列资料（二）》第 1 列“份数”第 1 栏“（一）认证相符的增值税专用发票”，第 2 栏“其中：本期认证相符且本期申报抵扣”，第 12 栏“当期申报抵扣进项税额合计”，第 35 栏“当期申报抵扣进项税额合计”。

取得的进项金额：（100 000＋400 000）＝500 000（元）填写在《附列资料（二）》第 2 列“金额”的第 1 行“（一）认证相符的增值税专用发票”，第 2 行“其中：本期认证相符且本期申报抵扣”，第 12 行“当期申报抵扣进项税额合计”，第 35 行“本期认证相符的增值税专用发票”。

取得的进项税额：17 000＋44 000＝61 000（元）填写在《附列资料（二）》第 3 列“税额”的第 1 行“（一）认证相符的增值税专用发票”，第 2 行“其中：本期认证相符且本期申报抵扣”，第 12 行“当期申报抵扣进项税额合计”，第 35 行“本期认证相符的增值税专用发票”。

具体见表 5-7。

表 5-7　　　　增值税纳税申报表附列资料（二）
（本期进项税额明细）

一、申报抵扣的进项税额				
项目	栏次	份数	金额	税额
（一）认证相符的增值税专用发票	1＝2＋3	2	500 000	61 000
其中：本期认证相符且本期申报抵扣	2	2	500 000	61 000
……				
当期申报抵扣进项税额合计	12＝1＋4－9＋10＋11	2	500 000	61 000
……				
四、其他				
项目	栏次	份数	金额	税额
本期认证相符的增值税专用发票	35	2	500 000	61 000
代扣代缴税额	36	—	—	

③将在建筑服务发生地已预缴的税款填报《附列资料（四）》。

本期期初无余额，《附列资料（四）》第 3 行“建筑服务预征缴纳税款”第 1 列“期初余额”填 0。

在乙区预缴的税款 12 000 元填写在《附列资料（四）》第 3 行“建筑服务预征缴纳税款”第 2 列“本期发生额”栏，第 3 列“本期应抵减税额”栏，第 4 列“本期实际抵减税额”栏。

本期预缴的税款 12 000 元可全部在本期抵减，因此第 5 列“期末余额”栏填 0。

具体见表 5-8。

表 5-8　　增值税纳税申报表附列资料（四）
（税额抵减情况表）

序号	抵减项目	期初余额	本期发生额	本期应抵减税额	本期实际抵减税额	期末余额
		1	2	3＝1＋2	4≤3	5＝3－4
1	增值税税控系统专用设备费及技术维护费					
2	分支机构预征缴纳税款					
3	建筑服务预征缴纳税款	0	12 000	12 000	12 000	0

④进项税额填写《本期抵扣进项税额结构明细表》。

购入钢材取得的发票销售金额 100 000 元填写在第 2 行“17%税率的进项”的“金额”列中；取得的进项税额 17 000 元填写在第 2 行“17%税率的进项”的“税额”列中。

支付分包款取得的发票销售金额 400 000 元分别填写在第 5 行“11%税率的进项”和第 8 行“建筑安装服务的进项”的“金额”列中；取得的进项税额 44 000 元分别填写在第 5 行“11%税率的进项”和第 8 行“建筑安装服务的进项”的“税额”列中。

合计进项金额 500 000 元填写在第 1 行“合计”的“金额”列中；合计进项税额 61 000 元填写在第 1 行“合计”的“税额”列中。

具体见表 5-9。

表 5-9　　本期抵扣进项税额结构明细表

项目	栏次	金额	税额
合计	1＝2＋4＋5＋11＋16＋18＋27＋29＋30	500 000	61 000
一、按税率或征收率归集（不包括购建不动产、通行费）的进项			
17%税率的进项	2	100 000	17 000
其中：有形动产租赁的进项	3		
13%税率的进项	4		
11%税率的进项	5	400 000	44 000
其中：运输服务的进项	6		
电信服务的进项	7		
建筑安装服务的进项	8	400 000	44 000
不动产租赁服务的进项	9		
受让土地使用权的进项	10		

⑤填写《增值税纳税申报表（一般纳税人适用）》（主表）。

不含税销售额 1 000 000 元填写在主表第 1 行“（一）按适用税率计税销售额”本月数。

销项税额 110 000 元填写在主表第 11 行“销项税额”本月数。

进项税额 61 000 元填写在主表第 12 行“进项税额”本月数，第 17 行“应抵扣税额合计”本月数，第 18 行“实际抵扣税额”本月数。

应纳税额＝销项税额－进项税额＝110 000－61 000＝49 000（元），填写在主表第

19 行“应纳税额”本月数，第 24 行“应纳税额合计”本月数。

在乙区预缴的 12 000 元<应纳税额合计 49 000 元，可在本期全额抵减，12 000 元填写在主表第 27 行“本期已缴税额”本月数，第 28 行“分次预缴税额”本月数。

实际本月在甲区还需缴纳的税额 = 49 000 − 12 000 = 37 000（元），填写在主表第 32 行“期末未缴税额”本月数，第 34 行“本期应补（退）税额”本月数。

具体见表 5-10。

表 5-10　　增值税纳税申报表

（一般纳税人适用）

项　目		栏次	一般项目	
			本月数	本年累计
销售额	（一）按适用税率计税销售额	1	1 000 000	
	其中：应税货物销售额	2		
	应税劳务销售额	3		
	纳税检查调整的销售额	4		
	（二）按简易办法计税销售额	5		
	（三）免、抵、退办法出口销售额	7		
	（四）免税销售额	8		
税款计算	销项税额	11	110 000	
	进项税额	12	61 000	
	上期留抵税额	13		
	进项税额转出	14		
	免、抵、退应退税额	15		
	按适用税率计算的纳税检查应补缴税额	16		
	应抵扣税额合计	17 = 12 + 13 − 14 − 15 + 16	61 000	——
	实际抵扣税额	18（如 17<11，则为 17，否则为 11）	61 000	
	应纳税额	19 = 11 − 18	49 000	
	期末留抵税额	20 = 17 − 18		
	简易计税办法计算的应纳税额	21		
	按简易计税办法计算的纳税检查应补缴税额	22		
	应纳税额减征额	23		
	应纳税额合计	24 = 19 + 21 − 23	49 000	
税款缴纳	期初未缴税额（多缴为负数）	25		
	实收出口开具专用缴款书退税额	26		
	本期已缴税额	27 = 28 + 29 + 30 + 31	12 000	
	①分次预缴税额	28	12 000	——
	②出口开具专用缴款书预缴税额	29		
	③本期缴纳上期应纳税额	30		
	④本期缴纳欠缴税额	31		——

续表

项　　目		栏次	一般项目	
			本月数	本年累计
税款缴纳	期末未缴税额（多缴为负数）	32＝24＋25＋26－27	37 000	
	其中：欠缴税额（≥0）	33＝25＋26－27		——
	本期应补（退）税额	34＝24－28－29	37 000	——
	即征即退实际退税额	35	——	——

60. 跨县（市）提供建筑服务、适用简易计税方法的建筑企业如何进行会计核算和纳税申报？

答：《试点有关事项的规定》第一条第（三）项规定，试点纳税人提供建筑服务适用简易计税方法的，以取得的全部价款和价外费用扣除支付的分包款后的余额为销售额。

《试点有关事项的规定》第一条第（七）项规定，一般纳税人跨县（市）提供建筑服务，选择适用简易计税方法计税的，应以取得的全部价款和价外费用扣除支付的分包款后的余额为销售额，按照3%的征收率计算应纳税额。纳税人应按照上述计税方法在建筑服务发生地预缴税款后，向机构所在地主管税务机关进行纳税申报。

| 案例分析 |

甲市建筑企业C公司（一般纳税人），2016年8月发生如下业务：在乙市提供建筑物服务，收取工程款1 030 000元，并开具增值税专用发票，发票注明增值税额30 000元。该项目开工日期为2016年4月1日，合同总金额66 660 000元（含税）。C公司将其中部分业务分包给建筑企业D公司，支付分包款412 000元，取得增值税普通发票。该项目购进钢材价税合计117 000元，取得增值税普通发票，发票注明税额17 000元。C公司该项目选择简易计税方法。C公司应如何进行会计核算和纳税申报？

分析：

账务处理如下：

（1）支付分包款、钢材款时。

借：工程施工　　400 000

　　应交税费——简易计税　　12 000

　贷：银行存款　　412 000

借：原材料　　117 000

　贷：银行存款　　117 000

（2）在乙市主管税务机关预缴增值税。

预缴增值税＝(1 030 000－412 000)÷(1＋3%)×3%＝18 000（元）

借：应交税费——简易计税　　18 000

　贷：银行存款　　18 000

（3）在甲市申报缴纳增值税。

应交增值税 =（1 030 000 − 412 000）÷（1 + 3%）× 3% = 18 000（元）

应补缴增值税 = 18 000 − 18 000 = 0

①收取价款。

借：银行存款　　1 030 000

　贷：预收账款　　1 000 000

　　应交税费——简易计税　　30 000

②在甲市只需申报，不需要补缴增值税。

申报表填写如下：

（1）在乙市填写《增值税预缴税款表》。

该项目纳税人选择了简易计税方法，因此“是否适用一般计税方法”要勾选“否”。

取得的全部价款和价外费用 1 030 000 元填入《增值税预缴税款表》第 1 行“建筑服务”第 1 列“销售额”。

支付的分包款 412 000 元填入该表第 1 行“建筑服务”第 2 列“扣除金额”。

适用简易计税方法的征收率 3% 填入该表第 1 行“建筑服务”第 3 列“预征率”。

计算在乙市预缴税款 =（1 030 000 − 412 000）÷（1 + 3%）× 3% = 18 000（元），填入该表第 1 行“建筑服务”第 4 列“预征税额”。

具体见表 5-11。

表 5-11　　**增值税预缴税款表**

项目编号		××××	项目名称	×××××××	
项目地址		×××××××××××			
一、预征项目					
预征项目和栏次		销售额	扣除金额	预征率	预征税额
		1	2	3	4
建筑服务	1	1 030 000	412 000	3%	18 000

（2）在甲市填写《增值税纳税申报表（一般纳税人适用）》及其附列资料。

①支付的分包款填写《附列资料（三）》。

本期的价税合计销售额 1 030 000 元填写在《附列资料（三）》第 6 行“3% 征收率的项目”第 1 列“本期服务、不动产和无形资产价税合计额（免税销售额）”。

本期期初无余额，因此“服务、不动产和无形资产扣除项目”之“期初余额”（第 2 列）填 0。

支付的分包款 412 000 元，填写在“服务、不动产和无形资产扣除项目”之“本期发生额”（第 3 列）和“本期应扣除金额”（第 4 列）。

支付的分包款412 000元<价税合计销售额1 030 000元，因此分包款可在本期全额扣除，“服务、不动产和无形资产扣除项目”之“本期实际扣除金额”（第5列）填412 000，“期末余额”（第6列）填0。

具体见表5-12。

表5-12　　增值税纳税申报表附列资料（三）
（服务、不动产和无形资产扣除项目明细）

项目及栏次		本期服务、不动产和无形资产价税合计额（免税销售额）	服务、不动产和无形资产扣除项目				
			期初余额	本期发生额	本期应扣除金额	本期实际扣除金额	期末余额
		1	2	3	4=2+3	5（5≤1且5≤4）	6=4-5
3%征收率的项目	6	1 030 000	0	412 000	412 000	412 000	0

②销项税额填报《附列资料（一）》。

计算不含税销售额＝1 030 000÷（1＋3%）＝1 000 000元，填写在《附列资料（一）》第12行“3%征收率的服务、不动产和无形资产”的“开具增值税专用发票”之“销售额”栏（第1列）。

计算销项税额＝1 000 000×3%＝30 000元，填写在《附列资料（一）》第12行“3%征收率的服务、不动产和无形资产”的“开具增值税专用发票”之“销项（应纳）税额”栏（第2列）。

说明：本例以开具增值税专用发票为例，如开具普通发票则分别将金额和税额填入“开具其他发票”之“销售额”栏（第3列）和“销项（应纳）税额”栏（第4列）；未开具发票则分别将金额和税额填入“未开具发票”之“销售额”栏（第5列）和“销项（应纳）税额”栏（第6列）。

不含税销售额1 000 000元填写在《附列资料（一）》第12行“3%征收率的服务、不动产和无形资产”的“合计”之“销售额”栏（第9列）。销项税额30 000填写在《附列资料（一）》第12行“3%征收率的服务、不动产和无形资产”的“合计”之“销项（应纳）税额”栏（第10列）。

含税销售额1 030 000元填写在第12行“3%征收率的服务、不动产和无形资产”的“合计”之“价税合计”栏（第11列）。

可以扣除的分包款412 000元填写在第12行“3%征收率的服务、不动产和无形资产”的第12列“服务、不动产和无形资产扣除项目本期实际扣除金额”栏。

扣除分包款后的含税销售额618 000元填写在第12行“3%征收率的服务、不动产和无形资产”的“扣除后”之“含税（免税）销售额”栏（第13列）。

销项税额18 000元填写在《附列资料（一）》第12行“3%征收率的服务、不动产和无形资产”的“扣除后”之“销项（应纳）税额”栏（第14列）。

具体见表5-13。

表 5-13

增值税纳税申报表附列资料（一）

（本期销售情况明细）

项目及栏次				开具增值税专用发票		开具其他发票		未开具发票		纳税检查调整		合计			服务、不动产和无形资产扣除项目本期实际扣除金额	扣除后	
				销售额	销项（应纳）税额	销售额	销项（应纳）税额	销售额	销项（应纳）税额			销售额	销项（应纳）税额	价税合计		含税（免税）销售额	销项（应纳）税额
				1	2	3	4	5	6	7	8	9＝1＋3＋5＋7	10＝2＋4＋6＋8	11＝9＋10	12	13＝11－12	14＝13÷（100%＋税率或征收率）×税率或征收率
二、简易计税方法计税	全部征税项目	3%征收率的服务、不动产和无形资产	12	1 000 000	30 000					—	—	1 000 000	30 000	1 030 000	412 000	618 000	18 000

③将在建筑服务发生地已预缴的税款填报《附列资料（四）》。

本期期初无余额，《附列资料（四）》第 3 行“建筑服务预征缴纳税款”第 1 列“期初余额”填 0。

在乙市预缴的税款 18 000 元填写在《附列资料（四）》第 3 行“建筑服务预征缴纳税款”第 2 列“本期发生额”栏，第 3 列“本期应抵减税额”栏，第 4 列“本期实际抵减税额”栏。

本期预缴的税款已全部在本期抵减完毕，因此第 5 列“期末余额”栏填 0。

具体见表 5-14。

表 5-14　　增值税纳税申报表附列资料（四）

（税额抵减情况表）

序号	抵减项目	期初余额	本期发生额	本期应抵减税额	本期实际抵减税额	期末余额
		1	2	3=1+2	4≤3	5=3-4
1	增值税税控系统专用设备费及技术维护费					
2	分支机构预征缴纳税款					
3	建筑服务预征缴纳税款	0	18 000	18 000	18 000	

④填写主表《增值税纳税申报表（一般纳税人适用）》。

扣除前的不含税销售额 1 000 000 元填写在第 5 栏“（二）按简易办法计税销售额”本月数。

销项税额 18 000 元填写在第 21 行“简易计税办法计算的应纳税额”本月数，第 24 行“应纳税额合计”本月数。

在乙市预缴的 18 000 元填写在第 27 行“本期已缴税额”本月数，第 28 行“分次预缴税额”本月数。

第 32 行“期末未缴税额”本月数，第 34 行“本期应补（退）税额”本月数都为 0。

具体见表 5-15。

表 5-15　　增值税纳税申报表

（一般纳税人适用）

项目		栏次	一般项目	
			本月数	本年累计
销售额	（一）按适用税率计税销售额	1		
	其中：应税货物销售额	2		
	应税劳务销售额	3		
	纳税检查调整的销售额	4		
	（二）按简易办法计税销售额	5	1 000 000	
	（三）免、抵、退办法出口销售额	7		
	（四）免税销售额	8		

续表

项目		栏次	一般项目	
			本月数	本年累计
税款计算	销项税额	11		
	进项税额	12		
	上期留抵税额	13		
	进项税额转出	14		
	免、抵、退应退税额	15		
	按适用税率计算的纳税检查应补缴税额	16		
	应抵扣税额合计	17＝12＋13－14－15＋16		——
	实际抵扣税额	18（如 17<11，则为 17，否则为 11）		
	应纳税额	19＝11－18		
	期末留抵税额	20＝17－18		
	简易计税办法计算的应纳税额	21	18 000	
	按简易计税办法计算的纳税检查应补缴税额	22		
	应纳税额减征额	23		
	应纳税额合计	24＝19＋21－23	18 000	
税款缴纳	期初未缴税额（多缴为负数）	25		
	实收出口开具专用缴款书退税额	26		
	本期已缴税额	27＝28＋29＋30＋31	18 000	
	①分次预缴税额	28	18 000	——
	②出口开具专用缴款书预缴税额	29		——
	③本期缴纳上期应纳税额	30		
	④本期缴纳欠缴税额	31		
	期末未缴税额（多缴为负数）	32＝24＋25＋26－27	0	
	其中：欠缴税额（≥0）	33＝25＋26－27		——
	本期应补（退）税额	34＝24－28－29	0	——
	即征即退实际退税额	35	——	——

金融业增值税规定

一、 纳税人、 征税范围和税率

1. 什么是金融服务？其税率是多少？

答：（1）征税范围。

《销售服务、无形资产、不动产注释》规定，金融服务，是指经营金融保险的业务活动。包括贷款服务、直接收费金融服务、保险服务和金融商品转让（具体见表6-1）。

表 6-1　　金融服务分类注释明细表

序号	大类	小类	注释
1	贷款服务	（1）贷款	是指将资金贷与他人使用而取得利息收入的业务活动。各种占用、拆借资金取得的收入，包括金融商品持有期间（含到期）利息（保本收益、报酬、资金占用费、补偿金等）收入、信用卡透支利息收入、买入返售金融商品利息收入、融资融券收取的利息收入，以及融资性售后回租、押汇、罚息、票据贴现、转贷等业务取得的利息及利息性质的收入，按照贷款服务缴纳增值税。以货币资金投资收取的固定利润或者保底利润，按照贷款服务缴纳增值税

续表

序号	大类	小类	注释
1	贷款服务	（2）融资性售后回租	是指承租方以融资为目的，将资产出售给从事融资性售后回租业务的企业后，从事融资性售后回租业务的企业将该资产出租给承租方的业务活动
2	直接收费金融服务		是指为货币资金融通及其他金融业务提供相关服务并且收取费用的业务活动。包括提供货币兑换、账户管理、电子银行、信用卡、信用证、财务担保、资产管理、信托管理、基金管理、金融交易场所（平台）管理、资金结算、资金清算、金融支付等服务
3	保险服务	（1）人身保险服务	是指以人的寿命和身体为保险标的的保险业务活动
		（2）财产保险服务	是指以财产及其有关利益为保险标的的保险业务活动
4	金融商品转让		是指转让外汇、有价证券、非货物期货和其他金融商品所有权的业务活动。其他金融商品转让包括基金、信托、理财产品等各类资产管理产品和各种金融衍生品的转让

（2）税率和征收率。

《试点实施办法》第十五条第（一）项规定，金融服务的增值税税率为6%；第十六条规定，征收率为3%。

2. 金融业纳税人包括哪些？

答：（1）《试点实施办法》第一条规定，在中华人民共和国境内提供金融服务的单位和个人，为金融业增值税纳税人。单位，是指企业、行政单位、事业单位、军事单位、社会团体及其他单位。个人，是指个体工商户和其他个人。

该规定有两点特别需要注意：

①只要金融服务的销售方或者购买方在境内，都是在境内销售提供金融服务，都应缴纳增值税。

②只要发生了金融服务行为，都是金融服务业的纳税人。不仅限于金融机构，还包括非金融机构和个人。

（2）金融业增值税纳税人分为一般纳税人和小规模纳税人。

应税行为的年应征增值税销售额超过500万元的纳税人为一般纳税人，未超过规定标准的纳税人为小规模纳税人。

3. 增值税政策所称的金融机构是指哪些企业？

答：根据《试点过渡政策的规定》第一条第（二十三）项的规定，金融机构是指：

（1）银行，包括人民银行、商业银行、政策性银行。

（2）信用合作社。

（3）证券公司。

（4）金融租赁公司、证券基金管理公司、财务公司、信托投资公司、证券投资基金。

（5）保险公司。

（6）其他经人民银行、银监会、证监会、保监会批准成立且经营金融保险业务的机构等。

丨相关知识丨

金融机构通常提供以下一种或多种金融服务：

第一种，在市场上筹资从而获得货币资金，将其改变并构建成不同种类的更易接受的金融资产，这类业务形成金融机构的负债和资产。这是金融机构的基本功能，行使这一功能的金融机构是最重要的金融机构类型。

第二种，代表客户交易金融资产，提供金融交易的结算服务。

第三种，自营交易金融资产，满足客户对不同金融资产的需求。

第四种，帮助客户创造金融资产，并把这些金融资产出售给其他市场参与者。

第五种，为客户提供投资建议，保管金融资产，管理客户的投资组合。

上述第一种服务涉及金融机构接受存款的功能；第二和第三种服务是金融机构的经纪和交易功能；第四种服务被称为承销功能，提供承销的金融机构一般也提供经纪或交易服务；第五种服务则属于咨询和信托功能。

4. 投资金融商品的收益是否要缴纳增值税？

答：《销售服务、无形资产、不动产注释》中列举的金融商品有外汇、有价证券、非货物期货和基金、信托、理财产品等各类资产管理产品和各种金融衍生品。

（1）持有期间的收益。

①获取的固定收益。以货币资金投资收取的固定利润或者保底利润，按“贷款服务”缴纳增值税。

②获取的保本浮动收益。金融商品持有期间利息的保本收益，按“贷款服务”缴纳增值税。财税〔2016〕140号文件第一条规定，保本收益是指合同中明确承诺到期本金可全部收回的投资收益。

③获取的参与风险的非保本浮动收益。财税〔2016〕140号文件第一条规定，金融商品持有期间（含到期）取得的非保本的投资收益，不属于利息或利息性质的收

人，不征收增值税。

（2）出售转让的收益。

转让各类金融产品和金融衍生品，按“金融商品转让”缴纳增值税。财税〔2016〕140号文件第二条规定，纳税人购入基金、信托、理财产品等各类资产管理产品持有至到期，不属于金融商品转让。

5. 抵押的房屋被银行收走以抵作贷款本息，如何纳税？

答：借款者无力归还贷款，抵押的房屋被银行收走以抵作贷款本息，这表明房屋的所有权被借款者有偿转让给银行，银行相当于收到了实物利息。

根据《销售服务、无形资产、不动产注释》的有关规定，应对借款者转让房屋所有权的行为按“销售不动产”税目缴纳增值税。银行用房屋抵利息的部分按“贷款服务”税目缴纳增值税。银行如果将收归其所有的房屋再销售，也应按“销售不动产”项目缴纳增值税。

6. 典当行的赎金收入是否应缴纳增值税？

答：《销售服务、无形资产、不动产注释》规定，典当提供的服务属于贷款服务，其收回的赎金超过发放当金的部分属于利息，应就其取得的利息收入缴纳增值税。

7. 资管产品运营过程中发生的增值税应税行为，如何缴纳增值税？

答：财税〔2016〕140号文件第四条规定，资管产品运营过程中发生的增值税应税行为，以资管产品管理人为增值税纳税人。

《财政部 税务总局关于资管产品增值税有关问题的通知》（财税〔2017〕56号）规定，自2018年1月1日起，资管产品管理人运营资管产品过程中发生的增值税应税行为（以下称资管产品运营业务），暂适用简易计税方法，按照3%的征收率缴纳增值税。资产管理人可选择分别或汇总核算资管产品运营业务销售额和增值税应纳税额。

资管产品管理人，包括银行、信托公司、公募基金管理公司及其子公司、证券公司及其子公司、期货公司及其子公司、私募基金管理人、保险资产管理公司、专业保险资产管理机构、养老保险公司。

资管产品，包括银行理财产品、资金信托（包括集合资金信托、单一资金信托）、财产权信托、公开募集证券投资基金、特定客户资产管理计划、集合资产管理计划、定向资产管理计划、私募投资基金、债权投资计划、股权投资计划、股债结合型投资计划、资产支持计划、组合类保险资产管理产品、养老保障管理产品。

资管产品管理人应分别核算资管产品运营业务和其他业务的销售额和增值税应纳税额，未分别核算的，资管产品运营业务不得适用简易计税方法。资产管理人应按照规定的纳税期限，汇总申报缴纳资管产品运营业务和其他业务增值税。

对资管产品在2018年1月1日前运营过程中发生的增值税应税行为，未缴纳增值税的，不再缴纳；已缴纳增值税的，已纳税额从资管产品管理人以后月份的增值税应纳税额中抵减。

8. 股权转让是否缴纳增值税?

答：根据《试点实施办法》及其附件《销售服务、无形资产、不动产注释》中关于“金融商品转让”的解释，非上市企业未公开发行股票，其股权不属于有价证券，转让非上市公司股权不属于增值税征税范围；转让上市公司股权应按照“金融商品转让”税目征收增值税。另外，根据《试点过渡政策的规定》第一条第（二十二）项第5目的规定，个人从事金融商品转让业务免征增值税。

9. 股权投资类信托业务中的“名股实债”如何缴纳增值税?

答：“名股实债”此处意为公司以股权形式向信托计划融资并支付固定收益的情况。

例如，M公司的全资子公司N公司注册资本2 000万元，2016年6月计划融资6亿元，年利率15%，借款期限2年，到期还本付息7.8亿元。

在实务中，“名股实债”又多以“增资扩股＋股权赎回”和“股权转让＋溢价回购”两种模式进行包装。

（1）“增资扩股＋股权赎回”模式：信托计划以6亿元对N公司增资扩股，子公司注册资本达到6.2亿元，信托持股比例96.77%。两年后，N公司出资7.8亿元回购股权。

上述信托模式约定了固定回报和投资期限，实为融资，因此，根据《销售服务、无形资产、不动产注释》第一条第（五）项的规定，以货币资金投资收取的固定利润或者保底利润，按照贷款服务缴纳增值税。

（2）“股权转让＋溢价回购”模式：M公司将持有N公司99%股权转让给信托计划，转让价6亿元。两年后M公司出资7.8亿元收购信托计划持有N公司99%股权，但股权溢价款（实为利息）1.8亿元需按年支付。M公司取得的资金转借给N公司使用，按年向N公司收取后支付给信托公司。

上述信托模式只是取得固定回报，不承担投资风险，实质上是M公司以子公司99%股权质押给信托计划，融资再转借给子公司，应按照《销售服务、无形资产、不动产注释》第一条第（五）项的规定，适用“贷款服务”税目缴纳增值税。

10. 购买理财产品取得收益如何缴纳增值税?

答：理财产品属于金融商品，分两种情形处理：

如果该理财产品允许在二级市场流通，则应按照“金融商品转让”缴纳增值税。

如果该理财产品不能在二级市场流通，只能到期赎回，则不能按照“金融商品转让”征收增值税，其取得的收益应区别情况处理：

（1）若该理财产品可以取得固定或保底的回报，则适用《销售服务、无形资产、不动产注释》中“各种占用、拆借资金取得的收入，包括金融商品持有期间（含到期）利息（保本收益、报酬、资金占用费、补偿金等）收入等业务取得的利息及利息性质的收入，按照贷款服务缴纳增值税”的规定。

（2）若该理财产品只能取得非保本型理财产品的收益，则适用财税〔2016〕140号文件第一条中“金融商品持有期间（含到期）取得的非保本的上述收益，不属于利息或利息性质的收入，不征收增值税”的规定。

11. 保理行业的税率是多少?

答：保理业务在实务中分两类：商业保理和银行保理。

（1）银行保理融资：按贷款服务处理，税率为6%。

（2）商业保理：

①保理融资，按贷款服务处理，税率为6%，不可开具增值税专用发票；

②保理服务，按直接收费的金融服务处理，税率为6%，可开具增值税专用发票；

③应收债权转让，不属于金融商品转让，如转让约定了债权回购期及固定回购金融，按贷款服务征税，如未约定回购债权，则不征税。

12. 无偿借款不收取利息是否需要缴纳增值税?

答：根据《试点实施办法》第十四条的规定，下列情形视同销售服务、无形资产或者不动产：

（1）单位或者个体工商户向其他单位或者个人无偿提供服务，但用于公益事业或者以社会公众为对象的除外。

（2）单位或者个人向其他单位或者个人无偿转让无形资产或者不动产，但用于公益事业或者以社会公众为对象的除外。

（3）财政部和国家税务总局规定的其他情形。

因此，除用于公益事业或者以社会公众为对象的情形外，无偿借款需要按照同期同类银行贷款的利率按照“贷款服务”税目缴纳增值税。

13. 哪些利息收入可以免征增值税？

答：根据《试点过渡政策的规定》第一条第（十九）项的规定，以下利息收入免征增值税：

（1）2016 年 12 月 31 日前发放的金融机构农户小额贷款。

（2）国家助学贷款。

（3）国债、地方政府债。

（4）中国人民银行对金融机构的贷款。

（5）住房公积金管理中心用住房公积金在指定的委托银行发放的个人住房贷款。

（6）外汇管理部门在从事国家外汇储备经营过程中，委托金融机构发放的外汇贷款。

（7）统借统还业务中，企业集团或企业集团中的核心企业以及集团所属财务公司按不高于支付给金融机构的借款利率水平或者支付的债券票面利率水平，向企业集团或者集团内下属单位收取的利息。

14. 金融机构农户小额贷款利息收入免征增值税应符合哪些条件？

答：根据《试点过渡政策的规定》第一条第（十九）项第 1 目的规定，小额贷款，是指单笔且该农户贷款余额总额在 10 万元（含本数）以下的贷款。

所称农户，是指长期（一年以上）居住在乡镇（不包括城关镇）行政管理区域内的住户，还包括长期居住在城关镇所辖行政村范围内的住户和户口不在本地而在本地居住一年以上的住户，国有农场的职工和农村个体工商户。位于乡镇（不包括城关镇）行政管理区域内和在城关镇所辖行政村范围内的国有经济的机关、团体、学校、企事业单位的集体户；有本地户口，但举家外出谋生一年以上的住户，无论是否保留承包耕地均不属于农户。农户以户为统计单位，既可以从事农业生产经营，也可以从事非农业生产经营。农户贷款的判定应以贷款发放时的承贷主体是否属于农户为准。

15. 统借统还业务中，企业集团向下属单位收取的利息收入免征增值税应符合哪些条件?

答：根据《试点过渡政策的规定》第一条第（十九）项第7目的规定，具体应符合以下条件：

（1）企业集团或企业集团中的核心企业以及集团所属财务公司向企业集团或者集团内下属单位收取的利息，应当不高于支付给金融机构的借款利率水平或者支付的债券票面利率水平。

如果高于支付给金融机构借款利率水平或者支付的债券票面利率水平的，应全额缴纳增值税。

（2）所称统借统还业务，是指：

①企业集团或者企业集团中的核心企业向金融机构借款或对外发行债券取得资金后，将所借资金分拨给下属单位（包括独立核算单位和非独立核算单位），并向下属单位收取用于归还金融机构或债券购买方本息的业务。

②企业集团向金融机构借款或对外发行债券取得资金后，由集团所属财务公司与企业集团或者集团内下属单位签订统借统还贷款合同并分拨资金，并向企业集团或者集团内下属单位收取本息，再转付企业集团，由企业集团统一归还金融机构或债券购买方的业务。

注意：集团下属单位向金融机构借款或对外发行债券取得资金，提供给集团公司或其他下属公司，收取的利息即使不高于支付给金融机构的借款利率水平或者支付的债券票面利率水平，也不能免征增值税。

16. 哪些金融商品转让业务可以免征增值税?

答：根据《试点过渡政策的规定》第一条第（二十二）项的规定，下列金融商品转让业务免征增值税：

（1）合格境外投资者（QFII）委托境内公司在我国从事证券买卖业务。

（2）香港市场投资者（包括单位和个人）通过沪港通买卖上海证券交易所上市A股。

（3）对香港市场投资者（包括单位和个人）通过基金互认买卖内地基金份额。

（4）证券投资基金（封闭式证券投资基金、开放式证券投资基金）管理人运用基金买卖股票、债券。

（5）个人从事金融商品转让业务。

17. 担保机构的担保业务收入免征增值税要符合哪些条件？如何享受免税政策？

答：根据《试点过渡政策的规定》第一条第（二十四）项的规定，同时符合下列条件的担保机构从事中小企业信用担保或者再担保业务取得的收入（不含信用评级、咨询、培训等收入）3年内免征增值税：

（1）已取得监管部门颁发的融资性担保机构经营许可证，依法登记注册为企（事）业法人，实收资本超过2 000万元。

（2）平均年担保费率不超过银行同期贷款基准利率的50%。平均年担保费率＝本期担保费收入/(期初担保余额＋本期增加担保金额)×100%。

（3）连续合规经营2年以上，资金主要用于担保业务，具备健全的内部管理制度和为中小企业提供担保的能力，经营业绩突出，对受保项目具有完善的事前评估、事中监控、事后追偿与处置机制。

（4）为中小企业提供的累计担保贷款额占其两年累计担保业务总额的80%以上，单笔800万元以下的累计担保贷款额占其累计担保业务总额的50%以上。

（5）对单个受保企业提供的担保余额不超过担保机构实收资本总额的10%，且平均单笔担保责任金额最多不超过3 000万元人民币。

（6）担保责任余额不低于其净资产的3倍，且代偿率不超过2%。

担保机构免征增值税政策采取备案管理方式。符合条件的担保机构应到所在地县（市）主管税务机关和同级中小企业管理部门履行规定的备案手续，自完成备案手续之日起，享受3年免征增值税政策。3年免税期满后，符合条件的担保机构可按规定程序办理备案手续后继续享受该项政策。

具体备案管理办法按照《国家税务总局关于中小企业信用担保机构免征营业税审批事项取消后有关管理问题的公告》（国家税务总局公告2015年第69号）的规定执行，其中税务机关的备案管理部门统一调整为县（市）级国家税务局。

18. 被撤销金融机构的附属企业以财产清偿债务，免征增值税吗？

答：根据《试点过渡政策的规定》第一条第（二十）项的规定，被撤销金融机构以货物、不动产、无形资产、有价证券、票据等财产清偿债务，免征增值税。

被撤销金融机构，是指经中国人民银行、银监会依法决定撤销的金融机构及其分设于各地的分支机构，包括被依法撤销的商业银行、信托投资公司、财务公司、金融租赁公司、城市信用社和农村信用社。

除另有规定外，被撤销金融机构所属、附属企业，不享受被撤销金融机构增值税免税政策。

19. 哪些金融同业往来利息收入免征增值税?

答: 目前有三个文件对金融同业往来利息收入免征增值税的范围做了明确。

(1)《试点过渡政策的规定》第一条第（二十三）项规定：

①金融机构与人民银行所发生的资金往来业务。包括人民银行对一般金融机构贷款，以及人民银行对商业银行的再贴现等。

②银行联行往来业务。同一银行系统内部不同行、处之间所发生的资金账务往来业务。

③金融机构间的资金往来业务。是指经人民银行批准，进入全国银行间同业拆借市场的金融机构之间通过全国统一的同业拆借网络进行的短期（一年以下含一年）无担保资金融通行为。

④金融机构之间开展的转贴现业务。

(2)《财政部 国家税务总局关于进一步明确全面推开营改增试点金融业有关政策的通知》(财税〔2016〕46 号）第一条规定：

①质押式买入返售金融商品。质押式买入返售金融商品，是指交易双方进行的以债券等金融商品为权利质押的一种短期资金融通业务。

②持有政策性金融债券。政策性金融债券，是指开发性、政策性金融机构发行的债券。

(3)《财政部 国家税务总局关于金融机构同业往来等增值税政策的补充通知》(财税〔2016〕70 号）第一条规定：

①同业存款。同业存款，是指金融机构之间开展的同业资金存入与存出业务，其中资金存入方仅为具有吸收存款资格的金融机构。

②同业借款。同业借款，是指法律法规赋予此项业务范围的金融机构开展的同业资金借出和借入业务。此条款所称“法律法规赋予此项业务范围的金融机构”主要是指农村信用社之间以及在金融机构营业执照列示的业务范围中有反映为“向金融机构借款”业务的金融机构。

③同业代付。同业代付，是指商业银行（受托方）接受金融机构（委托方）的委托向企业客户付款，委托方在约定还款日偿还代付款项本息的资金融通行为。

④买断式买入返售金融商品。买断式买入返售金融商品，是指金融商品持有人（正回购方）将债券等金融商品卖给债券购买方（逆回购方）的同时，交易双方约定在未来某一日期，正回购方再以约定价格从逆回购方买回相等数量同种债券等金融商

品的交易行为。

⑤持有金融债券。金融债券，是指依法在中华人民共和国境内设立的金融机构法人在全国银行间和交易所债券市场发行的、按约定还本付息的有价证券。

⑥同业存单。

20. 买断式买入返售金融商品是否包括票据等其他金融商品？

答：买入返售金融商品，是指金融商品持有人（正回购方）将债券等金融商品卖给债券购买方（逆回购方）的同时，交易双方约定在未来某一日期，正回购方再以约定价格从逆回购方买回相等数量同种债券等金融商品的交易行为。

根据《关于规范金融机构同业业务的通知》（银发〔2014〕127号）第五条第二款的规定，买入返售（卖出回购）业务项下的金融资产应当为银行承兑汇票，债券、央票等在银行间市场、证券交易所市场交易的具有合理公允价值和较高流动性的金融资产。卖出回购方不得将业务项下的金融资产从资产负债表转出。笔者认为，财税〔2016〕70号文件中的金融商品包括银行承兑汇票、债券、央票等金融资产。

21. 保险公司哪些保费收入可以享受增值税优惠政策？

答：（1）《试点过渡政策的规定》第一条第（二十一）项规定，保险公司开办的一年期以上人身保险产品取得的保费收入免征增值税。

一年期以上人身保险，是指保险期间为一年期及以上返还本利的人寿保险、养老金保险、以及保险期间为一年期及以上的健康保险。

（2）根据财税〔2016〕68号文件第一条的规定：

①境内保险公司向境外保险公司提供的完全在境外消费的再保险服务，免征增值税。

②试点纳税人提供再保险服务（境内保险公司向境外保险公司提供的再保险服务除外），实行与原保险服务一致的增值税政策。再保险合同对应多个原保险合同的，所有原保险合同均适用免征增值税政策时，该再保险合同适用免征增值税政策。否则，该再保险合同应按规定缴纳增值税。原保险服务，是指保险分出方与投保人之间直接签订保险合同而建立保险关系的业务活动。

22. 哪些一年期以上人身保险产品取得的保费收入免征增值税？

答：《试点过渡政策的规定》第一条第（二十一）项规定，保险公司开办的一年期以上人身保险产品取得的保费收入免征增值税。

一年期以上人身保险，是指保险期间为一年期及以上返还本利的人寿保险、养老年金保险，以及保险期间为一年期及以上的健康保险。

财税〔2016〕46 号文件第二条规定，一年期及以上返还本利的人身保险还包括其他年金保险，其他年金保险是指养老年金以外的年金保险。

综上，一年期以上人身保险，是指保险期间为一年期及以上返还本利的人寿保险、养老年金保险及其他年金保险，以及保险期间为一年期及以上的健康保险。

二、销售额

23. 哪些一般纳税人提供金融服务收入可以选择适用简易计税方法?

答：财税〔2016〕46 号文件第三条、第四条规定，下列一般纳税人提供金融服务收入可以选择适用简易计税方法：

（1）农村信用社、村镇银行、农村资金互助社、由银行业机构全资发起设立的贷款公司、法人机构在县（县级市、区、旗）及县以下地区的农村合作银行和农村商业银行提供金融服务收入，可以选择适用简易计税方法按照 3%的征收率计算缴纳增值税。

（2）对中国农业银行纳入“三农金融事业部”改革试点的各省、自治区、直辖市、计划单列市分行下辖的县域支行和新疆生产建设兵团分行下辖的县域支行（也称县事业部），提供农户贷款、农村企业和农村各类组织贷款（具体贷款业务清单见该文件附件）取得的利息收入，可以选择适用简易计税方法按照 3%的征收率计算缴纳增值税。

24. 小额贷款公司是否可以选择适用简易计税方法?

问：小额贷款公司可抵扣项目较少，税负基本等同税率，银监会批准成立的县级设立的小额贷款公司是否属于金融机构？是否可以按照财税〔2016〕46 号文件选择按照简易计税方法计税?

答：根据财税〔2016〕46 号文件第三条的规定，由银行业机构全资发起设立的贷款公司，可以选择适用简易计税方法按照 3%的征收率计算缴纳增值税。由银行业机构全资发起设立的贷款公司，是指经中国银行业监督管理委员会依据有关法律、法规批准，由境内商业银行或农村合作银行在农村地区设立的专门为县域农民、农业和农村经济发展提供贷款服务的非银行业金融机构。

因此，凡履行上述批准手续、符合上述规定的小额贷款公司，可以选择适用简易计税方法计算缴纳增值税。

25. 商业银行下属的村镇银行是否可以选择适用简易计税方法?

答：财税〔2016〕46号文件第三条规定，农村信用社、村镇银行、农村资金互助社、由银行业机构全资发起设立的贷款公司、法人机构在县（县级市、区、旗）及县以下地区的农村合作银行和农村商业银行提供金融服务收入，可以选择适用简易计税方法按照3%的征收率计算缴纳增值税。

村镇银行，是指经中国银行业监督管理委员会依据有关法律、法规批准，由境内外金融机构、境内非金融机构企业法人、境内自然人出资，在农村地区设立的主要为当地农民、农业和农村经济发展提供金融服务的银行业金融机构。

县（县级市、区、旗），不包括直辖市和地级市所辖城区。

因此，满足上述条件的村镇银行可以选择适用简易计税方法按照3%的征收率计算缴纳增值税。

26. 金融业增值税的销售额如何确定?

答：《试点实施办法》第三十七条规定，销售额，是指纳税人发生应税行为取得的全部价款和价外费用，财政部和国家税务总局另有规定的除外。

《试点有关事项的规定》第一条第（三）项规定，金融服务的销售额为：

（1）贷款服务，以提供贷款服务取得的全部利息及利息性质的收入为销售额。

（2）直接收费金融服务，以提供直接收费金融服务收取的手续费、佣金、酬金、管理费、服务费、经手费、开户费、过户费、结算费、转托管费等各类费用为销售额。

（3）金融商品转让，按照卖出价扣除买入价后的余额为销售额。

转让金融商品出现的正负差，按盈亏相抵后的余额为销售额。若相抵后出现负差，可结转下一纳税期与下期转让金融商品销售额相抵，但年末时仍出现负差的，不得转入下一个会计年度。

财税〔2016〕140号文件第五条规定，纳税人2016年1—4月份转让金融商品出现的负差，可结转下一纳税期，与2016年5—12月份转让金融商品销售额相抵。

（4）经中国人民银行、银监会或者商务部批准从事融资租赁业务的试点纳税人，提供融资性售后回租服务，以取得的全部价款和价外费用（不含本金），扣除对外支付的借款利息（包括外汇借款和人民币借款利息）、发行债券利息后的余额作为销售额。

根据上述规定，总结如表 6-2 所示。

表 6-2　　金融服务业销售额确认明细表

序号	税目	销售额	可否开具专票
1	贷款服务	取得的全部利息及利息性质的收入	否
	其中：融资性售后回租	符合条件的试点纳税人：取得的全部价款和价外费用（不含本金）—对外支付的借款利息（包括外汇借款和人民币借款利息）、发行债券利息 其他纳税人：全部价款和价外费用（不含本金）	
2	直接收费金融服务	收取的手续费、佣金、酬金、管理费、服务费、经手费、开户费、过户费、结算费、转托管费等各类费用	可以
3	金融商品转让	卖出价—买入价	否
4	保险服务	收取的保费收入（财产保险）	可以

说明：符合条件的试点纳税人是指：

（1）经中国人民银行、银监会或者商务部批准从事融资租赁业务的试点纳税人可适用差额计算。

（2）经商务部授权的省级商务主管部门和国家经济技术开发区批准的从事融资租赁业务的试点纳税人，2016 年 5 月 1 日后实收资本达到 1.7 亿元的，从达到标准的当月起可适用差额计算；2016 年 5 月 1 日后实收资本未达到 1.7 亿元但注册资本达到 1.7 亿元的，在 2016 年 7 月 31 日前仍可适用差额计算，2016 年 8 月 1 日后开展的融资性售后回租业务不得适用差额计算。

财税〔2016〕140 号文件第六条规定，“人民银行、银监会或者商务部批准”、“商务部授权的省级商务主管部门和国家经济技术开发区批准”从事融资租赁业务（含融资性售后回租业务）的试点纳税人（含试点纳税人中的一般纳税人），包括经上述部门备案从事融资租赁业务的试点纳税人。

27. 从总行拆借资金购买理财产品，计缴增值税时，可否扣除支付给总行的资金利息？

答：根据《试点实施办法》第三十七条、《试点有关事项的规定》第一条第（三）项的规定，贷款服务，以提供贷款服务取得的全部利息及利息性质的收入为销售额。

因此，从总行拆借资金购买理财产品应以全部利息收入为销售额，计缴增值税，不能在销售额中扣除支付给总行拆借资金的利息。

28. 企业买卖债券应如何缴纳增值税？

答：《销售服务、无形资产、不动产注释》规定，金融商品转让是指转让外汇、有价证券、非货物期货和其他金融商品所有权的业务活动。买卖债券应按“金融商品转让”缴纳增值税。一般纳税人适用6%的税率，小规模纳税人适用3%的征收率。

《试点有关事项的规定》第一条第（三）项第3目规定，金融商品转让，按照卖出价扣除买入价后的余额为销售额。转让金融商品出现的正负差，按盈亏相抵后的余额为销售额。若相抵后出现负差，可结转下一纳税期与下期转让金融商品销售额相抵，但年末时仍出现负差的，不得转入下一个会计年度。金融商品的买入价，可以选择按照加权平均法或者移动加权平均法进行核算，选择后36个月内不得变更。金融商品转让，不得开具增值税专用发票。

注意：营改增后，买入价不再是以股票的购入价减去股票持有期间取得的股息收入的余额确定。

| 案例分析 |

A公司2015年1月购入一批债券2 000万元，2016年3月取得债券利息200万元，2016年4月以1 150万元价格卖出其中50%，2016年6月以1 200万元卖出剩余50%，2016年6月取得进项税额2.12万元。A公司应如何进行税务处理？

分析：

（1）2016年4月，应交营业税＝[1 150－(2 000－200)×50%]×5%＝12.5（万元）。

（2）2016年6月，应交增值税为：

销项税额＝[(1 200－2 000×50%)÷(1＋6%)]×6%＝11.32(万元)

应交增值税＝11.32－2.12＝9.2(万元)

29. 企业买卖限售股应如何缴纳增值税？

答：53号公告第五条规定，单位将其持有的限售股在解禁流通后对外转让的，按照以下规定确定买入价：

（1）上市公司实施股权分置改革时，在股票复牌之前形成的原非流通股股份，以及股票复牌首日至解禁日期间由上述股份孳生的送、转股，以该上市公司完成股权分置改革后股票复牌首日的开盘价为买入价。

（2）公司首次公开发行股票并上市形成的限售股，以及上市首日至解禁日期间由上述股份孳生的送、转股，以该上市公司股票首次公开发行（IPO）的发行价为买入价。

（3）因上市公司实施重大资产重组形成的限售股，以及股票复牌首日至解禁日期间由上述股份孳生的送、转股，以该上市公司因重大资产重组股票停牌前一交易日的收盘价为买入价。

| 案例分析 |

2014 年 5 月 A 公司入股 B 公司的价格为 3 元/股（IPO 的限售股），入股数为1 000 万股。2016 年 5 月，将其中 500 万股以每股 18 元的价格卖给了 C 公司。2016 年 7 月 B 公司股票上市首日发行价为 20 元/股，2017 年 3 月，B 公司股票送转方案为 10 转 10。2017 年 7 月该批股票解禁，A 公司以 30 元每股的价格将剩余股票全部卖出，当月取得进项税额 34 万元，留抵税额 111 万元。A 公司应如何进行税务处理?

分析：

（1）A 公司 2016 年 5 月以 18 元/股的价格转让股权，取得收入 9 000 万元，不需要缴纳增值税。

（2）2017 年 7 月，A 公司持有股票数量为：（1 000－500）×2＝1 000（万股）。应当适用“金融服务——金融商品转让”税目缴纳增值税。

销项税额＝〔(30－20)÷(1＋6%)〕×1 000×6%＝566.04(万元)

应交增值税＝566.04－(34＋111)＝421.04(万元)

30. 2012 年签订的融资性售后回租合同，全面营改增后如何缴纳增值税?

问：2012 年 1 月签订的融资性售后回租合同，到期时间为 2021 年 1 月，按照财税〔2013〕106 号文件的规定，我们应该继续按营业税执行，全面营改增之后应该怎么处理?

答：对于 2016 年 4 月 30 日前签订的融资性售后回租合同，要区分是有形动产融资性售后回租还是不动产融资性售后回租。

（1）如果为有形动产融资性售后回租，有以下两种选择：

一是根据《销售服务、无形资产、不动产注释》的相关规定，可以适用“金融服务一贷款服务”税目缴纳增值税。

二是根据《试点有关事项的规定》第一条第（三）项第 5 目的规定，在合同到期前提供的有形动产融资性售后回租服务，可以继续按照有形动产融资租赁服务缴纳增值税。

继续按照有形动产融资租赁服务缴纳增值税的试点纳税人，经中国人民银行、银监会或者商务部批准从事融资租赁业务的，根据 2016 年 4 月 30 日前签订的有形动产融资性售后回租合同，在合同到期前提供的有形动产融资性售后回租服务，可以选择以下方法之一计算销售额：

①以向承租方收取的全部价款和价外费用，扣除向承租方收取的价款本金，以及对外支付的借款利息（包括外汇借款和人民币借款利息）、发行债券利息后的余额为销售额。

纳税人提供有形动产融资性售后回租服务，计算当期销售额时可以扣除的价款本金，为书面合同约定的当期应当收取的本金。无书面合同或者书面合同没有约定的，为当期实际收取的本金。

试点纳税人提供有形动产融资性售后回租服务，向承租方收取的有形动产价款本金，不得开具增值税专用发票，可以开具增值税普通发票。

②以向承租方收取的全部价款和价外费用，扣除支付的借款利息（包括外汇借款和人民币借款利息）、发行债券利息后的余额为销售额。

（2）如果为不动产融资性售后回租，应根据《销售服务、无形资产、不动产注释》的相关规定，适用“金融服务——贷款服务”税目缴纳增值税。

（3）经中国人民银行、银监会或者商务部批准从事融资租赁业务的试点纳税人中的一般纳税人，提供有形动产融资租赁服务和有形动产融资性售后回租服务，对其增值税实际税负超过3%的部分实行增值税即征即退政策。商务部授权的省级商务主管部门和国家经济技术开发区批准的从事融资租赁业务和融资性售后回租业务的试点纳税人中的一般纳税人，2016年5月1日后实收资本达到1.7亿元的，从达到标准的当月起按照上述规定执行；2016年5月1日后实收资本未达到1.7亿元但注册资本达到1.7亿元的，在2016年7月31日前仍可按照上述规定执行，2016年8月1日后开展的有形动产融资租赁业务和有形动产融资性售后回租业务不得按照上述规定执行。

31. 考虑征免税范围因素，如何管理销项税额？

答：通过调查表形式梳理企业全部收入项目，准确划分征税、免税、不征税收入项目，注意应将全部收入划分清楚，不能有遗漏；只要是涉及收入类的系统，包括利息收入、中间业务收入、同业收入等系统，都要改造。而且，金融业缴纳的增值税并不只是金融业营改增，还要根据业务事项对应其他的营改增事项，如咨询业务收入要看是否与贷款有关，如果无关，就要适用“现代服务——鉴证咨询服务——咨询服务”税目缴纳增值税。

32. 如何避免买入的票据在到期前出售，导致持有期间确认的收入比缴纳的增值税及其附加税费多的情况？

问：营改增后，直贴票据在购入时需按买价与票面价之间的差额计算缴纳增值税，而会计上为分期确认收入。在实际操作时，若买入的票据在到期前出售，则可能导致持有期间确认的收入比缴纳的增值税及其附加税费多的情况，使得收益为负。考虑到此种情况，银行应当如何应对？

答：营改增后，银行票据业务部在进行直贴票据转贴现定价时，应适当将贴现票据到期前的剩余天数所对应的增值税及其附加税费转嫁给下家。

33. 客户为购买黄金提前支付了保证金，若客户最终并未购买黄金，则银行收取的违约金是否需要缴纳增值税？

答：根据《增值税暂行条例》第六条的规定，销售额为纳税人销售货物向购买方收取的全部价款和价外费用。

《增值税暂行条例实施细则》第十二条规定，价外费用，包括价外向购买方收取的手续费、补贴、基金、违约金等。因购买方违约而解除购销合同，销售方向购买方收取的违约金是在纳税人未销售货物的情况下收取的，没有价，也就谈不上价外费用，因此不属于增值税的征税范围，不需要缴纳增值税。

34. 保险公司退保业务如何开具发票和冲减营业收入？

问：某保险公司开展为期 10 年的个人健康保险业务，在保险的第 7 年被保险人要求退保，假如保险公司按保费 7 折退回被保险人保费，原保费已缴纳营业税，是否可以开具红字增值税普通发票冲减当期保费？还是由保险公司到主管地税机关办理退税手续？

答：根据财税〔2016〕36 号文件的规定，试点纳税人发生应税行为，在纳入营改增试点之日前已缴纳营业税，营改增试点后因发生退款减除营业额的，应当向原主管地税机关申请退还已缴纳的营业税。

35. 保险公司为自己的车辆提供保险服务能否开具专票？

答：保险公司为自己的车辆提供保险服务不可以开具增值税专用发票。

36. 汇总纳税的保险销售公司，总机构开票、分机构签合同，如何防范三流不一致风险？

答：原则上谁签订合同谁开具发票，鉴于行业特殊性，实行汇总纳税的总分机构，可以由总机构统一开具发票，但必须将总分机构管理规程以及相关合同或协议留存备查。

37. 出现金融商品转让负差问题为什么需要对系统进行改造？

答：关于金融商品转让，目前增值税管理平台对买卖损益或者汇兑损益做价税分离。若买卖损益为贷方余额，调整分录为“贷：销项税　贷：买卖损益”；若买卖损益为借方余额，调整分录为“借：销项税　借：买卖损益”。金融商品转让应纳销项税＝销项税的贷方余额－借方余额。转让金融商品出现的正负差，按盈亏相抵后的余额为销售额。当金融商品转让出现负差时，对应的销项税会冲减其他业务收入对应的销项税，不符合税法规定，所以需要对系统进行改造。

38. 针对金融商品转让负差问题的改造方式是什么？

答：改造方式为：增值税管理平台判断金融商品转让的正负差，将数据传给总账，总账做调整分录。

39. 对于金融商品转让正负差问题，需要增值税管理平台系统多长时间判断一次或者给总账传送数据？

答：每季度判断一次。每个季度增值税管理平台将各个利润中心金融商品转让对应的销项税贷方余额减借方余额的正负加和。

40. 针对金融商品转让正负差问题，需要增值税管理平台系统进行怎样的改造？怎样判断传给总账的数据？

答：判断方法如下：

（1）当本季度出现负差时，直接把负差的绝对值传给总账。总账做一笔调整分录：

借：应交税费——待转销项税额——其他

　贷：应交税费——应交增值税（销项税额）

将金融商品转让负差冲减的其他业务收入对应的销项税补回来。

（2）当本季度出现正差时，将正差与上一个季度的累加负差值比大小，取小值传给总账。总账做一笔调整分录：

借：应交税费——待转销项税额——其他 （红字）

贷：应交税费——应交增值税（销项税额） （红字）

若传给总账的数据为 0，总账不形成调整分录。

（3）下一个年度：

年末时仍出现负差的，不得转入下一个会计年度，增值税管理平台重新判断。

41. 关于金融商品转让正负差问题，根据各个季度的数据不同，可以分为多少种情况？请举例说明。

答：根据各个季度的正负差进行排列组合，共分 12 种情况（具体见表 6-3）。

表 6-3　　金融商品转让正负差情况列举表　　单位：万元

第一季度	50	50	50	50	50	50	50	50	−70	−70	−70	−70
传总账数	0	0	0	0	0	0	0	0	70	70	70	70
累加负差	0	0	0	0	0	0	0	0	−70	−70	−70	−70
第二季度	30	30	−30	−30	−30	−30	−30	−30	−10	−10	−10	40
传总账数	0	0	30	30	30	30	30	30	10	10	10	−40
累加负差	0	0	−30	−30	−30	−30	−30	−30	−80	−80	−80	−30
第三季度	20	20	20	20	20	45	45	−15	−20	−20	−20	30
传总账数	0	0	−20	−20	−20	−30	−30	15	20	20	20	−30
累加负差	0	0	−10	−10	−10	0	0	−45	−100	−100	−100	0
第四季度	10	−8	15	7	−8	7	−8	35	−20	90	130	25
传总账数	0	8	−10	−7	8	0	8	−35	20	−90	−100	0
累加负差	0	−8	0	−3	−18	0	−8	−10	−120	−10	0	0

在此以第三列数据为例进行说明。

（1）第一季度为正差 50 万元，不用给总账传数据（数据为 0），不形成调整分录。

（2）第二季度为负差 30 万元，需要传给总账数据 30 万元，形成调整分录：

借：应交税费——待转销项税额——其他

贷：应交税费——应交增值税（销项税额）

（3）第三季度为正差 20 万元，正差 20 万元与上一个季度的累加负差 30 万元比大小，取小值 20 万元传给总账（只能抵减第二季度留抵的 30 万元负差中的 20 万元，剩下 10 万元留抵），总账做一笔调整分录（单位：万元，下同）：

借：应交税费——待转销项税额——其他 20（红字）

贷：应交税费——应交增值税（销项税额） 20（红字）；

（4）第四季度产生正差 15 万元，正差 15 万元与上一个季度的累加负差 10 万元比大小，取小值 10 万元传给总账（15 万元可以抵减第三季度的留抵 10 万元），总账做一笔调整分录：

借：应交税费——待转销项税额——其他　　　　　　　　　　10（红字）

　　贷：应交税费——应交增值税（销项税额）　　　　　　　　10（红字）

42. 公司为员工购买商业保险，由公司支付相应的保险费给保险公司，保险公司是否可以给公司开具增值税专用发票？

答：《试点过渡政策的规定》第一条第（二十一）项规定，保险公司开办的一年期以上人身保险产品取得的保费收入免征增值税，免税收入不得开具增值税专用发票。除此之外其他类型的保险费可以开具增值税专用发票。

提示：如果公司为员工购买的商业保险属于集体福利性质，不得抵扣进项税额。

43. 银行代收费业务如何开具发票？

答：根据国家税务总局2016年7月7日通报会政策组发言精神，银行受自来水、供电、燃气、电信、广播电视、高速公路等公司委托（以下统称委托单位），代收水费、电费、燃气费，通信费、有线电视费、ETC通行费等各项费用，付款人如果需要发票的，可采取以下三种方式：

（1）委托方自行开具发票；

（2）银行以委托方的名义为纳税人开具普通发票；

（3）由银行开具自制单据给付款人，需要开具发票的，可到委托单位换开。银行应主动告知付款人换开增值税发票地址，委托单位凭银行收款自制单据通过增值税发票管理新系统，为费用支付单位或个人换开增值税发票。对付款人相同的收款收据，委托单位可汇总开具增值税发票。委托单位为小规模纳税人的，可按规定向主管国税机关申请代开增值税专用发票。

需要强调的是：（1）所有发票必须使用国税机关监制的发票；（2）纳税人需要增值税专用发票的，必须由委托方自行开具，如委托方为小规模纳税人的，可由主管国税机关代开专用发票。

44. 在车辆保险发票备注栏注明的车船税税款可否作为会计核算依据？

答：可以。根据《国家税务总局关于保险机构代收车船税开具增值税发票问题的公告》（国家税务总局公告2016年第51号）的规定，保险机构作为车船税扣缴义务人，在代收车船税并开具增值税发票时，应在增值税发票备注栏中注明代收车船税税款信息。具体包括：保险单号、税款所属期（详细至月）、代收车船税金额、滞纳金金额、金额合计等。该增值税发票可作为纳税人缴纳车船税及滞纳金的会计核算原始凭证。

45. 保险代理人如何代开发票结算代理手续费?

答: 45号公告规定，可由保险企业到税务机关申请汇总代开增值税发票。起征点以下的个人代理人，按规定程序放弃免税后，可申请代开增值税专用发票。保险企业申请代开时，应向主管国税机关出具列明个人保险代理人的姓名、身份证号码、联系方式、付款时间、付款金额、代征税款的详细清单。主管国税机关为个人保险代理人汇总代开增值税发票时，应在备注栏内注明“个人保险代理人汇总代开”字样。证券经纪人、信用卡和旅游等行业的个人代理人比照个人保险代理人管理规定执行。保险企业应将个人保险代理人的详细信息，作为代开增值税发票的清单，随发票入账。

46. 共保业务收入及手续费如何开具增值税发票?

答: 86号公告第四条规定，保险公司开展共保业务时，按照以下规定开具增值税发票：

（1）主承保人与投保人签订保险合同并全额收取保费，然后再与其他共保人签订共保协议并支付共保保费的，由主承保人向投保人全额开具发票，其他共保人向主承保人开具发票。

（2）主承保人和其他共保人共同与投保人签订保险合同并分别收取保费的，由主承保人和其他共保人分别就各自获得的保费收入向投保人开具发票。

三、 进项税额

47. 金融业纳税人的哪些进项税额可以抵扣?

答: 金融业纳税人为经营活动而购买的货物、服务、无形资产、不动产，除有特殊规定的外，均允许抵扣。

例如：

（1）购买各类信息系统硬件设备及委托其他单位维护系统的支出；

（2）购买网络信息传输等电信服务的支出；

（3）外包的呼叫中心服务；

（4）委托开发各类软件系统的支出；

（5）保险业分保的支出；

（6）外购的广告、宣传服务支出；

（7）外购的安保、押运服务支出；

（8）委托他人代办金融业务的手续费佣金支出；

（9）2016 年 5 月 1 日后取得不动产的支出、租赁不动产的支出以及不动产修缮、装饰的支出；

（10）各类办公用品、水电费等运营支出；

（11）其他允许抵扣的项目。

48. 出现机动车保险事故，保险公司在履行赔付义务过程中支付的汽车修理费可否抵扣进项税额？

答：根据《机动车辆保险理赔管理指引》（保监发〔2012〕15 号发布）第八十三条的规定，保险赔付原则上需支付给保险个人，不能直接支付给修理厂。即使可支付给符合代客户索赔条件的“直赔厂”，“直赔厂”也只是代收赔付款项，服务接受方仍为被保险人。笔者认为，将款项直接支付给修理厂后，取得增值税专用发票进行抵扣，会违背保险行业监管法规。

但是，各地执行口径不一，能否抵扣进项税额还是以各地国税机关的答复为准，具体见表 6-4（答复时间均为 2016 年）。

表 6-4　　全国保险不同当事方的计税与凭证抵扣问题各地解答汇总表

部门	政策口径
安徽国税	问：保险公司理赔环节进行实物理赔，是否可以抵扣进项税额？ 例如：被保险人车辆受损，到修理场修理后，由我司直接与修理厂结算，修理厂将发票直接开给我司，此种情况是否可以抵扣进项税额？ 答：可以抵扣进项税。（4 月 29 日） 问：2016 年 5 月 1 日之后，保险公司办理车辆快速理赔，将理赔款支付给个人，4S 店提供车辆维修服务，4S 店是否可以为保险公司开具增值税专用发票？ 答：保险公司办理车辆理赔，若公司将理赔款支付给个人，个人再支付给 4S 店，这种情况下不允许 4S 店向保险公司开具发票，因为购买维修的消费者是个人而不是保险公司。 文件依据：财税〔2016〕36 号文件。
江西国税	问：机动车保险事故中，保险公司在履行赔付义务过程中支付的汽车修理费，并取得的增值税专用发票，在抵扣进项税额时需附哪些资料？ 答：需附保险公司、维修单位、投保人签订的三方委托维修协议。协议中明确：事故发生时间、车牌号码、赔款金额、维修责任、付款方式及发票开具等内容。（《金融

续表

部门	政策口径
江西国税	业营改增的25个具体问题》，9月26日） 问：保险公司为机动车提供保险服务，机动车发生交通事故受损，保险公司履行赔付义务支付修理费，取得专用发票，进项税额是否可以抵扣？ 答：①机动车保险合同约定因投保人责任导致机动车受损，由保险公司负责恢复原状的，保险公司履行赔付义务向修理企业支付修理费并取得的专用发票，其进项税额可以抵扣，但应当附有定责、定损等相关证明资料。 ②机动车保险合同或投保人、保险公司、修理企业签订补充委托协议约定，因投保人责任导致机动车受损，在保险公司指定的修理企业维修并由投保人垫付修理费，保险公司实际承担维修费所取得的增值税专用发票，其进项税额可以抵扣，协议应载明事故发生时间、车牌号码、赔款金额、维修责任、付款方式及发票开具等内容。
厦门国税	问：财产保险公司赔付成本中涉及物损部分能否抵扣进项税额？ 答：财产保险公司自其一般纳税人资格生效之日起，按照增值税一般计税方法计算应纳税额，发生机动车辆保险赔付时，从修理方取得的增值税专用发票可以抵扣进项税额。（12366最新咨询，9月27日） 问：如果财险公司的非车险业务（如船舶险、企业财产险）涉及的实物赔付（实际修复），是否能凭票抵扣进项税额？即，投保企业的保险标的（如船舶、厂房）发生保险事故时，保险公司购进配件、维修劳务或服务用于修缮投保标的，是否可以取得增值税专用发票抵扣进项税额？ 答：根据《试点实施办法》第二十七条规定："下列项目的进项税额不得从销项税额中抵扣：(1) 用于简易计税方法计税项目、免征增值税项目、集体福利或者个人消费的购进货物、加工修理修配劳务、服务、无形资产和不动产。其中涉及的固定资产、无形资产、不动产，仅指专用于上述项目的固定资产、无形资产（不包括其他权益性无形资产）、不动产。纳税人的交际应酬消费属于个人消费。(2) 非正常损失的购进货物，以及相关的加工修理修配劳务和交通运输服务。(3) 非正常损失的在产品、产成品所耗用的购进货物（不包括固定资产）、加工修理修配劳务和交通运输服务。(4) 非正常损失的不动产，以及该不动产所耗用的购进货物、设计服务和建筑服务。(5) 非正常损失的不动产在建工程所耗用的购进货物、设计服务和建筑服务。纳税人新建、改建、扩建、修缮、装饰不动产，均属于不动产在建工程。(6) 购进的旅客运输服务、贷款服务、餐饮服务、居民日常服务和娱乐服务。(7) 财政部和国家税务总局规定的其他情形。本条第 (4) 项、第 (5) 项所称货物，是指构成不动产实体的材料和设备，包括建筑装饰材料和给排水、采暖、卫生、通风、照明、通讯、煤气、消防、中央空调、电梯、电气、智能化楼宇设备及配套设施。"因此，你公司取得的购进配件、维修劳务或服务用于修缮投保标的进项税额允许抵扣。（9月26日）
内蒙古国税	关于保险公司投保车辆维修费进项税额抵扣问题： 被保险人投保车辆发生交通事故，由保险公司指定维修厂修理的，保险公司可以凭取得的增值税专用发票申报抵扣进项税额；但对按照《保险小额理赔服务指引（试行）》直接向被保险人赔付现金的，要严格控管，原则上不得申报抵扣进项税额。
广东国税	关于保险公司投保车辆维修费进项税额抵扣问题： 被保险人投保车辆发生交通事故，由保险公司指定维修厂修理的，保险公司可以凭取得的增值税专用发票申报抵扣进项税额；但对按照《保险小额理赔服务指引（试行）》直接向被保险人赔付现金的，要严格控管，原则上不得申报抵扣进项税额。
河北国税	关于财产保险公司实物赔付进项税额抵扣问题： 财产保险公司的增值税一般纳税人，发生机动车辆保险赔付时，从修理方取得的增值税专用发票，可以抵扣进项税额。

续表

部门	政策口径
山东国税	金融业纳税人咨询，保险公司投保车辆维修费的进项税额如何进行抵扣？ 答：根据《全面推开营改增试点政策指引（八）》文件，被保险人投保车辆发生交通事故，由保险公司指定维修厂修理的，保险公司可以凭取得的增值税专用发票申报抵扣进项税额。（12366 营改增热点问题，7 月 22 日）
福建国税	问：保险公司为投保车辆维修，取得维修费费进项税额能否抵扣？ 答：保险公司购进货物、劳务或服务用于赔付的，取得的增值税专用发票上注明的增值税额可以作为进项税额抵扣，但在提供给客户时，应按转售行为计提销项税额。若保险公司向客户支付了赔付金，再由客户向销售方支付款项购买货物、劳务或服务，最后保险公司要求客户让销售方将发票开具给自己，属于让他人为自己虚开发票行为。
吉林国税	问：保险公司理赔时从修配厂取得的维修类进项税额是否允许抵扣？ 答：车辆保险合同中明确保险金额和赔偿金额，被保险车辆出险，保险公司应支付理赔款给被保险方。因此，保险公司理赔时直接将理赔款支付给维修公司取得的进项发票暂不允许抵扣进项税。国家税务总局另有规定的除外。 （《营改增热点问题解答》，8 月 10 日）
大连国税	问：保险公司发生车险理赔时，先由客户垫付维修费，理赔手续办完后，将修车费打给客户，4S 店将修车发票开给保险公司，造成票和资金流不一致，企业询问营改增后如何开票和处理？ 答：若票和资金流不一致，则不得抵扣进项税额。（《关于下发〈营改增热点问题解答〉的通知》，6 月 5 日）
云南国税	问：财产保险公司将支付给投保人的赔偿金转付给修理厂，保险公司取得的修理厂开具的增值税专用发票能否能够抵扣进项税额？ 答：赔偿金属于保险公司支付给投保人的，修理厂收取的修理费属于保险公司代投保人支付的款项，保险公司虽然取得了增值税专用发票，也不能抵扣进项税（假如投保人要抵扣进项税的，保险公司将赔偿金支付给投保人，投保人再将赔偿金支付给修理厂，投保人取得的增值税专用发票可以抵扣进项税）。

| 政策链接 |

《中国保险监督管理委员会关于印发〈机动车辆保险理赔管理指引〉的通知》（保监发〔2012〕15 号）

第八十三条规定，公司应严格管控代领保险赔款风险。

（一）严格“直赔”修理厂管理

公司对签订“直赔”协议的修理单位（以下简称“直赔厂”），必须严格管理监督。

1. 不得将代报案、代查勘权限授予直赔厂。

2. 直赔厂在代客户索赔时，应提供维修发票、维修清单以及被保险人出具的授权书原件、身份证明等材料。

3. 公司应通过银行采用无背书功能的转账支付方式将保险赔款划入以承修事故车辆的修理单位为户名的银行账户，并通过电话回访或书面方式告知被保险人。

4. 对于不能提供被保险人真实联系方式、授权书的修理单位，公司不应与其签订或续签“直赔”协议。

49. 赔付款项由总机构保险公司支付给修理厂，分机构保险公司取得的专用发票可否抵扣？

答：试点纳税人应当按营改增试点政策和增值税管理规定据实开具和取得增值税专用发票和收支款项。根据《国家税务总局关于加强增值税征收管理若干问题的通知》（国税发〔1995〕192号）的规定，原则上要求增值税应税行为交易双方的经营业务（合同）流、发票流和资金流应保持一致性（即通常说的“三流一致”）。由于保险公司经营方式具有特殊性，保险合约由分机构保险公司与被保险人签订，而当发生保险赔付时，部分赔付款项由总机构保险公司支付给受托第三方（如修理厂、医院等）。为此，分机构保险公司取得因上述原因造成“三流不完全一致”的增值税扣税凭证，原则上可以抵扣。

50. 银行网点的租赁及装修费的进项税额如何抵扣？

答：《试点实施办法》第二十七条规定，用于简易计税方法计税项目、免征增值税项目、集体福利或者个人消费的购进货物、加工修理修配劳务、服务，其进项税额不得抵扣。其中涉及的固定资产、无形资产、不动产，仅指专用于上述项目的固定资产、无形资产（不包括其他权益性无形资产）、不动产。

因此，不动产租赁的进项税额，兼用于上述项目的，全额一次性抵扣；专用于上述项目的，不得抵扣。不动产装修，兼用于上述项目且超过不动产原值50%的，按不动产在建工程的进项税额分两年全额抵扣；兼用于上述项目且未超过不动产原值50%的，其进项税额全额一次性抵扣；专用于上述项目的，其进项税额不得抵扣。

51. 营改增前合同还未到期，营改增之后支付租金，取得增值税专用发票能抵扣进项税吗？

答：对于不动产租赁服务，营业税和增值税对纳税义务发生时间的规定是一致的，均为合同约定的应付租金时间。纳税义务发生时间在营改增之后的租金收入，对方应该缴纳增值税，故取得的专票能抵扣进项税；若合同约定支付租金的时间在营改增之前，即使取得专用发票也不能用于抵扣进项税额。

52. 营改增前的装修、安防、布线等工程，营改增后取得的专用发票能否用于抵扣进项税额？

问：我行目前有许多营改增前签订的装修、安防、布线等工程类合同尚在执行中，其中有些已经预付部分款项，有些尚未付款，那么营改增后取得的专用发票能否用于抵扣进项税额？

答：对于建筑工程服务，营业税和增值税对纳税义务发生时间的规定基本是一致的，为合同约定的付款时间，收到预收款的，其纳税义务发生时间为收到预收款的当天。未签订书面合同或者书面合同未确定付款日期的，为服务、无形资产转让完成的当天。实务中，一般工程验收后视为服务完成。

不同情形下的处理及合同安排如下：

（1）已完工、未验收、尚未付完款。已经付款部分按照营业税的规定处理即可。由于尚未验收，可将验收放在2016年5月1日之后，余款变为增值税下的采购事项，获得增值税的抵扣。

（2）已完工、已验收、尚未付完款。此类合同尚未付完款的部分可能为质保金。如果合同中约定了质保金的付款时间，且在5月1日之前，应向施工方索取营业税发票。如果与施工方协商可在5月1日之后付款，可要求施工方开具增值税专票用于抵扣。

（3）未完工、尚未付完款。如果合同中对付款时间约定不明确，将付款、开票、验收时间放在5月1日之后；如果合同中对付款时间做了明确约定且在5月1日之前，应及时向施工方索取营业税发票。

（4）未完工、已预付款。由于营业税下建筑业收到预收款即产生纳税义务，因此已预付款部分按照营业税的规定处理即可。尚未付款的部分，如果合同规定了付款时间，并且在2016年5月1日之前，则不能抵扣。

53. 保理公司从母公司或集团内部取得资金所支付的资金成本是否可以抵扣进项税额？

答：保理公司从母公司或集团内部取得资金所支付的资金成本属于贷款利息费用，不能取得增值税专用发票，不可抵扣进项税额。

54. 不良贷款诉讼过程中发生的律师费及公证费如何抵扣进项税额？

问：近年我行不良贷款新增较多，对应有很多诉讼费及律师费支出。由于案件最终审判结果尚不明确，费用可能由我行承担也可能由客户承担，因此对案件前期产生的诉讼费、律师费我行未进行进项税抵扣操作。但是案件审理时间一般较长，待法院判决该费用由我行承担时，已过了增值税专用发票180天的有效期，不能抵扣。对此该如何处理？

答：企业取得诉讼过程中的各项费用增值税专用发票时，可按增值税专用发票金额进行抵扣，待法院判决下达后，对于非本企业承担的费用，其所对应的增值税应做进项税额转出处理。

55. 金融机构代理发行债券、股票等金融商品取得手续费，是否属于提供直接收费金融服务？购买方的手续费支出是否可以抵扣进项税额？

答：根据《销售服务、无形资产、不动产注释》的规定，金融机构代理发行债券、股票等金融商品取得手续费，属于提供直接收费金融服务。

因此，购买方为增值税一般纳税人的，其在支付手续费时，取得增值税专用发票的，可以从销项税额中抵扣相应的进项税额。

56. 银行支付给中国人民银行的大小额支付系统手续费是否可以申请开具专票？

答：根据《清算总中心关于开具增值税发票相关事宜的通知》(银清办发〔2016〕42号）的规定，清算总中心申请发票的支付系统直接参与者（含财务公司）可以申请开具增值税专用发票。

57. 银行为开展贷款业务支付给第三方的贷款评审费用可以抵扣进项税额吗？

答：《试点实施办法》第二十七条规定，增值税一般纳税人接受贷款服务，其进项税额不得从销项税额中扣除。

《试点有关事项的规定》第一条第（四）项第3目规定，纳税人接受贷款服务向贷款方支付的与该笔贷款直接相关的投融资顾问费、手续费、咨询费等费用，其进项税额不得从销项税额中抵扣。这里不允许抵扣的属于“息转费”属性的费用是支付给贷款方，也就是借出资金的债权人的。

银行为开展贷款业务支付给第三方的贷款评审费，不属于上述“息转费”性质，取得增值税专用发票可以抵扣进项税额。

58. 签订有形动产融资性售后回租合同，承租方支付租金取得的进项税额能否抵扣？

答：需要区分以下情况进行税务处理：

（1）2016年4月30日以后签订的有形动产融资性售后回租合同。

融资性售后回租适用“贷款服务”税目缴纳增值税，根据《试点实施办法》第二十七条的规定，购进的旅客运输服务、贷款服务、餐饮服务、居民日常服务和娱乐服务，其进项税额不得从销项税额中抵扣。因此，融资性售后回租承租方支付租金取得的进项税额不能抵扣。

（2）2016年4月30日前签订的有形动产融资性售后回租合同，在合同到期前提供的有形动产融资性售后回租服务。

①选择继续按照“有形动产融资租赁服务”税目缴纳增值税的，承租方取得的相关进项税额可以抵扣。

②选择继续按“贷款服务”税目缴纳增值税的，承租方取得的相关进项税额，按照《试点实施办法》第二十七条的规定，不可以抵扣。

59. 信用卡促销费用可否抵扣进项税额？

问：我行与索卡公司合作促销信用卡，按比例支付促销手续费给索卡公司，并由该公司直接支付促销过程中的各项费用。该公司按收到的款项开具一笔增值税专用发票给我行，我行是否可以抵扣进项税额？

答：该促销手续费属于信用卡促销费用，取得的增值税专用发票可以抵扣进项税额。

60. 银行购买设备试用时，取得的专用发票能抵扣吗？

问：我行打算购买一批设备，营改增前（4月1日）与对方签订合同，合同约定设备先试用3个月，如果满意就购买，不满意就不购买。假如7月1日我行决定购买这批设备，并支付款项。此时取得专用发票能抵扣吗？

答：上述情形中，设备供应方产生纳税义务的时间为合同约定的满足购买条件的时间，即7月1日贵行试用期结束决定购买设备，货物的所有权发生转移。故贵行取得的专用发票可以抵扣进项税额。

61. 村镇银行取得的所有进项税额都不可以抵扣吗?

答: 财税〔2016〕46号文件规定,农村信用社、村镇银行、农村资金互助社、由银行业机构全资发起设立的贷款公司、法人机构在县(县级市、区、旗)及县以下地区的农村合作银行和农村商业银行提供金融服务收入,可以选择适用简易计税方法按照3%的征收率计算缴纳增值税。

所以,村镇银行用于简易计税方法计税项目的进项税额不可以抵扣,而用于一般计税方法计税项目的进项税额可以抵扣。

62. 金融服务业纳税人怎样划分不可抵扣的进项税额?

答: 根据《试点实施办法》第二十七条的规定,下列项目的进项税额不得从销项税额中抵扣:用于简易计税方法计税项目、免征增值税项目、集体福利或者个人消费的购进货物、加工修理修配劳务、服务、无形资产和不动产。其中涉及的固定资产、无形资产、不动产,仅指专用于上述项目的固定资产、无形资产(不包括其他权益性无形资产)、不动产。

根据《试点过渡政策的规定》第十九条的规定,金融机构农户小额贷款和《财政部 国家税务总局关于金融机构同业往来等增值税政策的补充通知》(财税〔2016〕70号)中的金融同业往来利息收入都属于免税项目的业务。而金融业存在大量的免税项目,因此如何划分可抵扣与不可抵扣的增值税进项税额成为一个难题。

第一种方法,在源头进行区分,即在签订合同时就准确区分是应税项目还是免税项目用的购进货物、劳务、服务、无形资产,分别签订合同,进行采购。若操作上比较困难,就把银行的免税业务单独剥离出来放到一个下级机构,日后采购和银行一起办理,只是单独签订合同,让供应商分别开票,这样就区分清楚了。

第二种方法,根据免税部门领用存记录,定期归集出免税部门不可抵扣的进项税额。

第三种方法,若确实无法准确区分免税项目与应税项目的进项税额,需按照《试点实施办法》第二十九条的规定,不得抵扣的进项税额=当期无法划分的全部进项税额×(当期简易计税方法计税项目销售额+免征增值税项目销售额)÷当期全部销售额,也即按照免税销售额的比例计算不得抵扣的进项税额。

对于公式中的分子与分母应按不含税销售额换算,同时如果涉及的是免税收入,则对免税收入不需要换算为不含税销售额。公式的分母中的全部销售额仅指对应于无法划分的免税和非应税项目销售额,而不包含能够划分的进项税额所对应的销售额。

| 案例分析 |

某银行 2016 年 7 月共有两类项目，其中甲项目属于应税项目，乙项目属于免税项目，当月购进 1 000 万元（不含税）的货物，其中用于甲项目的货物为 400 万元，用于甲项目和乙项目的原材料无法准确划分清楚。已知 6 月甲项目取得应税收入 400 万元，乙项目取得免税收入 600 万元。(假设购进货物税率为 17%，甲项目税率为 11%，各项目取得的收入都是含税收入。) 7 月该公司不得抵扣的进项税额是多少?

分析:

$$\text{不得抵扣的进项税额} = \text{当期无法划分的全部进项税额} \times \left(\text{当期简易计税方法计税项目销售额} + \text{免征增值税项目销售额}\right) \div \text{当期全部销售额}$$

$$\text{7 月该公司不得抵扣的进项税额} = 600 \times 17\% \times 600 \div (600 + 360.36) = 63.73(\text{万元})$$

四、 纳税义务发生时间

63. 纳税人提供金融服务的纳税义务发生时间有哪些特殊规定?

答: 根据《试点实施办法》第四十五、第四十七条和《试点过渡政策的规定》第四条的规定，总结如下：

（1）金融企业发放贷款后，自结息日起 90 天内发生的应收未收利息按现行规定缴纳增值税，自结息日起 90 天后发生的应收未收利息暂不缴纳增值税，待实际收到利息时按规定缴纳增值税。

（2）纳税人从事金融商品转让，为金融商品所有权转移的当天。

（3）单位或个体工商户向其他单位或者个人无偿提供金融服务的（用于公益事业或者以社会公众为对象的除外），其纳税义务发生时间为金融服务完成的当天。

（4）增值税扣缴义务发生时间为纳税人增值税纳税义务发生的当天。

（5）银行、财务公司、信托投资公司、信用社的纳税期限为 1 个季度。

64. 哪些金融企业结息日起 90 天内发生的应收未收利息暂不缴纳增值税?

答: 根据《试点过渡政策的规定》第四条的规定，金融企业发放贷款后，自结息日起 90 天内发生的应收未收利息按现行规定缴纳增值税，自结息日起 90 天后发生的应收未收利息暂不缴纳增值税，待实际收到利息时按规定缴纳增值税。上述所称金融企业，是指银行（包括国有、集体、股份制、合资、外资银行以及其他所有制形式的银行）、城市信用社、农村信用社、信托投资公司、财务公司。

财税〔2016〕140 号文件第三条规定，将上述逾期 90 天应收未收利息暂不征税政策，扩大到证券公司、保险公司、金融租赁公司、证券基金管理公司、证券投资基金以及其他经中国人民银行、银监会、证监会、保监会批准成立且经营金融保险业务的机构，涵盖了所有金融机构。

注意：“发放贷款”业务，是指纳税人提供的贷款服务，具体按《销售服务、无形资产、不动产注释》中“贷款服务”税目注释的范围掌握。

65. 贷款服务取得的利息收入纳税义务发生时间如何判定？

答：《试点实施办法》第四十五条规定，纳税人提供应税行为并收讫销售款项或者取得索取销售款项凭据的当天为其纳税义务发生时间；先开具发票的，为开具发票的当天。

收讫销售款项，是指纳税人提供金融服务过程中或者完成后收到款项。

取得索取销售款项凭据的当天，是指书面合同确定的付款日期；未签订书面合同或者书面合同未确定付款日期的，为金融服务完成的当天。

因此，对于贷款服务取得的利息收入纳税义务发生时间应主要把握以下几点：

（1）纳税人签订贷款合同的，按照合同约定的付息日确定纳税义务发生时间；

（2）提供票据贴现服务的，收到票据的当天为纳税义务发生时间；

（3）买入返售金融商品，买入的当天为纳税义务发生时间；

（4）购买并持有债券（含到期）取得的利息，有关募集说明书、投资协议上注明的付息日为纳税义务发生时间。

纳税义务发生时间的判定如图 6-1 所示。

66. 买卖股票、赎回基金的纳税义务发生时间如何确定？

答：《试点实施办法》第四十五条规定，纳税人从事金融商品转让，纳税义务发生时间为金融商品所有权转移的当天。

（1）纳税人买卖股票、债券等有价证券的，有关有价证券所有权转移的当天为纳税义务发生时间。

（2）纳税人购买基金、理财产品、信托计划、资产管理计划等各类资产管理产品的，转让、赎回有关份额时，或有关投资合约到期收回时为纳税义务发生时间。

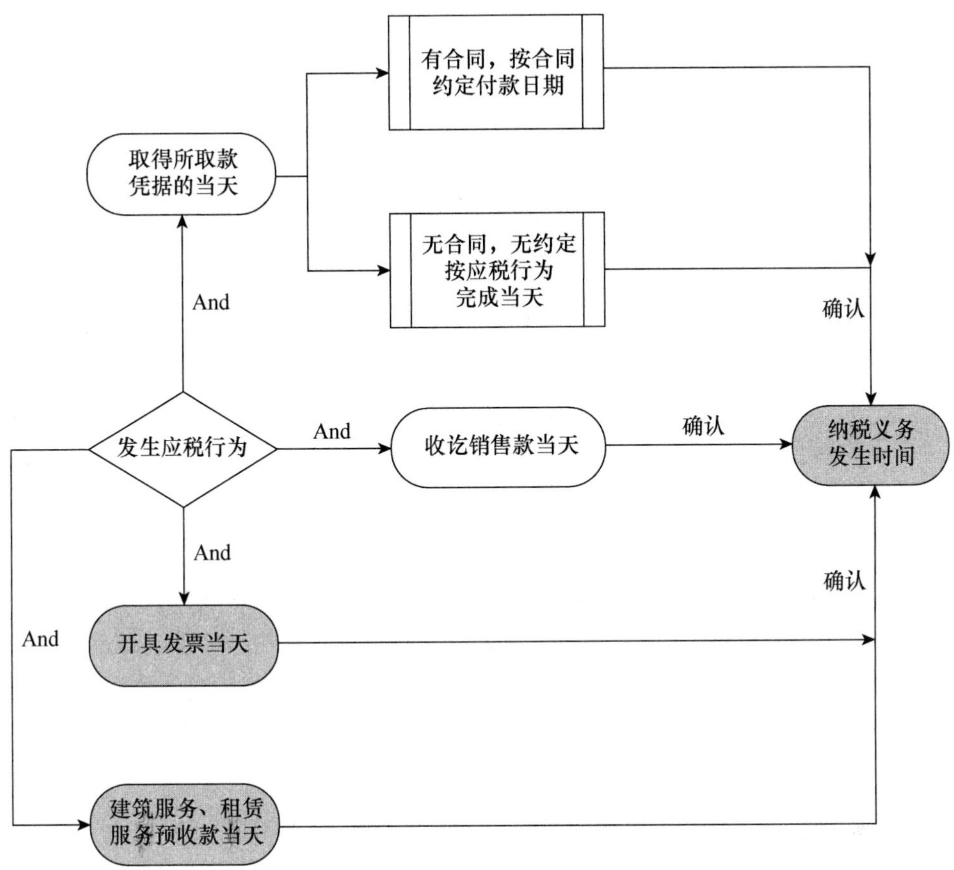

图 6-1

五、 发票管理和纳税申报

67. 采取汇总纳税的金融机构，分支机构是否可以使用地级市机构的发票?

答：根据 23 号公告的规定，采取汇总纳税的金融机构，省、自治区所辖地市以下分支机构可以使用地市级机构统一领取的增值税专用发票、增值税普通发票、增值税电子普通发票；直辖市、计划单列市所辖区县及以下分支机构可以使用直辖市、计划单列市机构统一领取的增值税专用发票、增值税普通发票、增值税电子普通发票。

68. 采取汇总纳税的金融机构发生合同签订、发票开具、资金收付主体不一致，如何处理？

答：采取汇总纳税的金融机构发生合同签订、发票开具、资金收付主体不一致时，本着实质重于形式的原则，允许其取得的进项抵扣凭证抵扣进项税额，但总分支机构应附与该笔业务对应的合同或协议、总分机构隶属关系、资金流转或核算等相关证明资料。

69. 金融商品转让如何开具增值税发票？

答：根据《试点有关事项的规定》第一条第（三）项的规定，金融商品转让，不得开具增值税专用发票。因此，金融商品转让只能开具增值税普通发票。

如果是一般纳税人，应通过增值税发票管理新系统正常开票功能，按照卖出价依6%的税率全额开具增值税普通发票；如果是小规模纳税人，按照卖出价依3%的征收率开具增值税普通发票。

70. 办理行如何解决开票金额与实际负税金额不符的情况？

问：通过银联渠道收取的跨行手续费收入（如跨行存取款等），并非全额归属于收费银行，而是根据一定比例在开户行、办理行和银联之间进行收入分配。如果客户要求开票，是否由办理行全额开票？若可以，则办理行如何解决开票金额与实际负税金额不符的情况？

答：由办理行全额开具增值税发票。开户行、办理行和银联之间进行手续费结算时可开具增值税专用发票，通过进项税额抵扣解决开票金额与实际负税金额不符的情况。

71. 客户并未在发放贷款行归还贷款，而是在该行另外一家分支行还款，发票应该由哪个机构开具？

答：对于银行业来说，其他分支行实质是代收代付，一般通过通存通兑结算，并没有确认收入。若两家分支行为属于不同的纳税主体，由代收行开票，可能导致客户取得不合规发票，不能在企业所得税税前扣除。

故笔者认为，发票应由实际确认收入的银行开具。

72. 金融业纳税人增值税的纳税申报方式有哪些？各自有哪些特点？哪种方式对纳税人更有利？

答：金融业纳税人增值税有两种申报方式：总行汇总纳税和分支机构独立纳税。

独立纳税的优点：能保障当地财政收入，税收阻力较小。

独立纳税的缺点：由银行的经营模式所决定，应税业务在分支行层级开展，货物、服务等支出多由总行或者分行集中采购，因此应税收入产生的销项税在支行，采购事项产生的进项税集中在总行，导致纳税人的抵扣链条无法完全打通，造成进项税的留抵，不能最大限度地享受抵扣利益。

汇总纳税的优点：实现省内机构汇总，打通省内机构之间抵扣链条，将支行、分行的进项和销项传递到汇总机构（总行或者分行）进行匹配，能均衡纳税人的税收义务和权益，能做到应抵尽抵，减少抵扣时间性影响，对纳税人更为有利。

汇总纳税的缺点：对于分支行当地的财政收入有影响。

银行、信用社等金融机构一般都采用总分模式进行经营，总分机构实行统一核算。因此，汇总纳税也符合银行的治理架构和经营特点。根据 23 号公告的规定，原以地市一级机构汇总缴纳营业税的金融机构，营改增后继续以地市一级机构汇总缴纳增值税。同一省（自治区、直辖市、计划单列市）范围内的金融机构，经省（自治区、直辖市、计划单列市）国家税务局和财政厅（局）批准，可以由总机构汇总向总机构所在地的主管国税机关申报缴纳增值税。

73. 金融业纳税人咨询，公司选择按季申报，开展个人实物黄金交易业务，是否可以同时选择按季申报？

答：根据《试点实施办法》第四十七条的规定，以 1 个季度为纳税期限的规定适用于小规模纳税人、银行、财务公司、信托投资公司、信用社，以及财政部和国家税务总局规定的其他纳税人。对于选择按季申报的金融机构，开展个人实物黄金交易业务，可一并按季进行纳税申报。

74. 各省（自治区、直辖市）金融机构的汇总纳税方式有哪些？

答：经过对部分省（自治区、直辖市）的现行汇总纳税方式进行比对，基本可分为按销售额占比分税、预征率分税、纯汇总、混合分税四大类。其中混合分税既有销售额占比、预征率两者并行的，又有销售额占比、预征率、纯汇总三者并行的。

（1）销售额占比分税方式。

①甘肃省。

适用范围：金融企业总机构申请，经省国税、地税、财政局批准。

汇总纳税方式：市（州）级汇总，按销售额占比分配税款。税额计算方式为总级机构汇总计算总、分支机构应纳增值税额，按销售额占比计算总、分支机构各自应纳增值税额。

申报缴纳方式：总机构汇总计算应纳税额并制作《分配表》，经主管税务机关确认后，下发分支机构；总机构进行统一申报，分支机构不再申报；总机构、分支机构应当按照分配的税额在当地办理税款缴纳。

汇总销售额范围：省级机构应当汇总计算其本级及所属市、县级机构的销售货物、修理修配劳务和提供应税行为的增值税销售收入、销项税额、进项税额；总分机构销售实物黄金、转让自然资源使用权、销售或出租不动产，以及适用简易计税方法计税的应税行为，按照国家有关规定在属地申报纳税。

政策依据：《甘肃省国家税务局 甘肃省地方税务局 甘肃省财政厅关于甘肃银行股份有限公司汇总计算缴纳增值税问题的通知》。

②四川省。

适用范围：银行保险业纳税人分支机构提供金融服务实行市（州）汇总纳税管理，由市（州）分行（公司）向主管国税机关提出申请，经国税局会同省财政厅批准。

汇总纳税方式：市（州）汇总，按规定方法分配税款。中国农业发展银行四川省分行实行省级汇总，按规定方法分配税款。

税额计算方式：

$$\text{总机构当月应纳税额}=\text{当月汇总应纳增值税额}\times 2\%+\left(\text{当月汇总应纳增值税额}\times 98\%\right)\times\left(\frac{\text{当月总机构实现的销售额}}{\text{当月总、分支机构全部销售收入}}\right)\times 100\%$$

$$\text{分支机构当月应纳增值税额}=\left(\text{当月汇总应纳增值税额}\times 98\%\right)\times\left(\frac{\text{当月分支机构实现的销售额}}{\text{当月总、分支机构全部销售额}}\right)\times 100\%$$

申报缴纳方式：由总机构统一向总机构所在地主管国税机关申报，各分支机构不再进行纳税申报；总机构所在地主管国税机关应将各分支机构的应纳税额及分配比例录入综合征管系统，税务机关根据分配表进项税款划收。

汇总销售额范围：总机构按月汇总计算总机构及全省所属分支机构销售货物、提供加工修理修配劳务或提供应税服务的销项税额、进项税额及应纳税额。

政策依据：《四川省国家税务局关于银行保险业增值税汇总纳税有关事项的公告》（四川省国家税务局公告 2016 年第 4 号）；

《四川省财政厅 四川省国家税务局关于固定业务总分机构汇总纳税有关事项的通知》（川财税〔2014〕20 号）；

《四川省国家税务局关于固定业户总分支机构增值税汇总纳税有关税收管理事项的公告》（四川省国家税务局公告 2014 年第 13 号）。

③浙江省。

适用范围：中国建设银行股份有限公司浙江省分行等单位采用省级机构汇总计算增值税应纳税额。

汇总纳税方式：省级汇总，按销售额占比分配税款。

税额计算方式：总级机构汇总计算总、分支机构应纳增值税额；按销售额占比计算总、分支机构各自应纳增值税额。

申报缴纳方式：各分支机构编制并传递《传递单》，总机构汇总编制《申报表》及《分配表》。各分支机构按《分配表》填报各自的《申报表》并就地申报，总机构扣除分支机构已缴税款进行申报。

汇总销售额范围：省级机构及其市、县级机构销售货物、修理修配劳务和提供应税行为的销售额，包括免税项目的销售额。

政策依据：《浙江省国家税务局 浙江省财政厅关于中国建设银行股份有限公司浙江省分行等单位汇总缴纳增值税有关问题的通知》（浙国税发〔2016〕73 号）。

④北京市。

适用范围：兴业银行股份有限公司北京分行等 16 家企业。

汇总纳税方式：市级汇总，按销售额占比分配税款。

税额计算方式：总机构汇总计算总、分支机构应纳增值税额，按销售额占比计算总、分支机构各自应纳增值税额。

申报缴纳方式：总、分支机构分别在总、分支机构所在地的主管国税机关缴纳入库。汇总销售额范围、总机构及其所属分支机构增值税应纳税额。

政策依据：《北京市国家税务局 北京市财政局关于兴业银行股份有限公司北京分行等 16 家企业实行总分机构汇总缴纳增值税问题的公告》（北京市国家税务局公告 2016 年第 18 号）。

⑤福建省。

适用范围：具备一定条件且由总机构向主管税务机关提出申请，经省国税局、财政厅批准。

汇总纳税方式：省级汇总，按销售额占比分配税款。

税额计算方式：总机构汇总计算总、分支机构应纳增值税额；总、分支机构按销售额占比计算各自应纳增值税额。

申报缴纳方式：总机构按月汇总计算应纳增值税额，并编制《分配表》。分支机构按照《分配表》，按月就地申报；总机构申报时抵减分支机构已经预缴的税额。

汇总销售额范围：总机构按月汇总当期增值税的全部销售额（包括免税项目的销售额）、销项税额和进项税额。

政策依据：《福建省财政厅 福建省国家税务局关于印发〈跨地区经营总分支机构增值税汇总核算暂行管理办法〉的通知》（闽财税〔2016〕4号）。

⑥内蒙古自治区。

适用范围：内蒙古自治区范围内属于固定业户的设有总、分机构且不在同一旗县（区）的营改增金融业试点企业，经区内总机构申请可以实行汇总缴纳增值税

汇总纳税方式：省级汇总，按销售额占比分配税款。

税额计算方式：总级机构汇总计算总、分支机构应纳增值税额，按销售额占比计算总、分支机构各自应纳增值税额。

申报缴纳方式：银行、财务公司、信托投资公司、信用社纳税申报期限为一个季度，保险、证券公司按月纳税申报；总机构及各分支机构分别在其所在地申报缴纳入库。

汇总销售额范围：总机构统一汇总计算总机构及各分支机构的销售额、销项税额、进项税额和应纳税额，不包括免税销售额和适用简易计税方法的销售额。

政策依据：《内蒙古自治区国家税务局 内蒙古自治区财政厅关于全面推开营改增金融业总分机构试点纳税人汇总缴纳增值税的公告》（内蒙古自治区国家税务局公告2016第7号）

⑦山东省。

适用范围：银行业、保险业和证券业试点纳税人，经总机构备案。

汇总纳税方式：省级汇总，按销售额占比分配税款。

税额计算方式：总机构汇总计算总、分支机构应纳增值税额；按销售额占比计算总、分支机构各自应纳增值税额。

申报缴纳方式：各分支机构向总机构报送《传递单》；总机构根据《传递单》统一核算全省销项税额、进项税额、应纳税额，向所在地主管税务机关办理统一核算申报，并附报《分配表》；总机构主管税务机关根据《分配表》，对金税三期税收管理系统进行分配。各分支机构按照系统分配税款，向所在地主管税务机关办理税款缴纳。各分支机构发生属地申报纳税的应税行为，应向机构所在地主管税务机关申报缴纳增值税。

汇总销售额范围：总机构统一计算全省各级分支机构适用一般计税方法的增值税应税行为的销售额、销项税额、进项税额和应纳税额。试点纳税人销售实物黄金、转

让自然资源使用权、销售或出租不动产，以及适用简易计税方法计税的应税行为，按照国家有关规定属地申报纳税。

政策依据：《山东省国家税务局关于银行保险证券业营改增试点纳税人增值税计算申报缴纳有关事项的通知》（鲁国税函〔2016〕169号）。

（2）预征率分税方式。

①山西省。

适用范围：省内跨县（市）经营且实行统一核算的总机构及分支机构，符合一定条件的情况下，由总机构向其主管税务机关提出书面申请，经省国家税务局和省财政厅联合核准。

汇总纳税方式：省级汇总，分支机构预征。

税额计算方式：分支机构按销售额和预征率计算，总机构汇总计算。

申报缴纳方式：分支机构以当期实现的全部应税销售收入按预征率计算预缴增值税，就地申报纳税；总机构统一核算抵减分支机构预征税款后，进行申报纳税。

汇总销售额范围：总机构统一核算销售收入、销项税额、进项税额、预缴税款和应纳税额。

政策依据：《山西省国家税务局 山西省财政厅关于跨地区经营总分支机构增值税汇总申报纳税有关问题的公告》（山西省国家税务局公告2016年第4号）。

②云南省。

适用范围：一般纳税人跨地区设置非独立核算分支机构，符合一定条件情况下，由总机构申请，经省国家税务局批准。

汇总纳税方式：省级汇总，分支机构预征。

税额计算方式：分支机构根据审批确定的预征率或按销售额占比计算的预征率计算应预缴的增值税额。总机构汇总计算应纳增值税额。

申报缴纳方式：分支机构填报《申报表》，并就地申报；总机构汇总计算并在申报时抵减分级机构预缴的税款。

汇总销售额范围：销售应税货物、应税劳务和应税服务。

政策依据：《云南省国家税务局关于印发〈增值税一般纳税人跨地区设置非独立核算分支机构增值税管理办法〉的通知》（云国税发〔2006〕2号）。

③江西省。

适用范围：江西省境内属于固定业户的设有总、分机构且不在同一县（市）的营改增试点企业，经省内总机构申请可以实行汇总缴纳增值税。

汇总纳税方式：（金融企业适用）省级机构汇总，地、市以下分支机构按预征率预缴。

税额计算方式：（金融企业适用）不同企业的分支机构按不同预征率计算应预缴

的增值税额。总机构汇总计算应纳增值税额。

申报缴纳方式：（金融企业适用）分支机构按月计算预缴税款，按月就地预缴。

银行、财务公司、信托投资公司、信用社总机构按季汇总计算并抵减分支机构预征税额后申报缴纳；其他金融机构总机构按月申报缴纳。

金融企业每年的第一个纳税申报期结束后，按照财税〔2013〕74号文件的规定，对上一年度总分机构汇总纳税情况进行清算。

汇总销售额范围：总机构汇总核算当期总机构和分支机构的销售额、应纳增值税额。

政策依据：《江西省国家税务局 江西省财政厅关于全面推开营业税改征增值税后试点企业汇总缴纳增值税有关事项的公告》（江西省国家税务局公告2016年第6号）。

（3）销售额占比分配和预征率并行。

①广东省。

适用范围：跨地区经营且实行统一核算的金融总机构及分支机构，符合一定条件下，由总机构申请，经省国家税务局、省财政厅批准。

汇总纳税方式（一）：省级或地、市级汇总，按销售额占比分配税款。

税额计算方式（一）：总级机构汇总计算总、分支机构应纳增值税额。

按销售额占比计算总、分支机构各自应纳增值税额。

申报缴纳方式（一）：总机构进行申报，并填写《分配表》导入金税三期；各分支机构按照《分配表》所分配的税款直接缴纳税款入库，不进行纳税申报。

汇总纳税方式（二）：省级机构汇总，地、市以下分支机构按预征率预缴。

税额计算方式（二）：分支机构按4%预征率和销售额计算应预缴的增值税额；总机构汇总计算应纳增值税额。

申报缴纳方式（二）：分支机构向所在地税务机关预缴，并向总机构传递《传递单》；总机构汇总计算后，扣除分支机构预缴税款，就地申报缴纳。

汇总销售额范围：纳税人销售货物（含个人实物黄金交易业务）、提供加工修理修配劳务、发生应税行为及其他增值税应税项目的销售额。

政策依据：《广东省跨地区经营金融机构汇总缴纳增值税方案》。

②海南省。

适用范围：省内跨地区（跨市、县）经营、且实行统一经营、统一核算、统一规范化管理的总、分支机构，符合一定条件下，由总机构申请，经省国家税务局、省财政厅批准。

汇总纳税方式（一）：省级或地、市级汇总，按销售额占比分配税款。

税额计算方式（一）：总级机构汇总计算总、分支机构应纳增值税额。按销售额占比计算总、分支机构各自应纳增值税额。

申报缴纳方式（一）：总机构和分支机构按照分配的税款数额就地申报入库。

汇总纳税方式（二）：省级机构汇总，地、市以下分支机构按预征率预缴。

税额计算方式（二）：分支机构按预征率和销售额计算应预缴的增值税额，总机构汇总计算应纳增值税额。

申报缴纳方式（二）：分支机构在当地就地申报入库；总机构汇总计算并抵减分支机构预征税额后申报缴纳。

汇总销售额范围：总机构统一核算整个企业的销售收入、销项税额、进项税额和应纳税额。

政策依据：《海南省国家税务局营改增试点纳税人跨地区经营总分支机构增值税汇总纳税事项告知书》。

（4）销售额占比分配和预征率、纯汇总并行。

广西壮族自治区。

适用范围：经自治区国家税务局、自治区财政厅确认的固定业户总机构、分支机构。

汇总纳税方式（一）：省级汇总，按销售额占比分配税款。

税额计算方式（一）：总级机构汇总计算总、分支机构应纳增值税额。按销售额占比计算总、分支机构各自应纳增值税额。

申报缴纳方式（一）：分支机构向总机构传递《传递单》；。总机构依据《传递单》及汇总计算的应纳增值税额，编制《申报表》及《分配表》，向主管国税机关申报；总机构向分支机构传递《分配表》，分支机构根据《分配表》直接向主管国税机关缴纳税款，不需要纳税申报。

汇总纳税方式（二）：省级汇总，地、市以下分支机构按预征率预缴。

税额计算方式（二）：分支机构按预征率和销售额计算应预缴的增值税额，总机构汇总计算应纳增值税额。

申报缴纳方式（二）：分支机构向所在地主管国税机关申报预缴；分支机构向总机构传递《传递单》；总机构汇总计算后，扣除分支机构预缴税款，就地申报缴纳，同时附报《增值税汇总纳税预缴增值税明细表》。

汇总纳税方式（三）：省级汇总，分支机构不缴纳税款。

税额计算方式（三）：总机构汇总计算应纳增值税额。

申报缴纳方式（三）：分支机构向总机构传递《传递单》；总机构向所在地主管国税机关全额申报缴纳税款，分支机构不缴纳税款。

汇总销售额范围：汇总销售额为总机构、分支机构发生汇总纳税项目的销售额（不包括免税项目的销售额）。发生非汇总纳税的增值税应税行为（以下简称非汇总纳税项目），增值税汇总纳税人按增值税条例及相关规定向所在地主管国税机关申报纳税。

政策依据：《广西壮族自治区国家税务局关于发布〈广西壮族自治区国家税务局增值税汇总纳税管理办法〉的公告》（广西壮族自治区国家税务局公告 2016 年第 5 号）。

75. 金融商品转让如何进行增值税纳税申报？

答：金融商品转让的增值税纳税申报示例如下。

| 案例分析 |

某金融机构（按季申报）M 为一般纳税人，2016 年 6 月买入地方债，买入价为 8 万元，2016 年 12 月卖出，卖出价为 20 万元，未开具发票；2016 年 7 月买入股票，买入价为 20 万元，2016 年 12 月卖出，卖出价为 16 万元，未开具发票。假设四季度无其他业务发生。该金融机构应如何进行增值税纳税申报？

分析：

该项业务为金融商品转让，按照卖出价扣除买入价后的余额为销售额。转让金融商品出现的正负差，按盈亏相抵后的余额为销售额。若相抵后出现负差，可结转下一纳税期与下期转让金融商品销售额相抵，但年末时仍出现负差的，不得转入下一个会计年度。因此上述业务按地方债和股票 12 月的卖出价减去买入价的余额为销售额。需要注意的是，金融商品转让不得开具增值税专用发票。

金融商品卖出价＝200 000＋160 000＝360 000(元)
金融商品买入价＝80 000＋200 000＝280 000(元)
金融商品转让销售额＝360 000－280 000＝80 000(元)
不含税销售额＝80 000÷(1＋6%)＝75471.7(元)
销项税额＝75 471.7×6%＝4 528.30(元)

报表填写如下：

2017 年 1 月申报所属期 2016 年第四季度增值税。

(1)《附列资料（一)》的填写。

第 5 行第 5 列和第 9 列应填：360 000÷(1＋6%)＝339 622.64（元)。

第 5 行第 6 列和第 10 列应填：339 622.64×6%＝20 377.36（元)。

第 5 行第 11 列应填 360 000 元。

第 5 行第 12 列应填 280 000 元。

第 5 行第 13 列应填 80 000 元。

第 5 行第 14 列应填 80 000÷(1＋6%)×6%＝4 528.30（元)。

具体见表 6-5。

表 6-5

增值税纳税申报表附列资料（一）

（本期销售情况明细）

项目及栏次				未开具发票		合计			服务、不动产和无形资产扣除项目本期实际扣除金额	扣除后	
				销售额	销项（应纳）税额	销售额	销项（应纳）税额	价税合计		含税（免税）销售额	销项（应纳）税额
				5	6	9＝1＋3＋5＋7	10＝2＋4＋6＋8	11＝9＋10	12	13＝11－12	14＝13÷（100%＋税率或征收率）×税率或征收率
一、一般计税方法计税	全部征税项目	6%税率	5	339 622.64	20 377.36	339 622.64	20 377.36	360 000.00	280 000.00	80 000.00	4 528.30

(2)《附列资料（三）》的填写。

第 4 行“6%税率的金融商品转让项目”应填写第 1、3、4、5 列。

第 1 列应填写 360 000 元；第 3 列应填写 280 000 元；第 4 列应填写 280 000 元；第 5 列应填写 280 000 元。具体见表 6-6。

表 6-6 增值税纳税申报表附列资料（三）

（服务、不动产和无形资产扣除项目明细）

项目及栏次		本期应税服务价税合计额（免税销售额）	服务、不动产和无形资产扣除项目				
			期初余额	本期发生额	本期应扣除金额	本期实际扣除金额	期末余额
		1	2	3	4=2+3	5（5≤1 且 5≤4）	6=4−5
6%税率的金融商品转让项目	4	360 000. 00	—	280 000. 00	280 000. 00	280 000. 00	—

76. 金融业纳税人如何进行汇总纳税申报？

答：按季申报的企业，汇总缴纳增值税，纳税申报示例如下。

| 案例分析 |

总部设立在北京的 N 银行，营业税时期为汇总缴纳企业，现为批准汇总缴纳增值税的总机构，一般纳税人，下设 B、C 两个分支机构。

2016 年 5 月发生业务如下：

N 银行取得应税收入 10 600 元，开具专票注明销售额 10 000 元，税额 600 元；购物支付价款 1 170 元，取得符合抵扣条件的专票，注明销售额 1 000 元，税额 170 元。B 机构和 C 机构分别取得收入 5 300 元和 3 180 元，未开具发票。

2016 年 6 月发生业务如下：

N 银行取得应税收入 21 200 元，开具增值税专用发票注明销售额 20 000 元，税额 1 200 元；接受咨询服务支付价款 5 300 元，取得符合抵扣条件的专票，注明销售额 5 000 元，税额 300 元。B 机构和 C 机构分别取得收入 2 120 元和 4 240 元，未开具发票。

N 银行应如何进行汇总纳税申报？

分析：

提供金融服务的纳税人，应向其机构所在地的主管国税机关申报缴纳增值税。银行、保险企业纳税人总分机构均在北京市内的，申请总机构汇总缴纳增值税，由北京市财政局、北京市国家税务局批准。

可以由总机构汇总向总机构所在地的主管国税机关申报纳税，采取由总机构按照申报所属时期汇总计算总应纳税额，依据总机构和各分支机构收入占总收入的比重分配税款，分别在总机构和各分支机构所在地主管国税机关缴纳入库的方法。

本例中N银行营改增以前是汇总缴纳营业税的企业，营改增以后被批准为汇总缴纳增值税的企业，根据《试点实施办法》第四十七条的规定，银行以1个季度为纳税期限，因此在2016年7月征期内，由N银行汇总申报下设B、C公司5月、6月的增值税，计算全部应纳税额，并按照N银行与B、C公司的收入占比分配税款，分别在各自机构所在地缴纳入库。

（1）N银行汇总全部分支机构的收入计算销项税额：

增值税发票开票金额＝10 000＋20 000＝30 000(元)

销项税额＝30 000×6%＝1 800(元)

未开具发票销售额＝5 300÷(1＋6%)＋3 180÷(1＋6%)＋2 120÷(1＋6%)＋4 240÷(1＋6%)＝14 000(元)

销项税额＝14 000×6%＝840(元)

（2）N银行汇总全部分支机构取得的进项税额：

符合抵扣条件的进项金额＝1 000＋5 000＝6 000(元)

进项税额＝170＋300＝470(元)

（3）N银行汇总计算应纳税额：

应纳税额＝1 800＋840－470＝2 170(元)

（4）按收入占比分别计算N银行及B、C分支机构的入库税额。

N机构应纳税额＝2 170×(10 600＋21 200)÷(10 600＋5 300＋3 180＋21 200＋2 120＋4 240)＝1 479.54(元)

B机构应纳税额＝2 170×(5 300＋2 120)÷(10 600＋5 300＋3 180＋21 200＋2 120＋4 240)＝345.23(元)

C机构应纳税额＝2 170×(3 180＋4 240)÷(10 600＋5 300＋3 180＋21 200＋2 120＋4 240)＝345.23(元)

（5）N银行在机构所在地国税机关汇总填写申报表并交纳税款。具体见表6-7至表6-11。

77. 融资性售后回租业务如何进行增值税纳税申报？

答：（1）融资性售后回租选择继续按照有形动产融资租赁服务扣除本金缴纳增值税（老项目）。示例如下。

表 6-7

增值税纳税申报表附列资料（一）

（本期销售情况明细）

项目及栏次				开具增值税专用发票		未开具发票		合计			服务、不动产和无形资产扣除项目本期实际扣除金额	扣除后	
				销售额	销项（应纳）税额	销售额	销项（应纳）税额	销售额	销项（应纳）税额	价税合计		含税（免税）销售额	销项（应纳）税额
				1	2	5	6	9＝1＋3＋5＋7	10＝2＋4＋6＋8	11＝9＋10	12	13＝11－12	14＝13÷（100%＋税率或征收率）×税率或征收率
一、一般计税方法计税	全部征税项目	6%税率	5	30 000.00	1 800.00	14 000.00	840.00	44 000.00	2 640.00	46 640.00		46 640.00	2 640.00

表 6-8　　　　增值税纳税申报表附列资料（二）

（本期进项税额明细）

一、申报抵扣的进项税额				
项目	栏次	份数	金额	税额
（一）认证相符的增值税专用发票	1=2+3	2	6 000.00	470.00
其中：本期认证相符且本期申报抵扣	2	2	6 000.00	470.00
当期申报抵扣进项税额合计	12=1+4-9+10+11	2	6 000.00	470.00

表 6-9　　　　本期抵扣进项税额结构明细表

项目	栏次	金额	税额
合计	1=2+4+5+11+16+18+27+29+30	6 000.00	470.00
一、按税率或征收率归集（不包括购建不动产、通行费）的进项			
17%税率的进项	2	1 000.00	170.00
6%税率的进项	11	5 000.00	300.00

表 6-10　　　　增值税纳税申报表附列资料（四）

（税额抵减情况表）

序号	抵减项目	期初余额	本期发生额	本期应抵减税额	本期实际抵减税额	期末余额
		1	2	3=1+2	4≤3	5=3-4
2	分支机构预征缴纳税款	0	690.46	690.46	690.46	0

表 6-11　　　　增值税纳税申报表

（一般纳税人适用）

项目		栏次	一般项目		即征即退项目	
			本月数	本年累计	本月数	本年累计
销售额	（一）按适用税率计税销售额	1	44 000.00			
税款计算	销项税额	11	2 640.00			
	进项税额	12	470.00			
	应抵扣税额合计	17=12+13-14-15+16	470.00	—		—
	实际抵扣税额	18（如 17＜11，则为 17，否则为 11）	470.00			
	应纳税额	19=11-18	2 170.00			
	应纳税额合计	24=19+21-23	2 170.00			
	本期已缴税额	27=28+29+30+31	690.46			
	①分次预缴税额	28	690.46	—		—
	期末未缴税额（多缴为负数）	32=24+25+26-27	1 479.54			
	本期应补（退）税额	34=24-28-29	1 479.54	—		—

| 案例分析 |

M 公司与 N 公司于 2013 年 1 月签订了一个融资性售后回租业务合同，合同约定 M 公司将价值 1 500 万元的标的物出售给 N 公司，N 公司将该标的物回租给 M 公司，租期 5 年，每月固定收取租金 25 万元，其中本金 20 万元，利息及价外费用 5 万元。N 公司购买标的物支付给 M 公司的 1 500 万元是向银行借款取得的，借款期限为 5 年，每月需向银行支付借款利息 2 万元。N 公司为增值税一般纳税人且符合差额征税条件。N 公司应如何进行增值税纳税申报?

分析：

经批准允许从事融资性售后回租业务的增值税一般纳税人，在 2016 年 4 月 30 日前签订的有形动产融资性售后回租合同，在合同到期前提供的有形动产融资性售后回租服务，可继续按照有形动产融资租赁服务缴纳增值税，仍按照原适用税率或征收率计算应纳税额。

销售额可按以下两种方式计算：

①以向承租方收取的全部价款和价外费用，扣除向承租方收取的价款本金，以及对外支付的借款利息（包括外汇借款和人民币借款利息）、发行债券利息后的余额为销售额。

纳税人提供有形动产融资性售后回租服务，计算当期销售额时可以扣除的价款本金，为书面合同约定的当期应当收取的本金。无书面合同或者书面合同没有约定的，为当期实际收取的本金。

试点纳税人提供有形动产融资性售后回租服务，向承租方收取的有形动产价款本金，不得开具增值税专用发票，可以开具普通发票。

②以向承租方收取的全部价款和价外费用，扣除支付的借款利息（包括外汇借款和人民币借款利息）、发行债券利息后的余额为销售额。

本例中，N 企业符合差额征税条件，选择继续按照有形动产融资租赁服务依照 17%税率缴纳增值税。企业选择扣除向承租方收取的价款本金计算应纳税额。

《附列资料（一）》填写方法如下：

（1）N 公司选择按照扣除本金计算缴纳增值税。

开具增值税专用发票，则增值税专用发票开票金额 =（250 000 − 200 000）÷（1 + 17%）= 42 735.04（元），销项税额 = 42 735.04 × 17% = 7 264.96（元）。

N 公司向银行支付借款利息 2 万元，依照银行开具的普通发票上的金额进行差额征税扣除。

计算扣除后的含税销售额和应纳税额，并填入《附列资料（一）》相关栏次，具体见表 6-12。

表 6-12

增值税纳税申报表附列资料（一）

（本期销售情况明细）

项目及栏次				开具增值税专用发票		合计			服务、不动产和无形资产扣除项目本期实际扣除金额	扣除后	
				销售额	销项（应纳）税额	销售额	销项（应纳）税额	价税合计		含税（免税）销售额	销项（应纳）税额
				1	2	9＝1＋3＋5＋7	10＝2＋4＋6＋8	11＝9＋10	12	13＝11－12	14＝13÷（100%＋税率或征收率）×税率或征收率
一、一般计税方法计税	全部征税项目	17%税率的服务、不动产和无形资产	2	42 735.04	7 264.96	42 735.04	7 264.96	50 000.00	20 000.00	30 000.00	4 358.97

含税销售额＝(250 000－200 000－20 000)＝30 000(元)

销项税额＝30 000÷(1＋17%)×17%＝4 358.97(元)

（2）融资性售后回租选择继续按照有形动产融资租赁服务不扣除本金缴纳增值税。示例如下。

| 案例分析 |

接上例，假设 N 公司选择不扣除本金计算缴纳增值税，给承租方开具含本金的专票，则开票金额＝250 000÷（1＋17%）＝213 675.21（元），销项税额＝213 675.21×17%＝36 324.79（元）。N 公司应如何进行增值税纳税申报?

分析：

N 公司向银行支付借款利息 2 万元，依照银行开具的普通发票上的金额进行差额征税扣除。

计算扣除后的含税销售额和销项税额。

含税销售额＝(250 000－20 000)＝230 000(元)

销项税额＝230 000÷(1＋17%)×17%＝33 418.80(元)

《附列资料（一)》填写方法见表 6-13。

（3）融资性售后回租符合差额征税政策（新项目)。示例如下，

| 案例分析 |

M 公司与 N 公司于 2016 年 5 月签订了一个融资性售后回租业务合同，合同约定 M 公司将价值 1 200 万元的标的物出售给 N 公司，N 公司将该标的物回租给 M 公司，租期 5 年，每月固定收取租金 25 万元，其中本金 20 万元，利息及价外费用 5 万元。N 公司购买标的物支付给 M 公司的 1 200 万元是向银行借款取得的，借款期限为 5 年，每月需向银行支付借款利息 2 万元。N 公司为增值税一般纳税人且符合差额征税条件。N 公司应如何进行增值税纳税申报?

分析：

经中国人民银行、银监会或者商务部批准从事融资租赁业务的试点纳税人，提供融资性售后回租服务，以取得的全部价款和价外费用（不含本金)，扣除对外支付的借款利息（包括外汇借款和人民币借款利息)、发行债券利息后的余额作为销售额。

2016 年 5 月 1 日起，从事融资性售后回租业务的纳税人在满足以下条件时，可以享受差额征税的政策：

①取得中国人民银行、银监会或者商务部批准从事融资租赁业务；

表 6-13

增值税纳税申报表附列资料（一）

（本期销售情况明细）

项目及栏次				开具增值税专用发票		合计			服务、不动产和无形资产扣除项目本期实际扣除金额	扣除后	
				销售额	销项（应纳）税额	销售额	销项（应纳）税额	价税合计		含税（免税）销售额	销项（应纳）税额
				1	2	9=1+3+5+7	10=2+4+6+8	11=9+10	12	13=11−12	14=13÷(100%+税率或征收率)×税率或征收率
一、一般计税方法计税	全部征税项目	17%税率的服务、不动产和无形资产	2	213 675.21	36 324.79	213 675.21	36 324.79	250 000.00	20 000.00	230 000.00	33 418.80

②取得商务部授权的省级商务主管部门或者国家经济技术开发区批准的从事融资租赁业务的纳税人，在 2016 年 5 月 1 日—2016 年 7 月 31 日前，实收资本或者注册资本其中一项达到 1.7 亿元仍可享受差额征税政策；2016 年 8 月 1 日起，实收资本必须达到 1.7 亿元才能享受差额征税政策。

本例中，N 公司符合差额征税条件，因此可以扣除对外支付的银行贷款利息并开具增值税专用发票。

《附列资料（一）》填写方法如下：

（1）N 公司以取得的全部价款和价外费用（不含本金）全额开具专用票，则开票金额＝50 000÷（1＋6%）＝47 169.81（元），销项税额＝47 169.81×6%＝2 830.19（元）。

（2）N 公司向银行支付借款利息 2 万元，依照银行开具的普通发票上的金额进行差额征税扣除。

（3）含税销售额＝（50 000－20 000）＝30 000（元）；销项税额＝30 000÷（1＋6%）×6%＝1 698.11（元）。

具体见表 6-14。

（4）融资性售后回租不符合差额征税政策（新项目）。示例如下。

| 案例分析 |

接上例，假设 N 公司为增值税一般纳税人且不符合差额征税条件，则不可以扣除对外支付银行贷款利息，但可以对取得的全部价款和价外费用（不含本金）开具增值税专用发票。N 公司应如何进行增值税纳税申报？

分析：

《附列资料（一）》填写方法如下：

N 公司以取得的全部价款和价外费用（不含本金）全额开具专票，开票金额＝50 000÷（1＋6%）＝47 169.81（元），税额＝47 169.81×6%＝2 830.19（元）。

具体见表 6-15。

表 6-14　　**增值税纳税申报表附列资料（一）**

（本期销售情况明细）

项目及栏次				开具增值税专用发票		合计			服务、不动产和无形资产扣除项目本期实际扣除金额	扣除后	
				销售额	销项（应纳）税额	销售额	销项（应纳）税额	价税合计		含税（免税）销售额	销项（应纳）税额
				1	2	9＝1＋3＋5＋7	10＝2＋4＋6＋8	11＝9＋10	12	13＝11－12	14＝13÷（100%＋税率或征收率）×税率或征收率
一、一般计税方法	全部征税项目	6%税率	5	47 169.81	2 830.19	47 169.81	2 830.19	50 000.00	20 000.00	30 000.00	1 698.11

表 6-15

增值税纳税申报表附列资料（一）

（本期销售情况明细）

项目及栏次				开具增值税专用发票		合计			服务、不动产和无形资产扣除项目本期实际扣除金额	扣除后	
				销售额	销项（应纳）税额	销售额	销项（应纳）税额	价税合计		含税（免税）销售额	销项（应纳）税额
				1	2	9=1+3+5+7	10=2+4+6+8	11=9+10	12	13=11−12	14=13÷(100%+税率或征收率)×税率或征收率
一、一般计税方法计税	全部征税项目	6%税率	5	47 169.81	2 830.19	47 169.81	2 830.19	50 000.00		50 000.00	2 830.19

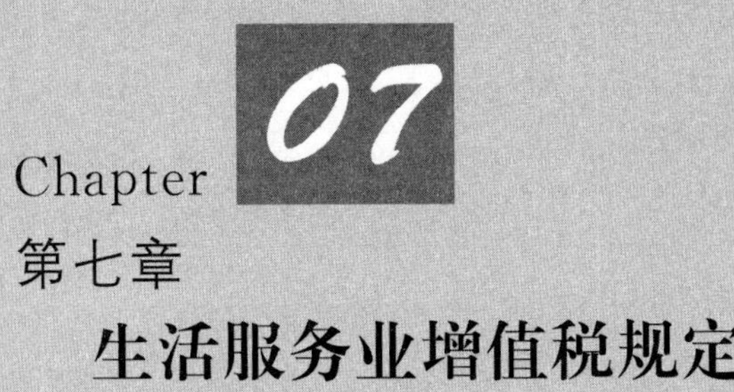

Chapter 07 第七章 生活服务业增值税规定

一、 基本规定

1. 什么是生活服务？其税率和征收率是如何规定的？

答：《销售服务、无形资产、不动产注释》规定，生活服务，是指为满足城乡居民日常生活需求提供的各类服务活动。包括文化体育服务、教育医疗服务、旅游娱乐服务、餐饮住宿服务、居民日常服务和其他生活服务。具体内容见表 7-1。

表 7-1　　生活服务分类注释明细表

序号	大类	小类	细类	详细内容
1	文化体育服务	文化服务	—	是指为满足社会公众文化生活需求提供的各种服务
		体育服务	—	是指组织举办体育比赛、体育表演、体育活动，以及提供体育训练、体育指导、体育管理的业务活动
2	教育医疗服务	教育服务	学历教育服务	是指根据教育行政管理部门确定或者认可的招生和教学计划组织教学，并颁发相应学历证书的业务活动
			非学历教育服务	包括学前教育、各类培训、演讲、讲座、报告会等
			教育辅助服务	包括教育测评、考试、招生等服务

续表

序号	大类	小类	细类	详细内容
2	教育医疗服务	医疗服务	—	是指提供医学检查、诊断、治疗、康复、预防、保健、接生、计划生育、防疫服务等方面的服务，以及与这些服务有关的提供药品、医用材料器具、救护车、病房住宿和伙食的业务
3	旅游娱乐服务	旅游服务	—	是指根据旅游者的要求，组织安排交通、游览、住宿、餐饮、购物、文娱、商务等服务的业务活动
		娱乐服务	—	是指为娱乐活动同时提供场所和服务的业务
4	餐饮住宿服务	餐饮服务	—	是指通过同时提供饮食和饮食场所的方式为消费者提供饮食消费服务的业务活动
		住宿服务	—	是指提供住宿场所及配套服务等的活动。包括宾馆、旅馆、旅社、度假村和其他经营性住宿场所提供的住宿服务
5	居民日常服务		—	是指主要为满足居民个人及其家庭日常生活需求提供的服务，包括市容市政管理、家政、婚庆、养老、殡葬、照料和护理、救助救济、美容美发、按摩、桑拿、氧吧、足疗、沐浴、洗染、摄影扩印等服务
6	其他生活服务		—	是指除文化体育服务、教育医疗服务、旅游娱乐服务、餐饮住宿服务和居民日常服务之外的生活服务

《试点实施办法》第十五条规定，生活服务业，税率为6%，增值税征收率为3%。

2. 购买生活服务取得的进项税额全都可以抵扣吗？

答：不是。根据《试点实施办法》第二十七条的规定，购进的餐饮服务、居民日常服务和娱乐服务不能抵扣进项税额。购进的其他生活服务如果用于简易计税方法计税项目、免征增值税项目、集体福利或者个人消费，也不能抵扣进项税额。

二、餐饮住宿服务

3. 提供餐饮服务的纳税人销售的外卖食品，如何缴纳增值税？

答：财税〔2016〕140号文件第九条规定，提供餐饮服务的纳税人销售的外卖食品，按照“餐饮服务”缴纳增值税。

2016年12月30日，财政部税政司、国家税务总局货物和劳务税司在对财税〔2016〕140号文件部分条款的政策解读中指出，餐饮企业销售的外卖食品，与堂食适用同样的增值税政策，统一按照提供餐饮服务缴纳增值税。以上“外卖食品”，仅指该餐饮企业参与了生产、加工过程的食品。对于餐饮企业将外购的酒水、农产品等货物，未进行后续加工而直接与外卖食品一同销售的，应根据该货物的适用税率，按照兼营的有关规定计算缴纳增值税。

4. 住宿服务业的小规模纳税人可否自行开具增值税专用发票？

答：根据69号公告第十条的规定，全面开展住宿业小规模纳税人自行开具增值税专用发票试点。自2016年11月14日起，月销售额超过3万元（或季销售额超过9万元）的住宿业小规模纳税人提供住宿服务、销售货物或发生其他应税行为，需要开具增值税专用发票的，可以通过增值税发票管理新系统自行开具，主管国税机关不再为其代开。

住宿业小规模纳税人销售其取得的不动产，需要开具增值税专用发票的，仍须向地税机关申请代开。

住宿业小规模纳税人自行开具增值税专用发票应缴纳的税款，应在规定的纳税申报期内，向主管税务机关申报纳税。在填写增值税纳税申报表时，应将当期开具专用发票的销售额，按照3%和5%的征收率，分别填写在《增值税纳税申报表（小规模纳税人适用）》第2栏和第5栏“税务机关代开的增值税专用发票不含税销售额”的“本期数”相应栏次中。

5. 酒店住宿费和餐费如何开具发票？

答：根据《试点实施办法》第二十七条第六项的规定，购进的旅客运输服务、贷款服务、餐饮服务、居民日常服务和娱乐服务，其进项税额不得从销项税额中抵扣。因此，住宿费可以抵扣进项税额而餐饮费不可以抵扣进项税额，餐饮费不能开具增值税专用发票。建议视客户需求按以下两种方式开具发票：

（1）全部开具增值税普通发票，分两行填列住宿费和餐饮费；

（2）开具一张住宿费的增值税专用发票和一张餐费的普通发票。

6. 酒店发行的储值卡，收款时开具发票，该如何缴纳增值税？

答：具有餐饮住宿资质的酒店发行的储值卡，应当符合《单用途商业预付卡管理办法（试行）》中的规定，即“单用途预付卡是指从事零售业、住宿和餐饮业、居民服务业的企业发行的，仅限于在本企业或本企业所属集团或同一品牌特许经营体系内兑付货物或服务的预付凭证，包括以磁条卡、芯片卡、纸券等为载体的实体卡和以密码、串码、图形、生物特征信息等为载体的虚拟卡。发卡企业主要可归为以下三类：规模发卡企业、集团发卡企业和品牌发卡企业”。

国家税务总局公告 2016 年第 53 号有以下明确规定：

“三、单用途商业预付卡（以下简称单用途卡）业务按照以下规定执行：

（一）单用途卡发卡企业或者售卡企业（以下统称售卡方）销售单用途卡，或者接受单用途卡持卡人充值取得的预收资金，不缴纳增值税。售卡方可按照本公告第九条的规定，向购卡人、充值人开具增值税普通发票，不得开具增值税专用发票。

单用途卡，是指发卡企业按照国家有关规定发行的，仅限于在本企业、本企业所属集团或者同一品牌特许经营体系内兑付货物或者服务的预付凭证。

发卡企业，是指按照国家有关规定发行单用途卡的企业。售卡企业，是指集团发卡企业或者品牌发卡企业指定的，承担单用途卡销售、充值、挂失、换卡、退卡等相关业务的本集团或同一品牌特许经营体系内的企业。

（二）售卡方因发行或者销售单用途卡并办理相关资金收付结算业务取得的手续费、结算费、服务费、管理费等收入，应按照现行规定缴纳增值税。

（三）持卡人使用单用途卡购买货物或服务时，货物或者服务的销售方应按照现行规定缴纳增值税，且不得向持卡人开具增值税发票。

（四）销售方与售卡方不是同一个纳税人的，销售方在收到售卡方结算的销售款时，应向售卡方开具增值税普通发票，并在备注栏注明‘收到预付卡结算款’，不得开具增值税专用发票。

售卡方从销售方取得的增值税普通发票，作为其销售单用途卡或接受单用途卡充值取得预收资金不缴纳增值税的凭证，留存备查。”

根据国家税务总局公告 2016 年第 53 号的规定，酒店方在发行储值卡时，只可开具增值税普通发票，不得开具增值税专用发票。同时，在发行时，收到的资金属于持卡人向单用途卡充值而取得的预收资金，不缴纳增值税。纳税义务发生时间是持卡人使用单用途卡购买货物或服务时。值得注意的是，该公告还规定：“持卡人使用单用途卡购买货物或服务时，货物或者服务的销售方应按照现行规定缴纳增值税，且不得向持卡人开具增值税发票。”

也就是说，即使是销售行为发生之后，酒店方也不得以各种理由为持卡人换开增值税专用发票。

7. 酒店方在 2016 年 4 月 30 日前发行的储值卡已缴纳营业税的，该如何处理？尚未开具营业税发票的储值卡又该如何处理？

答：根据《国家税务总局关于有价消费卡征收营业税问题的批复》（国税函

〔2004〕1032号）的规定，消费者持服务单位销售或赠予的固定面值消费卡进行消费时，应确认为该服务单位提供了营业税服务业应税劳务，发生了营业税纳税义务，对该服务单位应照章征收营业税；其计税依据为，消费者持卡消费时，服务单位所冲减的有价消费卡面值额。由此可见，只有消费者持卡在企业进行消费时，才确认发生营业税纳税义务，开具营业税发票，并缴纳相应的营业税。

《试点有关事项的规定》第一条第（十三）项第2目规定，试点纳税人发生应税行为，在纳入营改增试点之日前已缴纳营业税，营改增试点后因发生退款减除营业额的，应当向原主管地税机关申请退还已缴纳的营业税。未发生应税行为而缴纳的营业税属于多缴税款，可直接申请退税。

尚未开具营业税发票并缴纳营业税的储值卡剩余金额，在营改增试点日后，发生纳税义务的，缴纳相应的增值税。

8. 酒店向客户无偿赠送的服务，如提供免费房，免费接机、租车等如何缴纳增值税？

答：企业向客户提供的无偿赠送服务，很少是真正的无偿行为，一般都是建立在已发生或确定会发生的消费行为的基础上，属于对消费行为的奖励，或者是行业的经营惯例。如能够与具体的消费行为挂钩，建议在发票中各自列清具体金额，将所谓的无偿赠送作为商业折扣处理。《试点实施办法》第四十三条规定，纳税人发生应税行为，将价款和折扣额在同一张发票上分别注明的，以折扣后的价款为销售额；未在同一张发票上分别注明的，以价款为销售额，不得扣减折扣额。只要按文件规定执行，就可以避免税收风险。

如确实是与消费行为无关的无偿赠送，根据《试点实施办法》第十四条的规定，单位或者个体工商户向其他单位或者个人无偿提供服务，视同销售服务，应分别不同销售行为按适用税率计算缴税，但用于公益事业或者以社会公众为对象的除外。

9. 酒店在客房中提供的小酒吧中的免费赠品等应如何缴纳增值税？

答：企业向客户提供的无偿赠送服务，很少是真正的无偿行为，一般都是建立在已发生或确定会发生的消费行为的基础上，属于对消费行为的奖励，或者是行业的经营惯例。由于增值税没有《国家税务总局关于确认企业所得税收入若干问题的通知》（国税函〔2008〕875号）中“企业以买一赠一等方式组合销售本企业商品的，不属于捐赠，应将总的销售金额按各项商品的公允价值的比例来分摊确认各项的销售收入”这样类似的规定，各地的税务机关在征税过程中，可能会因为理解的不同，而要求对附送的赠品做征税处理。为避免可能蕴藏的税收风险，建议在发票中各自列明具体金额后合计，将无偿赠送部分的金额作为商业折扣处理。

10. 向员工提供的住宿和用餐在营改增后是否视同销售？相关增值税如何处理？

答：《试点实施办法》第十条第（二）、第（三）项规定，销售服务、无形资产或者不动产，是指有偿提供服务、有偿转让无形资产或者不动产，但属于下列非经营活动的情形除外：①单位或者个体工商户聘用的员工为本单位或者雇主提供取得工资的服务。②单位或者个体工商户为聘用的员工提供服务。

根据上述规定，单位向本单位聘用的员工提供的住宿和用餐不属于销售和视同销售服务，而且不需要顾虑金额大小和形式上是统一向员工集体提供还是向少数员工提供。需要注意的是，只有企业雇员才符合条件，股东、董事会成员等，如果不是同时拥有企业员工的身份，则不适用上述规定。

11. 酒店向住宿客人提供自助式早餐，是否按视同销售处理？

答：对于该问题不能一概而论。因为酒店提供的自助式餐饮的类型比较复杂，不完全是早餐，也不完全都是免费的。要视具体情况进行处理。

（1）要区分住宿客户和直接购买餐饮服务的非住宿客户；

（2）要区分是否收费。

如果是住宿的客户，且酒店书面或口头承诺住宿服务中包含有具体的餐饮服务内容，则统一按住宿进行处理；如收费，或对非住宿客户销售餐饮，则按餐饮服务处理。

12. 酒店因为各种原因对外宴请，是否视同销售缴纳增值税？

答：《试点实施办法》第十条规定，销售服务是指有偿提供服务、但属于下列非经营活动的情形除外：

（1）单位或者个体工商户聘用的员工为本单位或者雇主提供取得工资的服务。

（2）单位或者个体工商户为聘用的员工提供服务。

（3）财政部和国家税务总局规定的其他情形。

《试点实施办法》第十一条规定，有偿，是指取得货币、货物或者其他经济利益。

《试点实施办法》第十四条规定，单位或者个体工商户向其他单位或者个人无偿提供服务，视同销售服务，但用于公益事业或者以社会公众为对象的除外。

也就是说，视同销售必须向单位以外提供才符合条件。

酒店对外宴请，如无偿提供，则完全符合《试点实施办法》第十四条视同销售服务的规定，应视同销售服务处理，根据《试点实施办法》第四十四条的规定，按主管税务机关核定的销售额缴纳增值税。

如向参会人员收取了费用，则符合《试点实施办法》第十一条销售服务的规定，按收取的费用确定销售额，但是《试点实施办法》第四十四条所列“纳税人发生应税行为价格明显偏低或者偏高且不具有合理商业目的的”情形除外。

13. 酒店与集团公司内其他关联成员企业间的资金无息往来是否视同销售?

答:（1）关联成员企业间的资金无息往来属于金融服务中的贷款服务，以提供贷款服务取得的全部利息及利息性质的收入为销售额。这里提及的资金无息往来，符合《试点实施办法》第十四条所列情形，应当视同销售，适用“贷款服务”税目缴纳增值税。

也就是说，取得了合理的利息或利息性质的收入的，以实际收取的金额为销售额。对于无息的资金往来，所有无偿提供的服务只要不是用于公益性事业或者以社会公众为对象，均要视同销售，缴纳增值税。根据《试点实施办法》第四十四条的规定，主管税务机关按照下列顺序确定销售额：

①按照纳税人最近时期销售同类服务、无形资产或者不动产的平均价格确定。

②按照其他纳税人最近时期销售同类服务、无形资产或者不动产的平均价格确定。

③按照组成计税价格确定。组成计税价格的公式为：

组成计税价格＝成本×(1＋成本利润率)

（2）这里涉及的资金往来如果是统借统还业务，且符合《试点过渡政策的规定》第一条第（十九）项第 7 目中所列“统借统还业务”的条件，企业集团或企业集团中的核心企业以及集团所属财务公司按不高于支付给金融机构的借款利率水平或者支付的债券票面利率水平，向企业集团或者集团内下属单位收取的利息，免征增值税。也就是说，不再需要视同销售，补缴增值税。

14. 酒店和商品供应商相互抵账，取得的增值税专用发票是否可以抵扣进项税额?

问：确认增值税应税收入的资金、发票是否一定要保持一致？如果问题成立，那么酒店购买了A公司的可抵扣商品，取得A公司的增值税专用发票，则一定要直接向A公司提供汇款吗？是否可以三方抵账？

答：国税发〔1995〕192号文件第一条第（三）款规定，纳税人购进货物或应税劳务，支付运输费用，所支付款项的单位，必须与开具抵扣凭证的销货单位、提供劳务的单位一致，才能够申报抵扣进项税额，否则不予抵扣。

因此，严格地说，确实要保持一致。

笔者认为，多方抵账约定也是一种支付行为，只要抵账合同中规定了，销货单位与购货单位的往来款项在抵账过程中相互抵销，就应该认为购货方支付款项的单位，与开具抵扣凭证的销货单位、提供劳务的单位是一致的。（对于本段理解，建议涉税企业获得主管税务机关认可后再进行处理。）

例外的是，在《国家税务总局关于诺基亚公司实行统一结算方式增值税进项税额抵扣问题的批复》（国税函〔2006〕1211号）中，国家税务总局对北京市国家税务局请示的诺基亚各分公司购买货物从供应商取得的增值税专用发票，由总公司统一支付货款，造成购进货物的实际付款单位与发票上注明的购货单位名称不一致的，不属于国税发〔1995〕192号文件第一条第（三）款有关规定的情形，允许其抵扣增值税进项税额。

即国家税务总局认可总公司为分公司统一付款是资金、发票保持一致。

需要引起重视的是，在国家税务总局营改增政策组发言材料（2016年5月26日）中，有如下发言："纳税人取得服务品名为住宿费的增值税专用发票，但住宿费是以个人账户支付的，这种情况能否允许抵扣进项税？是不是需要以单位对公账户转账付款才允许抵扣？其实现行政策在住宿费的进项税抵扣方面，从未做出过类似的限制性规定，纳税人无论通过私人账户还是对公账户支付住宿费，只要其购买的住宿服务符合现行规定，都可以抵扣进项税。而且，需要补充说明的是，不仅是住宿费，对纳税人购进的其他任何货物、服务，都没有因付款账户不同而对进项税抵扣做出限制性规定。"

也就是说，国家税务总局要求的是所支付款项的单位与与开具抵扣凭证的销货单位、提供劳务的单位一致。对于是从哪个付款账户、哪个渠道支付，是谁支付的，国家税务总局对此从没有做过特别要求。

比如，因公接受住宿服务的是个人，且通过个人的账户付款，个人接受开具给单位的发票后回到单位报销住宿费用，这是一种典型的三方抵账行为，但国家税务总局完全认可了这种发票抵扣的合法性。

15. 客户在营改增前消费，营改增后结账开票，如何缴纳增值税？

答：2016年5月之前有客户在酒店消费，未结账未开票，其纳税义务发生时间属于《中华人民共和国营业税暂行条例》第十二条规定的“营业税纳税义务发生时间为纳税人提供应税劳务、转让无形资产或者销售不动产并收讫营业收入款项或者取得索取营业收入款项凭据的当天”，因此，应当缴纳营业税。

营改增之后来结账，可按照23号公告第三条第七项的规定执行。自2016年5月1日起，地税机关不再向试点纳税人发放发票。试点纳税人已领取地税机关印制的发票以及印有本单位名称的发票，可继续使用至2016年6月30日，特殊情况经省国税局确定，可适当延长使用期限，最迟不超过2016年8月31日。

纳税人在地税机关已申报营业税未开具发票，2016年5月1日以后需要补开发票的，可于2016年12月31日前开具增值税普通发票（国家税务总局另有规定的除外）。

16. 酒店业一般纳税人提供的单独收费的货物、服务应如何确定税率？

答：(1) 餐饮、住宿部门提供的果篮、茶歇、餐饮、客房送餐、洗衣、熨烫服务，附属商务中心提供的打印、复印、速记、传真、翻译、快递等服务，附属的健身、游泳、美容、按摩、保健、桑拿等部门提供的单独核算的服务，按6%的税率计税。

(2) 单独结算的电话费收入按11%的税率计税；接送客人取得的收入按11%的税率计税；婚车、花车、礼宾车等取得的收入按11%的税率计税。

(3) 会场租赁（提供会议服务的应按会议展览服务处理）收入、停车费收入、出租场地安放ATM机、给其他单位或个人做卖场、服务场所取得的收入、为不动产租赁服务收入，按11%的税率计税。该不动产在2016年4月30日前取得的，可选择简易办法按5%征收率计税。

(4) 酒店商品部、迷你吧出售的商品按所售商品的适用税率计税；外租设备按“租赁服务——有形动产资赁”税目适用17%的税率计税。

注意：精制茶的税率不能错误地选择11%（2018年5月1日起为10%），应为17%（2018年5月1日起为16%）；真空包装的农产品要看生产过程中是否有灭菌环节，来区别11%和17%的税率。

(5) 避孕药品和用具可免征增值税，注意应向主管国税机关办理备案。免税收入应分开核算，按规定进行申报，且不得开具专用发票。

17. 客户的会议消费，发生的住宿、餐饮等消费是否能合并开具会务费发票？

问：如果酒店是一般纳税人，客人产生会议消费，要求开具增值税专用发票，住宿、餐饮等消费是可以合并开具会务费发票，还是必须分开开具？

答： 第一，酒店不得向自然人开具增值税专用发票。接受住宿、餐饮、会议等服务的客户必须注明自己是公务活动而不是个人消费。所以当客户需要开具增值税专用发票时，酒店应当要求客户提供其所在单位的名称（全称）及纳税人识别号，并在备注栏中注明实际消费客户的姓名、身份证号。

第二，酒店同时提供住宿、餐饮、娱乐、旅游等服务的，因为其中涉及个人消费的部分不得抵扣，所以在开具增值税专用发票时不应将上述服务项目统一开具为“会务费”。应按照《商品和服务税收分类与编码（试行）》规定的商品和服务编码，在同一张发票上据实分项开具，并在备注栏中注明会议名称和参会人数。如内容较多，可另附清单详细注明。如果人为地在其中进行比例或金额的调整，就有虚开的嫌疑，为避免其中的税收风险，建议杜绝此类行为。

18. 专用发票不能开具给个人，餐饮业也不在可抵扣的范围，是否可以理解为饭店不使用专用发票?

答： 这一点属于误解，酒店只要取得了一般纳税人资格就有资格开具增值税专用发票。增值税专用发票虽然不能开给个人消费者，住宿、餐饮业的服务对象中属于集体福利和个人消费的也不在可抵扣的范围以内，但这与开具增值税专用发票并不矛盾。需要认清“不得抵扣”与“不得开具”的区别。餐饮、住宿服务的接受者一定是自然人，但这并不代表就一定是集体福利或个人消费，也不一定就不能抵扣。只是需要在发票中分项开具，在进行抵扣时能区别可否抵扣即可。所以，饭店（酒店）可以使用增值税专用发票。

19. 在酒店大堂开设的商品部，其销售的商品是否可以由酒店统一开具住宿发票?

问：在酒店大堂租赁场地开办的商品部，如住宿的客人要求挂账、开票，是否可以按酒店购买后，再销售给客人的方式，由酒店统一开具住宿发票?

答： 本问题给出了明确的内容，即商品部不是酒店的成员企业或内设部门，而是其他单位或个人租赁酒店场地开办的，在核算、组织形式等方面都与企业没有关联。

虽然客户在酒店住宿，要求获得一站式服务，或出于增大报销范围等原因，其用心可以理解。但对酒店本身来说，该商品部并非酒店的内设部门，实际由商品部销售的商品要求由酒店代开票、收款，已经有虚开发票的嫌疑。根据《国家税务总局转发〈最高人民法院关于适用《全国人民代表大会常务委员会关于惩治虚开、伪造和非法出售增值税专用发票犯罪的决定》的若干问题的解释〉的通知》（国税发〔1996〕第

210 号）的规定，“具有下列行为之一的，属‘虚开增值税专用发票’：

（一）没有货物购销或者没有提供或接受应税劳务而为他人、为自己、让他人为自己、介绍他人开具增值税专用发票；

（二）有货物购销或者提供或接受了应税劳务但为他人、为自己、让他人为自己、介绍他人开具数量或者金额不实的增值税专用发票；

（三）进行了实际经营活动，但让他人为自己代开增值税专用发票。”

即使是只开具普通发票，也涉嫌虚开发票，《中华人民共和国刑法修正案（八）》第三十三条规定，“在刑法第二百零五条后增加一条，作为第二百零五条之一：虚开本法第二百零五条规定以外的其他发票，情节严重的，处二年以下有期徒刑、拘役或者管制，并处罚金；情节特别严重的，处二年以上七年以下有期徒刑，并处罚金”，“单位犯前款罪的，对单位判处罚金，并对其直接负责的主管人员和其他直接责任人员，依照前款的规定处罚”。

《发票管理办法》第三十七条明确规定，“违反该办法第二十二条第二款的规定虚开发票的，由税务机关没收违法所得；虚开金额在 1 万元以下的，可以并处 5 万元以下的罚款；虚开金额超过 1 万元的，并处 5 万元以上 50 万元以下的罚款；构成犯罪的，依法追究刑事责任”。

笔者认为，这种开票和核算形式在不少酒店内都有发生，因为没有导致税款入库总额的减少，只要不是太过出格，一般税务机关的处理并不严重。但毕竟已经达到了虚开的标准，且查实非常容易。建议涉及的企业与主管税务机关进行沟通，如果税务机关不认可该方式，则立即整改。

20. 酒店对外报价宣传，是使用含税价还是不含税价？

答：在全面营改增试点之后，即 2016 年 4 月 30 日后，已经从营业税的价内税转变成了增值税的价外税。发票金额是否含税具体见表 7-2。

表 7-2　纳税人开具的发票是否含税对比表

纳税人分类	计征方法	税率或征收率	发票金额是否含税
一般纳税人	一般计征	17%（16%）	专票不含税
	一般计征	11%（10%）	专票不含税
	一般计征	6%	专票不含税
	简易计征	3%	含税
小规模纳税人	简易计征	3%	含税

说明：自 2017 年 7 月 1 日起取消 13%税率，改为 11%；自 2018 年 5 月 1 日起取消 17%、11%税率，分别改为 16%、11%。

由表7-2可以看出，难以用一种方式概括所有的类型，因此建议酒店在宣传时，要么采取分类说明的方法，要么以“总额×××元（含税）”的方式加以说明。

21. 酒店的长包房（客房、会议室）增值税税率是多少？

答：本问题在各酒店都是普遍现象。因为实际情况不同，不适合一概而论。但大致可分为三种类型。

第一，客户包下酒店的房间后，不做任何变动，由酒店提供保洁、监控、通信、安防等服务；

第二，客户包下酒店的房间后，对内饰、设施等做了大的改动，但依然由酒店提供保洁、监控、通信、安防等服务；

第三，客户包下酒店的房间后，对内饰、设施等做了大的改动，不再由酒店提供保洁、监控、通信等服务。

69号公告第五条规定，纳税人以长（短）租形式出租酒店式公寓并提供配套服务的，按照住宿服务缴纳增值税。由此可见，第一、第二种类型，应当按住宿服务适用6%的增值税税率；第三种则属于出租不动产，应当按不动产经营租赁服务适用11%（自2018年5月1日起取消11%税率，改为10%）的增值税税率。

22. 酒店对租赁场地的商铺等收取的物业管理费如何缴纳增值税？

问：酒店对店内租赁场地开办的商铺等收取的物业管理费，是按物业管理服务的6%的税率缴纳增值税，还是按房屋租赁的价外费用11%的税率缴纳增值税？

答：具体要根据租赁双方的合同及租赁业务的实质进行分析。

如合同分别约定场租、物业管理费，且价格公允，则物业管理费可适用提供其他生活服务6%的税率；

如合同约定的只是综合性的总价核算方式，物业管理费未予以单独列明，则以合同约定的总价，按出租不动产适用11%（自2018年5月1日起取消11%税率，改为10%）的税率。

23. 酒店内设部门销售KTV酒水食品，游泳用品等是否适用6%的税率？

问：酒店内设部门销售的所有商品，包括康乐及KTV酒水食品、游泳用品等，是否适用6%的税率？

答：确定税率应本着实质重于形式的原则，假设酒店系一般纳税人，内设部门提供的上述商品如在门票或开房价格内附送，可选择按混合销售6%的税率处理；如单独计价，则按销售商品的适用税率计税。

24. 酒店销售酒水、饮料是按什么税率缴纳增值税？

问：酒店销售酒水、饮料，如白酒、果汁、可乐等，营改增前全部缴纳营业税，营改增后，销售白酒、可乐是按销售货物按17%缴纳增值税与按服务业6%的项目分别计算缴纳增值税吗？

答：酒店销售酒水、饮料，如白酒、可乐等，如系提供餐饮服务时一并提供，且是因为提供餐饮服务才导致提供了酒水的，根据《试点实施办法》第四十条的规定，应按6%的税率计算缴纳增值税。

如果提供的酒水与餐饮服务无关，系单独提供，单独计价，根据《试点实施办法》第三十九条的规定，这种情况下，提供的酒水应按销售货物按17%（自2018年5月1日起取消17%税率，改为16%）的税率计算缴纳增值税。

25. 宾馆、度假村提供会议场地及配套服务如何缴纳增值税？

答：财税〔2016〕140号文件第十条规定，宾馆、旅馆、旅社、度假村和其他经营性住宿场所提供会议场地及配套服务的活动，按照"会议展览服务"缴纳增值税，适用6%的税率。

26. 酒店提供的停车场提供车辆停放服务如何缴纳增值税？

答：《销售服务、无形资产、不动产注释》规定，车辆停放服务、道路通行服务（包括过路费、过桥费、过闸费等）等按照不动产经营租赁服务缴纳增值税。

《试点有关事项的规定》第一条第（九）项第1目规定，一般纳税人出租其2016年4月30日前取得的不动产，可以选择适用简易计税方法，按照5%的征收率计算应纳税额。

根据以上文件规定，酒店提供的停车场提供车辆停放服务应按照"不动产经营租赁服务"适用11%（自2018年5月1日起取消11%税率，改为10%）的税率缴纳增值税，对应的进项税额可以抵扣销项税额。如果酒店为小规模纳税人或一般纳税人提供的停车场为2016年4月30日前取得的不动产并选择适用简易计税方法，则按照5%的征收率计算应纳税额，但其对应的进项税额不能抵扣。

27. 客户在酒店住宿期间损坏酒店内用品、设备而支付的赔偿款，需要缴纳增值税吗？

答：客户在酒店住宿期间损坏酒店内商品而支付赔偿款，其实质是酒店要求客户将其损坏的酒店的商品，按被损毁前的公允价进行购买，即销售货物；或由客户出资修复到损毁前的正常状况，属于加工修理修配劳务。

所以，要视赔款的实际情况来定。符合销售货物的按销售货物缴税；如果是采取了修复的方式，由于该商品的损毁并没有新的价值转移或产出，只是使其恢复到被损毁前的状况，还可以继续使用，所以收到的赔偿款不需要缴税。两者的区别在于酒店方面在之后是重新领用了新的商品还是继续使用修复后的商品。

28. 酒店将客房内的清洁，包括床上用品的洗涤外包给其他企业，取得的进项税额可否抵扣？

答：酒店将客房内的清洁，包括床上用品的洗涤外包给其他企业，发生的费用是与酒店经营密切相关的支出，且财税〔2016〕36号文件及国家税务总局后续发布的公告并没有此类业务不得抵扣的规定，因此，酒店支付该费用而取得的进项税额应当可以抵扣。

29. 餐饮行业购进免税农产品能否计算抵扣进项税额？如何抵扣？

答：根据26号公告第一条的规定，餐饮行业增值税一般纳税人购进农业生产者自产农产品，可以使用国税机关监制的农产品收购发票，按照现行规定计算抵扣进项税额。有条件的地区，应积极在餐饮行业推行农产品进项税额核定扣除办法，按照《财政部 国家税务总局关于在部分行业试行农产品增值税进项税额核定扣除办法的通知》（财税〔2012〕38号）、《财政部 税务总局关于调整增值税税率的通知》（财税〔2018〕32号）的有关规定计算抵扣进项税额。因此，餐饮行业按照规定购进的免税农产品可以计算抵扣进项税额。具体抵扣操作要点见本书第一章进项税额抵扣相关内容。

30. 酒店的人力成本开支及能源费用可否抵扣？

答：首先看酒店的人力成本开支及能源费用是否能合法地取得有效的抵扣凭据。

包括人力资源的成本开支，比如酒店真实的接受了商务辅助服务中的劳务派遣、劳动力外包等行为，只要手续齐全，发票真实有效也是可以抵扣的。

只是付款时需要注意，国税发〔1995〕192 号文件第一条第（三）款规定，纳税人购进货物或应税劳务，支付运输费用，所支付款项的单位，必须与开具抵扣凭证的销货单位、提供劳务的单位一致。

31. 酒店预收的出租办公间收入如何缴纳增值税？

问：酒店预收出租办公间收入的税率是多少？是按收到租金的时间、合同约定的时间，还是按开票时间缴税？

答：租赁不动产的税率是 11%（自 2018 年 5 月 1 日起取消 11%税率，改为 10%）。

有的酒店在建设中即有单独的写字楼，根据规划，一般用于自持。预收出租办公间取得收入，系经营不动产租赁。根据《试点实施办法》第四十五条的规定，增值税纳税义务、扣缴义务发生时间为：

（1）纳税人发生应税行为并收讫销售款项或者取得索取销售款项凭据的当天；先开具发票的，为开具发票的当天。

收讫销售款项，是指纳税人销售服务、无形资产、不动产过程中或者完成后收到款项。

取得索取销售款项凭据的当天，是指书面合同确定的付款日期；未签订书面合同或者书面合同未确定付款日期的，为服务、无形资产转让完成的当天或者不动产权属变更的当天。

（2）纳税人提供建筑服务、租赁服务采取预收款方式的，其纳税义务发生时间为收到预收款的当天。

因此，尽管预收的租赁收入会计上按权责发生制分期确认，但取得一般纳税人资质的酒店预收租金的纳税义务发生时间为收到预收款的当天，不能按合同规定的租赁期限平均计算销售收入并申报缴纳增值税（其他个人除外）。

32. 酒店下设的车队取得的各种收入都按 11%（10%）缴纳增值税吗？

问：提供交通运输、不动产租赁服务税率为 11%（10%）。是否酒店下设的车队取得的各种收入和外包租赁业务涉及的租金收入都按 11%（10%）缴纳增值税？

答：一般纳税人酒店下设的车队取得的各种属于运输业务范畴的收入，按 11%（10%）的税率计算缴纳增值税是正确的。

但如车队在约定的时间内将车辆出租给他人使用，不配备操作人员，不承担运输过程中发生的各项费用，只收取固定租赁费的，是干租行为，根据《销售服务、无形资产、不动产注释》的规定，属于“有形动产经营性租赁”范畴，应按17％（16％）的税率缴纳增值税。（自2018年5月1日起取消17％、11％税率，分别改为16％、10％）

33. 酒店内设的康体中心如何缴纳增值税？

答：酒店（尤其是星级酒店）内设的康体中心，一般是为住客提供娱乐、健身、美容等活动场所的部门，是酒店借以吸引客人，招揽生意，提高酒店声誉和营业额的重要组成部分。康体中心为宾客提供的服务项目一般有：游泳、健身、体操、舞蹈、台球、网球、羽毛球、乒乓球等，与通常所说的健康中心是完全不同的概念。

康体中心的应税行为一般符合《销售服务、无形资产、不动产注释》中“体育服务，是指组织举办体育比赛、体育表演、体育活动，以及提供体育训练、体育指导、体育管理的业务活动”以及“娱乐服务，是指为娱乐活动同时提供场所和服务的业务。具体包括：歌厅、舞厅、夜总会、酒吧、台球、高尔夫球、保龄球、游艺（包括射击、狩猎、跑马、游戏机、蹦极、卡丁车、热气球、动力伞、射箭、飞镖）”等的定义，计缴增值税时，适用税率为6％。

34. 酒店客人在客房内开通长途或国际电话后拨出通话，结算的话费如何计算缴税？

答：客人入住后是否拨打长途电话，拨打多少时间，事先只能认定为或有事项。无法给予定量。因此，都是客人在结房费时计算长途话费。实务中，有酒店将上述通话费用并入房费一并开票。

但是，根据《销售服务、无形资产、不动产注释》的规定，基础电信服务，是指利用固网、移动网、卫星、互联网，提供语音通话服务的业务活动，是一种服务，而住宿服务也是一种服务，这并不符合《试点实施办法》第四十条的定义，因此必须按照兼营来处理。

如将通话费并入房费开票，可能会触发《试点实施办法》第三十九条的规定，具有一定的税收风险。建议将通话费单独核算，适用11％（自2018年5月1日起取消11％税率，改为10％）的税率。

三、 居民日常服务

35. 市容市政管理为何属于日常生活服务？市容市政管理的内容有哪些？

答：市容市政管理被划分在“生活服务——日常生活服务”范畴，与被划分在“现代服务——商务辅助服务——企业管理服务——物业服务”范畴有一定的重合之处。广义的市容市政服务必然有一部分会使商业和企业活动受益，但国家税务总局之所以这样划分，笔者认为原因在于总体上受益于市容市政管理最多的，还是以自然人形式存在的全体社区业主。国家税务总局对市容市政管理取的是狭义的概念。

根据公开资料，城市园林绿化、市容环卫（含垃圾处理）、给排水（含污水处理）、供气、供热、公共广场、小游园、户外广告管理等都属于市容市政的管理范畴。

36. 物业公司提供的物业服务都是“现代服务——商务辅助服务”中的“企业管理服务”吗？如何进行区分？

答：不一定，计税的依据是看纳税行为、服务对象，而不是纳税人身份，如同工业企业也可以从事不动产租赁并按相应税目、税率缴纳税款一样。

物业公司为满足居民个人及其家庭日常生活需求，向业主提供的市政、市容服务，家政服务等，从广义的角度看，应该划分在“日常生活服务”范畴无疑不能按提供现代服务中的商务辅助服务对待。市政、市容服务也不能纳入物业管理的混合销售范畴，因此必须按照兼营来处理。具体的税目、税率选择还需要视业务的实质而定。

37. 业主委员会以优惠价格向社区业主提供桶装纯净水的，是否适用“居民日常服务”征税？

问：业主委员会以优惠价格（低于市场价格）向社区业主提供桶装纯净水的，是否属于居民日常服务？税率是多少？（由企业提供普票）

答：未实现自来水水表出户的社区，一般由物业向自来水公司收取专票进行抵扣，向小区业主收取自来水水费缴纳增值税。按照《增值税暂行条例》第一条的规定，应当依照该条例缴纳增值税。

《增值税暂行条例》第二条规定，增值税税率为：

（1）纳税人销售或者进口货物，除本条第（2）项、第（3）项规定外，税率为17%（自2018年5月1日起取消17%税率，改为16%）。

（2）纳税人销售或者进口下列货物，税率为11%（财税〔2017〕37号文件第一条）：（自2018年5月1日起取消11%税率，改为10%）

①粮食、食用植物油；

②自来水、暖气、冷气、热水、煤气、石油液化气、天然气、沼气、居民用煤炭制品；

……

所谓纯净水就是将天然水（一般原料以自来水为主，少数有井水，天然湖水、河水因杂质过多，很少直接制作纯净水）经过多道工序处理、提纯和净化的水。经过多道工序后的纯净水除去了对人体有害的物质和细菌后，可以直接饮用。纯净水和自来水虽然外观相似，物理性征也差不多，但绝非简单的沉淀、加热就可以得到，需要专用设备经过复杂的处理才可以制成。

因此，业主委员会向以居民为主的社区业主提供纯净水，并按事先公布的价格收费，无论是采用管道输送还是桶装输送，都不属于居民日常服务，应适用17%的增值税税率。

38. 物业公司到业主家中为业主进行电器或电路维修，并收取相关费用的，是日常生活服务吗？

答：物业公司派人到小区业主家中入户提供维修服务，通过维修，使得被维修对象恢复可使用状态。《增值税暂行条例》第一条规定，在中华人民共和国境内销售货物或者提供加工、修理修配劳务以及进口货物的单位和个人，为增值税的纳税人。

《销售服务、无形资产、不动产注释》则规定："居民日常服务，是指主要为满足居民个人及其家庭日常生活需求提供的服务，包括市容市政管理、家政、婚庆、养老、殡葬、照料和护理、救助救济、美容美发、按摩、桑拿、氧吧、足疗、沐浴、洗染、摄影扩印等服务。"

从上述文件规定来看，物业公司到小区业主家中入户维修，并收取相关费用，属于提供加工、修理修配劳务，应适用17%（自2018年5月1日起取消17%税率，改为16%）的税率缴纳增值税。

39. 美容美发、按摩、桑拿、氧吧、足疗、沐浴等往往在酒店、体育、健身场馆也有内设部门，如何区分？

答：上述服务如果在酒店、体育、健身场馆也有内设部门，不符合《试点实施办法》第四十条的定义，这些居民日常服务与餐饮、住宿服务肯定不能作为混合销售业务处理，只能作为兼营各自核算。如果是独立经营的，当然需要独立核算。因此，无须专门进行区分。

40. 物业公司向业主提供充电桩的业务如何缴纳增值税？

答：物业向业主提供充电桩供业主使用，从广义的角度看，确实属于居民日常服务中的市政服务。同时，物业又需要计算收取业主充取的电力费用。因此，应该将销售电力和提供居民日常服务视为混合销售，按销售电力统一缴纳增值税，适用税率为17%。（自2018年5月1日起取消17%税率，改为16%）

41. 物业公司为业主提供的装修服务应如何缴纳增值税？

答：根据财税〔2016〕140号文件第十五条的规定，物业服务企业为业主提供的装修服务，按照“建筑服务”缴纳增值税，适用11%（自2018年5月1日起取消11%税率，改为10%）的税率。

42. 物业公司建立自助式洗车台收取的费用如何缴纳增值税？

问：物业公司经业主委员会同意，在社区内建了一个自助式洗车台（单设水表可计算总耗水量），免费提供洗车拖把和海绵，使用一次收费5元。那么，是视为销售自来水，还是按商务辅助服务、其他现代服务，或者居民日常服务缴纳增值税？

答：虽然该洗车台是物业向社区业主提供的综合性物业管理服务的一个组成部分，同时也符合向业主提供居民日常服务的定义，但其核心是向业主销售自来水，只是在难以精确计算单次洗车耗水量的现实情况下，采取了“核定”用水量、用水金额的办法。

根据《国家税务总局关于物业管理服务中收取的自来水水费增值税问题的公告》（国家税务总局公告2016年第54号）的规定，提供物业管理服务的纳税人，向服务接受方收取的自来水水费，以扣除其对外支付的自来水水费后的余额为销售额，按照简易计税方法依3%征收率计算缴纳增值税。

因此，此处所涉及的增值税问题可比照上述公告的规定处理。

43. 婚庆公司提供婚庆策划是否要单独作为现代服务业缴税？

问：婚庆公司一般是提供婚庆策划、主持司仪、婚车花篮等一系列整体服务，但上述服务中的策划是否要单独划出，按现代服务业缴纳增值税？

答：对于婚庆公司提供的婚庆策划要根据具体情况加以分析。如果只是单独提供婚庆策划方案，则可以适用“现代服务业——鉴证咨询服务”中的咨询服务。按照《销售服务、无形资产、不动产注释》的规定，咨询服务是指提供信息、建议、策划、顾问等服务的活动。包括金融、软件、技术、财务、税收、法律、内部管理、业务运作、流程管理、健康等方面的咨询。

但如果婚庆公司提供的是婚庆策划、主持司仪、婚车花篮等整体服务，则可按照居民日常服务缴纳增值税。

44. 家政公司的哪些收入可以免征增值税？

答：《试点过渡政策的规定》第一条第（三十一）项规定，家政服务企业由员工制家政服务员提供家政服务取得的收入可以免征增值税。员工制家政服务员是指同时符合下列条件的家政服务员：

（1）依法与家政服务企业签订半年及半年以上的劳动合同或者服务协议，且在该企业实际上岗工作。

（2）家政服务企业为其按月足额缴纳了企业所在地人民政府根据国家政策规定的基本养老保险、基本医疗保险、工伤保险、失业保险等社会保险。对已享受新型农村养老保险和新型农村合作医疗等社会保险或者属于原单位继续为其缴纳社会保险的下岗职工的家政服务员，如果本人书面提出不再缴纳企业所在地人民政府根据国家政策规定的相应的社会保险，并出具其所在乡镇或者原单位开具的已缴纳相关保险的证明，可视同家政服务企业已为其按月足额缴纳了相应的社会保险。

（3）家政服务企业通过金融机构向其实际支付不低于企业所在地适用的经省级人民政府批准的最低工资标准的工资。

四、 文化体育服务

45. 景区发售门票的行为是文化体育服务还是旅游娱乐服务？

答：根据《销售服务、无形资产、不动产注释》的规定，文化服务，是指为满足社会公众文化生活需求提供的各种服务。包括：文艺创作、文艺表演、文化比赛，图书馆的图书和资料借阅，档案馆的档案管理，文物及非物质遗产保护，组织举办宗教活动、科技活动、文化活动，提供游览场所。

所以，景区发售门票的行为是文化体育服务。

46. 游览场所经营索道、电瓶车、游船适用什么税目缴纳增值税？

答：财税〔2016〕140 号文件第十一条规定，纳税人在游览场所经营索道、摆渡车、电瓶车、游船等取得的收入，按照“文化体育服务”缴纳增值税。

47. 健身房收费发行健身卡，按什么项目缴纳增值税？

答：健身房收费发行健身卡，主要有两种形式：

第一种，如果健身房向客户发行的是不计时间或单位时间内不计次数、不扣除金额的健身卡，事实上是向客户提供了一种可在规定时间内无限制免费使用的会员资格，属于“销售无形资产”中的“销售其他权益性无形资产”。

《销售服务、无形资产、不动产注释》规定，其他权益性无形资产包括基础设施资产经营权、公共事业特许权、配额、经营权（包括特许经营权、连锁经营权、其他经营权）、经销权、分销权、代理权、会员权、席位权、网络游戏虚拟道具、域名、名称权、肖像权、冠名权、转会费等。

第二种，如果健身房向客户发行的是充值后有确定金额，并随客户前来健身，依照健身项目逐次扣除卡内金额的健身卡，事实上是发行了一种单用途商业预付卡。根据 53 号公告第三条的规定，持卡人使用单用途卡购买货物或服务时，货物或者服务的销售方应按照现行规定缴纳增值税，且不得向持卡人开具增值税发票。

销售方与售卡方不是同一个纳税人的，销售方在收到售卡方结算的销售款时，应向售卡方开具增值税普通发票，并在备注栏注明“收到预付卡结算款”，不得开具增值税专用发票。

48. 健身场所能否开具增值税专用发票？

答：健身房向客户提供健身服务，除了属于其他个人和持有单用途商业预付卡前来健身消费的客户不得开具增值税专用发票以外，其他情况下，只要提供了企业名称、税号就可以按规定开具增值税专用发票。但需要注意的是，如果取得的增值税专用发票对应的内容是用于集体福利和个人消费，则不得抵扣。

49. 健身场所销售蛋白质粉，游泳池销售泳衣、泳裤，球馆内提供胶水、穿线并销售球拍、饮料等，是否算混合销售?

答：本问题所述的各类销售商品行为，是独立于各体育活动之外的单独销售商品行为，不符合《试点实施办法》第四十条的定义，应按销售货物适用17%的税率计税。

50. 宗教场所有偿收取的香火钱、功德钱、请佛龛钱、开光费等，是否需要缴纳增值税?

答：《试点过渡政策的规定》第一条第（十二）项规定，寺院、宫观、清真寺和教堂举办文化、宗教活动的门票收入，免征增值税。

所以，各类宗教场所提供的门票以外的其他文化体育服务应按照生活服务业6%的税率计税，销售商品的应按17%（自2018年5月1日起改为16%）的税率计税。

五、 教育医疗服务

51. 重点中学招收学生加收的教学赞助费是否与其他学费收入合并免税?

问：我校是市级重点中学，每年会加开两个班级，所招收学生全部加收教学赞助费3万元，该部分收入是否与其他学费收入合并免税?

答：根据《试点过渡政策的规定》第一条第（八）项的规定，提供教育服务免征增值税的收入，是指对列入规定招生计划的在籍学生提供学历教育服务取得的收入，具体包括：经有关部门审核批准并按规定标准收取的学费、住宿费、课本费、作业本费、考试报名费收入，以及学校食堂提供餐饮服务取得的伙食费收入。除此之外的收入，包括学校以各种名义收取的赞助费、择校费等，不属于免征增值税的范围。学校食堂是指依照《学校食堂与学生集体用餐卫生管理规定》管理的学校食堂。

所以，你校收取的教学赞助费不符合免税的条件。

52. 一般纳税人提供教育辅助服务可以选择简易计税方法吗？

答：财税〔2016〕140号文件第十三条规定，一般纳税人提供教育辅助服务，可以选择简易计税方法按照3%征收率计算缴纳增值税。

53. 中小学课外培训的教育机构中的一般纳税人可以选择简易计税方法吗？

答：根据财税〔2016〕68号文件第三条的规定，一般纳税人提供非学历教育服务，可以选择适用简易计税方法按照3%征收率计算应纳税额。

54. 收取的SAT、SSAT考试培训费是否可以享受学历教育免税政策？

问：我校向社会提供美国中、高考的培训，即SAT、SSAT考试培训，而且学生必须达到规定的托福考试分数和我校组织的考试的分数才能报名，这种培训属于学历还是非学历教育？是否可以享受免税政策？

答：《销售服务、无形资产、不动产注释》规定，非学历教育服务，包括学前教育、各类培训、演讲、讲座、报告会等。

《试点过渡政策的规定》第一条第（八）项第1目有关学历教育免税的规定如下：

学历教育，是指受教育者经过国家教育考试或者国家规定的其他入学方式，进入国家有关部门批准的学校或者其他教育机构学习，获得国家承认的学历证书的教育形式。具体包括：

（1）初等教育：普通小学、成人小学。

（2）初级中等教育：普通初中、职业初中、成人初中。

（3）高级中等教育：普通高中、成人高中和中等职业学校（包括普通中专、成人中专、职业高中、技工学校）。

（4）高等教育：普通本专科、成人本专科、网络本专科、研究生（博士、硕士）、高等教育自学考试、高等教育学历文凭考试。

从事学历教育的学校，是指：

（1）普通学校。

（2）经地（市）级以上人民政府或者同级政府的教育行政部门批准成立、国家承认其学员学历的各类学校。

（3）经省级及以上人力资源社会保障行政部门批准成立的技工学校、高级技工学校。

（4）经省级人民政府批准成立的技师学院。

上述学校均包括符合规定的从事学历教育的民办学校，但不包括职业培训机构等国家不承认学历的教育机构。

根据文件规定，你学校不符合学历教育必须具备的全部条件，不能免征增值税。

55. 境外单位通过教育部考试中心在境内开展考试，教育部考试中心取得的考试费收入如何缴纳增值税？

答：69号公告第六条规定，境外单位通过教育部考试中心及其直属单位在境内开展考试，教育部考试中心及其直属单位应以取得的考试费收入扣除支付给境外单位考试费后的余额为销售额，按提供“教育辅助服务”缴纳增值税；就代为收取并支付给境外单位的考试费统一扣缴增值税。教育部考试中心及其直属单位代为收取并支付给境外单位的考试费，不得开具增值税专用发票，可以开具增值税普通发票。

56. 托儿所、幼儿园提供的保育和教育服务免征增值税吗？

答：《试点过渡政策的规定》第一条第（一）项第1目规定，托儿所、幼儿园提供的保育和教育服务，免征增值税。

托儿所、幼儿园，是指经县级以上教育部门审批成立、取得办园许可证的实施0～6岁学前教育的机构，包括公办和民办的托儿所、幼儿园、学前班、幼儿班、保育院、幼儿院。

公办托儿所、幼儿园免征增值税的收入是指，在省级财政部门和价格主管部门审核报省级人民政府批准的收费标准以内收取的教育费、保育费。

民办托儿所、幼儿园免征增值税的收入是指，在报经当地有关部门备案并公示的收费标准范围内收取的教育费、保育费。

民办幼儿园与公办幼儿园免税费用明细见表7-3。

表7-3　　民办幼儿园与公办幼儿园免税费用明细表

类型	成立审批条件	收费审批条件	收费标准确定方法	内容
公办幼儿园、托儿所	经县级以上教育部门审批成立、取得办园许可证	经省级财政部门和价格主管部门审核报省级人民政府	审核	教育费、保育费
民办幼儿园、托儿所	经县级以上教育部门审批成立、取得办园许可证	经当地有关部门备案并公示	备案	教育费、保育费

注意：该文件明确，超过规定收费标准的收费，以开办实验班、特色班和兴趣班等为由另外收取的费用以及与幼儿入园挂钩的赞助费、支教费等超过规定范围的收入，不属于免征增值税的收入。

57. 临床检验服务属于现代服务还是生活服务？是否可免税？

答：（1）《销售服务、无形资产、不动产注释》规定，医疗服务，是指提供医学检查、诊断、治疗、康复、预防、保健、接生、计划生育、防疫服务等方面的服务，以及与这些服务有关的提供药品、医用材料器具、救护车、病房住宿和伙食的业务。因此，临床检验服务属于生活服务业中的医疗服务。

《试点过渡政策的规定》第一条第（七）项进一步明确了免税的医疗机构和医疗服务的内容：

"医疗机构，是指依据国务院《医疗机构管理条例》（国务院令第149号）及卫生部《医疗机构管理条例实施细则》（卫生部令第35号）的规定，经登记取得《医疗机构执业许可证》的机构，以及军队、武警部队各级各类医疗机构。具体包括：各级各类医院、门诊部（所）、社区卫生服务中心（站）、急救中心（站）、城乡卫生院、护理院（所）、疗养院、临床检验中心，各级政府及有关部门举办的卫生防疫站（疾病控制中心）、各种专科疾病防治站（所），各级政府举办的妇幼保健所（站）、母婴保健机构、儿童保健机构，各级政府举办的血站（血液中心）等医疗机构。

本项所称的医疗服务，是指医疗机构按照不高于地（市）级以上价格主管部门会同同级卫生主管部门及其他相关部门制定的医疗服务指导价格（包括政府指导价和按照规定由供需双方协商确定的价格等）为就医者提供《全国医疗服务价格项目规范》所列的各项服务，以及医疗机构向社会提供卫生防疫、卫生检疫的服务。"

因此，只要依据国务院《医疗机构管理条例》及卫生部《医疗机构管理条例实施细则》的规定，经登记取得《医疗机构执业许可证》；按照不高于地（市）级以上价格主管部门会同同级卫生主管部门及其他相关部门制定的医疗服务指导价格（包括政府指导价和按照规定由供需双方协商确定的价格等）为就医者提供《全国医疗服务价格项目规范》所列的各项服务，就符合免税要求。

58. 提供医院服务如何开具增值税发票？

问：我院营改增前仅在民政局办理了非经营的医疗资质，营改增后已办理工商执照和税务登记。现在如果需要开发票，应该开具什么发票？

答：医疗服务属于生活服务业，提供符合规定的医疗服务可免征增值税。

根据《试点实施办法》第五十三条第（二）项第2目的规定，适用免征增值税规定的应税行为，不得开具增值税专用发票，如果医院选择免税，则不得开具增值税专用发票，也不可以抵扣取得的进项税额。但可以开具加免税标识的增值税普通发票。

59. 承包某医院的临床检验科室，分成收入可获免税资格吗？

问：我公司承包某医院的临床检验科室，设备系接受融资租赁，不单独对外接受检验检测业务，收入与医院分成后按比例获得。取得的分成收入可以获得免税资格吗？

答：承包医院临床科室开展业务是否合法，应由有关管理机构负责。税务机关没有能力，也无权力鉴定医院的科室及科室工作人员的组成是否合法。你公司承包医院科室后，不以你公司名义开展业务，而是作为医院的一个科室从医院取得收入，是否可以免税，主要是看该医院申报的免税收入是否符合规定。

六、 旅游娱乐服务

60. 旅游公司开发国外系列旅游，如何进行增值税处理？

答：（1）旅行公司提供境外旅游免征增值税。

《跨境应税行为适用增值税零税率和免税政策的规定》第二条第（一）项第第（8）目规定，境内的单位和个人在境外提供旅游服务免征增值税。

（2）旅行公司应按规定办理免征增值税备案手续。

根据29号公告第八条的规定，应在首次享受免税的纳税申报期内或在各省、自治区、直辖市和计划单列市国家税务局规定的申报征期后的其他期限内，到主管税务机关办理跨境应税行为免税备案手续，同时提交以下备案材料：

①《跨境应税行为免税备案表》；

②跨境销售旅游服务的合同原件及复印件；

③服务地点在境外的证明材料原件及复印件；

69号公告第二条规定，境内的单位和个人在境外提供旅游服务，办理免税备案手续时，以下列材料之一作为服务地点在境外的证明材料：

A. 旅游服务提供方派业务人员随同出境的，出境业务人员的出境证件首页及出境记录页复印件。

出境业务人员超过 2 人的，只需提供其中 2 人的出境证件复印件。

B. 旅游服务购买方的出境证件首页及出境记录页复印件。

旅游服务购买方超过 2 人的，只需提供其中 2 人的出境证件复印件。

④服务购买方的机构所在地在境外的证明材；

⑤国家税务总局规定的其他资料。

61. 旅游公司提供旅游服务如何差额征税？差额开票有暴露利润的可能，如何协调？

答：《试点有关事项的规定》第一条第（三）项第 8 目规定，销售额试点纳税人提供旅游服务，可以选择以取得的全部价款和价外费用，扣除向旅游服务购买方收取并支付给其他单位或者个人的住宿费、餐饮费、交通费、签证费、门票费和支付给其他接团旅游企业的旅游费用后的余额为销售额。

选择上述办法计算销售额的试点纳税人，向旅游服务购买方收取并支付的上述费用，不得开具增值税专用发票，可以开具普通发票。

23 号公告规定，按照现行政策规定适用差额征税办法缴纳增值税，且不得全额开具增值税发票的（财政部、国家税务总局另有规定的除外），纳税人自行开具或者税务机关代开增值税发票时，通过新系统中差额征税开票功能，录入含税销售额（或含税评估额）和扣除额，系统自动计算税额和不含税金额，备注栏自动打印“差额征税”字样，发票开具不应与其他应税行为混开。

如客户只需开具增值税普通发票，可不使用差额征税开票功能，在申报的时候按差额方式计算缴纳增值税。

差额征税是给旅游服务企业提供的一个选项，旅游服务企业可以选择全额征税，且支付给其他单位或者个人的住宿费、餐饮费、交通费、签证费、门票费和支付给其他接团旅游企业的旅游费用都可以开具增值税专用发票。

62. 旅游公司向客户发放印有该公司 LOGO 的太阳帽、T 恤衫等，该如何处理？

答：旅游公司向购买旅游服务的客户免费发放印有该公司 LOGO 的太阳帽、T 恤衫等，如同酒店向住宿的客户提供免费早餐一样，属于行业惯例。旅游公司在设计收费标准和报价时，已考虑上述支出。因此，不适合将上述行为作为视同销售处理，建议作为该次旅游项目的一项一次性耗用的成本支出处理。

63. 旅游公司将火车票、飞机票交付给旅客，能否进行差额扣除？

答：69号公告第九条规定，纳税人提供旅游服务，将火车票、飞机票等交通费发票原件交付给旅游服务购买方而无法收回的，以交通费发票复印件作为差额扣除凭证。

64. KTV销售果盘、酒水如何处理？

答：KTV向客户提供果盘、酒水，如系在吧台单独收费购买，提供KTV业务的企业应作为兼营处理。

65. 高尔夫球场购入草种和草皮，如何抵扣进项税额？

答：高尔夫球场购入草种和草皮，要根据不同情况进行抵扣。

（1）向出产草种、草皮的农业生产单位或农民专业合作社购进其自产的草种、草皮（免税），凭销售方开具的普通发票抵扣进项税额；

（2）向农业生产者个人购进其自产的草种、草皮（免税），自行开具增值税普通发票（系统在发票打印“收购”字样），并按照增值税普通发票上注明的草种、草皮买价和11%的扣除率计算进项税额。

（3）向其他一般纳税人购进非其自产的草种、草皮（应税），按增值税专用发票上注明的税额，或按照增值税普通发票上注明的买价和11%的扣除率计算进项税额。

（4）向小规模纳税人购进非自产的草种、草皮（应税），取得对方开具的增值税普通发票，并按照增值税普通发票上注明的买价和11%的扣除率计算进项税额。

（5）进口的，按从海关取得的完税凭证上注明的增值税额计算抵扣。

七、综合业务

66. 餐饮住宿服务如何进行纳税申报？

答：餐饮住宿服务企业纳税申报示例如下。

| 案例分析 |

A 酒店有限公司为增值税一般纳税人，假设前期无留抵税额，2016 年 12 月发生以下业务：

（1）取得提供餐饮、住宿服务收入 31.8 万元（含税），其中开具增值税专用发票注明价款合计 25 万元（不含税），票面税额合计 1.5 万元；开具增值税普通发票取得收入 5.3 万元（含税）。

（2）购进饮料食品支付价款 3.51 万元，其中取得专用发票 5 份，注明价款合计 2 万元，税额合计 0.34 万元，并已经全部认证通过；取得增值税普通发票价税合计 1.17 万元。

A 公司应如何进行纳税申报?

分析：

销售额＝25＋5.3÷(1＋6％)＝30(万元)

销项税额＝1.5＋0.3＝1.8(万元)

当期允许抵扣的进项税额＝0.34 万元

申报表填写如下：

（1）将销售明细填报《附列资料（一)》。将取得收入根据开具发票类型不同对应填入该表第 5 行“6%税率”相应的列次。

①开具增值税专用发票取得收入 25 万元应填入第 1 列，专用发票注明税额合计 1.5 万元应填入第 2 列。

②开具增值税普通发票取得含税销售额 5.3 万元换算为不含税 5 万元后填入第 3 列，税额 0.3 万元应填入第 4 列。

③“合计”之“销售额”（第 9 列）填入 30 万元，“合计”之“销项（应纳）税额”（第 10 列）填入 1.8 万元，“合计”之“价税合计”（第 11 列）填入 31.8 万元。

④“扣除后”之“免税（含税）销售额”（第 13 列）填入 31.8 万元，“扣除后”之“销项（应纳）税额”（第 14 列）填入 1.8 万元。

具体如表 7-4 所示。

（2）将进项税额明细填报《附列资料（二)》。

当期允许抵扣的进项税额为 0.34 万元，将发票份数、金额、税额分别填入第 1 行“（一）认证相符的增值税专用发票”以及第 2 行“其中：本期认证相符且本期申报抵扣”相应列次。具体如表 7-5 所示。

表 7-4

增值税纳税申报表附列资料（一）

（本期销售情况明细）

项目及栏次				开具增值税专用发票		开具其他发票		纳税检查调整		合计			服务、不动产和无形资产扣除项目本期实际扣除金额	扣除后	
				销售额	销项（应纳）税额	销售额	销项（应纳）税额			销售额	销项（应纳）税额	价税合计		含税（免税）销售额	销项（应纳）税额
				1	2	3	4	7	8	9＝1＋3＋5＋7	10＝2＋4＋6＋8	11＝9＋10	12	13＝11－12	14＝13÷（100%＋税率或征收率）×税率或征收率
一、一般计税方法计税	全部征税项目		1									—	—	—	—
			2												
		13%税率	3									—	—	—	—
		11%税率	4												
		6%税率	5	250 000	15 000	50 000	3 000			300 000	18 000	318 000	0	318 000	18 000

表 7-5　　增值税纳税申报表附列资料（二）

（本期进项税额明细）

一、申报抵扣的进项税额				
项目	栏次	份数	金额	税额
（一）认证相符的增值税专用发票	1=2+3	5	20 000	3 400
其中：本期认证相符且本期申报抵扣	2	5	20 000	3 400
前期认证相符且本期申报抵扣	3			
（二）其他扣税凭证	4=5+6+7+8			
其中：海关进口增值税专用缴款书	5			
农产品收购发票或者销售发票	6			
代扣代缴税收缴款凭证	7		—	
其他	8			
（三）本期用于购建不动产的扣税凭证	9			
（四）本期不动产允许抵扣进项税额	10	—	—	
（五）外贸企业进项税额抵扣证明	11	—	—	
当期申报抵扣进项税额合计	12=1+4-9+10+11	5	20 000	3 400

（3）将进项税额结构明细填报《本期抵扣进项税额结构明细表》。

将金额 2 万元、税额 0.34 万元分别填入第 1 行"合计"、第 2 行"17%税率的进项"对应的"金额"列和"税额"列。

具体如表 7-6 所示。

表 7-6　　本期抵扣进项税额结构明细表

项目	栏次	金额	税额
合计	1=2+4+5+11+16+18+27+29+30	20 000	3 400
一、按税率或征收率归集（不包括购建不动产、通行费）的进项			
17%税率的进项	2	20 000	3 400
其中：有形动产租赁的进项	3		
13%税率的进项	4		
11%税率的进项	5		
其中：运输服务的进项	6		

（4）填报主表《增值税纳税申报表（一般纳税人适用）》。

将销售额 30 万元填入第 1 行相应列次；将销项税额 1.8 万元填入第 11 行相应列次；进项税额 0.34 万元、应抵扣的进项税额、实际抵扣的进项税额均为 0.34 万元，分别填入第 12 行、第 17 行、第 18 行相应列次；应纳税额、应纳税额合计、期末未缴税额（多缴为负数）、本期应补（退）税额均为 1.46 万元，分别填入第 19 行、第 24 行、第 32 行、第 34 行相应列次。

具体如表 7-7 所示。

表 7-7　　**增值税纳税申报表**

（一般纳税人适用）

项目		栏次	一般项目	
			本月数	本年累计
销售额	（一）按适用税率计税销售额	1	300 000	300 000
	其中：应税货物销售额	2		
	应税劳务销售额	3		
	纳税检查调整的销售额	4		
	（二）按简易办法计税销售额	5		
	其中：纳税检查调整的销售额	6		
	（三）免、抵、退办法出口销售额	7		
	（四）免税销售额	8		
	其中：免税货物销售额	9		
	免税劳务销售额	10		
税款计算	销项税额	11	18 000	18 000
	进项税额	12	3 400	3 400
	上期留抵税额	13		
	进项税额转出	14		
	免、抵、退应退税额	15		
	按适用税率计算的纳税检查应补缴税额	16		
	应抵扣税额合计	17＝12＋13－14－15＋16	3 400	—
	实际抵扣税额	18（如 17＜11，则为 17，否则为 11）	3 400	3 400
	应纳税额	19＝11－18	14 600	14 600
	期末留抵税额	20＝17－18		
	简易计税办法计算的应纳税额	21		
	按简易计税办法计算的纳税检查应补缴税额	22		
	应纳税额减征额	23		
	应纳税额合计	24＝19＋21－23	14 600	14 600

续表

项目		栏次	一般项目	
			本月数	本年累计
税款缴纳	期初未缴税额（多缴为负数）	25		
	实收出口开具专用缴款书退税额	26		
	本期已缴税额	27＝28＋29＋30＋31		
	①分次预缴税额	28		—
	②出口开具专用缴款书预缴税额	29		—
	③本期缴纳上期应纳税额	30		
	④本期缴纳欠缴税额	31		
	期末未缴税额（多缴为负数）	32＝24＋25＋26－27	14 600	14 600
	其中：欠缴税额（≥0）	33＝25＋26－27		—
	本期应补（退）税额	34＝24－28－29	14 600	—
	即征即退实际退税额	35	—	—
	期初未缴查补税额	36		
	本期入库查补税额	37		
	期末未缴查补税额	38＝16＋22＋36－37		

67. 一般纳税人提供旅游服务选择差额征税如何进行纳税申报？

答：《试点有关事项的规定》第一条第（三）项规定，试点纳税人提供旅游服务，可以选择以取得的全部价款和价外费用，扣除向旅游服务购买方收取并支付给其他单位或者个人的住宿费、餐饮费、交通费、签证费、门票费和支付给其他接团旅游企业的旅游费用后的余额为销售额。选择上述办法计算销售额的试点纳税人，向旅游服务购买方收取并支付的上述费用，不得开具增值税专用发票，可以开具普通发票。

23 号公告第四条第（二）项规定，按照现行政策规定适用差额征税办法缴纳增值税，且不得全额开具增值税发票的（财政部、国家税务总局另有规定的除外），纳税人自行开具或者税务机关代开增值税发票时，通过新系统中差额征税开票功能，录入含税销售额（或含税评估额）和扣除额，系统自动计算税额和不含税金额，备注栏自动打印“差额征税”字样，发票开具不应与其他应税行为混开。

因此，一般纳税人需要视全额开具普通发票和差额开具专用发票两种不同情况进行增值税纳税申报。

| 案例分析 |

[例 1]（全额开具普通发票）A 企业是从事旅游服务的一般纳税人（适用税率为 6%），2016 年 12 月共取得旅游收入 263 万元并开具了普通发票。该笔旅游收入包含了向其他单位支付的住宿费 64 万元、餐饮费 40 万元、交通费 23 万元和门票费 30 万元。假设本月没有其他业务。假设上期无留抵税额。该企业选择了差额征收方式。A 企业应如何进行纳税申报?

分析:

本期可扣除项目金额 = 64 + 40 + 23 + 30 = 157(万元)

扣除后的销售额 = 263 − 157 = 106(万元)

不含税销售额 = 106 ÷ (1 + 6%) = 100(万元)

销项税额 = 100 × 6% = 6(万元)

申报表填写如下:

(1) 本期可扣除项目金额填报《附列资料（三)》。

将本期取得的含税收入 263 万元填入第 3 行第 1 列；将本期取得的且在本期实际扣除的金额 157 万元填入第 3 行第 3 列、第 4 列以及第 5 列。

具体如表 7-8 所示。

表 7-8　　增值税纳税申报表附列资料（三）

（服务、不动产和无形资产扣除项目明细）

项目及栏次		本期服务、不动产和无形资产价税合计额（免税销售额）	服务、不动产和无形资产扣除项目				
			期初余额	本期发生额	本期应扣除金额	本期实际扣除金额	期末余额
		1	2	3	4 = 2 + 3	5 (5≤1 且 5≤4)	6 = 4 − 5
17%税率的项目	1						
11%税率的项目	2						
6%税率的项目（不含金融商品转让）	3	2 630 000		1 570 000	1 570 000	1 570 000	

(2) 销售额及销项税额填报《附列资料（一)》。

①根据开具普通发票的收入 2 630 000 元计算得出不含税收入额 2 481 132. 08 元及税额 148 867. 92 元，分别填入第 5 行第 3 列、第 4 列。

②将扣除项目金额 1 570 000 元填入第 5 行第 12 列。

③将扣除后的销售额 1 060 000 元填入第 5 行第 13 列。

④计算得出的销项税额 60 000 元填入第 5 行第 14 列并填入主表第 11 行“销项税额——本月数”。

具体如表 7-9 所示。

表 7-9

增值税纳税申报表附列资料（一）

（本期销售情况明细）

项目及栏次				开具增值税专用发票		开具其他发票		合计			服务、不动产和无形资产扣除项目本期实际扣除金额	扣除后	
				销售额	销项（应纳）税额	销售额	销项（应纳）税额	销售额	销项（应纳）税额	价税合计		含税（免税）销售额	销项（应纳）税额
				1	2	3	4	9＝1＋3＋5＋7	10＝2＋4＋6＋8	11＝9＋10	12	13＝11－12	14＝13÷（100%＋税率或征收率）×税率或征收率
一、一般计税方法计税	全部征税项目	17%税率的货物及加工修理修配劳务	1							—	—	—	—
		17%税率的服务、不动产和无形资产	2										
		13%税率	3							—	—	—	—
		11%税率											
		6%税率	5			2 481 132. 08	148 867. 92	2 481 132. 10	148 867. 92	2 630 000	1 570 000	1 060 000	60 000

［例 2］（差额开具专用发票）B 企业是从事旅游服务的一般纳税人（适用税率为 6%），2016 年 12 月共取得旅游收入 263 万元，均通过增值税发票新系统中差额征税开票功能开具了增值税专用发票并开具了普通发票。该笔旅游收入包含了向其他单位支付的住宿费 64 万元、餐饮费 40 万元、交通费 23 万元和门票费 30 万元，合计 157 万元。假设本月没有其他业务，上期无留抵税额。B 企业应如何进行纳税申报?

分析：

由于此笔业务是通过系统差额征税的功能开具的发票，通过录入含税销售额 263 万元（或含税评估额）和扣除额 157 万元，系统自动计算税额和不含税金额。销项税额＝(263－157)÷1.06×0.06＝6（万元），不含税金额应为 263－6＝257（万元），税率用 *** 代替。

该专用发票不含税金额与税额之间不存在税率的勾稽关系，因此应通过本月“合计销售额”与“开具其他发票销售额”“未开具发票销售额”金额的差计算得出本期应填写的“专用发票的销售额”与“销项税”。本例中，开具其他发票销售额与未开具发票销售额金额合计为 0。

申报表填写如下：

（1）本期可扣除项目金额填报《附列资料（三)》。

本期可扣除项目金额的计算与填报与例 1 一致，具体如表 7-10 所示。

表 7-10　　增值税纳税申报表附列资料（三）

（服务、不动产和无形资产扣除项目明细）

项目及栏次		本期服务、不动产和无形资产价税合计额（免税销售额）	服务、不动产和无形资产扣除项目				
			期初余额	本期发生额	本期应扣除金额	本期实际扣除金额	期末余额
		1	2	3	4＝2＋3	5（5≤1 且 5≤4）	6＝4－5
17%税率的项目	1						
11%税率的项目	2						
6%税率的项目（不含金融商品转让）	3	2 630 000		1 570 000	1 570 000	1 570 000	

（2）销售额及销项税额填报《附列资料（一)》。

①将本月合计不含税销售额 2 481 132.08 元、销项税额 148 867.92 元以及价税合计数 2 630 000 元填入第 5 行第 9 列、第 10 列、第 11 列。

②通过本月合计销售额还原计算得出的专用发票销售与税额填入第 5 行第 1 列、第 2 列。（注意：这是和例 1 的关键区别。）

③将扣除项目金额 1 570 000 元填入第 5 行第 12 列。

④计算得出的扣除后的销项税额 60 000 元填入第 5 行第 14 列。本列数应等于差额征税发票上的税额 60 000 元。

具体如表 7-11 所示。

表 7-11

增值税纳税申报表附列资料（一）

（本期销售情况明细）

项目及栏次				开具增值税专用发票		开具其他发票		合计			服务、不动产和无形资产扣除项目本期实际扣除金额	扣除后	
				销售额	销项（应纳）税额	销售额	销项（应纳）税额	销售额	销项（应纳）税额	价税合计		含税（免税）销售额	销项（应纳）税额
				1	2	3	4	9＝1＋3＋5＋7	10＝2＋4＋6＋8	11＝9＋10	12	13＝11－12	14＝13÷（100%＋税率或征收率）×税率或征收率
一、一般计税方法计税	全部征税项目	17%税率的货物及加工修理修配劳务	1							—	—	—	—
		17%税率的服务、不动产和无形资产	2										
		13%税率	3							—	—	—	—
		11%税率	4										
		6%税率	5	2 481 132. 08	148 867. 92			2 481 132. 08	148 867. 92	2 630 000	1 570 000	1 060 000	60 000

第八章 工业、商业及其他行业增值税规定

一、 工业

1. 生产企业捐赠自制产品如何确认增值税的销售额?

问：我单位因营销策略的需要，自制一批用于捐赠的营销产品，成本价3万元，无同类产品，该如何确定这批营销产品的计税价格?

答：《增值税暂行条例实施细则》第十六条规定，纳税人有视同销售货物行为而无销售额者，按下列顺序确定销售额：

(1) 按纳税人当月同类货物的平均销售价格确定；

(2) 按纳税人最近时期同类货物的平均销售价格确定；

(3) 按组成计税价格确定，组成计税价格的公式为：组成计税价格=成本×(1+成本利润率)。

根据上述规定，无同类产品的，你单位捐赠此货物就可以按组成计税价格确定。

2. 包装物如何确定销项税额?

答：(1) 随同产品出售不单独计价，直接随货物销售计入“主营业务收入”，计征增值税销项税额。

（2）随同产品出售单独计价，为销售包装物收入，直接计入“其他业务收入”，计征增值税销项税额。

（3）为产品出售同时出租包装物，收取的包装物租金即为企业销售货物的价外费用，应按货物销售计入“主营业务收入”，计征增值税销项税额。

3. 企业收取的包装物押金收入如何计缴增值税？

答：包装物押金收入如何计征增值税，分以下两种情况进行分析：

（1）酒类包装物押金。

《国家税务总局关于加强增值税征收管理若干问题的通知》（国税发〔1995〕192号）第三条规定，对销售除啤酒、黄酒外的其他酒类产品而收取的包装物押金，无论是否返还以及会计上如何核算，均应并入当期销售额征税。

因此，其他酒类包装物押金于收取当期计征增值税，啤酒、黄酒包装物押金逾期时需计征增值税。

（2）非酒类包装物押金。

①纳税人为销售货物而出租出借包装物收取的押金，单独记账核算的，根据《国家税务总局关于印发〈增值税若干具体问题的规定〉的通知》（国税发〔1993〕154号）第二条第（一）项的规定，不并入销售额征税。

②纳税人为销售货物出租出借包装物而收取的押金，无论包装物周转使用期限长短，超过一年（含一年）以上仍不退还的，根据《国家税务总局关于取消包装物押金逾期期限审批后有关问题的通知》（国税函〔2004〕827号）的规定，均并入销售额征税。

②对增值税一般纳税人（包括纳税人自己或代其他部门）向购买方收取的价外费用和逾期包装物押金，根据国税发〔1993〕154号文件第二条第（一）项和《国家税务总局关于增值税若干征管问题的通知》（国税发〔1996〕155号）第一条的规定，应视为含税收入，在征税时换算成不含税收入并入销售额计征增值税。对因逾期未收回包装物不再退还的押金，应按所包装货物的适用税率征收增值税。

| 适用解析 |

1. 某粮油加工厂（增值税一般纳税人）向天天超市销售一批食用植物油，在价外另收取油桶押金904元，因期限已逾一年，押金不再返还。该业务应如何缴纳增值税？

解析：该笔押金收入应缴纳增值税 $=904\div(1+13\%)\times13\%=104$（元）。

2. 某酒厂（增值税一般纳税人）主要生产粮食白酒、啤酒、黄酒等酒品。2016年9月发生下列经济业务：9月8日销售粮食白酒一批，同时收取包装物押金11 700元；9月18日销售啤酒一批，同时收取包装物押金70 200元；9月25日，没收已逾期一年的啤酒、黄酒包装物押金46 800元。该酒厂应如何进行税务处理？

解析：

①9月8日销售粮食白酒收取的包装物押金应缴纳增值税＝11 700÷(1＋17%)×17%＝1 700（元）。

②9月18日销售啤酒收取的包装物押金70 200元未逾期，不需要缴纳增值税。

③9月25日没收已逾期一年的啤酒、黄酒包装物的押金应缴纳增值税＝46 800÷(1＋17%)×17%＝6 800（元）。

4. 货物移库是否属于视同销售行为？

问：我公司把货物运到物流中心或者配货点（均在异地），然后向各购货单位送货、配货，这种行为是否属于视同销售行为？

答：《国家税务总局关于企业所属机构间移送货物征收增值税问题的通知》（国税发〔1998〕137号）规定，《增值税暂行条例实施细则》第四条视同销售货物行为的第三项所称的用于销售，是指受货机构发生以下情形之一的经营行为：

（1）向购货方开具发票；

（2）向购货方收取货款。

受货机构的货物移送行为有上述两项情形之一的，应当向所在地税务机关缴纳增值税。

受货机构的货物移送行为未发生上述两项情形的，则应由总机构统一缴纳增值税。

如果受货机构只就部分货物向购买方开具发票或收取货款，则应当区别不同情况计算，并分别向总机构所在地或分支机构所在地缴纳税款。

5. 取得进口环节标有两个单位名称的增值税专用缴款书，如何抵扣增值税？

答：《国家税务总局关于加强进口环节增值税专用缴款书抵扣税款管理的通知》（国税发〔1996〕32号）规定，对海关代征进口环节增值税开具的增值税专用缴款书上标明有两个单位名称，即既有代理进口单位名称，又有委托进口单位名称的，只准予其中取得专用缴款书原件的一个单位抵扣税款。申报抵扣税款的委托进口单位，必须提供相应的海关代征增值税专用缴款书原件、委托代理合同及付款凭证，否则不予抵扣税款。

6. 货物期货交易如何缴纳增值税？

答：《国家税务总局关于下发〈货物期货征收增值税具体办法〉的通知》（国税发〔1994〕244号）规定，货物期货交易增值税的纳税环节为期货的实物交割环节。货物期货交易增值的计税依据为交割时的不含税价格（不含增值税的实际成交额）。关于货物期货交易增值税纳税人的规定为：

（1）交割时采取由期货交易所开具发票的，以期货交易所为纳税人。期货交易所增值税按次计算，其进项税额为该货物交割时供货会员单位开具的增值税专用发票上注明的销项税额，期货交易所本身发生的各种进项不得折扣。

（2）交割时采取由供货的会员单位直接将发票开给购货会员单位的，以供货会员单位为纳税人。

7. 印刷企业印刷有统一刊号的图书、报纸和杂志，如何缴纳增值税？

答：根据《财政部 国家税务总局关于增值税若干政策的通知》（财税〔2005〕165号）第十二条的规定，印刷企业接受出版单位委托，自行购买纸张，印刷有统一刊号（CN）以及采用国际标准书号编序的图书、报纸和杂志，按货物销售征收增值税。

8. 药品生产企业免费提供创新药，是否缴纳增值税？

答：根据《财政部 国家税务总局关于创新药后续免费使用有关增值税政策的通知》（财税〔2005〕4号）的规定，药品生产企业销售自产创新药的销售额，为向购买方收取的全部价款和价外费用，其提供给患者后续免费使用的相同创新药，不属于增值税视同销售范围。

创新药，是指经国家食品药品监督管理部门批准注册、获批前未曾在中国境内外上市销售，通过合成或者半合成方法制得的原料药及其制剂。

药品生产企业免费提供创新药，应保留如下资料，以备税务机关查验：

（1）国家食品药品监督管理部门颁发的注明注册分类为1.1类的药品注册批件；

（2）后续免费提供创新药的实施流程；

（3）第三方（创新药代保管的医院、药品经销单位等）出具免费用药确认证明，以及患者在第三方登记、领取创新药的记录。

9. 生产企业可否同时享受即征即退政策和出口退免税政策?

答: 根据《财政部 国家税务总局关于出口货物劳务增值税和消费税政策的通知》(财税〔2012〕39号)第五条第(四)项的规定,出口企业既有适用增值税免抵退项目,也有增值税即征即退、先征后退项目的,增值税即征即退和先征后退项目不参与出口项目免抵退税计算。出口企业应分别核算增值税免抵退项目和增值税即征即退、先征后退项目,并分别申请享受增值税即征即退、先征后退和免抵退税政策。

用于增值税即征即退或者先征后退项目的进项税额无法划分的,按照下列公式计算:

$$\text{无法划分进项税额中用于增值税即征即退或者先征后退项目的部分}=\text{当月无法划分的全部进项税额}\times\text{当月增值税即征即退或者先征后退项目销售额}\div\text{当月全部销售额、营业额合计}$$

10. 生产企业出口货物劳务的计税依据是什么?

答: 根据财税〔2012〕39号文件第四条的规定,出口货物劳务的增值税退(免)税的计税依据,按出口货物劳务的出口发票(外销发票)、其他普通发票或购进出口货物劳务的增值税专用发票、海关进口增值税专用缴款书确定。具体规定如下:

(1)生产企业出口货物劳务(进料加工复出口货物除外)增值税退(免)税的计税依据,为出口货物劳务的实际离岸价(FOB)。实际离岸价应以出口发票上的离岸价为准,但如果出口发票不能反映实际离岸价,主管税务机关有权予以核定。

(2)生产企业进料加工复出口货物增值税退(免)税的计税依据,按出口货物的离岸价(FOB)扣除出口货物所含的海关保税进口料件的金额后确定。

(3)生产企业国内购进无进项税额且不计提进项税额的免税原材料加工后出口的货物的计税依据,按出口货物的离岸价(FOB)扣除出口货物所含的国内购进免税原材料的金额后确定。

11. 生产企业销售自产的海洋工程结构物,是否可以享受出口退税政策?

答: 财税〔2016〕140号文件第十七条规定,自2017年1月1日起,生产企业销售自产的海洋工程结构物,或者融资租赁企业及其设立的项目子公司、金融租赁公司及其设立的项目子公司购买并以融资租赁方式出租的国内生产企业生产的海洋工程结构物，应按规定缴纳增值税，不再适用《财政部 国家税务总局关于出口货物劳务增值税和消费税政策的通知》（财税〔2012〕39 号）或者《财政部 国家税务总局关于在全国开展融资租赁货物出口退税政策试点的通知》（财税〔2014〕62 号）规定的增值税出口退税政策，但购买方或者承租方为按实物征收增值税的中外合作油（气）田开采企业的除外。

2017 年 1 月 1 日前签订的海洋工程结构物销售合同或者融资租赁合同，在合同到期前，可继续按现行相关出口退税政策执行。

12. 生产企业如何进行年度进料加工业务的核销？

答：《国家税务总局关于〈出口货物劳务增值税和消费税管理办法〉有关问题的公告》（国家税务总局公告 2013 年第 12 号）第二条第（十）项第 4 目规定，自 2014 年起，企业应在本年度 4 月 20 日前，向主管税务机关报送《生产企业进料加工业务免抵退税核销申报表》及电子数据，申请办理上年度海关已核销的进料加工手（账）册项下的进料加工业务核销手续。企业申请核销后，主管税务机关不再受理其上一年度进料加工出口货物的免抵退税申报。4 月 20 日之后仍未申请核销的，该企业的出口退（免）税业务，主管税务机关暂不办理，待其申请核销后，方可办理。

主管税务机关受理核销申请后，应通过出口退税审核系统提取海关联网监管加工贸易电子数据中的进料加工“电子账册（电子化手册）核销数据”以及进料加工业务的进、出口货物报关单数据，计算生成《进料加工手（账）册实际分配率反馈表》，交企业确认。

企业应及时根据进料加工手（账）册实际发生的进出口情况对反馈表中手（账）册实际分配率进行核对。经核对相符的，企业应对该手（账）册进行确认；核对不相符的，企业应提供该手（账）册的实际进出口情况。核对完成后，企业应在《进料加工手（账）册实际分配率反馈表》中填写确认意见及需要补充的内容，加盖公章后交主管税务机关。

主管税务机关对于企业未确认相符的手（账）册，应提取海关联网监管加工贸易电子数据中的该手（账）册的进料加工“电子账册（电子化手册）核销数据”以及进、出口货物报关单数据，反馈给企业。对反馈的数据缺失或与纸质报关单不一致的，企业应及时向报关海关申请查询，并根据该手（账）册实际发生的进出口情况将缺失或不一致的数据填写《已核销手（账）册海关数据调整报告表（进口报关单/出口报关单）》，报送至主管税务机关，同时附送电子数据、相关报关单原件、向报关海关查询情况的书面说明。

主管税务机关应将企业报送的《已核销手（账）册海关数据调整报告表》电子数据读入出口退税审核系统，重新计算生成《进料加工手（账）册实际分配率反馈表》。在企业对手（账）册的实际分配率确认后，主管税务机关按照企业确认的实际分配率对进料加工业务进行核销，并将《生产企业进料加工业务免抵退税核销表》交企业。企业应在次月根据该表调整前期免抵退税额及不得免征和抵扣税额。

主管税务机关完成年度核销后，企业应以《生产企业进料加工业务免抵退税核销表》中的“上年度已核销手（账）册综合实际分配率”，作为当年度进料加工计划分配率。

13. 安置了部分残疾人从业的生产企业，如何享受增值税优惠政策？

答：根据《财政部 国家税务总局关于促进残疾人就业增值税优惠政策的通知》（财税〔2016〕52号）的规定，对安置残疾人的单位和个体工商户（以下称纳税人），实行由税务机关按纳税人安置残疾人的人数，限额即征即退增值税的办法。

安置的每位残疾人每月可退还的增值税具体限额，由县级以上税务机关根据纳税人所在区县（含县级市、旗）适用的经省（含自治区、直辖市、计划单列市）人民政府批准的月最低工资标准的4倍确定。

享受税收优惠政策的条件：

（1）纳税人（除盲人按摩机构外）月安置的残疾人占在职职工人数的比例不低于25%（含25%），并且安置的残疾人人数不少于10人（含10人）；

盲人按摩机构月安置的残疾人占在职职工人数的比例不低于25%（含25%），并且安置的残疾人人数不少于5人（含5人）。

（2）依法与安置的每位残疾人签订了一年以上（含一年）的劳动合同或服务协议。

（3）为安置的每位残疾人按月足额缴纳了基本养老保险、基本医疗保险、失业保险、工伤保险和生育保险等社会保险。

（4）通过银行等金融机构向安置的每位残疾人，按月支付了不低于纳税人所在区县适用的经省人民政府批准的月最低工资标准的工资。

纳税人按照纳税期限向主管国税机关申请退还增值税。本纳税期已交增值税额不足退还的，可在本纳税年度内以前纳税期已交增值税扣除已退增值税的余额中退还，仍不足退还的可结转本纳税年度内以后纳税期退还，但不得结转以后年度退还。纳税期限不为按月的，只能对其符合条件的月份退还增值税。

注意：纳税信用等级被税务机关评定为C级或D级的纳税人，不得享受上述优惠政策。

14. 安置残疾人的单位能否同时享受多项增值税优惠政策?

答：根据《国家税务总局关于安置残疾人单位是否可以同时享受多项增值税优惠政策问题的公告》（国家税务总局公告 2011 年第 61 号）的规定，安置残疾人单位既符合促进残疾人就业增值税优惠政策条件，又符合其他增值税优惠政策条件的，可同时享受多项增值税优惠政策，但年度申请退还增值税总额不得超过本年度内应纳增值税总额。

因此，符合条件安置残疾人的单位可以同时享受多项增值税优惠政策。

15. 销售自产的资源综合利用产品和提供资源综合利用劳务，享受增值税即征即退政策，需要满足什么条件?

答：根据《财政部 国家税务总局关于印发〈资源综合利用产品和劳务增值税优惠目录〉的通知》（财税〔2015〕78 号）第二条的规定，纳税人从事《目录》所列的资源综合利用项目，其申请享受该通知规定的增值税即征即退政策时，应同时符合下列条件：

（1）属于增值税一般纳税人。

（2）销售综合利用产品和劳务，不属于国家发展改革委《产业结构调整指导目录》中的禁止类、限制类项目

（3）销售综合利用产品和劳务，不属于环境保护部《环境保护综合名录》中的“高污染、高环境风险”产品或者重污染工艺。

（4）综合利用的资源，属于环境保护部《国家危险废物名录》列明的危险废物的，应当取得省级及以上环境保护部门颁发的《危险废物经营许可证》，且许可经营范围包括该危险废物的利用。

（5）纳税信用等级不属于税务机关评定的 C 级或 D 级。

纳税人在办理退税事宜时，应向主管税务机关提供其符合本条规定的上述条件以及《目录》规定的技术标准和相关条件的书面声明材料，未提供书面声明材料或者出具虚假材料的，税务机关不得给予退税。

16. 稽查查补的增值税税款可否享受资源综合利用即征即退优惠政策?

问：我公司享受资源综合利用即征即退优惠政策，2016 年税务局对我公司进行稽查，查补税款 20 万元。那么，查补的税款可否享受即征即退优惠?

答：根据《财政部 国家税务总局关于明确对查补税款不得享受先征后退政策的

批复》（财税〔1998〕80号）的规定，对于税务机关、财政监察专员办事机构、审计机关等执法机关根据税法有关规定查补的增值税等各项税款，必须全部收缴入库，均不得执行由财政和税务机关给予返还的优惠政策。

17. 销售自产的利用太阳能生产的电力产品可以享受什么税收优惠政策?

答：根据《财政部 国家税务总局关于继续执行光伏发电增值税政策的通知》（财税〔2016〕81号）的规定，自2016年1月1日至2018年12月31日，对纳税人销售自产的利用太阳能生产的电力产品，实行增值税即征即退50%的政策。

二、 商业企业

18. 一般纳税人的平销返利行为如何进行增值税处理?

答：（1）平销返利行为的范围。

《国家税务总局关于平销行为征收增值税问题的通知》（国税发〔1997〕167号）对平销返利的表述为：平销返利即生产企业以商业企业经销价或高于商业企业经销价的价格将货物销售给商业企业，商业企业再以进货成本或低于进货成本的价格进行销售，生产企业则以返还利润等方式弥补商业企业的进销差价损失。在平销活动中，生产企业弥补商业企业进销差价损失的方式主要有以下几种：

①生产企业通过返还资金方式弥补商业企业的损失，如有的对商业企业返还利润，有的向商业企业投资等。

②生产企业通过赠送实物或以实物投资方式弥补商业企业的损失。

（2）平销返利的增值税处理。

《国家税务总局关于平销行为征收增值税问题的通知》（国税发〔1997〕167号）规定，凡增值税一般纳税人，无论是否有平销行为，因购买货物而从销售方取得的各种形式的返还资金，均应依所购货物的增值税税率计算应冲减的进项税金，并从其取得返还资金当期的进项税金中予以冲减。

《国家税务总局关于商业企业向货物供应方收取的部分费用征收流转税问题的通知》（国税发〔2004〕136号）规定，商业企业向供货方收取的部分收入，按照以下原则征收增值税或营业税：

①对商业企业向供货方收取的与商品销售量、销售额无必然联系，且商业企业向供

货方提供一定劳务的收入，例如进场费、广告促销费、上架费、展示费、管理费等，不属于平销返利，不冲减当期增值税进项税金，应按营业税的适用税目税率征收营业税。

注意：根据《试点实施办法》的有关规定，营改增以后，上述行为应当缴纳增值税。

②对商业企业向供货方收取的与商品销售量、销售额挂钩（如以一定比例、金额、数量计算）的各种返还收入，均应按照平销返利行为的有关规定冲减当期增值税进项税金。应冲减进项税金的计算公式为：

$$\text{当期应冲减进项税金}=\frac{\text{当期取得的返还资金}}{1+\text{所购货物适用增值税税率}}\times\text{所购货物适用增值税税率}$$

③商业企业向供货方收取的各种收入，一律不得开具增值税专用发票。

| 案例分析 |

［**例 1**］宝胜汽车销售有限公司为某品牌汽车的特许经营店，主要业务为整车销售、零配件销售及售后服务。2018 年 5 月因销售规模达到合同约定规模，汽车制造厂根据销售数量返利现金 116 万元。宝胜公司和汽车制造厂应如何进行增值税处理?

分析：

(1) 宝胜汽车销售有限公司的增值税处理。

取得的返还资金应冲减当期进项税额：116÷(1+16%)×16%=16（万元）。

账务处理如下：

借：银行存款　　1 160 000

　贷：主营业务成本　　1 000 000

　　应交税费——应交增值税（进项税额转出）　　160 000

(2) 汽车制造厂的增值税处理。

应开具增值税红字专用发票，冲减当期销项税额。

账务处理如下：

借：银行存款　　1 160 000（红字）

　贷：主营业务收入　　1 000 000（红字）

　　应交税费——应交增值税（销项税额）　　160 000（红字）

［**例 2**］宝胜汽车销售有限公司为某品牌汽车的特许经营店，主要业务为整车销售、零配件销售及售后服务。2018 年 5 月因销售规模达到合同约定规模，汽车制造厂根据销售数量返还给宝胜汽车销售有限公司配件一批，价税合计 116 万元，并给该公司开具了增值税专用发票。宝胜公司和汽车制造厂应如何进行增值税处理?

分析：

(1) 宝胜汽车销售有限公司的增值税处理。

取得的返还配件，冲减当期进项税额：116÷(1+16%)×16%=16（万元）。

账务处理如下：

借：库存商品　1 000 000

　应交税费——应交增值税（进项税额）　160 000

　贷：主营业务成本　1 000 000

　　应交税费——应交增值税（进项税额转出）　160 000

(2) 汽车制造厂的增值税处理。

应视同销售，计算销项税额，缴纳增值税。

账务处理如下：

借：销售费用　1 160 000

　贷：库存商品　1 000 000

　　应交税费——应交增值税（销项税额）　160 000

19. 以旧换新涉及的增值税如何处理？

答：以旧换新是指购货方用已经使用过的物品换取销售方的新产品。它实际上是一种以销为主、购销兼有的销售方式。在以旧换新业务中，新产品按正常价格销售，购买方以旧产品换购新产品，旧产品按一定的标准作价抵销新产品的价款。

（1）销售收入的确定。

销售货物与有偿收购旧货是两项不同的业务活动，销售额与收购额不能相互抵减。根据《国家税务总局关于印发〈增值税若干具体问题的规定〉的通知》（国税发〔1993〕154号）第二条第（三）项以及《财政部 国家税务总局关于金银首饰等货物征收增值税问题的通知》（财税字〔1996〕74号）的规定，纳税人采取以旧换新方式销售货物的（金银首饰除外），应按新货物的同期销售价格确定销售额。

（2）取得的抵价旧商品的会计与税务处理。

销售方在回收旧商品后，对旧商品的处理一般分为三种情况：一是将旧商品销售给废旧物资回收单位，二是将旧商品作为资源回收利用，三是为避免旧商品废弃后对环境产生污染（如旧电池等），企业将旧商品回收后进行综合处理。无论哪种情况，取得旧商品后企业一般先将其作为存货管理，根据不同情况按其抵价金额计入“原材料”或“库存商品”中，由于一般无法取得旧商品相应的增值税发票，也就不能计算抵扣进项税额。

| 案例分析 |

阳光家电商场（一般纳税人）2018年5月采取以旧换新方式销售一批洗衣机，开出普通发票，并注明已扣除洗衣机折价48万元，实际收到货款300万元（含税）。该商场应如何进行税务处理？

分析：

本月销售额＝(300＋48)÷(1＋16%)＝300(万元)

销项税额＝300×16%＝48(万元)

账务处理如下：

借：银行存款　　3 000 000

　　库存商品　　480 000

　贷：主营业务收入　　3 000 000

　　　应交税费——应交增值税（销项税额）　　480 000

｜政策链接｜

《国家税务总局关于确认企业所得税收入若干问题的通知》(国税函〔2008〕875号)

第一条第（四）项规定，销售商品以旧换新的，销售商品应当按照销售商品收入确认条件确认收入，回收的商品作为购进商品处理。

20. 还本销售涉及的增值税如何处理？

答：还本销售是指销货方将货物出售之后，按约定的时间，一次或分次将货款部分或全部退给购货方，退还的货款即为还本支出。还本销售的目的一般是融资和促销。

根据《国家税务总局关于印发〈增值税若干具体问题的规定〉的通知》(国税发〔1993〕154号）第二条第（三）项的规定，纳税人采取还本销售货物的，不得从销售额中减除还本支出。

｜案例分析｜

甲公司（一般纳税人）2018年5月销售一套大型设备给乙公司，设备销售价格为100万元，成本60万元。销售合同约定，甲公司约定两年后还给乙设备款100万元。该公司应如何进行税务处理？

分析：

(1) 销售时，按设备销售价格100万元确认收入。

销项税额＝100×16%＝16(万元)

账务处理如下：

借：银行存款　　1 160 000

　贷：主营业务收入　　1 000 000

应交税费——应交增值税（销项税额） 160 000

借：主营业务成本 600 000

贷：库存商品 600 000

（2）还本时，根据合同及业务实质，分别将还本支出计入“销售费用”或“财务费用”。

| 政策链接 |

《国家税务总局关于确认企业所得税收入若干问题的通知》（国税函〔2008〕875 号）

第一条第（三）项规定，采用售后回购方式销售商品的，销售的商品按售价确认收入，回购的商品作为购进商品处理。有证据表明不符合销售收入确认条件的，如以销售商品方式进行融资，收到的款项应确认为负债，回购价格大于原售价的，差额应在回购期间确认为利息费用。

21. 售后回购涉及的增值税如何处理？

答：售后回购，指销货方售出商品后，在一定期间内，按照合同的有关规定又将其售出的商品购买回来的一种交易方式。在售后回购业务中，通常情况下，所售商品所有权上的主要风险和报酬没有从销售方转移到购货方，会计上不确认收入。《企业会计准则第 14 号——收入》规定，采用售后回购方式销售商品的，收到的款项应确认为负债；回购价格大于原售价的，差额应在回购期间按期计提利息，计入财务费用。有确凿证据表明售后回购满足销售商品确认条件的，销售的商品按售价确认收入，回购的商品作为购进商品处理。

增值税应当按照销售和购进两笔业务来处理。销售时，按销售价格计算销项税额；回购时，按照购进商品来处理，取得的进项税额可以抵扣。

| 案例分析 |

甲公司（一般纳税人）2018 年 5 月销售一套大型设备给乙公司，设备销售价格为 100 万元，成本 60 万元。销售合同约定，甲公司约定两年后以 124 万元的价格回购该设备。甲公司应如何进行税务处理？

分析：

（1）销售时，按设备销售价格 100 万元计提销项税额。

$$销项税额 = 100 \times 16\% = 16(万元)$$

账务处理如下：

借：银行存款 1 160 000

贷：其他应付款　　1 000 000

应交税费——应交增值税（销项税额）　　160 000

借：发出商品　　600 000

贷：库存商品　　600 000

（2）回购价大于原售价的差额，应在回购期间按期计提利息，计入当期财务费用，则每月计提利息费用 1 万元。

借：财务费用　　10 000

贷：其他应付款　　10 000

（3）两年后，回购商品时，进项税额 = 124 × 16% = 19. 84（万元）。

借：其他应付款　　1 240 000

应交税费——应交增值税（进项税额）　　198 400

贷：银行存款　　1 438 400

借：库存商品　　6 000 000

贷：发出商品　　600 000

| 政策链接 |

《国家税务总局关于确认企业所得税收入若干问题的通知》（国税函〔2008〕875 号）

第一条第（三）项规定，采用售后回购方式销售商品的，销售的商品按售价确认收入，回购的商品作为购进商品处理。有证据表明不符合销售收入确认条件的，如以销售商品方式进行融资，收到的款项应确认为负债，回购价格大于原售价的，差额应在回购期间确认为利息费用。

22. 随货赠送涉及的增值税如何处理？

答：随货赠送目前主要以下几种形式：

一是单独赠送。常见的是把货物作为纪念品、宣传品、样品单独赠送给客户，带有一定促销和增进联系的目的。会计实务中货物无论是购入取得还是自制取得，领用时均按成本价和应交税费计入“销售费用”或“管理费用”。

二是捆绑销售，赠品与卖品属同类商品。这种赠送以销售为前提和条件，属有偿赠送，实质上是销售折扣。如买三赠一可视为销售四件产品，视同折扣销售，但销售收入中已经涵盖了赠品的销售收入。会计实务中按实收金额记收入和销项税金，按四件结转销售成本；税法上对赠品也不视同销售处理，但要求发票按四件开具，并注明一件为折扣，赠品未在发票上注明或另开红字发票的则不得冲减收入，即赠品要视同销售征增值税和所得税。

三是捆绑销售，赠品与卖品不属同类。如买西服赠衬衣、买空调赠电磁炉等，这是商家除打折销售外最常用的销售方式。由于属有偿赠送，会计上和税法上对赠品也不做销售处理，会计上作为“销售费用——促销费”处理，所得税前据实扣除，增值税不加征。这与第二种方式的广告宣传费略有不同。但同样要求卖品和赠品同开在一张发票上，否则要视同销售征税。

根据《增值税暂行条例实施细则》第四条的规定，单位或者个体工商户将自产、委托加工或者购进的货物无偿赠送其他单位或者个人的行为，视同销售货物，应征收增值税。因此，增值税规定的视同销售是无偿赠送，无偿是指从接受方那不会取得货币、货物或者其他经济利益。买一赠一不是无偿，没有买一的行为就没有赠一的行为，因此赠是建立在有偿基础上的，属于有偿赠送行为，不视同销售。

| 案例分析 |

某大型商场（一般纳税人）2018 年 5 月在 5 周年店庆期间对小天鹅洗衣机进行“买一赠一”活动，买一台洗衣机送一台电磁炉。其间共销售洗衣机 50 台，单台不含税价 5 000 元，购进成本为每台 4 600 元；赠出电磁炉 50 台，每台市价 150 元，购进成本为 100 元（均不含税）。商场只就 50 台洗衣机开具了销售发票。该商场应如何进行账务处理？

分析：

销售洗衣机赠送电磁炉时，会计上和税法上对赠品都不作处理，洗衣机确认收入，赠品作销售费用处理。

账务处理如下：

借：银行存款　　290 000

　贷：主营业务收入——洗衣机　　250 000

　　　应交税费——应交增值税（销项税额）　　40 000

借：主营业务成本　　230 000

　　销售费用——促销费　　5 000

　贷：库存商品——洗衣机　　230 000

　　　　　　——电磁炉　　5 000

| 政策链接 |

《国家税务总局关于确认企业所得税收入若干问题的通知》（国税函〔2008〕875 号）

第三条规定，企业以买一赠一等方式组合销售本企业商品的，不属于捐赠，应将总的销售金额按各项商品的公允价值的比例来分摊确认各项的销售收入。

23. 直销企业应纳增值税的销售额如何确定?

答: 直销企业的经营模式现在有两种：一是直销员按照批发价向直销企业购买货物，再按零售价向消费者销售货物；二是直销员仅起到中介介绍作用，直销企业直接按零售价向直销员介绍的消费者销售货物，另外向直销员支付报酬。

《国家税务总局关于直销企业增值税销售额确定有关问题的公告》(国家税务总局2013年第5号公告）规定，直销企业先将货物销售给直销员，直销员再将货物销售给消费者的，直销企业的销售额为其向直销员收取的全部价款和价外费用。直销员将货物销售给消费者时，应按照现行规定缴纳增值税。直销企业通过直销员向消费者销售货物，直接向消费者收取货款，直销企业的销售额为其向消费者收取的全部价款和价外费用。

| 案例分析 |

[例 1] 有直销资格的直销企业甲为增值税一般纳税人，2018 年 5 月主要销售化妆品 A 产品，A 产品成本价为 1 000 元/件，同级一级批发价为 1 100 元/件，零售价为 1 200 元/件。孙某（一般纳税人）是甲企业的直销员，甲企业将 A 产品按 1 200 元/件的价格通过孙某直接卖给消费者，孙某从甲企业取得货物，直接向消费者收取货款，销售数量为2 000件，月末孙某将销售款交给甲企业。以上价格均为不含税价，不考虑其他税费。甲企业及孙某应如何进行增值税处理?

分析:

由于孙某直接向购货者收取货款，符合上述公告规定的第一种情况。甲企业移送货物时应按收取直销员孙某的销售款确认销售收入，同时开具增值税专用发票给孙某。

(1) 甲企业增值税处理为：销项税额 = 1 100 × 2 000 × 16% = 35. 2（万元)。

账务处理如下:

①甲企业发出货物时。

借：应收账款　　2 552 000

　贷：主营业务收入　　2 200 000

　　　应交税费——应交增值税（销项税额)　　352 000

②甲企业收到孙某的销货款时。

借：银行存款　　2 552 000

　贷：应收账款　　2 552 000

③甲企业结转成本时。

借：主营业务成本　　2 000 000

　贷：库存商品　　2 000 000

（2）直销员孙某的增值税处理。

进项税额＝1 100×2 000×16%＝35.2（万元）

销项税额＝1 200×2 000×16%＝38.4（万元）

账务处理如下：

①孙某接受货物时。

借：库存商品　　2 200 000

　　应交税费——应交增值税（进项税额）　　352 000

　贷：应付账款　　2 552 000

②孙某销售货物时。

借：银行存款　　2 784 000

　贷：主营业务收入　　2 400 000

　　　应交税费——应交增值税（销项税额）　　384 000

③孙某结转成本时。

借：主营业务成本　　2 200 000

　贷：库存商品　　2 200 000

［例 2］有直销资格的直销企业甲为增值税一般纳税人。2018 年 5 月主要销售化妆品 A 产品，A 产品成本价为 1 000 元/件，同级一级批发价为 1 100 元/件，零售价为 1 200 元/件。孙某（一般纳税人）是甲企业的直销员，双方签订直销协议，孙某按销售收入 2.5%取得报酬。甲企业将 A 产品按 1 200 元/件的价格通过孙某直接卖给消费者，孙某不收取货款，由甲企业直接向消费者收取货款，销售数量为 500 件。以上价格均为不含税价，不考虑其他税费。甲企业及孙某应如何进行增值税处理？

分析：

甲企业直接向消费者收取销售款，同时按约定支付孙某报酬，符合上述公告规定的第二种情况，孙某不作视同销售处理。

（1）甲企业增值税处理为：

销项税额＝1 200×500×16%＝9.6（万元）

财务处理如下：

①甲企业发出货物给孙某时。

借：应收账款　　500 000

　贷：库存商品　　500 000

②甲企业收到销货款时。

借：银行存款　　696 000

　贷：主营业务收入　　600 000

应交税费——应交增值税（销项税额）　96 000

③甲企业结转成本时。

借：主营业务成本　500 000

贷：应收账款　500 000

④甲企业按直销协议约定销售收入的2.5%支付孙某劳务报酬，确定为销售费用。

借：销售费用　15 000

应交税费——应交增值税（进项税额）　900

贷：银行存款　15 900

（2）孙某的增值税处理为：按经纪代理服务缴纳增值税，销项税额＝60×2.5%×6%＝0.09（万元）。

账务处理如下：

①孙某接受货物时。

借：库存商品　500 000

贷：应付账款　500 000

②收到甲企业通知冲销往来账，孙某作相反的分录（略）。

③孙某按约定依销售收入的2.5%取得报酬，按经纪代理服务确定收入并计征增值税。

借：银行存款　15 900

贷：主营业务收入　15 000

应交税费——应交增值税（销项税额）　900

24. 委托代销如何确认收入缴纳增值税?

答：委托代销是企业为了扩大产品销售和减少库存而采取的一种营销方式。实践当中，委托代销业务一般分为两种：一种是视同买断，即由委托方和受托方签订协议，委托方按协议价收取所代销的货款，实际售价与协议价之间的差额归受托方所有；另一种为收取手续费，即受托方根据所代销的商品数量或金额收取手续费。

根据《增值税暂行条例实施细则》第四条第（一）项和第（二）项的规定，单位或者个体工商户将货物交付其他单位或者个人代销或销售代销货物的行为，视同销售货物，计算并缴纳增值税。

《增值税暂行条例实施细则》第三十八条第（五）项规定："委托其他纳税人代销货物，为收到代销单位的代销清单或者收到全部或者部分货款的当天。未收到代销清单及货款的，为发出代销货物满180天的当天。"

综上分析，委托代销选择的方式不同，账务处理不同。税务处理视销售方式不同而采取不同的处理：在买断方式下，委托方和受托方分别按销售或购进处理，按实际售价确认销售收入，委托方给受托方开具发票，受托方向委托方开具代销清单；在采取收取手续费委托代销业务方式下，委托方应在收到受托方交付的商品代销清单时确认销售收入，受托方则按收取的手续费确认收入。

| 政策链接 |

《国家税务总局关于确认企业所得税收入若干问题的通知》（国税函〔2008〕875 号）

第一条第（二）项第 4 目规定，销售商品采用支付手续费方式委托代销的，在收到代销清单时确认收入。

《〈企业会计准则第 14 号——收入〉应用指南》

采用视同买断方式委托代销商品的，按销售商品收入确认条件确认收入。

第四条第 5 款规定，销售商品采用支付手续费方式委托代销的，在收到代销清单时确认收入。

| 案例分析 |

［例 1］ A 公司 2018 年 5 月委托 B 公司销售男式大衣 100 件，指定销售价格为 1 000 元/件，该商品成本为 600 元/件，增值税税率为 16%。B 公司按 A 公司指定的每件 1 000 元价格售给顾客，A 公司按售价的 10%支付 B 公司手续费。以上均为不含税价。A 公司和 B 公司应如何进行税务处理?

分析：

本例为收取手续费的委托代销方式。B 公司在实际销售时，即直接向买方开具一张增值税专用发票，发票上注明商品售价为 100 000 元，增值税额为 16 000 元。A 公司在收到 B 公司交来的代销清单时，向 B 公司开具一张相同金额的增值税专用发票。

（1）委托方——A 公司的增值税处理。

销项税额 = 100 × 1 000 × 16% = 1.6（万元）

账务处理如下：

①将男式大衣交付 B 公司时。

	借	贷
借：委托代销商品	60 000	
贷：库存商品		60 000

②收到 B 公司转来代销清单和手续费增值税普通发票时。

	借	贷
借：应收账款——B 公司	116 000	
贷：主营业务收入		100 000
应交税费——应交增值税（销项税额）		16 000

支付手续费时。

借：销售费用——代销手续费　　10 000

　　应交税费——应交增值税（进项税额）　　600

　贷：应收账款——B 公司　　10 600

③月末结转成本。

借：主营业务成本　　60 000

　贷：委托代销商品　　60 000

④收到 B 公司汇来的货款净额时。

借：银行存款　　105 400

　贷：应收账款——B 公司　　105 400

（2）受托方——B 公司的增值税处理。

B 公司按收到的代理手续费按经纪代理服务确认收入并缴纳增值税，销项税额 = 100 × 1 000 × 10% × 6% = 0.6（万元）。

账务处理如下：

①收到代销商品时。

借：受托代销商品　　100 000

　贷：受托代销商品款　　100 000

②实际销售时。

借：银行存款　　116 000

　贷：受托代销商品　　100 000

　　　应交税费——应交增值税（销项税额）　　16 000

③交付给 A 公司代销清单及货款并收到 A 公司开来的增值税专用发票时（代销手续费可同时开具一张增值税发票给 A 公司）。

借：应交税费——应交增值税（进项税额）　　16 000

　贷：受托代销商品款——A 公司　　16 000

借：受托代销商品款——A 公司　　116 000

　贷：银行存款　　105 400

　　　其他业务收入　　10 000

　　　应交税费——应交增值税（销项税额）　　600

［例 2］ A 公司 2018 年 5 月委托 B 公司销售商品 100 件，协议价为 1 000 元/件，该商品成本为 600 元/件，增值税税率为 16%。A 公司在发出商品时开具增值税发票，发票上注明：售价 100 000 元，增值税 16 000 元。B 公司按 1 200/件销售，实际销售时开具的增值税发票上注明：售价 120 000 元，增值税 19 200 元。A 公司和 B 公司应如何进行税务处理?

分析：

本例为视同买断的代销方式，双方均做购销处理。

（1）委托方——A 公司的增值税处理。

销项税额 = 100 × 1 000 × 16% = 1.6（万元）

账务处理如下：

①将商品交付 B 公司时。

借：应收账款——B 企业　116 000

　贷：主营业务收入　100 000

　　　应交税费——应交增值税（销项税额）　16 000

借：主营业务成本　60 000

　贷：库存商品　60 000

②收到 B 公司汇来的货款时。

借：银行存款　116 000

　贷：应收账款——B 公司　116 000

（2）受托方——B 公司的增值税处理。

销项税额 = 100 × 1 200 × 16% = 1.92(万元)

进项税额 = 100 × 1 000 × 16% = 1.6(万元)

账务处理如下：

①收到商品时。

借：库存商品　100 000

　　应交税费——应交增值税（进项税额）　16 000

　贷：应付账款——A 公司　116 000

②实际销售时。

借：银行存款　139 200

　贷：主营业务收入　120 000

　　　应交税费——应交增值税（销项税额）　19 200

借：主营业务成本　100 000

　贷：库存商品　100 000

③按协议价将款项付给 A 公司时。

借：应付账款——A 公司　116 000

　贷：银行存款　116 000

25. 代购货物行为是否需要缴纳增值税?

答：根据《财政部 国家税务总局关于增值税、营业税若干政策规定的通知》（财税〔1994〕26号）的规定，代购货物行为，凡同时具备以下条件的，不征收增值税；不同时具备以下条件的，无论会计制度规定如何核算，均征收增值税。

（1）受托方不垫付资金；

（2）销货方将发票开具给委托方，并由受托方将该项发票转交给委托方；

（3）受托方按销售方实际收取的销售额和增值税额（如系代理进口货物则为海关代征的增值税额）与委托方结算货款，并另外收取手续费。

26. 兽用药品经营企业销售兽用生物制品的，增值税如何处理？

答：根据《国家税务总局关于兽用药品经营企业销售兽用生物制品有关增值税问题的公告》（国家税务总局公告2016年第8号）的规定，属于增值税一般纳税人的兽用药品经营企业销售兽用生物制品，可以选择简易办法按照兽用生物制品销售额和3%的征收率计算缴纳增值税。

兽用药品经营企业，是指取得兽医行政管理部门颁发的《兽药经营许可证》，获准从事兽用生物制品经营的兽用药品批发和零售企业。

属于增值税一般纳税人的兽用药品经营企业销售兽用生物制品，选择简易办法计算缴纳增值税的，36个月内不得变更计税方法。

27. 药品经营企业销售生物制品可否简易计税？

答：根据《国家税务总局关于药品经营企业销售生物制品有关增值税问题的公告》（国家税务总局2012年第20号公告）的规定，属于增值税一般纳税人的药品经营企业销售生物制品，可以选择简易办法按照生物制品销售额和3%的征收率计算缴纳增值税。

药品经营企业，是指取得（食品）药品监督管理部门颁发的《药品经营许可证》，获准从事生物制品经营的药品批发企业和药品零售企业。

属于增值税一般纳税人的药品经营企业销售生物制品，选择简易办法计算缴纳增值税的，36个月内不得变更计税方法。

28. 外贸企业取得普通发票能否办理出口退税？

问：我公司是外贸出口企业，现购进一批货物用于出口，这批货取得的是普通发票，问外贸企业取得普通发票能否办理出口退税？

答：《国家税务总局关于外贸企业使用增值税专用发票办理出口退税有关问题的

公告》(国家税务总局公告 2012 年第 22 号)第一条规定，外贸企业可使用经税务机关审核允许纳税人抵扣其进项税额的增值税专用发票做为出口退税申报凭证向主管税务机关申报出口退税。

因此，该公司购进货物用于出口，不能凭收到的普通发票办理出口退税。

29. 外贸企业取得的失控增值税专用发票可否申报出口退税?

答:《国家税务总局关于外贸企业使用增值税专用发票办理出口退税有关问题的公告》(国家税务总局公告 2012 年第 22 号)第二条第(二)项规定，外贸企业取得的失控增值税专用发票，销售方已申报并缴纳税款的，可由销售方主管税务机关出具书面证明，并通过协查系统回复购买方主管税务机关。外贸企业可凭增值税专用发票向主管出口退税的税务机关申报出口退税。

30. 外贸企业丢失已开具的增值税专用发票可否申报出口退税?

答:《国家税务总局关于外贸企业使用增值税专用发票办理出口退税有关问题的公告》(国家税务总局公告 2012 年第 22 号)第二条第(一)项规定:

(1)外贸企业丢失已开具增值税专用发票发票联和抵扣联的，在增值税专用发票认证相符后，可凭增值税专用发票记账联复印件及销售方所在地主管税务机关出具的《丢失增值税专用发票已报税证明单》，经购买方主管税务机关审核同意后，向主管出口退税的税务机关申报出口退税。

(2)外贸企业丢失已开具增值税专用发票抵扣联的，在增值税专用发票认证相符后，可凭增值税专用发票发票联复印件向主管出口退税的税务机关申报出口退税。

31. 外贸企业出口退税期限有什么规定?

答:《出口货物劳务增值税和消费税管理办法》(国家税务总局公告 2012 年第 24 号发布)第四条第(一)项规定，出口企业应在货物报关出口之日(以出口货物报关单〈出口退税专用〉上的出口日期为准)次月起至次年 4 月 30 日前的各增值税纳税申报期内收齐有关凭证，向主管税务机关申报办理出口货物增值税免抵退税及消费税退税。逾期的，企业不得申报免抵退税。

《国家税务总局关于〈出口货物劳务增值税和消费税管理办法〉有关问题的公告》(国家税务总局公告 2013 年第 12 号)第二条第(十八)项规定，出口企业或其他单位发生的真实出口货物劳务，由于以下原因造成在规定期限内未收齐单证无法申报出口退（免）税的，应在退（免）税申报期限截止之日前向主管税务机关提出申请，并提供相关举证材料，经主管税务机关审核、逐级上报省级国家税务局批准后，可进行出口退（免）税申报。

（1）自然灾害、社会突发事件等不可抗力因素；

（2）出口退（免）税申报凭证被盗、抢，或者因邮寄丢失、误递；

（3）有关司法、行政机关在办理业务或者检查中，扣押出口退（免）税申报凭证；

（4）买卖双方因经济纠纷，未能按时取得出口退（免）税申报凭证；

（5）由于企业办税人员伤亡、突发危重疾病或者擅自离职，未能办理交接手续，导致不能按期提供出口退（免）税申报凭证；

（6）由于企业向海关提出修改出口货物报关单申请，在退（免）税期限截止之日海关未完成修改，导致不能按期提供出口货物报关单；

（7）国家税务总局规定的其他情形。

《国家税务总局关于逾期未申报的出口退（免）税可延期申报的公告》（国家税务总局公告2015年第44号）规定，申请程序改为：向主管国税机关提出延期申请，经审批出口退（免）税的国税机关核准后，可延期申报。

三、农业

32. 生产销售豆粕、玉米胚芽粕，是否需要缴纳增值税？

答：根据《国家税务总局关于粕类产品征免增值税问题的通知》（国税函〔2010〕75号）第一条的规定，豆粕属于征收增值税的饲料产品，除豆粕以外的其他粕类饲料产品，均免征增值税。因此，生产的豆粕需要征收增值税，生产的玉米胚芽粕免征增值税。

33. 生产经营花木苗圃，是否可以免征增值税？

答：根据《增值税暂行条例》第十五条的规定，农业生产者销售的自产农产品免征增值税。

根据《增值税暂行条例实施细则》第三十五条的规定，条例第十五条所称农业，是指种植业、养殖业、林业、牧业、水产业。农业生产者，包括从事农业生产的单位和个人。农产品，是指初级农产品，具体范围由财政部、国家税务总局确定。

因此，如果该花木场企业自产自销花木，按上述规定可以免征增值税。

34. “公司＋农户”经营模式销售畜禽有关增值税问题应如何处理？

问：我公司从事长期黑猪饲养销售业务，同时也和委托其他农户养殖，公司向农户提供黑猪仔和饲料，同时提供技术指导。黑猪成熟后，我公司全部收回销售，这部分黑猪可否享受免税优惠？

答：根据《国家税务总局关于纳税人采取“公司＋农户”经营模式销售畜禽有关增值税问题的公告》（国家税务总局公告 2013 年第 8 号）的规定，纳税人采取“公司＋农户”经营模式从事畜禽饲养，即公司与农户签订委托养殖合同，向农户提供畜禽苗、饲料、兽药及疫苗等（所有权属于公司），农户饲养畜禽苗至成品后交付公司回收，公司将回收的成品畜禽用于销售。

在上述经营模式下，纳税人回收再销售畜禽，属于农业生产者销售自产农产品，应根据《增值税暂行条例》的有关规定免征增值税。

35. 承租企业取得的苗木补偿费是否需要缴纳增值税？

问：A 企业在承租的土地上种植树苗，现出租方要提前收回土地，连同土地上的苗木也一起收回，出租方支付承租企业一笔苗木补偿费。承租企业取得的苗木补偿费是否需要缴纳增值税？

答：《增值税暂行条例》第一条规定，在中华人民共和国境内销售货物或者提供加工、修理修配劳务以及进口货物的单位和个人，为增值税的纳税人，应当依照本条例缴纳增值税。承租方由于出租方收回土地的同时收回苗木而取得的苗木补偿费，属于销售苗木的行为。

因此，承租企业收到的苗木补偿费，应按照自产自销农产品免征增值税。

36. 纳税人销售林木的同时提供林木管护劳务的行为如何缴纳增值税？

答：根据《国家税务总局关于林木销售和管护征收流转税问题的通知》（国税函〔2008〕212 号）、《销售服务、无形资产、不动产注释》的规定，纳税人销售林木以及销售林木的同时提供林木管护劳务的行为，按销售货物征收增值税，纳税人单独提供林木管护劳务行为属于营业税征收范围，其取得的收入中，属于提供农业机耕、排灌、病虫害防治、植保劳务取得的收入，免征增值税；属于其他收入的，应按照对应项目照章征收增值税。

37. 蔬菜水果卖场，可以享受什么优惠政策？

答：根据《财政部 国家税务总局关于免征蔬菜流通环节增值税有关问题的通知》（财税〔2011〕137 号）的规定，对从事蔬菜批发、零售的纳税人销售的蔬菜免征增值税，蔬菜的主要品种参照《蔬菜主要品种目录》。纳税人既销售蔬菜又销售其他增值税应税货物的，应分别核算蔬菜和其他增值税应税货物的销售额；未分别核算的，不得享受蔬菜增值税免税政策。

提示：销售新鲜水果按适用税率 11%征收增值税。

38. 批发零售鲜活肉蛋可以享受什么优惠政策？

答：根据《财政部 国家税务总局关于免征部分鲜活肉蛋产品流通环节增值税政策的通知》（财税〔2012〕75 号）的规定，对从事农产品批发、零售的纳税人销售的部分鲜活肉蛋产品免征增值税。

免征增值税的鲜活肉产品，是指猪、牛、羊、鸡、鸭、鹅及其整块或者分割的鲜肉、冷藏或者冷冻肉，内脏、头、尾、骨、蹄、翅、爪等组织。

免征增值税的鲜活蛋产品，是指鸡蛋、鸭蛋、鹅蛋，包括鲜蛋、冷藏蛋以及对其进行破壳分离的蛋液、蛋黄和蛋壳。

从事农产品批发、零售的纳税人既销售部分鲜活肉蛋产品又销售其他增值税应税货物的，应分别核算上述鲜活肉蛋产品和其他增值税应税货物的销售额；未分别核算的，不得享受部分鲜活肉蛋产品增值税免税政策。

39. 制种行业有哪些增值税优惠政策？

答：根据《国家税务总局关于制种行业增值税有关问题的公告》（国家税务总局公告 2010 年第 17 号）的规定，制种企业在下列生产经营模式下生产销售种子，属于农业生产者销售自产农业产品，应根据《增值税暂行条例》有关规定免征增值税。

（1）制种企业利用自有土地或承租土地，雇佣农户或雇工进行种子繁育，再经烘干、脱粒、风筛等深加工后销售种子。

（2）制种企业提供亲本种子委托农户繁育并从农户手中收回，再经烘干、脱粒、风筛等深加工后销售种子。

四、 现代服务业

40. 无运输工具承运业务按照哪种税目缴纳增值税?

答: 根据《销售服务、无形资产、不动产注释》的规定，无运输工具承运业务，按照交通运输服务缴纳增值税，适用税率11%。无运输工具承运业务，是指经营者以承运人身份与托运人签订运输服务合同，收取运费并承担承运人责任，然后委托实际承运人完成运输服务的经营活动。

实务中需要认清无运输工具承运业务与货物运输代理服务的区别，根据《销售服务、无形资产、不动产注释》的规定，货物运输代理服务，是指接受货物收货人、发货人、船舶所有人、船舶承租人或者船舶经营人的委托，以委托人的名义，为委托人办理货物运输、装卸、仓储和船舶进出港口、引航、靠泊等相关手续的业务活动，按“商务辅助服务——经纪代理（货物运输代理）”缴纳增值税，税率6%。

因此，从概念上来分析，两者的区别关键在于权利、义务关系不同。

| 案例分析 |

A公司以自己的名义与托运人C签订运输合同并承担承运责任，再委托实际承运人B公司负责运输。此时A公司按照“交通运输服务——无运输工具承运业务”缴纳增值税，A给C开具运费发票，B给A开具运费发票。A公司应如何进行税务处理?

分析:

如果C公司与A公司签订货物运输代理合同，由C与B签订运输合同，C向B支付运费，向A支付手续费，则A按照“商务辅助服务——经纪代理（货物运输代理）”缴纳增值税。

41. 联运业务如何进行增值税处理?

答: 联运业务，即联合运输，是指两个以上运输企业完成旅客或货物从发送地点至到达地点所进行的运输业务。联运的特点是一次购买、一次收费、一票到底。对联运业务，按照“交通运输服务”缴纳增值税。如果联运的对象是旅客，接受旅客运输服务的企业不能作进项抵扣，但从事联运业务的总运方支付给分运方的进项税可以抵扣。

| 案例分析 |

某货物运输 A 企业 2018 年 5 月为生产企业甲公司提供运输劳务，甲公司共需支付 A 企业1 100 万元。A 企业将承揽甲公司的运输业务的一部分分给货物运输企业 B，A 企业共需支付 B 企业 550 万元运输费用（不考虑其他进项税抵扣)。假设 A 企业、B 企业均为一般纳税人，均开具了增值税专用发票。

该业务应如何进行增值税处理?

分析：

A 企业销项税额 = 1 100 ÷ (1 + 10%) × 10% = 100(万元)

A 企业可抵扣进项税额 = 550 ÷ (1 + 10%) × 10% = 50(万元)

A 企业应纳增值税 = 100 − 50 = 50(万元)

甲公司可抵扣进项税 = A 企业的销项税额 100 万元

如果联运企业 B 企业为小规模纳税人，根据《试点实施办法》第五十四条，小规模纳税人发生应税行为，购买方索取增值税专用发票的，可以向主管税务机关申请代开。

A 企业可抵扣进项税额 = 550 ÷ (1 + 3%) × 3% = 16.02(万元)

应纳增值税 = 100 − 16.02 = 83.98(万元)

42. 出租车管理费收入如何缴纳增值税?

答：根据《销售服务、无形资产、不动产注释》的规定，出租车公司向使用本公司自有出租车的出租车司机收取的管理费用，不适用“商务辅助服务——企业管理服务”，而是按“陆路运输服务”缴纳增值税。

43. 代驾服务如何缴纳增值税?

答：代驾服务，是指当车主不能自行开车到达目的地时，由专业驾驶人员驾驶车主的车将其送至指定地点并收取一定费用的行为。常见的代驾业务有酒后代驾、旅游代驾、商务代驾。

根据《销售服务、无形资产、不动产注释》的规定，交通运输服务，提指利用运输工具将货物或者旅客送达目的地。其中并未要求必须是运输企业自己的运输工具，代驾的本质是提供交通运输服务，如同个人提供建筑服务按照“建筑服务”征税一样，无论是单位还是个人提供的代驾服务，均应按照“交通运输服务”缴纳增值税。

互联网公司通过电子商务平台为代驾供需双方提供的经纪服务取得的交易手续费收入，按照“信息技术服务”缴纳增值税。

44. 网络预约出租汽车经营服务如何缴纳增值税？

答：网络预约出租汽车（网约车）经营服务，是指以互联网技术为依托构建服务平台，整合供需信息，使用符合条件的车辆和驾驶员，提供非巡游的预约出租汽车服务的经营活动。网络预约出租汽车经营者（网约车平台公司），是指构建网络服务平台，从事网约车经营服务的企业法人。

根据《网络预约出租汽车经营服务管理暂行办法》的规定，网约车平台公司承担承运人责任，应当保证运营安全，保障乘客合法权益。因此，网约车平台公司取得的运输收入按照“交通运输服务”缴纳增值税。如果是非本单位车辆提供的运输服务，按“无运输工具承运业务”缴纳增值税。

如果网约车平台公司为出租车司机接单提供经纪服务，按照出租车收入的一定比例收取手续费，则按照“信息技术服务”缴纳增值税，接入网约车平台的符合资质的专车驾驶员提供交通运输服务取得的全部运费收入按“交通运输服务——陆路运输服务”缴纳增值税，2017 年 12 月 31 日以前，个人月销售额 3 万元（含）以下的免征增值税。

45. 武装押运服务如何缴纳增值税？

答：根据财税〔2016〕140 号文件第十四条的规定，纳税人提供武装守护押运服务，按照“安全保护服务”缴纳增值税。

根据财税〔2016〕68 号文件第四条的规定，纳税人提供安全保护服务，比照劳务派遣服务政策执行。

因此，提供武装守护押运服务的企业可以选择差额纳税，以取得的全部价款和价外费用，扣除给安保员工的工资、福利和为其办理社会保险及住房公积金后的余额为销售额，按照简易计税方法依 5％的征收率计算缴纳增值税。

46. 信息技术服务有限公司中的信息运输服务按哪个税目缴纳增值税？

答：根据《销售服务、无形资产、不动产注释》的规定，现代服务业中的信息技术服务，是指利用计算机、通信网络等技术对信息进行生产、收集、处理、加工、存储、运输、检索和利用，并提供信息服务的业务活动。因此，信息运输服务应按“信息技术服务”税目适用 6％的税率缴纳增值税。

47. 非企业性单位中的一般纳税人提供的技术服务可以适用简易计税方法吗?

答: 根据财税〔2016〕140号文件第十二条的规定，非企业性单位中的一般纳税人提供的研发和技术服务、信息技术服务、鉴证咨询服务，以及销售技术、著作权等无形资产，可以选择简易计税方法按照3%征收率计算缴纳增值税。

非企业性单位中的一般纳税人提供《试点过渡政策的规定》第一条第（二十六）项中的“技术转让、技术开发和与之相关的技术咨询、技术服务”，可以参照上述规定，选择简易计税方法按照3%征收率计算缴纳增值税。

48. 哪些情形的国际运输服务免征增值税？如何办理免税备案手续？

答: （1）免征增值税的范围。

根据2016年第29号公告第二条第（十九）项、第（二十）项的规定，属于以下情形的国际运输服务，免征增值税：

①以无运输工具承运方式提供的国际运输服务。

②以水路运输方式提供国际运输服务但未取得《国际船舶运输经营许可证》的。

③以公路运输方式提供国际运输服务但未取得《道路运输经营许可证》或者《国际汽车运输行车许可证》，或者《道路运输经营许可证》的经营范围未包括“国际运输”的。

④以航空运输方式提供国际运输服务但未取得《公共航空运输企业经营许可证》，或者其经营范围未包括“国际航空客货邮运输业务”的。

⑤以航空运输方式提供国际运输服务但未持有《通用航空经营许可证》，或者其经营范围未包括“公务飞行”的。

⑥符合零税率政策但适用简易计税方法或声明放弃适用零税率选择免税的国际运输服务。

（2）免征增值税的条件。

2016年第29号公告第五条规定，纳税人发生国际运输服务，必须签订跨境销售服务合同。否则，不予免征增值税。

纳税人向外国航空运输企业提供空中飞行管理服务，以中国民用航空局下发的航班计划或者中国民用航空局清算中心临时来华飞行记录，为跨境销售服务书面合同。

（3）免税备案手续。

根据2016年第29号公告第八条的规定，纳税人提供上述①至⑤项国际运输服务的，应在首次享受免税的纳税申报期内或在各省、自治区、直辖市和计划单列市国家税务局规定的申报征期后的其他期限内，到主管税务机关办理跨境应税行为免税备案手续，同时提交以下备案材料：

①《跨境应税行为免税备案表》；

②跨境销售服务的合同原件及复印件；

③实际发生相关业务的证明材料；

④服务购买方的机构所在地在境外的证明材料；

⑤国家税务总局规定的其他资料。

根据2016年第29号公告第九条的规定，纳税人发生纳税人提供上述⑥项国际运输服务的，应在首次享受免税的纳税申报期内或在各省、自治区、直辖市和计划单列市国家税务局规定的申报征期后的其他期限内，到主管税务机关办理跨境应税行为免税备案手续，同时提交以下备案材料：

①已向办理增值税免抵退税或免退税的主管税务机关备案的《放弃适用增值税零税率声明》；

②该项应税行为享受零税率到主管税务机关办理增值税免抵退税或免退税申报时需报送的材料和原始凭证。

另外，2016年第69号公告第三条规定，享受国际运输服务免征增值税政策的境外单位和个人，到主管税务机关办理免税备案时，提交的备案资料包括：

①关于纳税人基本情况和业务介绍的说明；

②依据的税收协定或国际运输协定复印件。

| 政策链接 |

《跨境应税行为适用增值税零税率和免税政策的规定》

第一条规定，国际运输服务适用增值税零税率，国际运输服务是指：

（1）在境内载运旅客或者货物出境。

（2）在境外载运旅客或者货物入境。

（3）在境外载运旅客或者货物。

49. 纳税人提供签证代理服务和代理进口免税货物，如何进行增值税处理？

答：（1）提供签证代理服务的增值税处理。

69号公告第七条规定，纳税人提供签证代理服务，以取得的全部价款和价外费用，扣除向服务接受方收取并代为支付给外交部和外国驻华使（领）馆的签证费、认证费后的余额为销售额。向服务接受方收取并代为支付的签证费、认证费，不得开具增值税专用发票，可以开具增值税普通发票。

（2）代理进口免税货物的增值税处理。

69 号公告第八条规定，纳税人代理进口按规定免征进口增值税的货物，其销售额不包括向委托方收取并代为支付的货款。向委托方收取并代为支付的款项，不得开具增值税专用发票，可以开具增值税普通发票。

五、 其他行业

50. 供电公司从分布式光伏发电项目发电户处购买光伏电力产品如何缴纳增值税？

答：根据《国家税务总局关于国家电网公司购买分布式光伏发电项目电力产品发票开具等有关问题的公告》（国家税务总局公告 2014 年第 32 号）的规定，国家电网公司所属企业从分布式光伏发电项目发电户处购买电力产品，可由国家电网公司所属企业开具普通发票。国家电网公司所属企业应将发电户名称（姓名）、地址（住址）、联系方式、结算时间、结算金额等信息进行详细登记，以备税务机关查验。

光伏发电项目发电户销售电力产品，按照税法规定应缴纳增值税的，可由国家电网公司所属企业按照增值税简易计税办法计算并代征增值税税款，同时开具普通发票；按照税法规定可享受免征增值税政策的，可由国家电网公司所属企业直接开具普通发票。

根据《财政部 国家税务总局关于继续执行光伏发电增值税政策的通知》（财税〔2016〕81 号）的规定，自 2016 年 1 月 1 日至 2018 年 12 月 31 日，对纳税人销售自产的利用太阳能生产的电力产品，实行增值税即征即退 50％的政策。

51. 供电企业收取的并网服务费如何缴纳增值税？

答：根据《国家税务总局关于供电企业收取并网服务费征收增值税问题的批复》（国税函〔2009〕641 号）的规定，供电企业利用自身输变电设备对并入电网的企业自备电厂生产的电力产品进行电压调节，属于提供加工劳务。因此应适用 16％的税率（2018 年 4 月 30 日以前为 17％）缴纳增值税。

52. 供电企业收取的农村电网维护费是否缴纳增值税?

答: 根据《国家税务总局关于农村电网维护费征免增值税问题的通知》(国税函〔2009〕591号)、《财政部国家税务总局关于免征农村电网维护费增值税问题的通知》(财税〔1998〕47号)的规定,对农村电管站在收取电价时一并向用户收取的农村电网维护费(包括低压线路损耗和维护费以及电工经费)免征增值税。鉴于部分地区农村电网维护费改由其他单位收取后,只是收费的主体发生了变化,收取方法、对象以及使用用途均未发生变化,为保持政策的一致性,对其他单位收取的农村电网维护费免征增值税,不得开具增值税专用发票。

根据《国家税务总局关于供电企业收取的免税农村电网维护费有关增值税问题的通知》(国税函〔2005〕778号)的规定,对供电企业收取的免征增值税的农村电网维护费,不应分摊转出外购电力产品所缴纳的进项税额。

53. 对从事二手车销售经营业务的企业,什么情况下不征收增值税?

答: 根据《国家税务总局关于二手车经营业务有关增值税问题的公告》(国家税务总局公告2012年第23号)的规定,自2012年7月1日起,经批准允许从事二手车经销业务的纳税人按照《机动车登记规定》的有关规定,收购二手车时将其办理过户登记到自己名下,销售时再将该二手车过户登记到买家名下的行为,属于《增值税暂行条例》规定的销售货物的行为,应按照现行规定征收增值税。除上述行为以外,纳税人受托代理销售二手车,凡同时具备以下条件的,不征收增值税,不同时具备以下条件的,视同销售征收增值税

(1)受托方不向委托方预付货款。

(2)委托方将《二手车销售统一发票》直接开具给购买方。

(3)受托方按购买方实际支付的价款和增值税额(如系代理进口销售货物则为海关代征的增值税额)与委托方结算货款,并另外收取手续费。

因此,纳税人同时符合上述三个条件的,可以不征收增值税。

54. 加油站通过加油机注油时,哪些可以从销售数量中扣除?

答: 根据《成品油零售加油站增值税征收管理办法》第九条的规定,加油站通过加油机加注成品油属于以下情形的,允许在当月成品油销售数量中扣除:

(1)经主管税务机关确定的加油站自有车辆自用油。

（2）外单位购买的，利用加油站的油库存放的代储油。

加油站发生代储油业务时，应凭委托代储协议及委托方购油发票复印件向主管税务机关申报备案。

（3）加油站本身倒库油。加油站发生成品油倒库业务时，须提前向主管税务机关报告说明，由主管税务机关派专人实地审核监控。

（4）加油站检测用油（回罐油）。

55. 加油站出售加油卡时可否开具增值税专用发票？

答：根据《成品油零售加油站增值税征收管理办法》第十二条的规定，发售加油卡、加油凭证销售成品油的纳税人在售卖加油卡、加油凭证时，应按预收账款方法作相关账务处理，不征收增值税。

预售单位在发售加油卡或加油凭证时可开具普通发票，如购油单位要求开具增值税专用发票，待用户凭卡或加油凭证加油后，根据加油卡或加油凭证回笼记录，向购油单位开具增值税专用发票。接受加油卡或加油凭证销售成品油的单位与预售单位结算油款时，接受加油卡或加油凭证销售成品油的单位根据实际结算的油款向预售单位开具增值税专用发票。

56. 供热企业可以享受何种增值税优惠政策？

答：根据《财政部 国家税务总局关于供热企业增值税、房产税、城镇土地使用税优惠政策的通知》（财税〔2016〕94号）的规定，自2016年1月1日至2018年供暖期（是指当年下半年供暖开始至次年上半年供暖结束的期间）结束，对供热企业（专业供热企业、兼营供热企业和自供热单位）向居民个人供热而取得的采暖费收入免征增值税。

向居民供热而取得的采暖费收入，包括供热企业直接向居民收取的、通过其他单位向居民收取的和由单位代居民缴纳的采暖费，免征增值税的采暖费收入；通过热力产品经营企业向居民供热的热力产品生产企业，应当根据热力产品经营企业实际从居民取得的采暖费收入占该经营企业采暖费总收入的比例确定免税收入比例。

57. 污水处理企业可以享受哪些增值税税收优惠？

答：《财政部 国家税务总局关于印发〈资源综合利用产品和劳务增值税优惠目录〉的通知》（财税〔2015〕78号）规定：

（1）对销售再生水享受增值税即征即退50%的政策。再生水是指对污水处理厂出水、工业排水（矿井水）、生活污水、垃圾处理厂渗透（滤）液等水源进行回收，经适当处理后达到一定水质标准，并在一定范围内重复利用的水资源。再生水应当符合水利部《再生水水质标准》（SL368—2006）的有关规定。

（2）对污水处理劳务享受增值税即征即退70%的政策。

58. 从事废油回收加工是否享受增值税税收优惠？

答：根据财税〔2015〕78号文件的规定，以废弃的动物油、植物油为原料生产的生物柴油、工业级混合油，可享受增值税即征即退70%的政策；以回收的废矿物油为原料生产的润滑油基础油、汽油、柴油等工业油料，可享受增值税即征即退50%的政策。

因此，从事废油回收加工属于资源综合利用，应视不同情况适用上述政策规定，享受税收优惠。

59. 一般纳税人进口软件产品后又销售是否享受软件产品即征即退优惠政策？

答：根据《财政部 国家税务总局关于软件产品增值税政策的通知》（财税〔2011〕100号）的规定，增值税一般纳税人将进口软件产品进行本地化改造后对外销售，其销售的软件产品可享受其增值税实际税负超过3%的部分实行即征即退政策。

本地化改造，是指对进口软件产品进行重新设计、改进、转换等，单纯对进口软件产品进行汉字化处理不包括在内。

60. 嵌入式软件能否享受软件产品增值税优惠政策？

答：根据财税〔2011〕100号文件的规定，对增值税一般纳税人随同计算机硬件、机器设备一并销售嵌入式软件产品，对其增值税实际税负超过3%的部分实行即征即退政策。

嵌入式软件产品增值税即征即退税额的计算方法如下：

$$\text{即征即退税额}=\text{当期嵌入式软件产品增值税应纳税额}-\text{当期嵌入式软件产品销售额}\times 3\%$$

$$\text{当期嵌入式软件产品增值税应纳税额}=\text{当期嵌入式软件产品销项税额}-\text{当期嵌入式软件产品可抵扣进项税额}$$

$$\text{当期嵌入式软件产品销项税额}=\text{当期嵌入式软件产品销售额}\times 16\%$$

当期嵌入式软件产品销售额的计算公式如下：

$$\text{当期嵌入式软件产品销售额}=\text{当期嵌入式软件产品与计算机硬件、机器设备销售额合计}-\text{当期计算机硬件、机器设备销售额}$$

计算机硬件、机器设备销售额按照下列顺序确定：

①按纳税人最近同期同类货物的平均销售价格计算确定；

②按其他纳税人最近同期同类货物的平均销售价格计算确定；

③按计算机硬件、机器设备组成计税价格计算确定。

$$\text{计算机硬件、机器设备组成计税价格}=\text{计算机硬件、机器设备成本}\times(1+10\%)$$

如果适用该通知规定按照组成计税价格计算确定计算机硬件、机器设备销售额的，应当分别核算嵌入式软件产品与计算机硬件、机器设备部分的成本。凡未分别核算或者核算不清的，不得享受该通知规定的增值税政策。